진리에 비추어 본
통일교와 문선명의 정체

진리에 비추어 본
통일교와 문선명의 정체

이대복 저

통일교 시작부터 문 교주 사망까지 중요 내용 총록

- ✦ 통일교 교리, 반증비판 – 타 이단 종교의 표절교리다!
- ✦ 문 교주는 자칭 재림예수 신이 허락한 섹스 왕자
- ✦ 섹스교리에 의한 6마리아의 비극
- ✦ 성적 타락과 피갈음(섹스) 교리와 구원론
- ✦ 문 교주의 전 며느리 탈출 수기로 본 문 가의 잔악상
- ✦ 문 교주와 그의 처 한학자의 잔악 무도한 인간성
- ✦ 큰 아들 효진군의 패륜, 마약 등 잔악한 인간성
- ✦ 문가의 추잡한 후계자 쟁탈과 기막힌 흑막
- ✦ 영 감상법, 써먼트 영 감상법을 통한 종교 상술 사기와 흑막
- ✦ 자칭 재림주 문선명, 현대의학에 의존하다 사망!

2006년 6월 23일, 문 교주 천주 평화의 왕 비밀 입궁 대관식 장면
통일교에서는 이날을 하나님이 천정궁에 안착한 날이라 한다.

기독교이단문제연구소
큰 샘 출판사

머 리 말

"예수께서 대답하여 가라사대 너희가 사람의 미혹을 받지 않도록 주의하라 많은 사람이 내 이름으로 와서 이르되 나는 그리스도라 하여 많은 사람을 미혹케 하리라"(마태복음 24장 중에서)

"우리나 혹 하늘로부터 온 천사라도 우리가 너희에게 전한 복음 외에 다른 복음을 전하면 저주를 받을지어다"(갈라디아서 1장 중에서)

오늘 날 한국교회 내에 30여 명의 자칭 메시아와 300여 크고 작은 이단 사이비 종파가 난립하고 있다. 저자는 지난 20여 년간 통일교 이단집단에 속아 살아왔을 때 삼위일체 하나님과 진리를 욕되게 하며 선한 교회를 비판했던 과거를 통철이 공개적으로 하나님 앞에 회개하며 반성했다.

이단과 사이비 종교, 적그리스도, 거짓 선지자 등은 어느 나라, 민족에게서나 쉽게 발견할 수 있다. 인간이 지니고 있는 종교적 심성을 교묘하게 이용하여 거짓 종교를 세워 거짓 교리를 가지고 참 진리인 것처럼 위장하여 외치고, 참 선지자인 양 갖은 미혹과 포교활동을 하고 있다. 그들은 구원이라는 미명아래 수단방법을 가리지 않고, 인류의 종말이 급박함을 조작하여 외치면서 하나님의 선한 백성들과 일반 사회에까지 혼란케 하여 인권 유린, 노동력 착취 등 재산을 탈취한다.

이미 이단집단의 미혹에 넘어가 수많은 성도들과 일반 시민들이 막대한 피해와 비참한 말로(末路)는 인간의 학문, 심리학, 철학 등으로는 설명을 할 수도 어떻게 답변할 수도 없다는 사실을 저자는 직접 목격하고 실제로 체험하였다.

특히 하나님의 탈을 쓰고 무질서하게 난무하는 이단 사이비 종교들은 일반사회 법으로는 규제할 수없는 종교와 신앙의 자유를 교묘하게 이용하고 있다. 통일교의 문 교주는 우리 기독교에 미혹의 손길이 강력한 집단의 하나임이 분명함을 만천하가 다 아는 사실이지만 너무나도 우리 교회는 무기력한 대응을 하고 있다고 저자는 본다.

한때, 통일교 문 교주는 기독교회를 파괴시키고자 목사, 장로들을 유혹하여 막대한 자금으로 성지순례를 시켜준 일이 있다. 당시 우리 교회가 너무도 무기력함을 저자는 직접 목격했다(1970년대 전·후).

그 동안도 1980년대 말경부터「알기 쉬운 통일교 이단정체」,「통일교 원리 비판과 실상 허상」,「통일교 원리 비판과 문선명의 정체」등, 저의 졸필을 많이 애독해 주셔서 도움이 되신 줄 믿습니다. 금번에 추가로「문 교주의 설교집」,「6마리아의 비극」, 문 교주의 前 첫 며느리 저「홍난숙의 탈출 수기」,「야록 통일교회사」(통일교회는 섹스 교단이었다.) 자료를 조사 연구 검증 보충하여 저자가 20여 년간 통일교 중견 간부로 활동하면서 얻은 실제와 확실한 자료를 가지고 더욱 확실하게 통일교의 실상과 허상, 흑막을 문 교주 사망에 이르기까지 최초로 밝혀 놓았다.

삼위일체 하나님 앞에는 졸필을 올리게 됨을 송구스럽지만, 본서를 통하여 온 교회가 진리 수호와 선한 교회 그리고 일반 사회 시민들에게까지도 통일교 이단집단으로부터 피해를 방지하고 보다 강력한 대책을 세워 나아갈 수 있는 자료가 되기를 간절히 바란다.

지금까지 지도 편달해주신 삼위일체 하나님께 감사드립니다.

2012년 10월 1일
저 자 이 대 복 목사

목 차

머리말 5

제1장 통일교와 문선명 정체 15
   제1절 문 교주의 성장과정 15
   제2절 문 교주의 족보 현황 18
   제3절 문 교주와 통일교(세계기독교통일신령협회) 창립 20
   제4절 중요 조직 연혁 요약 22

제2장 교회론과 각종 의식 31
   제1절 예배의식 31
      1. 문 교주 예배관 31
      2. 예배관 32
      3. 기도관 32
      4. 각종 절기와 기념행사 33
   제2절 합동결혼식과 문 교주의 쇼 34
      1. 합동결혼식 회수 34
      2. 합동결혼과 신혼의식 34
      3. 합동결혼 가정 자녀에 대한 의식 35
      4. 합동결혼식의 근본 목적 35
   제3절 각종 의식 36
   제4절 성지 37
   제5절 신조 37
      1. 나의 맹서(통일교의 신앙고백) 37
      2. 합동결혼식 서약 38
      3. 아버지(문선명)를 자주 부르라 39

제3장 원리강론 교리 반증 ········· 43
제1절 원리강론 출현 동기 ········· 43
1. 출현 동기 ········· 43
2. 김백문 씨에 대하여 ········· 44
3. 원리강론과 성경관 ········· 44

제2절 창조원리 ········· 46
1. 하나님의 이성 성상과 피조세계 ········· 46
2. 하나님의 피조세계와 창조 목적 ········· 48
3. 하나님과 만물 간접 주관 ········· 49

제3절 타락론 ········· 50
1. 생명나무와 선악을 알게 하는 나무 ········· 50
2. 선악과란? ········· 52
3. 아담 하와 성적(섹스) 행위와 선악과 비유한 성경 ········· 53
4. 뱀의 정체와 천사 비유 ········· 56
5. 아담 하와 범죄(간음) 행위의 동기와 경로 ········· 59
6. 피갈음 교리와 혼음 교리란? ········· 60
7. 6마리아와 4음녀 ········· 61
8. 결론 ········· 62

제4절 종말론 ········· 64
1. 말세의 의(義) ········· 64
2. 말세에 일어날 징조에 관한 성서의 뜻 ········· 66
3. 말세와 새 말씀 ········· 71

제5절 부활론 ········· 73
1. 부활의 의의 ········· 73
2. 부활 섭리는 어떻게 되어지는가? ········· 74
3. 영인에 대한 부활 섭리 ········· 79

제6절 메시아 강림과 재림의 목적 ········· 82
1. 예수님 십자가의 대속과 구원 섭리 ········· 84
2. 예수님 십자가 죽음에 대하여 ········· 85
3. 예수님 재림 목적 ········· 87

제7절 예정론 ········· 88
1. 성경을 중심한 예정론을 부정한다. ········· 88
2. 예정설 부정하는 성경 기록 주장 ········· 90
3. 하나님 창조의 뜻에 대한 주장 ········· 91
4. 하나님 뜻 성사에 대한 예정 ········· 92

5. 인간에 대한 예정 ……… 94
   6. 예정설을 세워주는 성구 해명 ……… 96
 제8절 기독론 ……… 97
   1. 생명나무 복귀로 본 아담과 예수 ……… 97
   2. 예수님은 하나님 자신인가? ……… 99
   3. 성령관 ……… 100
   4. 삼위일체 교리 ……… 102
   5. 중생론 ……… 103
 제9절 복귀론 ……… 105
   1. 탕감 복귀란? ……… 105
   2. 메시아를 위한 기대 ……… 109
 제10절 재림론 ……… 111
   1. 예수 그리스도는 언제 재림하실 것인가? (시기) ……… 111
   2. 예수 그리스도는 어떻게 재림하실 것인가? (형태) ……… 113
   3. 예수 그리스도는 어디로 재림하실 것인가? (장소) ……… 117
   4. 재림 예수 그리스도는 누구인가? ……… 119

제4장 조직과 포교 활동 ……… 123
 제1절 교단 조직과 포교 활동 ……… 123
   1. 조직 기구표 ……… 123
   2. 교육 기관과 교육 방법 ……… 123
 제2절 교단 산하 조직과 간접 포교 활동 ……… 125
   1. 국제승공연합 조직과 활동 ……… 125
   2. 남북통일국민연합운동 조직과 활동 ……… 125
   3. 초교파 운동 조직과 활동 ……… 126
   4. 교수 협의회 조직과 활동 ……… 130
   5. 전국 대학생 (원리 연구회) 조직과 활동 ……… 130
 제3절 교세와 운영 ……… 131
   1. 한국 교세 현황 ……… 131
   2. 세계 교세 현황 ……… 131
   3. 교회운영 방법 ……… 132

제5장 재산과 축적 방법 ……… 135
 제1절 재산 축적 방법 ……… 135

제2절 한국에서 ……… 137
　1. 1965년 전국 통일교에 문선명 특별 지시 ……… 137
　2. 산탄공기총(새총) 공장 설립과 생산 ……… 137
　3. 공기총 판매 행위와 구원론 ……… 137
　4. 경제기반 기초 조성 ……… 138
제3절 외국에서 ……… 138
　1. 일본 통일교가 앞장서다 ……… 138
　2. 일본에서 영 감상법은 종교 사기였다 ……… 139
제4절 통일교의 자산 대략 현황 ……… 142

제6장 각 기관 및 사업체 현황 ……… 149
제1절 한국 기관 및 사업체 ……… 149
　1. 교육 기관 ……… 149
　2. 각종 단체 ……… 150
　3. 언론 출판 ……… 151
　4. 문화 예술 스포츠 ……… 151
　5. 각종 사업체 ……… 151
　6. 기독교 침투기관 ……… 153
제2절 외국 기관 및 사업체 ……… 153
　1. 교육기관 ……… 153
　2. 언론 및 출판 ……… 153
　3. 사회 문화 ……… 154
　4. 사업체 수 ……… 154

제7장 문 교주의 대형사건 ……… 157
제1절 국내에서 ……… 157
　1. 1958년 이화여자대학교 사건 ……… 157
　2. 1968년 서울 문리과대학 사건(종로구 동숭동 소재) ……… 157
　3. 1974년 문선명 일화주식회사 탈세사건 ……… 157
　4. 1974년 11월 27일 톱기사 천사들의 밀수 사건(각 일간신문) … 158
　5. 1975년 영락교회 난동사건(중구 명동) ……… 158
　6. 1978년 남대문교회 사건(중구 양동) ……… 158
　7. 1988년 이대복 목사(저자) 전남 장흥군 연합회 통일교 비판 세미나 통일교 폭도 수백 명 동원 납치 사건 ……… 158
　8. 문 교주 비서인 박보희 씨 각 대학교에서 통일교와 문 교주 선전 강연회 개최,

추방 사건 ········ 159
9. 대학 교수 이름 도용 통일교 지지 성명 광고 사건 ········ 159

제2절 외국에서 ········ 159
  1. 일본 ········ 159
  2. 미국 ········ 162
  3. 필리핀 통일교 문 교주 제소당하다 ········ 165
  4. 기타 ········ 166
제3절 짐바브웨 청년 통일교 폭로사건 ········ 167
제4절 한국전쟁기념관 사진 전시품 도용사건 ········ 169
제5절 박보희 씨 만교통화교 입교사건 ········ 170
  1. 문 교주는 이렇게 하소연 한다. ········ 171
  2. 박보희 씨 만교통화교(萬敎統和敎) 입교 ········ 173
  3. 박보희 씨 만교통화교 성기 수여식 ········ 175

제8장 문 교주의 망언과 폭언 ········ 181

제1절 문 교주의 거짓말 예언들 ········ 181
제2절 문 교주의 망언과 폭언들 ········ 181
  1. 기독교에 대하여 ········ 181
  2. 통일교를 기독교 위에 세우다. ········ 182
  3. 성경과 삼위일체 하나님에 대한 신성모독 ········ 182
  4. 국가와 세계에 대하여 ········ 183

제9장 문선명은 섹스 교주였다. ········ 187

제1절 문 교주의 피갈음 관련 설교 ········ 187
제2절 증인 - 우리들이 체험한 사실 ········ 190
  1. 유효민 - 통일교의 경제적 기반에 공헌하고 결별하다. ········ 190
  2. 유신희 - 6마리아의 한 사람이었다. ········ 195
  3. 김덕진 - 섹스 릴레이 실천자 ········ 199

제10장 문 교주 前며느리 홍난숙 탈출 수기로 본 문가의 잔악성 ··· 209

제1절 박해와 굶주림과 신앙 ········ 209

제2절 문 교주의 딸과 오빠의 결혼 ········ 227
　　제3절 15세의 새 신부 ········ 251
　　제4절 이스트 가든에서 목도한 것 ········ 273
　　제5절 고통스러운 진통 끝에 ········ 294
　　제6절 문 교주의 투옥 후 새로운 황제 황후로 즉위 ········ 318
　　제7절 일본에서 한학자 수행 ········ 340
　　제8절 탈퇴를 결심했을 때 ········ 368
　　제9절 새로운 인생으로의 여행 ········ 398

제11장 문 교주 가의 잔악한 인간성 ········ 421
　　제1절 자칭 메시아 문 교주의 잔악한 인간성 ········ 421
　　제2절 자칭 메시아 문의 처 한학자의 잔악한 인간성 ········ 423
　　제3절 문의 후계자 (故)효진의 잔악한 인간성 ········ 424

제12장 저자의 사건 실화 ········ 429
　　제1절 1988년 8월 27일 납치 사건 ········ 429
　　제2절 저자에 대한 폭력시위 사건 ········ 433

제13장 각종 사진 화보 ········ 441

제14장 자칭 재림 메시아 문 교주 사망 전모! ··· 469
　　제1절 자칭 재림주 문선명, 13개의 의료기에 의존하다 생(生) 마감! ··· 469
　　제2절 자칭 재림주 문선명, 죽 먹다 급채로 사망할 뻔! ··· 471
　　제3절 죽어서도 돈타령! ··· 473
　　제4절 신도들 청심평화월드센터 찾아 참배 실황 ··· 475
　　제5절 천정궁 가는 길, 세 번의 관문 통과해야! ··· 476
　　제6절 (故) 문선명 장례식 실황 ··· 479
　　제7절 문선명 천주성화 원전식(하관식) ··· 480
　　제8절 문선명 사망 일시, 숫자 풀이 ··· 481
　　제9절 문선명 교주, 평소 117세까지 산다 했다. ··· 482

참고자료 ········ 485

제1장

통일교와 문선명 정체

미리보기

1 통일교와 문선명 정체

제1절 문 교주의 성장과정
제2절 문 교주의 족보 현황
제3절 문 교주와 통일교(세계기독교통일신령협회) 창립
제4절 통일교 중요 조직 연혁 요약

제1장 통일교와 문선명의 정체

제1절 문 교주와 성장과정

　통일교 문선명 교주의 본명은 문용명(文龍明)이다(1964년 8월 11일 文鮮明으로 개명). 1920년 1월 6일(음) 평안북도 정주군 덕언면 상사리 221번지에서 문유경 씨와 김경계 부인 사이에 차남으로 태어났다. 최근 자료 조사에 의하면, 문 교주는 그 부친이 몽골족이라고 한다. 그리고 문 씨 성은 김경계 여인의 세 번째 남편인 문 씨의 성을 따랐다고 한다. 왜 김 여인은 세 번씩이나 결혼을 했을까? 김 여인과 결혼한 남편들이 계속 죽었다고 한다. 그 이유는 김 여인이 성욕이 강해서라고 한다. 그래서인지 유전이라고 할까? 어릴 때부터 문선명은 괴팍한 성격의 소유자요, 성욕이 엄청나게 강한 자였다.
　문 교주는 1934년 15세 때에 평안북도 정주 오산보통학교 3학년에 편입하여 1년간 다니다가 1935년 4월 정주 공립 심상소학교 4학년에 편입하여 1938년 19세에 졸업했다. 그 후 1939년에 상경하여 경성상공실무학교 전기공학과에 입학했다. 1941년 3월 24일 22세 때, 일본으로 건너가 와세다대학 부속 고등공업학교 전기과에 입학하여 1943년 9월에 조기 졸업했다고 문선명이 주장했다. 그러나 2년 중퇴했다는 설도 있다. 1944년 초에 귀국하여 토목건설회사(鹿島組) 전기기사로 입사하여 일하다가, 1945년 8월, 직장생활을 청산하고 종교 활동에만 전념했다.

그 후 문 교주는 1945년 10월, 이단 사이비로 규정된 「김백문」씨가 이끄는(경기도 파주군 임진면 섭절리) 이스라엘 수도원에 들어가서 6개월간 수련을 받은 후, 이단종교 간판을 달고 본격적인 포교활동을 시작으로 1954년 5월 1일, '세계기독교통일신령협회'(통일교)를 창설하여 오늘에 이르고 있다. 그러나 1994년 5월 3일 '세계평화통일가정연합'(가정교회)으로 간판을 바꾸어 달았다. 하지만 계속적으로 통일교 간판을 칭하고 있다.

제2절 문 교주의 족보 현황

문선명 교주는 1945년 4월 28일 최선길 여인과 결혼하여 아들 문성진을 낳았다. 1957년 1월 8일 문 교주는 축첩 문제로 가정불화가 심각한 문제에까지 이르게 되는데, 그 이유는 문 교주의 여성 관계가 너무 복잡하게 얽혀있어 그 당시 최선길(잠실에서 혼자 생활하다가 사망) 여인은 신발을 벗어서 문선명에게 폭행을 가한 적도 한 두 번이 아니었으며, 통일교 본부를 습격하여 간판을 파손시키고 난동을 부린 일이 한 두 번이 아니었다. 결국 이혼하고 말았다.

문 교주는 1955년 5월 15일, 서울 연세대학교 재학 중이던 김명희 양과 피갈음(섹스)을 하고, 처녀 잉태시켜 문희진(남)을 낳았는데(최선길 본부인과 이혼 전 사건), 숨겨놓고 키우다가 문희진이 장성하면서 문 교주와의 관계가 밝혀지자 통일교 집단에 비윤리적 사건으로 나타났으나, 문 교주의 사이비 종교적 해법으로 잘 해명하여 일단락

되어 버렸다. 그러나 문희진 군은 1969년 8월 1일, 충청북도 청원군 부강역 인근에서 열차 사고로 사망했다(참조: 저자는 문 교주 아들 장례식과 몇 년 동안 제사를 지내는데 큰 역할을 담당했다. 통일교 입장에서 보면 귀중한 일을 맡은 것이다). 하지만 김명희 여인은 지금까지도 통일교에 남아 있다.

1960년 4월 11일, 문 교주(43세)는 한학자(17세, 여고 3학년 재학생)와 두 번째 결혼식을 올리면서 어린 양 혼인잔치(첫 번째는 북한 평양에서 유부녀인 김종화 유부녀와 혼인잔치가 있었음)라는 이름으로 잔치를 베풀었다. 한학자 부인과의 사이에 문예진을 비롯하여 14명의 子女를 낳았다. 1966년경에는 이화여자대학교 최순화 여학생(피갈음 교리) 처녀를 잉태시켜 아들을 낳았다. 그 이름을 사무엘이라 짓고 숨겨놓고 키우면서 박○○이라는 타인의 호적에 입적시켰으나 사무엘 박이 자라면서 문 교주를 쏙 빼닮아 장성하게 되자 문 교주의 비윤리적 사건이 또 한 번 세상에 드러나고 말았다(현재 미국에 거주하고 있음).

1990년까지 두 부인과 두 처녀 사이에서 17명의 자녀를 낳았으나 4명은 객사 또는 죽었다. 현재 13명의 자녀들이 살아 있다. 문 교주 부부는 1973년 8월 10일 미국으로 가서 영주권을 획득하여 신도들의 피, 땀, 눈물의 노동력을 착취한 돈으로 호화판 저택을 구입하고 이민 생활을 하고 있으며(미국 뉴욕 근교에 있는 벨베리아 호화 저택), 한국에도 최고의 호화 고급 저택을 구입하여(서울 용산구 한남동 UN 빌리지 내, 5-60억 상당) 놓고 한국을 왕래하면서 궁중생활을 하면서 자칭 재림예수요 통일교식으로 인류의 참부모라고 한다.

하지만 2010년을 전후하여 재림예수요, 황족을 자칭하는 문 교주의 후계 문제를 놓고 형제(3남, 4남, 7남 등)들 간에 세력 다툼이 일어났다. 심지어 자칭 재림예수라고 주장하는 문 교주는 자식들의 치욕적인 세력다툼에 친자(3남)를 이단이라고 쳐버려야 하는 지경에까지 치닫고 말았다. 더 나아가 세력다툼은 문 교주의 후손들의 파벌 싸움으로 번져 법정에 고소 공방이 일어났고, 후손들을 추종하는 자들이 현수막을 들고 시위까지 하고 있다.

이들 문 교주 통일교 집단이 지상천국을 이루고 이상세계를 이루겠다는 허황된 주장은 스스로 거짓임이 드러난 흑막이다.

1. 문 교주의 가계 도표

1) 1920년 1월 6일 평북 정주군 덕언면 상사리 221번지에서 출생

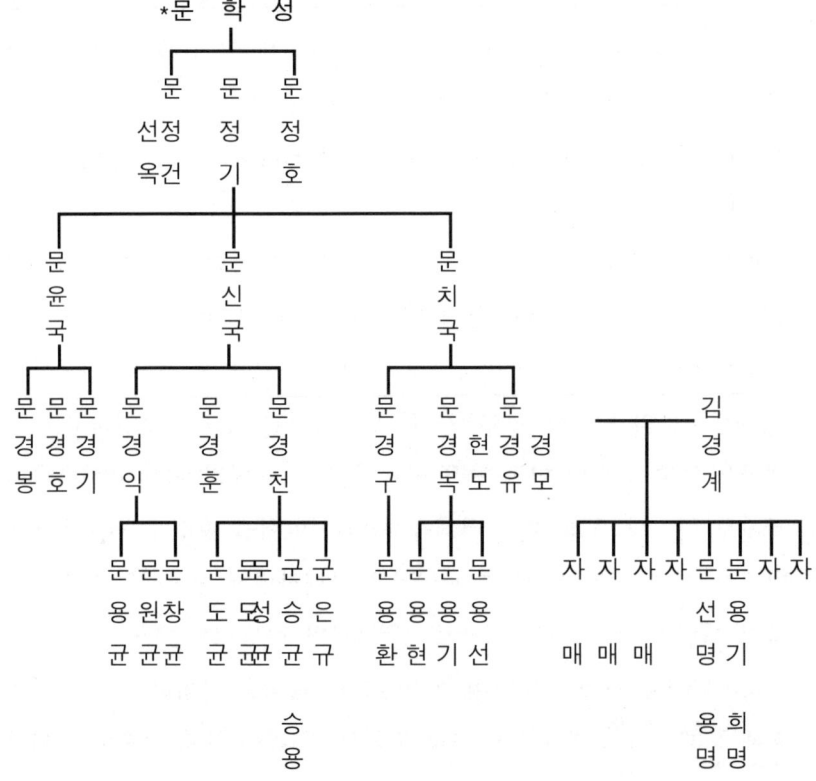

2) 문선명 씨가 네 여인에게서 출생한 직계 가계도표(17명)

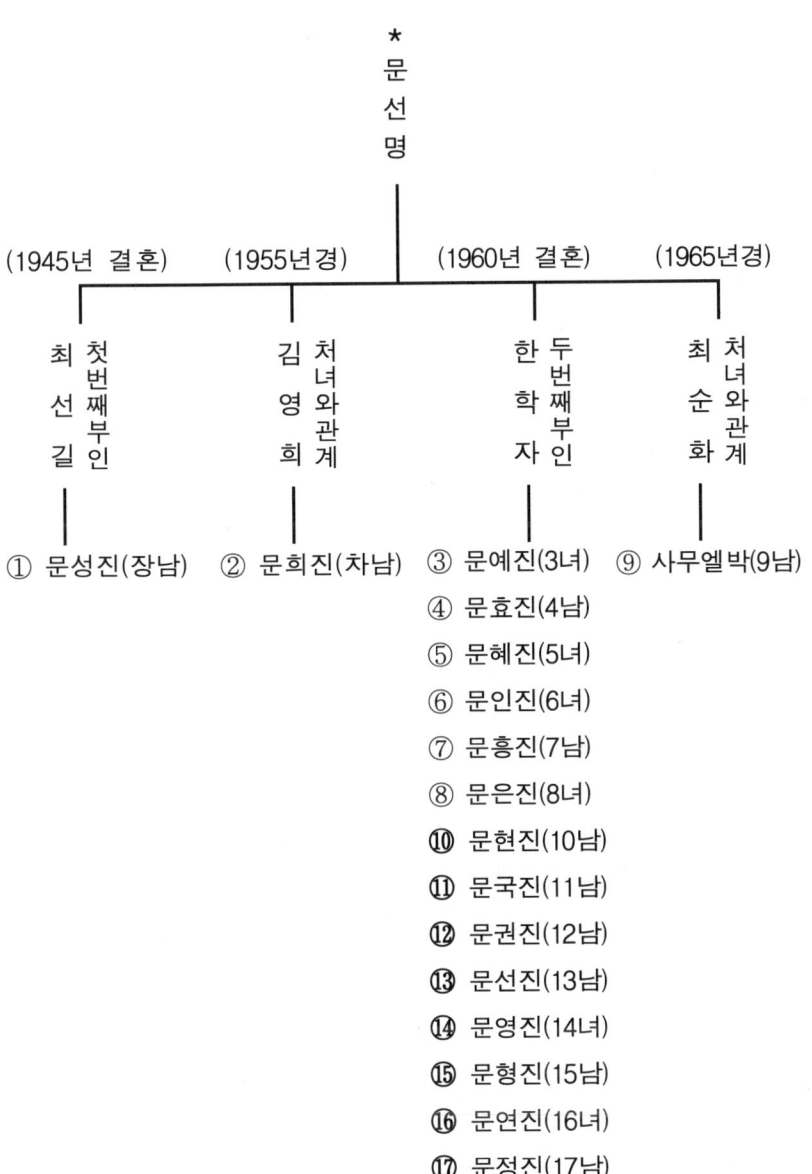

제3절 문 교주와 통일교(세계기독교통일신령협회) 창립

문 교주는 평안북도 정주군 정주 공립 심상소학교 재학시절(1963년 4월 17일 16세 때) 부활절 아침 기도 중에 메시아 사명으로 계시를 받았다고 주장한다. 그러나 그는 기독교를 정식으로 입교한 적이 있었다는 사실조차 명확히 확인된 것이 없다. 저자는 문 교주의 주장을 믿지 않는다. 그 후 한국교회 초기 문 교주는 이단으로 취급받았던 대성심기도원장 정득은 여인(「생의 원리」 저자, 1958년), 이용도, 황국주 목사 밑에서 영향을 받았다는 것은 사실이다. 문(文)은 이용도 파의 예수교회와 마포구 북아현동에 있었던 오순절교회의 신도였다.

문 교주는 1945년 10월부터 6개월간 경기도 파주군 임진면 섭절리 이스라엘수도원 김백문(현 기독교 청수교회, 서울특별시 성북구 정능동 산) 원장 밑에서 전도관 박태선과 함께 수련을 받았으며, 1946년 4월, 이스라엘 수도원의 상도동 집회소에 인도자로 파송되어 활동하고, 김백문의 「기독교 근본원리」, 「성신신학」, 「신앙인격론」 그리고 정득은의 「생의 원리」를 표절하여 통일교 교리인 「원리강론」을 만들었다.

문 교주는 1946년 6월경 평양으로 가서 포교활동을 하며 남녀 혼숙 및 혼음관계와 사회 혼란죄로 8월 2일 형사 구속되었다. 1948년 2월 22일 오전 10시, 문 교주는 유부녀인 김종화 유부녀(남편이 있는데서)와 어린 양 혼인잔치(결혼) 사건으로 인하여, 김종화 여인 남편의 고소로 수감되어 1948년 4월 7일, 5년 실형 언도를 받아 1948년 5월 20일, 함경남도 흥남형무소로 이감되었다. 1950년 10월 14일, 유엔군 진주로 형무소를 탈출, 문 교주의 제자의 1번(수제자)인 김원필과 박종

화(북한 홍남형무소 동기)와 함께 월남하게 되었다.

문 교주는 1950년 12월 4일, 김원필 수제자를 대동하고 부산으로 피난하여 수년 동안 정착하던 중 1951년 1월 27일, 동경유학 동창생인 엄덕문 씨 신혼 부부를 만나서 신혼 단칸방에서 함께 생활하기도 했다. 1951년 8월, 부산시 동구 범일4동(범냇골) 1531번 산중턱에 토담집을 짓고 적극적인 포교를 시작했다.

1952년 남한에서 최초로 고려신학교(현, 고려신학대학) 재학생(범천교회 여 전도사) 강현실을 포섭하고, 1953년 7월, 통일교 최초로 강현실을 문 교주가 임명한 전도자로 대구지역에 파견, 개척 포교를 시작했다.

그 후 1953년 9월, 문 교주 일행은 경북 김천시 용문산 나운몽 목사가 운영하는 용문산기도원을 거쳐 귀경하여 서울특별시 성동구 황학동에 정착하게 되었다. 역사적 배경은 혼음계보이다<박영관 저, 1976년 6월 15일, 「이단종파 비판」. p.30 참조>.

《혼음계보》

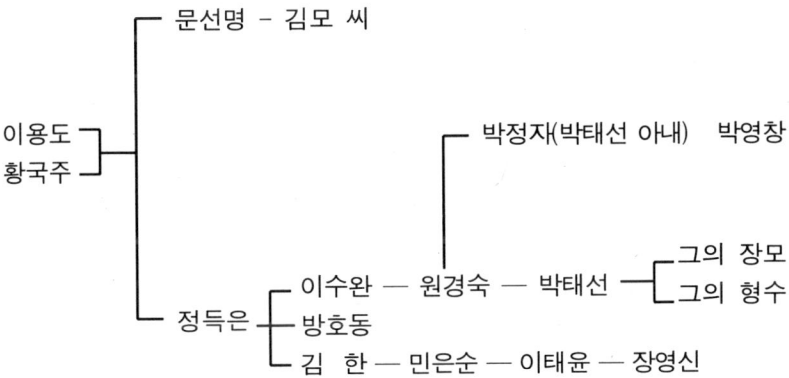

제4절 중요 조직 연혁 요약

1920년 1월 6일, 평안북도 정주에서 문선명 교주 출생.
1933년까지(14세) 서당에서 한문공부.
1934년 오산 보통학교 1년간 수학.
1938년 정주 공립보통학교 6학년 졸업.
　　　 4월 17일, 부활절에 예수님 만났다고 주장("재림 메시야는 문 너다").
1941년 경성상고실무학교 3년 졸업.
1943년 8월, 일본 와세다대학 고등공업학교 전기공학과 1학기 단축 졸업.
1944년 토목건설회사 가시마구미 전기 기사로 입사(서울).
1945년 이스라엘 수도원(김백문 원장)에 입단.
1947년 초창기(북한) 김원필, 옥세현, 김인주, 차상술, 정달옥, 지승도와 문 집단 결성.
1948년 2월 22일, 김종화(유부녀)와 어린 양 혼인잔치와 피갈음(섹스) 사건과 사회 혼란죄로 북한 내무서에 구속(문선명). 4월 7일, 공판 5년 실형 받고 평양형무소에 수감. 5월 20일 함경남도 흥남감옥으로 이송되다.
1950년 12월 4일, 흥남감옥 탈출 월남하다(박정화, 김원필 동행).
1951년 1월 27일, 6.25사변으로 부산에 피난하여 4년여 정착하다.
1951년 1월 28일, 우연히 노상에서 일본에서 유학 동창이었던 엄덕문 씨를 만나다(통일교 핵심 간부이며 건축가, 사망).
1952년 5월 10일, 강현실 여전도사 포섭 입교(부산 고신대 4년생),

12월 1일 부산에서 이요한 전도사 포섭 입교(기성교회 전도사)하다.

1953년 7월 20일, 최초로 강현실 전도사를 대구지역으로 40일간 통일교 포교자로 파송하다.

1954년 1월 25일, 문 교주 부산에서 대구로 출발하다.

1954년 3월 25일, 문 교주 경상북도 김천시 용문산 나운동 장로의 집회에 참석하다. 3월 26일, 이요한 전도사와 상경하다.

5월 1일, 세계기독교통일신령협회 창립(서울시 성동구 황학동)
- 고   문: 문선명 교주
- 협 회 장: 이창환(3개월 후 통일교 탈퇴, 저자와 몇 차례 만났다. 그 사람도 이단자이다.)
- 전도부장: 유효원, 김원필, 유효민, 김상철, 박정화 등.

12월 31일 성화기독학생회 조직.

1955년 1월 16일, 부인회 조직.

1955년 3월 27일, 이화여자대학교 통일교 관련 사건으로 교수 5명 파면당하다(김영운, 양윤영, 한충화, 최원복, 이정호 교수).

1955년 5월 11일, 이화여자대학교 여학생 통일교 관련 사건으로 퇴학당하다(사길자 외 13명).

1955년 7월 4일, 문 교주 경찰에 피검되다(병력법 및 사회 혼란과 간통죄목).

1955년 7월 7일, 연세대학교 황환채, 유영규 등 통일교 관련 사건으로 퇴학당하다.

1957년 8월 15일, 「원리해설」 3천부 초판 발행하다(최초의 정리된 교리 책).

1958년 6월 15일, 포교자로 최봉춘 씨를 밀항선 이용하여 일본에 침투시키다.

1959년 1월 2일, 포교자로 김영운 씨를 미국에 침투시키다.

7월 10일, 파고다 공원에서 노방 원리포교 시작하다.

12월. 통일산업(주) 전신인 예화 산탄공기총 제작소 설립하다(내무부 장관 총포허가 취득).

1960년 4월 11일, 문 교주와 한학자 결혼식 거행하다(어린 양 혼인 잔치 미명으로 43세의 문선명과 17세 여고생 한학자).

4월 16일, 합동결혼식 시작(3가정).

1963년 5월 31일, '세계기독교통일신령협회'(통일교) 문교부로부터 사회단체 제261호 인가받다.

1963년 10월 4일, '세계기독교통일신령협회' 문교부로부터 재단법인 인가받다.

1966년 1월 5일, 심정의 촛불 전수(성초), 심정 성냥 전수.

1966년 1월 10일, 전국대학원리연구회 창립.

1966년 5월 1일, 「원리강론」 초판 발행(원리강론이 통일교 발전의 원동력이 되다).

11월 7일, 기독교 초교파 운동본부 주최, **최초로 "기독교 교직자 간담회 개최"**하다(장소: 서울시에 있는 유명한 한식당 '삼오정'에서 13개 파 40명 참석).

1967년 1월 28일, 기독교 초교파 운동본부 주최, 연합 대부흥회(마산중앙감리교회 8개교 파 참석 인원 2천여 명, 제1차 개최)를 개최하다.

1968년 1월 13일, 국제승공연합 창립하다.

1968년 9월 9일, "크리스천 아카데미 하우스"에서 개최한 신흥종교 연구모임 문선명 교주, 유효원 협회장 참석, 강사는 유효원(사망) 협회장(2일간 원리강론 선전하다).

1969년 10월 13일, 서울특별시 종로구 '새문안교회'에서 통일교 원리비판 세미나에서 연세대학교 서남동 교수(자유주의 신학자)가 "「원리강론」 통일교 교리는 세계적으로 가장 훌륭하고 체계적인 신학 서적"이라 평하다.

1970년 4월 15일, 통일교가 한국종교협의회 가입하다.

1971년 1월 10일, 제1차 교수 초청 원리강론 세미나 실시하다(장소: 크리스천 아카데미 하우스 55명 참석).

1971년 7월 4일, 「주간종교」 창간하다.

7월 10일, 성화 보육원 개설하다.

1971년 12월 16일, 일화제약 주식회사 설립하다.

1974년 5월 1일, 통일교 창립예배 후 문선명 교주 목사, 성직 거행 17명 목사 임명: 김영휘, 김원필, 이수경 등(처음, 목사 칭호 사용).

1974년 6월 21일, 장로교 총회신학교 학생 45명 통일교 본부교회 내방하다(군소 교단).

1974년 11월 23일, 대학교수 99명 통일교 활동 지지 성명서 1단 5대 신문에 발표한 사건.

1976년 1월 30일, 선화학원(교육기관) 설립(초대 이사장: 박보희).

1976년 5월 12일, 미국 뉴욕 43층 뉴요커호텔을 세계 포교 본부로 사용하기 위해 매입하다.

1977년 1월 21일, 주식회사 일화 탈세 혐의로 홍성표 전무 등 10여 명 구속되다(2월 5일, 검찰 발표).

1979년 4월 24일, 남대문교회 사건(통일교 비판 대회에서 통일교 신자들 폭력 난동 사건).

6월 11일, 국제 구호단체 설립하다.

1982년 7월 16일, U.S.A(미국 법정에서) 1심 언도 공판 문 교주 1년 6개월 실형, 2만 5천불 구형받다.

1983년 4월 25일. 국제종교재단 창설

1985년 5월 15일. 남북통일국민연합 창설대회

1987년 1월 19일, 성화신학교 4년제 대학 학력 인정 학교로 지정받다(충청남도 천안).

1989년 2월 1일, 세계일보사 창간(구 철도청 건물 매입), 곽정환 초대사장.

1989년 3월 18일, 일화축구단(현 성남프로축구단) 창단(쉐라톤 워커힐 호텔에서)

1989년 7월 25일, 전국교사원리연구회 창립

1989년 7월 26일, 전국초중고원리연구회 창립

1991년 8월 27일, 세계평화종교연합 창설

1991년 8월 28일, 세계평화연합 창립

1991년 8월 29일, 환고향운동 전개(세계일보 대강당에서) 축복가정 일제히 고향으로 돌아가라(통일교 내의 제1회 자체 혁명 선언하다).

1991년 11월 30일, 12월 6일, 문 교주 및 박보희 일행, 북한 입국하여 12월 6일, 김일성 주석과 만나다.

1992년 4월 10일, 세계평화여성연합 창설(회장 문난영)

1992년 8월 24일, 세계평화통일당 창설

1994년 5월 3일, 세계평화통일가정연합 창립

1994년 7월 26일, 세계평화청년연합 창설

1996년 5월, 세계 185개국 국가 메시아 파송

1998년 1월 1일, 한국 일본 아버지 국가 어머니 국가로 승격

201년 1월 13일, 하나님 왕권 즉위식

2002년 7월 4일, 하늘 해방 선포식

2003년 2월 5일, 청심병원 봉헌식

2003년 3월 10일, 천주평화통일가정당 창당대회

2003년 5월, 미국 성직자 기독교 성지순례 및 십자가 내리기 운동

2004년 9월 23일, 세계몽골반점동족지도자 국제평화회의 및 몽골반점동족세계평화연합 창설

2007년 8월 2일, 세계평화센터 봉헌식(평양)

2007년 8월 28일, 평화통일가정당 중앙당 창당대회(백범 기념관)

2007년 10월 18일, 한국타임스항공 1단계 건설 준공식(김포 산업단지)

2008년 1월 29일, 광양만경제자유구역 화양지구기공식(여수 청해가든)

2008년 3월 4일, 평화통일가정당 18대 총선 필승 전진대회

2008년 4월 18일, 세계평화통일가정연합 세계회장 및 한국회장 취임식

2008년 8월 7일, 칠팔절-쌍합칠팔희년 태평성대 하나님 평화의 왕권 억만세(천정궁), 부활 완성의 날 선포

2008년 8월 27일, 실체부활 40일 천정궁 오찬, 영생 완성의 날 선포

2012년 3월 17일, 가칭 강한 대한민국 범국민운동본부 창설 등

제2장

교회론과 각종 의식

미리보기

2 교회론과 각종 의식

제1절 예배의식
제2절 합동결혼식과 문 교주의 쇼
제3절 각종 의식
제4절 성지
제5절 신조

제2장 교회론과 각종 의식

제1절 예배의식

1. 문 교주의 예배관

• 문 교주는 예배나 또는 집회 인도할 때 성경과 찬송가를 가지고 나와서 인도하는 법이 없었다(저자는 20여 년 동안 한 번도 보지 못하였다).

• 문 교주는 예배를 인도할 때나 특별집회 등을 인도할 때, 내용은 항상 자신의 생각과 주장을 말한다. 그것이 그의 설교요 통일교의 교리요 진리라고 주장한다.

• 통일교 자체로 제작한 성가 외에 자기 기분에 따라 예배를 인도할 때나 집회 때마다 아리랑, 뱃노래, 도라지, 노들강변 등 노래를 부르는 것이 문(文)의 특징이다.

• 예배 및 집회 인도할 때, 기독교 예식 예배 일시 외에는 전혀 지키지 않는다. 주기도문, 사도신경은 일체 사용치 않으며, 문 교주 자작품, 나의 맹세, 가정 선서, 가정교회장 선서문을 사용할 뿐이다.

• 통일교의 기도 말미의 변화는 3단계에 의해 변화되었다. 1950년대에는 "주님의 이름으로 기도하옵나이다. 아멘"으로 하였고, 1960

년대부터는 "참부모님의 이름으로" 기도함으로 기독교와 구별된 전통을 세워나갔고, 2006년 9월 14일을 기하여 "아주(我住)"로 변화되었다. 즉, 내가 나의 주인이다. 주님이 나의 주님이시다 라는 의미라고 한다.

2. 예배관

- 찬송(성가)
- 기도
- 성경봉독(원리강론)
- 설교(대부분 문선명 말씀집 및 원리강론)
- 기도
- 찬송(성가)
- 헌금
- 기도
- 폐회(축도 없음)

3. 기도관

- 통일교 원리강론 교리에서 기도 방법에 대해 아무런 설명이 없다.
- 문 교주 부부를 칭한 참 부모 이름으로 기도한다.
- 참 부모는 문선명 교주와 한학자를 가리킨다.
- 참 부모가 기도의 대상이다.
- 문 교주가 기도할 때도 참 부모(자기)의 이름으로 기도한다.
- 예수 그리스도 이름으로 기도하지 않는다.

4. 각종 절기와 기념의식

1) 8대 명절과 의식
- 참 부모님(문선명) 탄신일   양력 1월 6일(1920년)
- 참 부모의 날(문 교주 결혼식 날)   음력 3월 1일(1960년)
- 참 자녀의 날   음력 10월 1일(1960년)
- 참 만물의 날   음력 5월 1일(1960년)
- 참 하나님의 날   양력 1월 1일(1968년)
- 천주 통일 개천일   양력 10월 3일(1988년)
- 하나님 축복 영원 선포일(칠일절)   양력 7월 1일(1991년)
- 천지 부모 천주 안식권 선포일(7.8절)   양력 7월 7일(1997년)

2) 각종 절기와 의식
- 참 부모의 날: 음력 3월 1일(1960년) 문 교주 결혼식 날
- 심정 부활의 날: 양력 4월 17일(1960년)
- 실체 부활의 날: 양력 4월 17일(1960년)
- 참 만물의 날: 음력 5월 1일(1960년)
- 협회 창립의 날: 양 5월 1일(1960년)
- 참 자녀의 날: 음 10월 1일(1960년)
- 애천일: 양력 1984년 5월 16일
- 세계통일국 개천일: 양력 10월 3일(1988년)
- 하나님 축복 영원 선포일(칠일절): 양력 7월 1일(1991년)
- 세계평화통일가정연합회 창립일: 양력 5월 3일(1994년)
- 천지 부모 천주 안식권 선포일(7.8절): 양력 7월 7일(1997년)

• 참 부모님 헬기사고 중생 완성의 날: 양력 7월 19일(2008년)
• 칠팔절-쌍합칠팔희년 태평성대 하나님 평화의 왕권 억만세(천정궁), 부활 완성의 날: 양력 8월 7일(2008년)
• 실체 부활 40일 천정궁 오찬 영생 완성의 날: 양력 8월 27일(2008년)등, 문 교주가 죄짓고 벌을 받아 형무소에서 감옥 생활하고 석방된 날도 기념일이다. 웃기는 일이다. 또 웃기는 일은 기념일을 음력으로 정했다가 양력으로도 변경하며 또는 양력으로 정했다가 음력으로 변경하여 정하기도 한다.

제2절 합동결혼식과 문 교주의 쇼

1. 합동결혼식 횟수

1) 합동결혼식은 1960년 4월 11일, 문 교주와 한학자 결혼식으로부터 시작된다.
2) 1960년 4월 16일, 3가정의 합동결혼식이 처음 거행되었다.
3) 1961년, 33쌍 합동결혼식을 올렸는데, 앞에서 3가정과 합하여 36가정이라 한다.
4) 1962년, 72쌍
5) 1963년, 124쌍
6) 1968년, 430쌍
7) 1999년 2월, 4만쌍(한국에서 실시) 등 계속적으로 행하고 있다.

2. 합동 결혼과 신혼의식

1) 첫날 밤 행사는 통일교 예복을 입고 신랑이 신부의 머리에 손을

없고 기도한 후 신랑이 먼저 신부에게 큰 절을 3배한 다음에 3회(1일 3회도 허락된다)까지 신랑이 아래 신부가 위에서 성관계를 한다.

2) 통일교 예복을 입고 1)과 반대로 신부가 신랑 머리에 손을 얹고 기도한 후 신부가 신랑에게 큰 절을 3배 한 다음에 신부가 아래 신랑이 위에서 성관계를 한다.

3) 1), 2)와 같이 신혼 의식을 하는 이유는 하와가 먼저 성적 사랑(섹스) 행위로 타락했기 때문에 복귀원리(구원)의 반대 경로에 의해서 탕감 복귀를 위한 의식이다.

이것이 하나님의 6천년의 인류를 구원하시는 탕감복귀원리 라고 하는 문 교주의 참 부모 이단·사이비 의식이다.

3. 합동결혼 가정 자녀에 대한 의식

1) 자녀를 낳으면 7일 후에 목욕을 깨끗이 시킨 후 새 옷을 입히고 부모도 목욕을 한 후 깨끗이 단장하고 통일교 예복을 입고 아이에게 부모가 3배 경배(큰절)를 한다.

2) 부모가 아이에게 경배하는 행위는 하나님께 바치는 봉헌 행사이며, 기도 내용은 봉헌 기도로 드린다.

3) 아기 이름을 지을 때는 문 교주가 합동결혼 가정 별로 돌림자를 정해준다.

4. 합동결혼식의 근본 목적

통일교의 합동결혼식 주장은 하나님의 축복 행사라고 주장한다. 그러나 저자가 본 통일교 합동결혼식 행위는,

첫째, 통일교의 문 교주 선전과 포교를 위한 선전 행위이다.

둘째, 신자를 확보하기 위한 포교방법 일환이다.

셋째, 헌금을 착취하기 위한 수단이다(특히 일본 신자들 대상).

넷째, 통일교의 위상을 높이기 위한 선전 행위이다.

제3절 각종 의식

1) 문 교주와 또는 문 부부에 대한 공식적인 경배 의식이 있다.

주일, 매월 초하루, 15일, 각종 기념일에 문 교주 부부(참 부모)의 가정이 있는 곳을 향하여 새벽에 큰절을 3배씩 올리는 경배 의식을 한다.

또한 간부들이 문 교주를 상면할 때마다 큰절을 올린다. 저자도 문 교주를 집무실에서 직접 만났을 때 큰절을 하고 대화를 한 적이 있다.

2) 성념과 그 사용 방법

각종 물건을 구매하거나, 손님이 물건이나 선물을 가져왔을 때 성별하는 의식인데 무당이 부정탄다고 소금 뿌리는 의식과 같이 소금을 뿌리고 사용하는데 그 소금은 문 교주가 기도하고 하사한 성별 된 소금이다.

3) 성초와 그 사용 방법

특별 기도를 할 때 촛불을 켜 놓고 사용하는 양초를 가리켜 성초라고 한다. 그 성초는 문 교주가 기도하고 하사한 성별 된 양초를 말한다.

4) 참 부모님의 밥상

합동결혼식을 한 축복가정마다, 매일 식사시간 밥을 할 때마다 제일 먼저 문 교주 부부의 밥을 퍼서 담아놓는 의식을 말한다. 다음 식사 때까지 먹지 않고 놓아둔다. 다음 식사 때 식구들이 먹는다.

제4절 성지

1) 한국과 외국에 통일교가 있는 곳은 성지가 다 있다.
2) 성지는 통일교가 있는 행정 구역에서 제일 좋은 야산 지역을 선정하여 기도하고 만나는 장소이다.
3) 성지에는 문교주가 기도하고 하사한 깨끗한 흙을 한 움큼 받아다가 성지 중심에 구덩이를 파고 묻는다.
4) 성지는 하늘이 찾아오는 중심의 땅이다. 성지는 반드시 사야 하고 그리고 절대로 팔 수 없는 땅이다.
5) 성지는 하늘의 아들 딸들이 면회하는 장소이다.
6) 성지를 통하여 하나님 나라를 세운다고 주장한다.

제5절 신조

1. 나의 맹서(통일교의 신앙 고백)

첫째, 천주의 중심 존재로써 아버님의 뜻(창조 목적)과 맡겨주신 책임을 완수하며 기쁨과 영광을 돌려드리는 선의 자녀가 되어 창조이상 세계에서 영원히 아버님을 신봉하는 참 자녀가 될 것을 맹세하나이다.

둘째, 아버님께서 육천년간 제물 된 십자가 노정을 참으시며 죽은 우리를 참 자녀로 살리시기 위하여 말씀과 인격과 심정을 주시어 일체가 되게 하심으로서 천주의 상속권을 주시려는 거룩한 뜻을 완전히 상속받을 것을 맹세하나이다.

셋째, 원수에게 잃어버린 자녀와 천주를 복귀하기 위하여 아버님께서 부모님의 심정을 지니시고, 종의 몸을 쓰시고, 땀은 땅을 위하여, 눈물은 인류를 위하여, 피는 하늘을 위하여 뿌리시며, 우리 대신 역사로 정을 두시고 원수 사탄을 무찌르시던 무기를 지니고 그들을 완전히 심판할 때까지 아버님의 본을 받아 참 아들 딸 우리들은 적진을 향하여 용진할 것을 맹세하나이다.

넷째, 아버님께서는 평화와 행복과 자유와 이상의 원천이시며 아버님을 모시려는 개인과 가정과 사회와 국가와 세계와 천주는 본성의 인간을 통하여서만이 심정일체 이상세계를 완결함으로 우리들은 참 사랑이 되어 심정의 세계에서 아버님 대신자가 됨으로써 피조세계에 평화와 자유와 이상을 옮겨주고 아버님께 기쁨과 만족을 돌려드리는 참 아들, 딸이 될 것을 맹세하나이다.

다섯째, 우리는 하나님을 중심한 하나의 주권을 자랑하고 하나의 백성을 자랑하고 하나의 부모를 중심한 자녀 됨을 자랑하고 하나의 전통을 이어받을 혈족임을 자랑하고 하나의 심정세계를 이룩하는 역군임을 자랑하고 이를 실현시킬 것을 우리들은 맹세하나이다.

이러한 의무와 사명을 성취하는데 책임을 지고 생명을 바쳐 싸울 것을 우리들은 선서하며 맹세하나이다. 선서하며 맹세하나이다. 선서하며 맹세하나이다(1962년).

*이 맹세문에는 문선명의 인이 찍혀 있다.

2. 합동결혼식 서약

하나, 그대들은 본연의 선남선녀로써 하늘의 법도를 세우고 만일 실수가 있으면 자기들이 책임질 것을 맹세하느뇨?

둘, 그대들은 하나님이 기뻐하시는 이상적인 부부로서 영원한 가정을 이룰 것을 맹세하느뇨?

셋, 그대들은 하늘의 전통을 이어받아 영원한 선의 부모로써 가정과 세계에 모범되는 자녀를 양육할 것을 맹세하느뇨?

넷, 그대들은 이상적인 가정을 중심삼고 사회 국가 세계 천주 앞에 사랑의 중심자가 될 것을 맹세하느뇨?

3. 아버지(문선명)를 자주 부르라.

1) 기독교인을 내적인 가인, 민족은 외적인 가인, 이제부터 가인을 굴복시키는 역사를 하라.

2) 선생님은 죽어도 원수에 대한 감정을 갖지 않고 있기 때문에 뜻은 승리한다.

3) 누구든지 본부에 오면 예물을 가지고 와야 한다. 예물이란 나라를 사랑한 실적이다.

4) 선생님을 아는 것을 생활의 표어로 삼고 어디서나 선생님(문선명)을 찾고 발견하는 생활을 하라.

5) 아침에 웃으면서 아버지(문선명) 하고 자리에서 일어나고, 밤에 또 웃으면서 아버지(문선명) 하고 잠들게 하라.

6) 남성은 참 아버지의 분신이요, 여성은 참 어머니의 분신이다. 그런 고로 남편이 아내를 무시하면 참어머니를 무시하는 것이요 아내가 남편을 속이면 하늘을 속이는 것이 된다.

7) 구약시대는 신부 격 시대요, 신약시대는 신부시대요, 성약시대는 아내의 시대이다. 아내의 시대는 주님과 일체 이상을 이루는 때이니

기도도 자기의 이름으로 할 때도 온다.

8) 기독교는 아버지를 가르쳐 주려고 했지만 똑똑히 못 가르쳐 줬다. 아버지(문선명)를 자주 부르는 생활은 항상 쉬지 말고 마음 속에 지니고 잊지 말고 기억하라는 뜻이다.

제3장

원리강론 교리 반증

미리보기

원리강론 교리 반증

제1절 원리강론 출현동기
제2절 창조원리
제3절 타락론
제4절 종말론
제5절 부활론
제6절 메시아 강림과 재림의 목적
제7절 예정론
제8절 기독론
제9절 복귀론
제10절 재림론

제3장 원리강론 교리 반증

제1절 원리강론 출현 동기

1. 출현 동기

통일교 문 교주는 1945년 10월부터 경기도 파주군 임진면 섭절리 이스라엘수도원에서 6개월간 김백문 씨 지도 아래 수련을 받은 후 김백문 교리「기독교 근본원리」를 이용하여「원리강론」통일교 교리를 집필 하였다(실질적 집필자는 2대 협회장이었던 유효원 씨가 했다).

보다 구체적으로 설명하면 이스라엘 수도원장 김백문 씨가 저서한「성신신학」(1954년 3월 2일),「기독교 근본원리」(1958년 3월 2일), 정득은 씨가 저서 한「생의 원리」(1958년 6월 30일)를 혼합하여 통일교 교리서가 탄생하는데 그것이 바로「원리강론」(1966년 출판)이다. 뿐만 아니라「기독교 근본원리」의 대지와 소제목의 제목들이「원리강론」통일교 교리의 대지와 소제목의 제목이 대부분 동일함으로 표절임을 입증한다. 저자는 통일교「원리강론」교리를 연구하고자 1987년 4월, 김백문 씨의 기독교 청수교회를 방문한 적이 있다.

그러므로 문 교주의 말대로 하나님으로부터 직접 계시를 받아서 집필한 「원리강론」 교리가 아니라 위에서 증거한 내용과 같이 김백문의 책과 정득은의 책을 혼합 표절하여 만든 것이 바로 통일교 교리 「원리강론」임을 확실하게 밝혀 놓았다.

2. 김백문에 대하여

김백문 씨는 경상북도 칠곡군 인동면 태생으로 대구의대 4년 중퇴했다. 함경북도 도립병원 인턴으로 있으면서 당시 이단시비에 말려있던 이용도 목사 교회의 김남조 신도로부터 신앙의 인도를 받았다. 김백문 씨는 스스로 기도가운데 하나님의 계시에 의해 새로운 진리를 밝힌 것이 「성신신학」(1954년 3월 2일)과 「기독교 근본원리」라고 주장했다.

현재는 서울특별시 성북구 정능동 산 기독교 청수교회를 담임하고 있으나 영·육간의 질병으로 고난 중에 사망했다. 현재 신도 수는 약 30여 명 정도 있다.

3. 원리강론과 성경관

원리강론 교리는 성경의 권위를 부인한다.
성경은 수수께끼의 책으로 기록되어 있다.
성경은 암호로 기록한 것이다(원리강론 및 문선명의 설교 중에서).
성경은 비유와 상징으로 기록되어 있다.
성경은 진리를 찾아가는 교과서요, 진리가 아니다.
성약시대와 성경은 새 진리인 원리강론 교리이다.

통일교 원리강론이 진리이고, 통일교에만 구원이 있으며, 기독교는 구원이 없다.

성경을 버리더라도 참 부모(문 교주 부부)를 가져야 한다.

재림 주님은 구름 타고 오지 않는다.

재림 주님은 육신을 쓰고 지상에서 초림 때와 같이 탄생하신다.

문 교주와 한학자가 지상천국을 이룬다고 주장한다(문선명 부부).

구원은 성경 대로 믿음이 아니라, 문 교주의 행위신앙 대로 이루어진다. 성경은 시대적 목적에 의하여 주어진 것인데 구약, 신약시대는 종결되었다고 주장한다.

예수님은 내(문선명) 부하다.

예수님을 결혼시켜야 한다.

예수님이 결혼하지 못한 것 때문에 천국을 못 이룬 것이다.

하나님도 신부(女人)가 있어야 한다.

예수님 대신 문 교주가 메시아다.

반증

성경 만이 기독교의 유일한 하나님의 진리요. 통일교 원리강론 교리는 거짓 이단 교리이다(시 25:10, 89:11; 요 1:17, 8:32; 요이 1:1; 요 14:16~17, 등).

기독교 만이 유일한 구원의 종교요, 생명의 종교요, 부활의 종교다(성경 요 3:6, 5:24, 6:40, 8:11, 10:13; 갈 2:16, 3:14 등).

하나님의 성경 말씀은 구원과 생명의 진리로 믿어야 하며, 참 부모라는 문선명과 한학자는 지옥으로 버려져야 한다.

주의 재림은 육신을 입고 오시지 않고 구름 타고 오신다(마 24:27~

30, 26:64; 행 1:11; 살전 4:16, 단 17:13 등).

천국은 진리의 성경 말씀대로 하나님께서 절대로 이루시는 것이다, 구원은 예수를 믿음과 하나님의 은혜로 모든 죄를 회개하므로 사함받고 이루어진다.

요 3:16에 "하나님이 세상을 이처럼 사랑하사 독생자를 주셨으니 이는 저를 믿는 자마다 멸망치 않고 영생을 얻게 하려 하심이니라" (히 10:10, 11:11; 롬1:17, 10:13; 갈 2:16, 3:14 등).

진리의 성경은 종결되는 것이 아니요, 영원하고 온전하게 하나님 나라를 세우기 위한 하나님의 뜻이다(딤후 3:16~17). 그러므로 통일교 원리강론 교리의 성경관은 완전히 거짓된 이단 교리임을 확실하게 반증한다.

제2절 창조원리 반증

1. 하나님의 이성 성상과 피조세계

1) 무형(영)으로 계신 하나님을 어떻게 알 수 있는가?

피조세계(자연계)를 관찰함으로 알 수 있다(로마서 1장 20절 인용하여)라고 주장한다. 모든 사물은 양성과 음성, 성상과 형상으로 되어 있다. 모든 물질을 구상하고 있는 소립자는 양성과 음성으로 되어 있다. 모든 물질은 수술과 암술로 되어 있다. 모든 동물은 수컷과 암컷으로 되어 있다.

인간은 남성과 여성(아담, 하와)으로(창 2:18, 창 1:27) 창조되었다. 동양철학의 역학설을 이용하는 동시에 또한 아주 높은 차원의 철학으로 착각하고 있다.

우주의 근본은 태극(무극)에서 음·양이 나오고, 음·양을 '도'라 하며 '도'는 말씀이다(요한1서 1장 3절 인용하여)라고 주장하면서,

하나님(신)은 양성과 음성의 이성 성상과 형상의 이성 성상, 상대적 존재 양상으로 이루어진 피조세계의 중화적 주체로 계신 분을 하나님(신)이시라고 원리강론은 주장한다.

반증

첫째, 로마서 1장 20절은 타락한 인류에게 하나님을 알 수 있도록 표현한 것으로 깨끗함, 죄로 인하여 하나님을 모른다는 무지함을 깨우치기 위한 교훈으로 보아야 한다. 모든 자연 만물을 통하여 하나님(신)을 양성 음성의 이성 성상으로 인식하려는 귀납적인 방법은 잘못된 이단 주장이다.

둘째, 하나님(신)은 분리되거나 혼합물이 아니며 피조물도 아니다. 하나님(신)은 단순성에 의하여 "하나님과의 그 속성은 하나다"라고 추정하는 것이 기독교의 바른 교리이다(요 2:24에 하나님은 영이시다). 동양철학의 역학인 음·양은 하나의 사물의 법칙론이며 태극 또는 무극은 신이 아니다. 요 1:1~3의 말씀은 삼위일체 하나님 창조의 행동을 말씀한 것이다.

셋째, 하나님은 어떠한 법칙이나 인지적인 논리에 속하여 계신 분이 아니시다. 기독교의 하나님은 인격과 신성을 지니신 하나님이시며 하나님에 관한 관념은 기독교 성경에 기록된 초자연적 특별 계시에 의해서만 인식될 수 있다. 오직 성령이 조명하는 감동 감화 아래 특별 계시로부터만 하나님에 관한 지식을 얻을 수 있다.

넷째, 하나님은 성부 성자 성령 삼위일체의 하나님이시다. 하나님은

무형에서 유형을 창조하시는 절대성의 하나님이시다. 나는 전능하신 하나님이시다(창 17:1). 나는 스스로 있는 지라(출 3:14). 지극히 높으신 이는 손으로 지으신 곳에 계시지 아니하시니(행 7:48). 하나님을 인간의 지식으로 분별할 수 없는 영원하신 영적 존재이며 유일한 선신이시다.

2. 하나님의 피조세계와 창조 목적

원리강론은 하나님을 중심으로 인간을 비롯한 존재물이 사위기대를 완성하고 하나님을 중심으로 삼대상 목적(3대 축복)을 이루어서 천국을 지상 위에 이루어 놓으시고 기쁨을 누리시는 것이 창조 목적이라고 한다(창 1:1-31 인용). 창 1:28에 생육, 번성, 만물 주관(3대 축복)하게 된다고 한다.

ㄱ)(하)(몸)(맘) : 인간완성=4위 기대 이룸(하+몸+맘=인간)
ㄴ)(하)(아)(하) : 가정완성=4위 기대 이룸(하+아+하=가정)
ㄷ)(하)(인)(만) : 사회완성=4위 기대 이룸(하+인+만=천국)

〈참고 도표〉

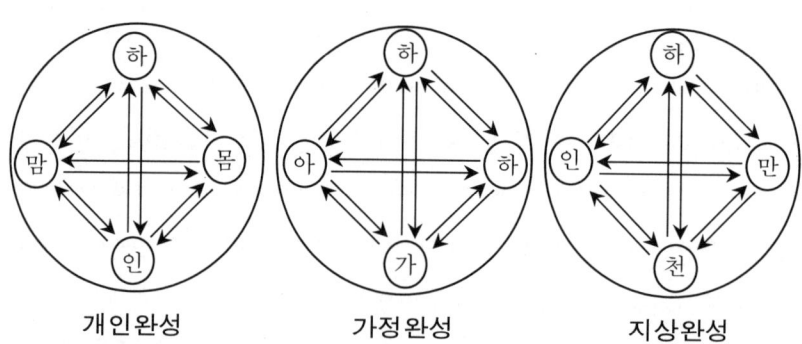

개인완성   가정완성   지상완성

이와 같이 3대상 목적이 이루어지면 4위기대가 완성되며 3대 축복이 이루어진다. 이 때 비로소 하나님(신)의 창조 목적을 완성하여 기쁨을 누리시기 위함이라고 주장한다.

반증

하나님(신)은 창조의 세계에서 자기의 영광을 나타내시기 위하여 피조세계를 창조하신 것이다. 하나님은 사람에게 복을 주시는 것이다. 피조물이 창조주 하나님(신)을 영화롭게 하는 것은 하나님의 위대하심을 승인하고 영광을 당연히 돌리는 것 뿐이다.

성경 사 60:21에, "백성이 다 의롭게 되어 영영히 땅을 차지하리니 그들은 나의 심은 가지요 나의 손으로 만든 것으로서 나의 영광을 나낼 것인즉"(사 60: 19-21 참조) 창 1:27~28에 "하나님이 자기 형상대로 사람을 창조하시고 하나님이 그들에게 복을 주시며" 창 1:1~31에 하나님의 창조의 뜻은 선을 이루시려는 것이요 복을 주시는 것이다. 웨스트민스터 표준 문서는 하나님 영광을 그의 작정의 목적으로 삼는다.

3. 하나님과 만물 간접 주관

하나님은 만물의 원리 주관자일 뿐이요, 만물을 직접 간섭하시지 않으시며 간접적으로 주관하신다고 주장한다.

반증

자연신론은 기독교사에서 이미 이단으로 취급된 적이 있으며, 신학적 오류에 빠진 잘못된 것이다. 기독교의 바른 신학은 범신론 자연신론을 모두 배격한다. 성경 창 1:28~31에 "지으신 모든 것을 보시니 보시기에 심히 좋았더라" 창 2:1에 "천지와 만물이 다 이루리라" 시편 33: 6에 "여호와의 말씀으로 지음받았다" 롬 11:36에 "만물이 주에게서 나오고 주로 말미암고 주에게로 돌아감이라" 계 4:11에 "주께서 만물을 지은지라" 그러므로 원리강론 교리가 말한 것처럼 만물을 지으신 하나님이 직접 관련이 없다는 주장은 잘못된 이단교리이다.

제3절 타락론 반증

원리강론 교리 타락론은 인간조상 아담 하와의 미완성기 때 성적(섹스)사랑 행위가 선악과요, 그 선악과가 죄의 발생 근원이요, 뿌리라고 주장한다(창 2:17, "선악을 알게 하는 나무의 실과는 먹지 말라 네가 먹는 날에는 정녕 죽으리라 하시니라" 인용).

1. 생명나무와 선악을 알게 하는 나무

생명나무는 남성격 아담을 비유한 것이요, 선악을 알게 하는 나무는 여성격 하와를 비유한 것이라고 주장한다.

성경 창 3:24에 "생명나무의 길 지키게 하시니라" 창 13:12에 "소원을 이루는 것은 생명나무라" 계 22:14에 "저희가 생명나무에 나아가며" 이상과 같이 성경 말씀을 인용하여 타락한 인간의 소망은 생명나무 앞으로 나아가 생명나무를 이루는 데 있는 것으로 보아서 생명나무는 아담을 비유하고 상대적으로 선악을 알게 하는 나무는 하와를 비유한 것이라고 원리강론에서는 절대적으로 주장한다.

반증

첫째로, 생명나무에 대하여

성경 창 3:24; 잠 13:12; 계 22:14에 말씀은 신구약 전 시대의 타락한 인간들이 예수 그리스도를 믿는 모든 성도들의 소망(구원)을 이루는 것이 생명나무이다. 그러므로 원리강론에서 주장한 생명나무가 남성격 아담으로 비유한다는 주장은 거짓된 이단 교리이다. 아래와 같이 생명나무에 대한 가치를 성경은 확실하게 밝혀주고 있다.

창 3:6에 "지혜롭게 할 만큼 탐스러운 나무인지라"

잠 3:18에 "지혜는 그 얻는 자에게 생명나무라"

잠 11:30에 "의인의 열매 생명나무라"

계 2:7에 "하늘의 낙원에 있는 생명나무라"

계 22:2에 "강 좌·우에 생명나무가 있어 열 두 가지 실과를 맺히되 달마다 그 실과를 맺히고 그 나무 잎사귀들은 만국을 소성하기 위하여 있더라"

계 22:18~19에 "누구든지 이 책의 예언의 말씀에서 제하여 버리면 하나님이 이 책에 기록된 생명나무와 및 거룩한 성에 참여함을 제하여 버리시리라" 생명나무에 대하여 성경은 확실하게 입증하고 있으며 그 가치를 확실하게 나타내고 있다.

둘째로는, 선악을 알게 하는 나무에 대하여

선악을 알게 하는 나무는 신구약 성경 66권 중 구약에 두 번 기록되어 있다(창 2:9, 2:17). 성경 말씀에 선악을 알게 하는 나무가 여성격 하와를 비유하는 기록이 없으며, 선악을 알게 하는 나무에 대하여 원리강론은 어떠한 구체적인 기록이 있어야 할 것인데, 생명나무를 아담으로 비유한 것을 보아 선악을 알게 하는 나무를 하와로 비유했다고 주장하는 것은 근거가 없는 잘못된 주장이다.

결론적으로, 생명나무가 남성격 아담을 비유하였고, 선악을 알게 하는 나무는 여성격 하와를 비유했다면, 또한 에덴동산 주위에 있는 각종 나무는 무엇을 비유한 것인가에 대한 설명이 있어야 하는데, 원리강론은 어떠한 설명이나 또는 무엇을 비유한 것인지에 대하여 전혀 기록이 없다. 그러므로 통일교 교리에서 주장하는 생명나무와 선악을 알게 하는 나무를 인간조상 아담과 하와로 비유했다는 주장은 잘못된 이단 교리임을 반증한다.

2. 선악과란?

1) 선악과란 문자 그대로 선악과가 아니다(창 2:17).

성경 마 15:11에 "입에 들어가는 것이 사람을 더럽게 하는 것이 아니라 입에서 나오는 것이 사람을 더럽게 하는 것이니라" 먹는 것이 어떻게 인간을 범죄케 하며 타락시킬 수 있을 것인가라고 원리강론은 주장한다.

2) 선악과는 나무 열매인 과실이 아니고 무엇에 대한 비유라고 주장한다.

원리강론에서 비유로 주장하는 내용은 아담 하와의 성인이 되기 전 미완성기 때 성적(섹스)사랑 행위를 말하며, 그 사랑은 간음 행위로 범죄가 된 것이요, 이 간음 행위가 선악과요, 죄(타락)의 뿌리요, 근원으로 비유한 것이라고 주장한다. 또 혈통적인 죄가 아니고서는 죄는 유전될 수가 없으며 아담 하와의 성적(섹스)사랑 범죄 행위만이 죄를 유전시킬 수 있으므로 선악과는 아담 하와의 '성적(섹스)사랑 범죄 행위를 비유한 것이다'라고 원리강론은 절대적으로 주장한다.

반증

진리의 성경에는 아담 하와가 미완성기 때 성적(섹스)사랑 행위를 했다는 기록에 대하여 어느 책에서도 찾아볼 수 없다. 선악과가 아담 하와의 간음 행위로 비유된 것이라는 기록도 성경에는 없다. 또한 아담 하와는 미완성기가 아닌 성장한 후 남편과 아내의 위치에서 선악과를 따 먹었다는 사실이다(창 3:6).

원리강론 주장처럼 선악과는 생명나무와 어떤 관련이 있어야 하는데 진리의 성경에는 생명나무와 선악과가 어떤 관련이 있다는 기록이 없다. 선악과는 문자 그대로 선악을 알게 하는 나무의 열매이다(창 2:17, 3:2; 호 6:7). 원리강론이 주장한 생명나무와 선악을 알게 하는 나무를 비유한 아담과 하와의 성적(섹스)사랑 행위를 선악과로 비유한 것은 진리인 성경과 전혀 관계없는 것이며, 또한 기독교 교리와도 관계가 없는 잘못된 이단 교리임을 반증한다.

3. 아담과 하와의 성적 사랑 행위와 선악과 비유한 성경

인간은 입으로 들어가는 것이 사람을 더럽게 하는 것이 아니라 입에서 나오는 것이 사람을 더럽게 하는 것이다(마 15:11; 막 7:15~16). 선악과가 문자 그대로 수목과라면 인간은 허물이 있으면 가리는 것이 본능이므로 선악과를 딴 손과 먹은 입을 가리워야 할 것인데 왜 하체를 가리웠느냐? 창 3:6~10에 기록을 인용하여 선악과는 아담 하와의 성적 사랑을 비유한 것이라고 주장한다.

창 3:6에 "아담 하와가 선악과를 따 먹고 범죄한 후에"

창 3:7에 "이에 눈이 밝아 몸이 벗은 줄 알고 무화과나무 잎을 엮어 치마를 하였더라"

창 3:8에 "아담과 그 아내가 여호와 하나님의 낯을 피하여 동산 나무사이에 숨은지라"

창 3:10에 "하나님이 아담을 부르실 때에 하나님의 소리를 듣고 내가 벗었으므로 두려워하여 숨었나이다"(창 3:20~25 참조)

반증

성경 마 15:17; 막 7:15~19에 보면, "이는 마음에 들어가지 아니하고 배에 들어간 뒤로 나아감이니라 하심으로 모든 식물은 깨끗하다 하셨느니라"

롬 14:20에 "만물이 다 정하되 거리낌으로 먹는 사람에게는 악하니라"

딤전 4:4에 "하나님의 지으신 모든 것이 선하여 감사함으로 받으면 버릴 것이 없나니" 선악을 알게 하는 나무의 열매(선악과) 자체는 인간의 죄의 발생과 아무런 관계가 없음을 확실하게 성경은 밝히고 있다. 그러므로 선악과를 따먹은 손과 그 입 자체에는 범죄 행위와 아무런 연관이 없다.

성경 창세기 3:6~10에, '하체 가리다' 에 대한 반증

열대지방 아프리카인들은 나체로 생활해도 아무런 부끄러움을 느끼지 않으며 오히려 그들에게는 옷을 입는 것이 부끄러운 일로 거추장스럽게 여긴다. 남미 브라질 아마존 원주민들을 보라 벌거벗고 있어도 아무런 부끄러움을 갖지 않는다. 원리강론 주장 대로라면 예수 그리스도를 믿어 죄를 회개하고 구원받은 성도들은 무죄하니 나체로 생활하여도 부끄러움이 없어야 한다. 2천년 전에 오신 예수 그리스도께서는 무죄하시니 옷을 입지 않고 벌거벗은 나체로 계셨어야 될 것이 아닌가? 그러나 나체로 계셨다는 기록이 성경에는 없다.

또한 문 교주(자칭 재림주)도 스스로 무죄한 자요 한학자 여인도 스스로 무죄한 자인데 왜 옷을 입고 나체로 생활하지 않고 있는가? 문 교주는 스스로 자기 모순에 걸리고 만 꼴이 되었다. 그러므로 성경 창세기 3:6~10에 '하체를 가리다'는 아담 하와가 범죄함으로 그들이 눈을 열어서 지식은 얻었지만 순결(무죄)을 잃었고, 죄 의식을 가지게 되었으므로 부끄러움과 두려움으로 당황하여 숨으려는 본능 작용의 발로로 무화과 잎을 엮어 치마를 하였으며, 나무 숲 사이에 숨었을 것으로 볼 수 있다(아담 하와의 스스로의 행위).

숨는다고 하나님이 아담 하와의 범죄 행위를 모르실리 없으며 범죄 행위를 피할 수는 없으나 인간의 허물을 가리는 본능 작용이 하나의 임시 방편으로 얼마든지 '가리다'를 행하여 볼 수 있는 것이다. 원리강론의 성적 사랑에 의한 죄론 교리는 분명히 잘못된 이단 교리이다.

죄를 숨겨보려는 실례

첫째, 가정에서 자녀들이 부모의 뜻을 어기거나 잘못을 저질렀을 때 당황하여 꾸중들을 것을 잠시 피해보려는 경우를 우리는 흔히 볼 수 있다.

둘째, 그렇다고 완전히 저지른 잘못을 피할 수는 없는 것이다. 그러므로 잘못(죄)을 해결할 수 있는 방법은 아니다.

셋째, 창 3:10~11에 "벗었으므로 두려워하여 나무 숲 사이에 숨었다."고 고백한 아담에게 여호와 하나님께서는 "누가 너의 벗었음을 네게 고하였느냐"하신 말씀을 보아서도 알 수 있다.

넷째, 창 3:6~10에, '하체를 가리다' 문제에 대한 기록을 인용하여 성적 타락을 주장하는 원리강론은 잘못된 주장이며 문 교주의 피갈음(섹스)교리를 합리화하기 위한 방법론으로 볼 수밖에 없다.

다섯째, 간음행위(아담과 하와), 성적 사랑이 범죄의 근원이라면 구원도 성적 사랑 행위, 다시 말하면 피갈음(섹스)으로 이루어져야 하며 통일교 교리는 당연히 피갈음 교리요, 혼음 교리이다.

여섯째, 원리강론에서는 아담 하와 성적(섹스)사랑 행위를 죄의 원인으로 주장하면서, 왜 구원 방법에 있어서 솔직히 피갈음과 혼음 교리를 문자 그대로 표현하지 않고 간접법(탕감 복귀)을 사용하는가에 대하여 저자는 반문하고자 한다.

일곱째, 통일교 교리가 피갈음 교리요, 혼음 교리라고 비판하면 왜 폭언과 폭력을 사용하며 섹스 교리를 극구 부인하는 이유가 무엇인가? 특이한 일은 통일교 교주인 문선명은 서슴없이 섹스론을 주장하며 자신은 "신이 택한 유일한 섹스 구원자"로 자칭하고 있다. 그러므로 원리강론이 주장하는 성적 타락과 성적 구원론 교리는 기독교와 전혀 다른 이단 사교 교리임을 확실히 반증하는 바이다.

4. 뱀의 정체와 천사 비유

선악과를 따 먹게 한 뱀(창 3:1~)은 무엇을 비유한 것인가?
뱀은 문자 그대로 들짐승이 아니다. 그러면 뱀은 무엇을 비유한 것인가? 뱀은 천사를 비유한다.
성경 벧후 2:4에 "범죄한 천사를 용서치 아니하시고"

유 1:6에 "자기 위치를 지키지 아니한 자기 처소를 떠난 천사들을 큰 날의 심판까지 영원한 결박으로 흑암에 가두었으며"

계 12:9에 "큰 용이 내어쫓기니 옛 뱀 곧 마귀라고도 하고 사단이라고도 하는 온 천하를 꾀는 자라"

이상과 같이 성경을 인용하여 뱀은 바로 천사를 비유했다고 주장한다. 원리강론은 뱀으로 비유된 천사는 간음죄를 졌다. 그 간음죄는 유 1:7에 인용하여 유 1:6과 연결시켜 주장하고 있다.

또한 창 3:1에 아담 하와를 꾀인 뱀은 천사를 비유했다는 것을 원리강론은 자신있게 주장한다.

반증

성경 벧후 2:4; 유 1:6; 계 12:9은 뱀을 천사로 비유한 말씀이 아니다. 뱀을 천사로 비유한 성경 말씀은 한 곳도 없다. 그러므로 뱀을 천사로 비유한 원리강론은 잘못된 주장이다.

천사의 타락은 하나님에 대한 자결정적 반역이며 월권행위이지 앞에서 밝힌 것처럼 성적 사랑으로 인한 간음 행위의 범죄가 아니다. 유 1:6~7에 연결하여 천사를 간음한 것으로 주장하는 원리강론은 잘못된 것이다.

유 1:6에 "자기 지위를 지키지 아니하고 자기 처소를 떠난 천사들을 큰 날의 심판까지 영원한 결박으로 흑암에 가두셨으며"

유 1:7에 "소돔과 고모라와 그 이웃 도시들도 저희와 같은 모양으로 간음을 행하며 다른 색을 따라가다가 영원한 불에 형벌을 받음으로 거울이 되었느니라"고 했다. 이와 같이 하나님 진리의 성경인 기독교의 정통 교리는 유 1:6~7에 연결될 수 없는 진리임을 입증한다.

다만, 범죄한 천사와 소돔과 고모라가 심판을 받는데 있어서 6절에 영원한 결박으로, 7절에 영원한 불에 형벌을 받으므로, 같은 방법의 형벌을 의미한 것이다. 이와 같이 천사는 뱀으로 비유될 수 없음을 성경은 확실하게 밝혀주고 있다.

계 12:7에 "하늘에 전쟁이 있으니 미가엘(천사장, 유 1:9)과 그의 사자들이 용으로 더불어 싸울 때 용과 그의 사자들도 싸우다"

계 20:1에 "천사가 무저갱 열쇠와 큰 쇠사슬을 가지고 하늘에서 내려와" 계 20:2에 "용을 잡으니 곧 옛 뱀이요 마귀요 사탄이라"

또한 원리강론에서 주장하기를 성경에 기록된 뱀(창 3:1)은 들짐승이 아닌 계 12:9에 큰 용 옛 뱀을 천사로 비유했으므로, 계 12:7, 20:1~3에 말씀은 뱀을 천사로 비유할 수 없다는 사실을 확인할 수 있다.

뱀이란 악마, 사탄, 마귀(문선명 같은 자)를 비유한 것이다 (마 23:33; 계 12:9, 20:2).

그러므로 원리강론 교리가 얼마나 요사스러운 거짓된 교리인가? 뱀을 천사로 비유한 것은 기독교 교리나 성경과는 아무런 관련이 없다는 것이 명확히 밝혀졌다. 하지만 원리강론 교리에서 문제의 뱀은 인간과 대화할 수 있는 존재인데(창 3:21~25), 과연 들짐승인 뱀이 인간과 대화할 수 있는가? 그러므로 오직 인간과 대화할 수 있는 존재는 영물인 천사뿐이므로 아담 하와가 꾀인 뱀은 바로 천사라고 보충하여 주장을 한다. 그러나 계 13:11에 "용처럼 말하더라"(용이 말을 하였다는 기록이 있다)

계 12:17에 "하늘에 전쟁이 있으니 천사장과 그 사자들이 용과 더불어 싸울 쌔..."(참조, 민 22:28에 여호와께서 발람이 탄 나귀의 입도 여심으로 발람과 나귀는 대화를 하였다) 이와 같이 원리강론에서 강력하게 보충으로 주장하는 대화라는 명제 아래 뱀을 천사로 비유하는 것은 분명히 잘못된 이단 교리임을 반증한다.

5. 아담 하와 범죄(간음) 행위의 동기와 경로

아담 하와의 범죄(간음) 행위는 영적 타락(간음)과 육적 타락(간음)으로 완전 타락되었다고 주장한다. 영적 타락은 첫 번째 타락으로 천사와 하와와의 간음(범죄) 행위로 주장한다(유 1:6~7 참조).

육적 타락은 두 번째 타락으로 하와와 아담과의 사랑(간음)행위를 말하며, 이와 같이 아담 하와가 영적 타락과 육적 타락을 함으로 인간은 완전 타락으로 죄의 근원이 되었다고 주장하는 것이 원리강론의 절대 주장이다.

반증

인간 조상 아담 하와가 성적 간음(섹스) 행위로 영적 타락과 육적 타락으로 인하여 원죄가 발생하여 죄의 근원이 되었다는 원리강론 주장은 기독교 교리에 어긋나며 성경에서 전혀 찾아볼 수 없다. 또한 천사와 하와와의 간음 행위가 영적 타락이라는 주장도 성경에는 기록이 전혀 없다. 뿐만 아니라 천사를 뱀으로 비유하여 간음죄로(유 1:6~7) 성경을 주해하여 주장하려는 것도 잘못된 이단 교리이다.

이상과 같이 영적 타락과 육적 타락으로 아담 하와가 완전히 타락하였으며 그 경위가 간음(성적) 행위에 의하여 이루어졌다는 원리강론 주장은 잘못된 것이요, 기독교 교리와 진리의 성경에 왜곡됨을 분명하게 반증한다. 최초의 죄의 근원은 창 2:17에 인간 조상 아담 하와가 하나님의 언약을 어기고 선악과를 따 먹은 것이 죄의 근원이라는 것이 기독교가 믿는 절대적인 믿음이다.

6. 피갈음 교리와 혼음 교리란?

피갈음 교리란, 선악을 알게 하는 나무 열매(선악과 창 2:17)를 아담과 하와의 성적 사랑(섹스) 행위로 주장하여 여기에서 죄의 근원이 발생했다는 교리이다. 자유주의 주석가나, 타 이단종파에서도 그렇게 주장하는 집단이 있다.

혼음 교리는, 남녀 두 사람만의 성적 사랑(섹스) 행위가 아니라 여러 남녀가 함께 릴레이식 혈대 교환으로 사랑 행위를 하는 것을 혼음 교리 라고 말한다(저자: 주).

피갈음 교리와 혼음 교리는 문자 그대로 원리강론에 기록된 것은 아니다. 그러나 창세기 2:17에 선악과를 따 먹은 것이 아담 하와의 성적 사랑 행위로 비유 주장하는 원리강론은 피갈음 교리와 혼음 교리 또한 성립되어 있다.

그런데, 통일교 문 교주의 섹스 교리와 성적 사랑(섹스) 행위로 구원을 받는다는 주장은 절대적인 것이다(참조: 탕감 복귀). 그래서 문 교주는 신이 허락한 유일한 성적 사랑(섹스) 행위로 구원시키는 자칭 섹스 구세주이다(문 교주의 맏며느리였던 홍난숙 탈출 수기에서도 입증하고 있다).

반증

피갈음 교리와 혼음 교리라는 어휘는 성경 기록이나 성경사전, 우리 말 사전 어디에서도 필자는 찾아 볼 수가 없었다.

피갈음 교리란 죄악의 혈통을 뽑아버리고 깨끗하고 무죄한 혈통을 받는 것을 말한다. 다시 말해서 더러운(죄) 피를 깨끗한(성결, 죄 없는) 피로 바꾸는 것을 말한다(저자: 주). 죄가 있는 남녀가 무죄한 자로부터 성적(섹스)사랑 행위를 통하여 죄를 씻는 방법을 피갈음이라고 하는 것이다.

그러나 진리의 성경이나 기독교 교리에는 피갈음 교리란 있을 수 없으며 더욱이 혼음 교리란 있을 수 없다. 기독교와 진리의 성경은 피갈음(섹스)을 통하여서 죄를 씻음 받고 구원받는 진리가 아니다.

하나님의 은혜와 예수 그리스도의 십자가 공로로 모든 죄를 회개하여 씻음 받고 거듭나서 구원받는 진리가 기독교이다(요 3:5에 물과 성령으로 거듭나 중생하여 하나님 나라에 들어가는 것이다. 요 3:16에 믿음으로 구원받는 것이다.).

이상과 같이 원리강론과 문 교주가 주장하는 피갈음(섹스)과 혼음 교리에 의한 타락론(죄론) 교리는 기독교의 죄론과는 아무런 상관이 없는 거짓 이단 교리임을 확실히 반증 비판하는 바이다.

7. 6마리아와 4음녀

1) 6마리아와 혈통 계보(섹스에 의한)

	문 선 명 교 주				
내적 삼위 기대	라헬격 아벨형	한학자 삼위기대	최원복 삼위기대	레아격 가인형	외적 삼위 기대
	재림주 가정	한학자	최원복	야곱 가정	
	예수 가정	이환준(조카)	이정옥(고모)	노아 가정	
	아담 가정	이창숙	이○○	아담 가정	

2) 4음녀의 계보와 배역

문 선 명 교주	
1. 다말 며느리 형 (유다의 며느리)	이강칠(李康七)
2. 라 합	강순애(姜順愛)
3. 룻(재가 형) (홀아비 보아스)	김순화(金順華)
4. 밧세바(유부녀 형) (우리아의 아내 솔로몬의 모)	차만춘(車萬春)

8. 결론

　원리강론 교리는 뱀으로 비유된 천사의 유혹으로 선악과를 비유한 아담 하와의 미완성기 때 성적(섹스)사랑 행위가 곧 인류의 원죄가 발생한 근원이요, 뿌리라고 주장하였다(혈통적인 간음 사랑행위가 원죄의 뿌리).

　인류의 죄의 근원은 선악과를 비유한 아담 하와의 미완성기 때 성적(섹스) 사랑 행위가 아니며, 선악과는 문자 그대로 선악을 알게 하는 나무 열매(수목과)이다. 아담 하와가 범죄를 저지를 때는 미완성기 때가 아니다(창 3:6).

　아담 하와의 범행 때에는 이미 장성하여 남편과 아내였다는 사실이다. 하나님의 계명에 불순종하여 하나님과의 언약을 파기한 아담 하와의 범죄행위 결과가 죄의 발생 근원이요, 뿌리라는 것을 믿는 것이 기독교의 교리요, 진리인 성경이다(창 2:17, 3:2; 호 6:7).

원리강론의 아담 하와의 미완성기 때에 섹스에 의한 타락론 교리는 문 교주 자신의 말대로 신의 섭리에 의하여 자신의 성적 만족을 취하고 여성들을 농락하기 위해서 만들어낸 이단 사교 교리임을 저자는 지적하고자 한다. 원리강론 교리 타락론(죄론)이 황당한 사탄 마귀의 거짓 사교 교리인가 하는 것을 확실하게 진리의 성경으로 반증한다.

● 피갈음 교리 관련 문 교주의 말을 직접 들어보자.
　생태적인 모든 여건을 가만히 볼 때 암놈이 있고 수놈이 있는 것을 아는 것입니다. 동물도 그렇고 곤충도 그렇고 다 그러니까, 아담 하와도 보니까 같다 이겁니다. 그러니 "아! 저렇게 하는구나" 하고 다 알게 마련이라는 것입니다. 알겠어요? 천사장은 그렇지 않아도 본래부터 알고 있는데 이런 사실들을 알고 있는 천사장은 하와가 슬플 때 위로의 대상이 되어 주고, 아담은 그걸 생각하지 않고 천하의 주인으로서 갖춰야 할 주관성, 모든 자주적인 능력을 갖추기 위해 동산이나 바다나 돌아다니고 동물이란 동물은 다 잡으러 다니고 그랬을 것입니다.
　그래서 얼마나 차이가 있습니까? 그러니까 아담 하와 둘이 어디 갈 때는 하와가 뒤떨어져 가지고 울고불고 했을 것입니다. 외로울 때 천사장이 위로하는 입장에 서 가지고 나이가 들어가지고도 벌거벗은 채로 옛날 같이 안아주는 것입니다. 16세 쯤 되었으면 세상만사 다 알고, 여자로 말하면 월경도 나오고 그럴 수 있는 때입니다. 그런데 이 철부지 아담은 그저 놀고 들어오니, 하와에 대해 관심이 없었습니다. 그랬다는 것입니다.
　그러니까 울고 있는 하와를 천사장이 안으면… 벌거벗고 있으니 여기에 문제가 벌어진 것입니다. 그렇기 때문에 하나님은 그걸 알고 선악을 알게 하는 나무의 열매를 따 먹지 말라 하는 것을 하와에게 경고했다는 것입니다. 그거 이해돼요? 몇 센티미터 안 떨어져 가지고 전부 저렇게 해가지고 자기들이 좋아하고 새끼를 치고 있구나 하고 알고 있는데 자기도 그런 생각을 해 가지고 그러면 어떤가 하고 힘주면 끝나는 것입니다. 이러기 때문에 타락할 수 있는 비근한 내용이 벌어집니다.

남자 완성, 여자 완성, 하나님까지 완성시킬 수 있는 본 고장이 어디냐? 어디서 하나님의 사랑을 완성시킬 수 있고 어디에서 남자 여자 완성시킬 수 있느냐? 월간 「통일세계」에 기록된 문 교주 설교 내용 (1998년) 중에서 발견할 수 있다(남녀 섹스를 통하여 하나님의 사랑 완성: 저자 주).

참으로 통일교는 황당한 문 교주의 섹스종교 원리 사교술에 의하여 출현한 사이비 집단이 아닐 수 없다.

제4절 종말론 반증

1. 말세의 의(義)

말세 때는 어느 때를 가리키는 것인가? 사탄을 중심하고 이루어진 악 주권의 세계가 하나님을 중심하고 이루어지는 하나님 주권 창조 이상 세계로 교차되는 때를 말하며, 지상지옥이 지상천국으로 바꾸어지는 때를 말한다고 주장한다. 천변지이가 일어나는 공포의 때가 아니요, 천변지이나 불 심판 무덤에서 시체부활되어 지상인, 공중에 들려 올린다는 휴거 등, 진리의 성경을 모두 부정하는 것이 통일교 원리강론 주장이다.

반증

말세는 하나님의 심판 때인 것이다. 모든 죄악의 세계를 심판하고 거룩하고 영원한 하나님 나라 천국을 완성하는 때이다. 천변지이가 일어나는 때이다. 불 심판이 벌어지고 무덤에서 시체들이 일어나고 지상인들이 공중에 휴거될 때가 말세이다.

성경

창 6:13에, "하나님이 노아에게 이르시되 모든 혈육 있는 자의 강포가 땅에 가득함으로 끝 날이 내 앞에 이르렀으니 내가 그들을 땅과 함께 멸하리라"

창 19:24~25에, "여호와께서 하늘 곧 여호와께로서 유황과 불을 비같이 소돔과 고모라에 내리사 그 성들과 온 들과 성에 거하는 모든 백성과 땅에 난 것을 다 엎어 멸하셨더라"

사 66:22에, "나 여호와가 말하노라 나의 지을 새 하늘과 새 땅이 내 앞에 항상 있을 것 같이…"

마 24:29에, "그 환난 중에 즉시 해가 어두워지며 달이 빛을 내지 아니하며 별들이 하늘에서 권능들이 흔들리리라"

마 24:35에, "천지는 없어지겠으나 내 말은 없어지지 아니하리라"

살전 4:16~17에, "주께서 호령과 천사장의 소리와 하나님의 나팔로 하늘로 쫓아 강림하시리니 그리스도 안에서 죽은 자들이 먼저 일어나고 그 후에 살아남은 자도 저희와 함께 구름 속으로 끌어 올려 공중에서 주를 영접하게 하시리니 그리하여 우리가 항상 주와 함께 있으리라"

벧후 3:12에, "하나님의 날이 임하기를 바라보고 간절히 사모하라 그 날에 하늘이 불에 타서 풀어지고 체질이 뜨거운 불에 녹아지려니와..."

계 21:1에, "또 내가 새 하늘과 새 땅을 보니 처음 하늘과 처음 땅이 없어졌고 바다도 다시 있지 않더라"

계 21:8에, "믿지 아니하는 자들과 흉악한 자들과 살인자들과 행음자들과 술객들과 우상 숭배자들과 모든 거짓말 하는 자들은 불과 유황으로 타는 못에 참예하리니"

계 20:9에, "하늘에서 불이 내려와 저희를 소멸하고"

이상과 같이 진리인 성경은 말세에 이루어지는 변화들을 확실하게 이루어진 것과 이루어질 것을 기록하고 있다. 그러므로 말세의 의의에 있어서 원리강론 주장은 기독교의 진리와 전혀 다른 이단 교리임을 반증한다.

2. 말세에 일어날 징조에 관한 성서의 뜻

하늘과 땅을 불로 심판한다는 성경 말씀은 문자 그대로 불 심판이 아니라 비유의 말씀이라고 원리강론은 주장한다(벧후 3:12; 말 4:1; 요 5:22, 9:39; 눅 12:49 등 인용).

성경

약 3:6에, "혀는 곧 불이요"

요 12:48에, "말씀을 받지 아니하는 자를 심판할 이가 있으니"

살후 2:8에, "예수께서 입의 기운으로"

사 11:4에, "입의 막대기로 세상을 치며 입술의 기운으로 악인을 죽이리라"

요 5:24에, "말씀이 육신이 되어" 등 성경을 인용하여... 불 심판은 곧 말씀 심판이요 불 심판은 문자 그대로 불 심판이 아니요 말씀 심판임을 원리강론은 강력히 주장한다.

반증

말세에 일어날 심판에 대하여 진리의 성경은 여러 가지로 구별하여 기록되어 있으며 이루어진 사실을 그대로 기록하고 있다.

성경 말씀 즉 진리의 심판이 이루어진 것과 이루어질 것을 기록하고 있다(창 2:17; 사 11:14; 요 12:48, 5:24; 살후 2:8 등).

천변지이가 이루어질 심판을 기록하고 있다(마 24:9; 계 21:1 등).

홍수 심판을 기록하였으며 이루어졌다(창 6:13).

무덤에서 시체가 일어나며 지상에 있는 성도들이 공중에 끌어올려 공중에서 주를 영접할 것을 기록하였으며 무덤들이 열리고 성도들의 죽은 몸이 많이 일어났다(살전 4:16~17; 마 27:52~53 등).

불 심판이 문자 그대로 이루어질 것을 기록하였으며 불 심판이 이루어졌다(창 19:24~25; 욜 2:31; 말 4:1; 눅 12:49; 요 5:22 등).

원리강론 주장처럼 말세에 일어날 불 심판을 믿지 않고, 홍수 심판을 믿지 않고, 천재지변이 일어날 것 등을 믿지 않고, 성경을 비유로만 풀이하고 성경 말씀을 믿지 않는 통일교 주장은 이단 교리임을 확실히 반증한다.

○ 무덤에서 시체가 일어난다는 성경 말씀(마 27:52~53; 살 4:16) 마 17:3에, "때에 모세와 엘리야가 예수로 더불어 말씀하시는 것이 저희에게 보이거늘" 말씀을 인용해서, 원리강론에서는 실제의 무덤이 아니라 무엇을 비유한 것인가, 영인들이 모여 있는 장소를 무덤이라

고 비유하여 주장한다.

반증

진리인 성경 말씀에 영인들이 모여 있는 장소를 무덤이라고 비유한 기록이 있는가?

마 27:5~53에 땅이 진동하며 바위가 터지고 무덤들이 열리며 자던 성도들의 몸이 많이 일어나되(마 27:52), 예수님이 무덤에서 부활하셨다(마 27:53).

살전 4:16~17에 주의 재림 때에도 죽은 자들이 먼저 일어나고, 성경은 무덤을 시체를 매장하는 장소로 확실하게 입증하고 있다.

○ 지상인들이 끌어 올리워 공중에서 주를 영접하다(4:16~17). 공중은 공간적인 하늘을 뜻하는 것이 아니다. 성경에는 땅은 타락된 악 주권의 세계를 의미하고 하늘은 죄가 없는 선 주권의 세계를 의미한다고 원리강론은 주장한다.

실례로, 하나님은 아니 계신 곳이 없다. 마 6:9에 하늘에 계신 우리 아버지라고 하였다. 그러므로 공중에서 주를 영접한다는 것은 선 주권 세계에서 성도들이 영접한다는 뜻으로 비유한 것임을 원리강론은 주장한다.

반증

원리강론 교리에서 주장하는 것처럼 공중은 공간적인 하늘을 뜻하는 것이 아니요, 땅은 타락된 악 주권의 세계를 의미하고 하늘은 죄가 없는 선 주권의 세계를 의미한다고 하는 비유가 성경 말씀 기록에 있는가?

하늘은 하나님이 계신 곳이다. "공중에서 주를 영접하는"에서 말하는 공중은 하늘과 다르다. 낮은 우주 공간을 가리키는 말로 하늘과 대조를 이룬다. 공중을 하늘나라로 혼동하는 것은 잘못된 주장이다. 요한복음 3:13에 하늘에서 내려온 자 곧 인자라고 한 말씀은 하나님의 신성을 가리킨 것이다.

성경

왕상 8:30에, "주의 계신 곳 하늘에서 들으시고"

대하 36:23에, "하늘의 신 여호와께서 만국을 내게 주셨고"

느 1:4에, "하늘의 하나님 앞에 금식 하며 기도 하여"

마 6:9에, "하늘에 계신 우리 아버지여 이름이 거룩히 여김을 받으시오며"

살전 4:17~17의 말씀은 주의 재림 때 그대로 이루어질 것을 확실하게 믿는다.

이상과 같은 사실을 성경 말씀에는 확실히 기록되어 있다. 그러므로 원리강론 교리는 잘못된 이단 교리이다.

○ 마 24:29에, "해와 달이 빛을 잃고 별들이 하늘에서 떨어진다" 창 37:9에 인용하여, 해와 달은 부모 상징이요, 예수와 성신은 상징으로 비유하며, 별들은 자녀 상징이요, 성도를 상징으로 비유한다고 주장한다. 그러므로 해와 달이 빛을 잃고 별들이 하늘에서 떨어진다는 것은 무엇을 비유한 것이냐(요 1:1에 말씀이 곧 빛이라. 요 1:4에 생명은 사람들의 빛이라. 요 1:9에 예수님은 빛으로 인용하여). 해와 달이 빛을 잃는다는 것은 신약말씀이 오셔서 구약의 말씀이 곧 빛을 잃게 되었던 것과 같이 주님의 재림 때는 신약의 말씀을 이루시고 새 하늘

과 새 땅을 이루시기 위한 새 말씀을 주시게 되면(계 21:1) 신약의 말씀이 빛을 잃는 새 시대가 옴으로 그 말씀의 사명기간이 끝난다는 것을 비유한 것이라고 원리강론 교리는 주장한다.

촛불을 구약 말씀시대로 비유한다면, 전깃불은 신약의 말씀 시대로, 태양은 성약의 새 말씀시대(통일교 원리강론)로 뜻의 완성시대 천국이 이루어질 시대로 비유하는 것이 원리강론 교리 주장이다.

반증

성경 마 24:29; 창 37:9(부모상징, 자녀상징), 요 1:1, 4:9에 말씀을 빛에 대한 상징으로 인용하여, 해와 달이 빛을 잃고 신구약 말씀이 빛을 잃고 별들이 떨어진다는 것(말세에 있어서 성도들이 실족케 된다는 것)을 의미한다는 원리강론 교리는 성경에 대한 무지함을 스스로 나타낸 이단 교리임을 반증한다.

마 24:29의 말씀은 세상의 끝 날에 있을 환란을 그대로 가리키는 기록임을 믿는 것이 기독교 하나님의 진리의 성경이다.

마 24:29에, "그날 환난 후에 즉시 해가 어두워지며 달이 빛을 내지 아니하며 별들이 하늘에서 떨어지며 하늘의 권능들이 흔들리리라" (마 24:30 참조).

창 37:9에, 요셉이 꿈을 꾸고 형들에게 고하여 가로되 내가 또 꿈을 꾼 즉 해와 달과 열 한 별이 내게 절하더이다 하니라(창 37:10 참조). 요 1:1, 4:9에 말씀은 빛이라. 촛불은 구약, 전깃불은 신약, 태양은 성약(원리강론)의 새 말씀시대로 비유했다는 주장은 잘못된 것이며, 해와 달이 빛을 잃고 별들이 하늘에서 떨어진다는(마 24:29, "그 날 환난 후에 즉시 해가 어두워지며 달이 빛을 내지 아니하며 별들이 하늘에서 떨어지며 하늘의 권능들이 흔들리리라") 말씀은 말세에 일어날 환란 그대로를 가리키는 하나님의 진리의 성경 말씀이다.

3. 말세와 새 말씀

말세에는 반드시 새 말씀이 나와야 한다고 원리강론은 주장한다.
성경
요 14:6에, "내가 길이요 진리요 생명이니 나로 말미암지 않고는 아버지께로 올 자가 없느니라"
요 4:23에, "신령과 진정으로 예배할 때"
요 16:12에, "아직 이를 것이 많으나 감당치 못하리라"
요 16:25에, "때가 이르면 비사가 아닌 밝히 이르리라"
계 5:1에, "일곱 인으로 봉하였더라"
계 10:11에, "많은 백성과 나라와 방언과 임금에게 다시 예언하여야 하리라"
그러므로 새 진리가 말세 때에 나와야 하는데 그 새 진리가 통일교 원리강론 교리라고 주장한다.

반증

성경 갈 1:8; 계 22:18~19에 진리는 불변해야 하며 일점일획이라도 가감하면 심판에 이른다고 기록하였다. 요 16:29~30에 제자들이 말하되 밝히 말씀하시고 아무 비사도 하지 않으시리라는 말씀에 의하여 성취되었다.
그러므로 원리강론 교리는 새 진리가 될 수도 없을 뿐만이 아니라

초등 학문이요. 거짓 진리요. 이단 교리임을 확실히 반증하는 바이다.

말세에 대하여 종합해서 원리강론 교리 반증

말세에 대한 진리의 성경은 전체의 4분의 1 정도를 차지하고 있다 (267장을 차지함).

마 25:31~46에 요약, 종말에 있어서 주님은 양과 염소를 구분 심판하시는데 양은 오른편에 염소는 왼편에 두시고 오른편에 있는 자는 복을 받을 자요, 왼편에 있는 자는 저주를 받을 자니(영원한 축복과 형벌)

계 20:15에, "불 못"

마 25:41; 막 9:43; 사 23:14에 "영원하고 꺼지지 않는 불"

살후 1:9; 빌 3:19에 "영원한 멸망을 말씀하고 있다"

대 환난은 언제 일어날 것인가?

마 24:29~31에, 그날 환난 후에 즉시 천재지변 발생, 성경은 대 환난 기간을 7년 동안 지속된다고 언급한다.

살후 2:1~12에, 적그리스도가 나타나게 되면 대 환난이 이르는 시기임을 알게 된다.

계 13:1~10에, 정치 경제 종교 분야의 독재자인 짐승의 등장은 환난의 시작을 알리는 가장 분명한 표적이다.

종말에는 천국과 지옥이 확실하게 나타난다는 사실이다.

눅 16:19~31에, 부자와 나사로 이야기로 가장 확실하게 표현된 성경 말씀이요, 눅 23:43에, 십자가에 함께 동참하였던 오른편 강도이다.

새 하늘과 새 땅(계 21:1~7)

진리의 성경 말씀에 예언하는 우주의 미래는 "엔트로피"(우주의 물질과 에너지가 쇠퇴하여 모두 비활동적인 무기력한 상태에 빠지는 것이라고 정의)가 아니라 완전하게 새로워지는 것을 말한다. 해와 달은 필요없게 되는 것이다(계 21:33).

새 하늘과 새 땅에서는 해와 달의 비춰임이 쓸데없으니 이는 하나님의 영광이 비춰고 어린 양이 그 등이 되심이라. 과거에 우리에게 필요했던 해와 달과 별들이 하나님께서 우리와 함께 계심에 따라 더 이상 필요 없게 된다.

제5절 부활론 반증

1. 부활의 의의

성경 눅 9:60을 인용하여, 죽은 시체가 부활하는 것이 아니라 타락으로 인하여 죄악 세계로 이루어진 사탄 주관권 내에서 선의 세계인 하나님 주관권 내로 죄악을 벗어버리고 구원되어 가는 과정을 부활이라고 주장하는 것이 원리강론 교리이다.

부활은 육체의 변화는 없고, 심령의 변화만 가져온다는 것이다. 육신의 죽은 부활을 부정하는 것이다. 행 23:7~8에 사두개인처럼 어떻게 죽은 시체가 돌무덤을 열고 부활할 수 있는가라고 주장하는 것이다. 예수 그리스도의 부활은 육체가 부활한 것이 아니라, 영인 체가 부활한 것이라고 주장한다. 인간은 노쇠 되면 자연히 흙으로 돌아가서 분해되어 없어지도록 창조되었다. 그러므로 죽은 육신이 부활될 수 없다고 주장하는 것이다(요 5:24; 고전 15:22 인용). 그렇다면 부활은 인간에게 있어서 어떠한 변화를 일으키는가?

외형적으로 아무런 변화가 없다. 창 2:17에 선악과를 따먹기 전 후 아담 하와는 외형적으로 아무런 변화가 없었다. 예수 그리스도는 무죄한 인간으로 오셨던 것이다. 그러므로 외형적으로 본 예수님은 타락 인간과 아무런 차이가 없었다는 것이다. 부활의 변화는 외적인 변화가 아닌 심령의 변화를 가져오는 것이 부활이다. 죄의 생각을 선의 생각으로, 불안(괴로움)에서 즐거움(기쁨)으로, 거짓에서 진실로 이렇게 변화되는 것을 말한다. 사탄 주관권에서 하나님 주관권으로 변화하는 것이라고 원리강론은 주장한다.

반증

원리강론 교리의 부활론 교리 주장은 한 마디로 말해서 기독교와 진리의 성경과는 전혀 관련이 없는 잘못된 주장이다.

부활은 원리강론 교리대로 죄악의 세계가 선의 세계로 교차되는 때가 아니라 죄악의 세계는 멸망해서 음부로 완전히 내려가고, 예수 그리스도를 잘 믿고 간 무덤에 있는 죽은 성도들은 공중에 올리워지는 것을 말한다(살전 4:16~17).

부활은 영 육간에 변화를 가져온다. 예수 그리스도는 예언한 대로 십자가에 죽으시고 3일 후에 부활하셨다(마 27:52~53; 살전 4:16).

부활은 인간에게 심령과 외형으로 다시 말해서 영·육으로 다 변화를 가져온다(요 5:24; 눅 24:6; 고전 15:22, 52, 53; 살전 4:16~17).

기독교는 부활의 종교다. 기독교는 부활이 없으면 예수를 믿는 것도 전도하는 것도 다 헛된 것이다. 그러므로 예수 그리스도의 부활과 무덤에 있는 성도들의 재림, 육신부활을 부정하는 원리강론 교리는 이단 교리임을 확실히 반증한다.

2. 부활섭리는 어떻게 되어지는가

1) 지상인들의 부활

지상인들의 부활은 신도들이 재림 주님을 믿고 모심으로 말미암아서 지상 천국에서 생활하던 인간들이 육신을 벗고 자동적으로 천상 천국으로 가서 살게 되는 것을 말한다.

2) 영인들에 대한 부활
영인들의 부활은 주님의 재림 때에 지상 성도들을 통해서만 부활할 수 있다.

성경 유 1:14에, "아담의 칠대손 에녹이 사람들에 대해 예언하여 이르되 보라 주께서 그 수만의 거룩한 자와 함께 임하셨나니"

마 17:3에, "때에 모세와 엘리야가 예수로 더불어 말씀하는 것이 저희에게 보이거늘"

마 17:12에, "내가 너희에게 말하노니 엘리야가 이미 왔으되 사람들이 알지 못하고 임의로 대우했도다"를 인용하여 영인들이 부활한다고 주장한다.

3) 악 영인들에 대한 부활
마 25:41에, 악 영인들도 재림하여 가지고 시대적 혜택을 받게 되는데 하나님의 벌로서 지상인들의 죄를 청산하려 했던 것에 대한 조건이 세워졌을 때 악 영인들도 재림부활 혜택을 받게 된다고 주장한다.

벧후 3:9에, "주의 약속은 어떤 이의 더디다 라고 생각하는 것 같이 더딘 것이 아닌 오직 너희를 오래 참으사 아무도 멸망치 않고 다 회개하기에 이르기를 원하시느니라"

4) 첫째 부활
계 7:4, 14:3에 144,000명이 첫째 부활에 참여할 것이라, 인류역사 이후 재림 역사에 의하여 맨 처음으로 원죄를 벗어 버리고 창조 본연의 자아로 복귀하여 창조 목적을 달성한 자가 주의 강림하실 때 맨

먼저 주를 믿고 모시고 따르는 지상 신도 144,000 무리가 첫째 부활에 참여할 자이다.

종적인 12탕감 수와 횡적인 12탕감 수를 제곱한 수가 144,000이라는 수가 나온다.

5) 천국과 낙원
• 천국

마 16:19, 18:18의 말씀을 인용하여, 천국은 먼저 지상천국이 건설되어(하나님 나라) 완전한 선한 인간들이 땅 위에서 천국생활을 하다가 노쇠되어 육신을 벗고 영계에 가면 자동적으로 천상천국 생활을 하게 되므로 천상천국을 이룬다고 주장한다.

마 16:19에, "내가 천국 열쇠를 네게 주리니 네가 땅에서 무엇이든지 매면 하늘에서도 매일 것이요 네가 땅에서 무엇이든지 풀면 하늘에서도 풀리리라"

마 18:18에, "진실로 너희에게 이르노니 무엇이든지 너희가 땅에서 매면 하늘에서도 매일 것이요 무엇이든지 땅에서 풀면 하늘에서도 풀리리라"는 성경을 인용하여 원리강론 교리에서 주장하는 지상 천국론이다.

• 낙원

눅 23:43에, "오른편 강도에게 예수께서 이르시되 내가 진실로 네게 이르노니 오늘 네가 나와 함께 낙원에 있으리라 하시니라" 이와 같이 낙원은 천국에 들어가기 위한 대기소이므로 천국에 가 있는 사람은 하나도 없다고 주장한다(예수님도 천국에 못 들어가시고 낙원에 계시다고 주장한다).

그러므로 천국과 낙원은 같은 뜻이 아니라 다르다고 주장한다.

반증

1) 지상인들의 부활에 대하여

원리강론 교리대로 지상인이 육신을 쓰고 지상천국 생활을 하다가 육신을 벗고 자동적으로 천상천국에 가서 살게 되는 것이 아니다.

살전 4:17에, "우리 살아 남은 자도 저희와 함께 구름 속으로 끌어 올려 공중에서 주를 영접하게 하시리니"

2) 영인들에 대한 부활

살전 4:16에, "주께서 호령과 천사장의 소리와 하나님의 나팔로 친히 하늘로 쫓아 강림하시리니 그리스도 안에서 죽은 자들이 먼저 일어나고"

마 27:52에, "무덤들이 열리며 자던 성도들의 몸이 많이 일어나되"

3) 악 영인들에 대한 부활

마 25:41; 벧후 3:9에 죄인들에게 회개할 수 있도록 하신 것이요, 이미 심판을 받아 음부(지옥)로 내려간 자들을 부활시킨다는 말씀이 아니다. 악 영인들은 다시 구원받을 수 없다.

마 10:28에, "몸과 영혼을 능히 지옥에 멸하시는 자를 두려워하라"

막 9:43에, "불구자로 영생에 들어가는 것이 두 손을 가지고 지옥 꺼지지 않는 불에 들어가는 것보다 나으리라"

눅 12:5에, "지옥에 던져넣는 권세있는 그를 두려워하라"

요 5:29에, "선한 일을 행한 자는 생명의 부활로 악한 일을 행한 자는 심판의 부활로 나오리라"

벧후 2:4에, "용서치 않으시고 지옥에 던져..."

계 20:7~10에, 악한 자의 심판은 완전한 소멸로 말씀하고 있다.

4) 첫째 부활

인 맞은 자의 수 144,000이니 이 기록은 그리스도 안에 있는 모든 성도를 가리킨다(계 7:4, 14:3). 땅에서 구속받은 그리스도인 전부를 상징하고 있다.

5) 천국과 낙원

눅 23:43에, "내가 진실로 네게 이르노니 오늘 나와 함께 낙원에 있으리라 하시니라"

고후 12:4에, "그가 낙원으로 이끌려가서 말할 수 없는 말을 들었으니 사람이 가히 이르지 못할 말이로다"

계 2:7에, "귀 있는 자는 성령이 교회들에게 하시는 말씀을 들을 지어다 이기는 그에게는 내가 하나님의 낙원에 있는 생명나무의 과실을 주어 먹게 하리라"

창 2:15에, "에덴동산"

창 2:9에, "동산 가운데 생명나무와 선악을 알게 하는 나무도 있더라"

마 4:23, 9:35; 엡 1:21; 계 5:13에, "저희 회당에서 가르치시며 천국 복음을 전파하시며"

마 3:2에, "회개하라 천국이 가까웠느니라"

마 13:38에, "좋은 씨는 천국의 아들이요"

마 13:43, 26:29에, "천국은 하나님의 나라요 아버지의 나라다"

마 24:14에, "이 천국 복음이 모든 민족에게 증거되기 위하여"

행 4:12에, "예수 그리스도 이 외에는 그 누구도 인간을 구원할 자 없다"

요 3:16에, "하나님이 세상을 이처럼 사랑하사 독생자를 주셨으니

이는 저를 믿는 자마다 멸망치 않고 영생을 얻게 하려 하심이니라"
천국에 들어갈 수 있는 길은 예수를 믿음으로만 들어갈 수 있다.

요 14:1에, "하나님을 믿으니 또한 나를 믿으라"

결론으로 천국과 낙원은 원리강론 교리처럼 다른 것이 아니요, 같은 뜻임을 진리인 성경은 분명히 밝혀 놓았다. 그러므로 원리강론 교리가 주장하는 부활섭리 교리는 분명한 이단임을 반증한다.

3. 영인에 대한 부활섭리

1) 부활섭리

아담으로부터 아브라함까지 2,000년 기간은 복귀 섭리는 믿음의 조상 아브라함 때까지, 지상인의 부활 섭리는 아브라함 때로부터 시작된다. 이 시대를 부활 섭리 시대라고 주장한다.

2) 소생 부활섭리

아브라함 때부터 예수님 때에 이르기까지 2,000년 기간, 이 시대의 지상인들은 하나님의 시대적 혜택을 받음으로 책임 분담(행위신앙)을 완수하여 의로움을 받도록 섭리하는 시대다. 이 시대를 행의시대라고 하며 영형체급 영계에 가서 살게 된다고 주장을 한다.

3) 장성 부활섭리

예수님 십자가에 돌아가심으로 재림 때까지 2,000년은 연장된 2,000년 기간, 이 시대를 장성부활섭리 시대라고 한다. 신약의 말씀을 믿음으로써 책임분담 완수 신의 시대라고 한다. 생명체급 영인체를 이룬 영계인 낙원에 가서 살게 된다고 주장한다.

4) 완성 부활섭리

재림하시는 주님에 의하여 영·육이 아울러서 부활하는 것을 완성 부활섭리 시대라고 한다. 지상인들은 시대적 혜택을 받음으로 재림주님은 신구약 성취를 위하여 새 진리(원리강론)를 가지고 오시는 분이시다. 이 시대에 재림 주님을 믿고 모심으로 영·육이 아울러 완전 부활하여 생명체를 이룬 때가 지상 천국이다. 이와 같이 지상 천국생활을 하다가 육신을 벗으면 생명체급 영계를 이루어 천상천국에 가서 살게 되는 것이 완성부활 섭리라고 주장한다.

반증

영인에 대한 부활섭리는 원리강론 교리와 같이 계속 진행되는 것이 아니다. 진리의 성경 말씀은 순간 홀연히 변하여 첫째와 둘째 곧 죽은 후 무덤에 있는 자들과 성도들의 부활이 있을 뿐이다(살전 4:16~17).
부활 기대 섭리, 소생, 장성, 완성, 부활 섭리에 대하여, 기독교의 부활은 반드시 진리의 성경적 근거를 제시해야 한다. 성경에도 없는 인간론 부활에 대한 원리강론 교리 주장은 분명히 이단 교리이다(구원의 서정 참조).
주님이 재림하실 때 참 부모가 되고, 그를 모시고 따르므로 원죄를 벗고 영·육 아울러 부활하여 생영체를 이룬 때가 천국이라는 성경 기록은 한 곳도 없다.

성경
롬 6:6에, "우리가 알거니와 우리 옛 사람이 예수와 함께 십자가에 못 박힌 것은 죄의 몸이 멸하여 다시는 우리가 죄에게 종노릇 하지 아니하려 함이니"

롬 6:7에, "이는 죽은 자가 죄에서 벗어나 의롭다 하심을 얻었음이니라"

롬 6:8에, "만일 우리가 그리스도와 함께 죽었으면 또한 그와 함께 살줄을 믿노니"

롬 6:9에, "이는 그리스도께서 죽은 자 가운데에서 사셨으며 다시 죽지 아니하시고"

롬 6:10에, "그의 죽으심은 죄에 대하여 단번에 죽으심이요"

딤후 2:11에, "우리가 주와 함께 죽었으면 또한 함께 살 것이요"

이상과 같이 진리의 성경 말씀을 보면 원리강론 교리는 스스로 잘못된 주장임을 반증하고 있으므로 분명한 이단 교리이다.

윤회설이란?

지상에서 자기 사명을 다 하지 못하고 간 영인들은 자기들이 지상에서 맡았던 것과 같은 사명을 동형의 지상인에게 재림하여 그 뜻이 이루어지도록 협조하는 것을 말한다.

협조받는 지상인은 자기 사명도 이루고 동시에 자신에게 협조하는 영인의 사명까지도 대신 이루어주는 것이다. 협조하다 보면 지상인은 그를 협조하는 영인이 재림자가 되는데, 지상인은 흔히 영인이 윤회 환생한 실체인 것 같이 나타나게 되는 것이다.

마 3:1, 17:10~13에, 세례 요한은 엘리야의 협조를 받아서 뜻을 이루는 것처럼 주장한다.

반증

원리강론 교리가 주장하는 윤회설은 기독교 진리의 성경 말씀과 완전히 다른 무속신앙 또는 귀신론과 맥락을 같이 한다. 또한 몰몬교가 주장한 교리와 맥락을 같이 한 것으로 밝힌다.

엘리야는 왕상 17:1~2에, 선지자가 아람 왕 시대에 출현하였고, 왕하 2:11에 "엘리야는 회리바람을 타고 승천하였다" 엘리야는 엘리야의 기적인 요소들, 바알 숭배에 대한 투쟁, 왕에 대한 예언자의 경고 등 종말의 선구자이다.

엘리야는 선지자로서 사명을 다 하지 못하고 승천했기 때문에 다시 지상에 있는 세례 요한에게 영적 협조를 해서 뜻을 이룬다는 원리강론 교리 윤회설 주장은 사이비 교리임을 확실히 반증한다.

제6절 메시아 강림과 재림의 목적 반증

예수님이 메시아로 강림하셨던 목적은 타락인간을 완전히 구원하시려는데 있었던 것이므로 결국 복귀 섭리의 목적을 이루시려는데 있는 것이다. 그러므로 예수님은 천국을 이루셔야 했던 것이며, 따라서 지상천국을 먼저 이루셔야 했다고 주장한다.

성경

마 5:48에, "하늘에 계신 너희 아버지의 온전하심과 같이 너희도 온전하라"

마 6:10에, "뜻이 하늘에서 이루어진 것 같이 땅에서도 이루어지도록 기도하라"

마 4:17에, 천국이 가까웠으니 회개하라고 외쳤다고 주장하며,

마 3:2에, 세례 요한도 천국이 가까웠다고 부르짖었던 것이라고 성경 말씀을 인용하여 예수님의 초림은 지상천국 건설을 위하여 오셨다는 주장이 원리강론 교리이다.

반증

성경 말씀에 예수님은 구약의 모형적인 번제물로서 하나님 앞에 인류의 죄를 대속죄 제물로 강림하셨던 것이요, 십자가에 죽음으로 무덤에서 3일 만에 부활하시고, 승천하신 후 재림의 약속을 남기신 것이다. 그러므로 원리강론 교리처럼 메시아의 강림은 십자가에 달리시지 않고 지상천국을 이루시기 위하여 강림하신 것이 아니다.

성경

요 1:29에, "세상 죄를 지고 가는 하나님의 어린 양이로다"

히 9:12에, "오직 자기 피로 영원한 속죄를 이루사 단번에 성소에 들어가셨느니라"

벧전 1:9에, "오직 흠 없고 점 없는 어린 양 같은 메시야가 강림하셨던 것은 세상 죄를 대신 지시는 일이었다"

사 53:5~6에, "그가 징계를 받음으로 우리가 평화를 누리고 우리 무리의 죄악을 그에게 담당시키셨도다"

이상과 같이 진리의 성경을 보면 원리강론 교리가 주장하는 것처럼 지상천국을 이루시기 위하여 예수님이 강림하신 것이 아니라 세상 죄를 대속하시기 위하여 강림하셨던 것이다. 하늘은 성경에서 두 가지의 뜻으로 논하고 있다.

그 하나는 넓은 의미에서 대우주 바다의 상층으로 또 하나는 좁은 의미에서 땅의 천장을 의미한다. 그러므로 예수 그리스도가 세상에 오신 목적은 원리강론 주장처럼 천국을 지상에 건설하기 위하여 강림하신 것이 아니라 세상 죄를 담당하시기 위하여 강림하셨음을 성경은 확실히 증명하고 있다.

1. 예수님 십자가의 대속과 구원섭리

원리강론 교리에서는 롬 7:18~25의 말씀을 인용하여 기도와 신앙생활이 필요 없는 사람은 하나도 없다. 그러므로 예수 그리스도의 강림하신 목적이 실패로 돌아갔기 때문에 재림하실 것을 약속하셨다고 주장한다. 또한 예수 그리스도는 십자가로 인하여 영적 구원만 이루시고 육적 구원은 무(無)로 끝났다고 주장한다.

반증

예수 그리스도는 성육신하시고 무죄한 분으로 지상에 오셔서 인류를 위하여, 제자들을 위하여, 하나님 뜻을 위하여 항상 기도하셨다. 기도는 하나님을 알지 못하는 자가 기도하는 것이 아니다. 예수 그리스도를 잘 믿고 구원받은 성도들, 제자들이 기도하는 것이다. 믿음이 강한 자일수록 기도에 열심이다.

마 6:9~13의 주님께서 가르쳐 주신 기도문, 11:25~27에 그리스도의 기도, 14:19에 기도 축사하시고(오병이어 기적) 19:14에 어린 아이에게 안수기도, 26:36~46에 겟세마네 3차 기도 등 이와 같이 성경 말씀대로 예수님(무죄하신 구세주)의 기도하신 사실에 대하여 원리강론 교리는 어떻게 답변할 것인가?

통일교 문 교주는 자칭 재림 메시아라고 주장한다. 그렇다면 문 교주는 무죄한 자인데 왜 기도를 하고 있는가? 앞뒤가 전혀 맞지 않는 통일교 주장이다. 롬 7:18~25을 인용하여 기도와 신앙생활이 필요 없는 사람이 하나도 없으므로(구원받지 못한 죄인이기 때문에) 예수 그리스도가 재림하실 것을 약속하셨다고 주장함은 성경 말씀에서 전혀 찾아볼 수 없다.

십자가의 대속으로 인하여 구원이 완성되었음을 믿는 것이 기독교의 바른 신앙이요, 진리이다.

성경(마 17:22~23, 20:18~19; 막 8:31, 10:45; 요 19:29~30; 눅 9:22~23, 22:22; 행 2:23, 13:28~29; 사 53:4~6, 53:11)에 그리스도의 십자가 구원은 다 이룬 것이라는 사실을 확실히 기록하고 있다. 그러므로 예수님의 십자가 피는 완전한 구원이다. 이것이 기독교의 바른 신앙이다.

2. 예수님 십자가의 죽음에 대하여

사 7:51~53; 고전 2:8을 인용하여 예수님에 대한 유대인의 불신과 무지로 인한 애석한 예수님의 피 흘림이라고 원리강론 교리는 주장한다. 그리고 예수님은 십자가에 죽으시기 위하여 강림하신 것이 아니라고 주장한다.

성경

마 23:37; 요 5:39~40, 43~46; 눅 19:41~44에 이는 권고받는 날을 네가 알지 못함을 인함이니라.

마 23:37에, "예루살렘아 예루살렘아 선지자들을 죽이고 네게 파송된 자들을 돌로 치는 자여 암탉이 그 새끼를 날개 아래 모음같이 내가 네 자녀를 모으려 한 일이 몇 번이냐 그러나 너희가 원치 아니하였도다"

요 5:39~40에, "너희가 성경에서 영생을 얻는 줄 생각하고 성경을 상고하거니와 이 성경이 곧 내게 대하여 증거하는 것이로다 그러나 너희가 영생을 얻기 위하여 내게 오기를 원치 아니하는도다"

요 5:43~46에, "나는 내 아버지의 이름으로 왔으며 너희가 영접치 아니하나, 모세를 믿었더면 또 나를 믿었으리니 이는 그가 내게 대하여 기록하였음이라"

반증

첫째, 사 53:1~12에 하나님께서는 이미 주전 800여년 전에 예수 그리스도가 강림하시어 십자가에서 죽임을 당하실 것을 예정하셨음을 확실하게 기록하고 있다.

3절에, "그는 멸시를 받아서 사람에게 싫어버린 바 되었으며 간고를 많이 겪었으며 질고를 아는 자라 마치 사람들에게 얼굴을 가리우고 보지 않음을 받는 자 같아서 멸시를 당하였고 우리도 그를 귀히 여기지 아니하였도다"

5절에, "그가 찔림은 우리의 허물을 인함이요 그가 상함은 우리의 죄악을 인함이라 그가 징계를 받음으로 우리가 평화를 누리고 그가 채찍에 맞음으로 우리가 나음을 입었도다"

6절에, "우리는 다 양 같아서 그릇 행하여 각기 제 길로 갔거늘 여호와께서는 우리 무리의 죄악을 그에게 담당시키셨도다" 10절에 "여호와께서 그로 상함을 받게 하시기를 원하사 질고를 당케 하셨은즉 그 영혼을 속건 제물로 드리기에 이르면 그가 그 씨를 보게 되며 그 날은 길 것이요 또 그의 손으로 여호와의 뜻을 성취하리로다"

마 16:21에 예수님의 첫 번째 수난 예고, 9:31에 두 번째, 20:18~19에 세 번째 수난을 예고하셨다. 막 8:31에 예수님의 첫 번째 수난 예고, 9:31에 두 번째, 10:33~34에 세 번째, 눅 9:32에 예수님의 첫 번째 수난 예고, 9:44에 두 번째, 18:32~33에 세 번째, 요 19:30에 예수께서 다 이루었다 하시고 머리를 숙이시고 영혼이 돌아가시다. 예수님의 십자가의 죽음은 3일 후 부활하심으로 영원히 승리하신 예수 그리스도이시다. 그러므로 원리강론 교리에서 예수님의 십자가의 죽음은 실패한 것이라고 주장하는 것은 잘못된 이단 교리임을 확실하게 반증한다.

3. 예수님의 재림 목적

원리강론 교리에서 예수 그리스도께서 십자가를 지심으로 영적 구원만 이루시고 천국을 이 땅 위에 건설하시려고 재림하실 것을 약속하셨다고 주장한다(마 4:17; 눅 1:31~33 인용하여).

반증

행 1:11에서 예수 그리스도는 재림하실 것을 약속하셨다(살전 4:16~17). 이와 같이 주의 재림은 교회의 큰 소망이며 온 기독교인의 희망이다. 그리스도의 재림은 세계의 종말 내세 즉 영원한 새 시대를 이루시고자 오신다.

성경 말씀의 통상적 계시는 세계의 종말, 주의 날, 죽은 자의 육체 부활 최종 심판을 일시에 나타나게 하신다(계 20:1~6).

그리스도의 재림은 성경 진리 말씀대로 하나님의 뜻을 이루시려고 재림하신다. 그것은 영원한 창조의 목적을 이루고자 하는 것이다. 그러므로 원리강론 교리 주장처럼 예수님의 십자가 고난으로 구원섭리를 못 이뤘기 때문에(영적 구원만 이루고, 육적 구원 실패) 육적 구원을 이루시기 위하여 재림한다는 원리강론 주장은 잘못된 이단 교리임을 반증한다.

7절 예정론 반증

1. 성경을 중심한 예정론을 부정한다.

원리강론 교리에서 인간 시조 아담 하와가 타락한 후 하나님이 인간을 창조하신 것을 한탄하신 기록이 있는데, 만일 인간이 하나님의 예정에 의하여 타락되었다면 하나님 자신의 예정대로 타락된 인간을 두시고 한탄하셨을 리가 없다고 주장한다(창 6:6에, "땅 위에 사람 지으셨음을 한탄하사" 인용하여).

요 3:16에서, 예수를 믿으면 누구든지 구원을 얻으리라고 말씀하셨는데 이 말씀은 바로 멸망으로 예정된 사람은 하나도 없다는 것을 의미한다.

마 7:7에, 구하는 자에게 주시고 찾는 자에게 만나게 하시며 문을 두드리는 자에게 열어 주시겠다고 하신 말씀을 보면 모든 성사가 하나님의 예정으로만 되어지는 것이 아니라 인간의 노력으로 좌우된다는 것을 알 수 있다(하나님 책임 5%+인간 책임 95%).

약 5:14에, 환란 중에 있는 형제를 위하여 기도하라고 하신 말씀을 보면 병이 나거나 낫거나 하게 되는 것도 역시 모두 하나님의 예정에서만 되어지는 것이 아니라는 것을 알 수 있다.

만일 하나님의 예정 가운데서 불가피한 운명으로 결정지어지는 것이라면 인간이 애써 기도할 필요가 없다. 예정설을 그대로 인정한다면 기도나 전도나 자선 행위 중 인간의 모든 노력은 하나님의 구원섭리에 아무 도움도 될 수 없고 전혀 무의미한 것으로 돌아갈 수밖에 없다고 주장한다.

반증

성경 롬 8:30에, "미리 정하신 이를 부르시고 부르신 이를 또한 의롭다 하시고 의롭다 하심을 받은 이를 또한 영화롭게 하신다고 하셨다"

롬 9:15에, "긍휼히 여길 자는 긍휼히 여기고 불쌍히 여길 자를 불쌍히 여기리라 하였으니…"

롬 9:12~13에, "리브가에게 이르시되 큰 자가 어린 자를 섬기리라 하셨나니 내가 야곱을 사랑하고 에서는 미워하였다 하심과 같으니라"

롬 9:21에, "토기장이가 진흙 한 덩이를 하나는 귀히 쓸 그릇을 하나는 천히 쓸 그릇을 만드는 권이 없느냐"

또한 예정의 주체는 삼위일체 하나님께로 구별 없이 귀속시키는 성경 말씀들이 있다(롬 9:13, 18, 21, 11:17; 벧전 2:8).

택한 백성을 성부가 성자에게 주셨으며,

요 17:16에, "저희는 아버지의 것이었는데 내게 주셨으며"

요 17:9에, "내가 저희들을 위하여 비옵나니"

롬 8:20에, "하나님이 미리 아신 자들로 미리 정하였으며"

엡 1:3에, "우리 주 예수 그리스도의 아버지께서… 그 기쁘신 뜻대로 우리를 예정하셨으며"

벧전 1:2에, "하나님 아버지의 미리 아심을 따라… 택하심을 입으신 것이다"

롬 9:15, 21에, 진리를 부정하는 것은 반 기독교적이다.

롬 9:10~13에서, 하나님 선택의 은총이 인간의 신분이나 공로에 따라 주어지는 것이 아니라 전적으로 하나님의 은총에 의한 것임을 확실하게 성경은 밝혀주고 있다. 이상과 같이 성경 말씀의 예정에 관한 기록을 살펴보면, 예정의 주체가 삼위일체 하나님이심을 부정할 수 없다.

2. 예정설 부정하는 성경기록 주장

창 2:17에, "선악과를 따 먹고 죽을 수도, 안 따 먹고 살 수도 있다"
창 6:6에, "땅 위에 사람 지으셨음을 한탄하사 마음에 근심하시고"
요 3:16에, "하나님이 세상을 이처럼 사랑하사 독생자를 주셨으니 이는 저를 믿는 자마다 멸망치 않고 영생을 얻게 하려 하심이니라"
마 7:7에, "구하라 그러면 너희에게 주실 것이요 찾으라 그러면 찾을 것이요 문을 두드리라 그러면 너희에게 열릴 것이니"
약 5:14에, "너희 중에 병든 자가 있느냐 저는 교회의 장로들을 청할 것이요 그들은 주의 이름으로 기름을 바르며 위하여 기도할찌니라"
이상과 같이 성경 말씀을 인용하여 하나님의 예정에서만 되어지는 것이 아니라 인간의 행함(책임 분담)이 반드시 포함된다고 원리강론 교리는 절대적 주장을 하고 있다.

반증

창 2:17; 요 3:16; 마 7:7; 약 5:14을 인용하여 예정론을 부정할 수 있다고 주장하는 것은 성경 말씀에 대한 무지의 소치로 발생한 잘못된 주장임을 반증한다.
예정의 대상은 선하고 악한 모든 사람, 타락한 모든 인류로 선악을 물론하고 예정의 대상이다(롬 9:13, 18:21). 선하고 악한 모든 천사 즉 성경 말씀은 거룩한 천사들(막 8:38; 눅 9:26)과 최초의 지위를 지키지 아니한 악한 천사들(벧후 2:4; 유 1:6)에 대해서도 말씀하고 있다.

사람의 예정과 천사의 예정 사이의 몇 가지 차이가 있다. 사람의 예정은 타락한 후에 선택된 것으로 생각할 수 있으나, 천사의 예정은 타락 전에 선택된 것으로 이해 될 수 있다. 천사들은 타락된 상태에서 구속받으려고 선택된 것이 아니므로 중보를 필요로 하지 않는다. 따라서 그들은 중보를 그리스도 안에서 선택 예정된 것이 아니라 즉 봉사적 관계를 가지게 선택되었다. 인간과 같이 천사들도 거룩하게 창조되고 시련을 받으나 더러는 완전 상태, 더러는 무죄 상태에서 떨어진 결과로 선한 천사들은 선으로, 악한 천사들은 악으로 굳어지도록 되었다.

중보로서의 그리스도

사 42:1; 눅 9:35의 말씀은 그리스도를 하나님의 택하신 자로 계시한다(그리스도는 구원의 대상이 될 수 없다). 성자에게 향한 성부의 특별 총애(창세로부터 미리 알리신 바 된 자, 벧전 1:19~20), 그는 하나님의 열 외의 대상이다(택하심을 입은 보배로운 산돌이신, 벧전 2:4). 중보로서의 그는 성도들이 모범이 되어야 할 특별한 하나님의 형상을 가지셨다(고후 4:4; 골 1:5; 히 1:13). 성부로부터 천국을 위임받아 성도들에게 전해주시게 되었다(눅 22:19).

원리강론 교리에서 성경 말씀을 적그리스도인 문 교주 마음대로 인용하여 해석하는 것은 엄청난 신성 모독 행위요, 사교 집단의 근성을 그대로 들어낸 행위임으로 이단 사이비 교리임을 반증한다.

3. 하나님 창조의 뜻에 대한 예정

창 4:25에 아벨로서 이루지 못한 뜻을 그대로 셋을 세워 섭리하신 하나님이라고 주장하고, 수 1:5에서 모세로 이루지 못한 뜻을 그 대신 여호수아를 택하여 이루었고, 행 1:25에서 가룟 유다의 반역으로 인하여 이루어지지 않았던 뜻을 그 대신 맛디아를 택하여 이루었다. 그러므로 하나님의 뜻에 대한 예정은 절대적이라고 주장한다.

반증

창 4:25; 수 1:5; 행 1:25의 말씀이 하나님의 뜻에 대한 예정이 절대적이라고 주장함으로써 뜻 예정의 성취를 인간의 실패로 인하여 하나님께서 이루지 못한 것으로 결론짓는 그 자체가 하나님과 진리를 모독하는 것이다. 원리강론 교리가 거짓임을 스스로 입증하고 있다.

그러므로 원리강론 교리가 주장하는 것은 하나님 주권의 절대성을 부정하는 것이 된다. 하나님의 절대 주권은 하나님의 공의 사랑에 위배되지 않는다는 사실로 하나님의 예정의 진리는 절대적이다.

4. 하나님 뜻 성사에 대한 예정

창 2:17에, "선악과를 따 먹고 안 따먹는 것은 인간의 책임이다"
요 3:16에, "예수를 믿으면 구원받고 안 믿으면 벌 받는다"
약 5:15에, "믿음의 기도는 병든 자를 구원하리라"
막 5:34에, "네 믿음이 너를 구원하였으니"
마 7:8에, "구하는 이마다 얻을 것이며 찾는 이가 찾을 것이요 두드리는 이에게 열릴 것이니라"

하나님의 뜻 성사에 대한 예정은 하나님의 뜻과 인간의 행함(책임 분담)이 함께 해야 하나님의 뜻 성사가 이루어진다는 원리강론 교리 주장이다(참조: 하나님 책임+인간 책임=성취, 하나님 95%+인간 5%=100%).

반증

하나님의 뜻 성사에 대한 예정은 하나님의 뜻과 인간의 행위가 합해져야 이루어진다는 원리강론 교리의 주장은 진리인 성경 말씀에 완전히 위배되는 거짓 주장이다. 선택의 종류와 정의에 있어서 민족적 선택, 선택의 이유는 이스라엘 민족의 어떤 장점에 있지 않고 하나님의 무조건적 열의와 사랑에 있다(신 7:7~8, 10:15). 왜 이스라엘 민족은 선택되고 애굽 수리아 민족은 선택되지 않았는가.

기독교 시대에는 전혀 미개 상태에 있던 유럽과 북미주를 선교하게 되었는가는 단순히 하나님의 기쁘신 뜻 밖에는 다른 아무 이유도 생각할 수 없다. 은혜와 외면적 수단에 의한 선택, 하나님은 개인적, 외면적 교회와 은혜의 방편에 대한 관계를 미리 결정하셨다. 그 출생과 그 후 섭리에 의하여 사람들은 혹은 영적으로 유리한 환경에 작정하셨다(어떤 아이는 기독교 국가의 믿음의 가정에서, 다른 아이는 이교적인 가정에서). 이것은 하나님의 주권적 결정에 의한 것이요, 인간의 공과에 따라서 되는 일이 아니다(신 32:8; 시 74:17; 행 17:26). 그러므로 원리강론 교리처럼 인간의 공과를 따지는 논리는 거짓 이단 교리가 된다. 직무적 선택(예, 정치가, 의사, 교사, 농부, 음악가, 공인 등).

성경 말씀에 특별히 기록된 어떤 귀중한 직무와 특별 봉사를 위한 개인의 선택이 있다. 모세(출 3장), 제사장(신 18:5), 군왕(삼상 10:24), 선지자(렘 1:5), 사도(요 6:70; 행 9:15)의 선택 같은 것을 말할 수 있다. 이 선택들도 하나님이 주권적으로 부여하신 것이다(사 45:9; 렘

18:6; 롬 9:17~21).

구원을 위한 개인들의 선택(마 22:14; 롬 11:5; 고전 1:27; 엡 1:4; 살전 1:4; 벧전 1:2)

하나님의 예정은 절대적이어서 하나님의 은혜와 구원을 향한 선택된 인물들의 선견된 신앙에 기초하지 않고 오직 하나님의 주권적 열의에만 기초한 선택을 가르친다. 예수 그리스도 안에서 인간을 구원하기 위한 하나님의 영원한 작정이다. 무조건적인 성도들의 신앙과 선행은 하나님의 은혜의 열매요, 선택의 조건일 수 없다(행 13:48; 롬 9:11; 딤후 1:9, 2:21). 하나님의 작정은 영원적이다. 선택의 변동은 일으킬 수 없다(롬 8:29; 엡 1:4~5).

그러므로 통일교 원리강론 교리가 주장하는 인간의 선행 공과에 대한 결과론 주장은 하나님 절대적 주권과 예정을 말씀한 성경을 이해하지 못한 무지요, 거짓 이단 교리임을 반증한다.

5. 인간에 대한 예정

성경 출 3:10에, "이제 내가 너를 바로에게 보내어 너로 내 백성 이스라엘 자손을 애굽에서 인도하여 내게 하리라"

민 20:7~12, 20:24, 27:14에서 반석을 두 번 쳐서 하나님께 순종하지 않으므로 모세는 가나안 땅을 바라만 보고 들어가지는 못했다. 벧후 3:9에, "아무도 멸망치 않고 다 회개하기에 이르기를 원하시느니라"의 말씀을 인용하여 타락 인간은 누구나 다 빠짐없이 구원을 받도록 예정되어 있는 것이다. 그러나 중심 인물을 예정하시고 소명을 주신다. 중심 인물은 조건이 있어야 한다.

구원섭리를 감당한 선민으로 태어나야 한다.

후천적인 조건이 모두 구비되어 있어야 한다.

그 중에서도 보다 하나님이 필요로 하는 시기와 장소에 맞추어진 개체를 먼저 택하는 것이라고 통일교 원리강론 교리는 주장한다.

반증

인간에 대한 예정은 선하고 악한 모든 인간이 예정의 대상들이다. 롬 9:13에, "기록된 바 내가 야곱을 사랑하고 에서는 미워하였다 하심과 같으니라" 18절에, "그런즉 하나님께서 하고자 하시는 자를 긍휼히 여기시고 하고자 하시는 자를 강퍅케 하시느니라" 21절에, "토기장이가 진흙 한 덩이로 하나는 귀히 쓸 그릇을 하나는 천히 쓸 그릇을 만드는 권이 없느냐"

직무적 선택에도 하나님의 주권적 예정이다.

사 45:9에, "질그릇 조각 중 한 조각 같은 자가 자기를 지으신 자로 더불어 다툴진대 화 있을찐저 진흙이 토기장이를 대하여 너는 무엇을 만드느뇨 할 수 있겠으며 너의 만든 것이 너를 가리켜 그는 손이 없다 할 수 있겠느뇨"

렘 18:6에, "나 여호와가 이르노라 이스라엘 족속아 이 토기장이의 하는 것 같이 내가 능히 너희에게 행하지 못하겠느냐 이스라엘 족속아 진흙이 토기장이의 손에 있음 같이 너희가 내 손에 있느니라"

롬 9:17~21에, "성경이 바로에게 이르시되 내가 이 일을 위하여 너를 세웠으니 곧 너로 말미암아 내 능력을 보이고 내 이름이 온 땅에 전파되게 하려 함이로라... 하나님께서 하고자 하시는 자를 긍휼히 여기시고 하고자 하시는 자를 강퍅케 하시느니라 토기장이가 진흙 한 덩이로 하나는 귀히 쓸 그릇을 하나는 천히 쓸 그릇을 만드는 권이 없느냐

그러므로 원리강론 교리가 주장하는 인간에 대한 예정교리는 완전히 하나님의 진리를 벗어난 이단 교리임을 반증한다.

6. 예정설을 세워주는 성구 해명

성경 롬 8:9~30에, "미리 정하신 이를 부르시고 부르신 이를 또한 의롭다 하시고 의롭다 하신 그들을 또한 영화롭게 하셨느니라" 부르시는 하나님의 책임 분담만으로는 그가 의롭다 함을 얻어 영광을 누리는데까지 이를 수 없다고 원리강론은 주장을 한다. 부름받은 입장에서 자기의 책임을 완수할 때에 비로써 의롭다 함을 얻을 수 있는 것이며, 의롭다 함을 얻은 후에야 또한 하나님이 주시는 평화를 누릴 수 있게 되는 것이라고 성경 말씀을 왜곡 해석한다.

롬 9:15~16에, "내가 긍휼히 여길 자를 긍휼히 여기고 불쌍히 여길 자를 불쌍히 여기리라 하셨으니 그런즉 원하는 자로 말미암음도 아니요 달음박질 하는 자로 말미암음도 아니요 오직 긍휼히 여기시는 하나님으로 말미암음이니라" 이 말씀은 어디까지나 하나님의 권능과 은총을 강조하시기 위하여 기록한 말씀이라고 원리강론은 주장한다.

롬 9:21에, "토기장이가 진흙 한 덩이로 하나는 귀하게 쓸 그릇을 하나는 천히 쓸 그릇을 만드는 권이 없느냐" 타락한 인간은 마치 쓰레기와 같이 버림을 받은 존재가 되었기 때문에 하나님이 어떻게 인간을 취급한다 하더라도 결코 불평해서는 안 된다는 뜻이라고 주장한다.

롬 9:10~13에, "큰 자가 어린 자를 섬기리라 하셨나니 야곱은 사랑하고 에서는 미워하였다" 복귀섭리 노정은 교리를 맞추기 위한 것으로서, 쌍태로 세워졌던 것은 가인과 아벨 입장에서 갈라 세워놓고 아벨 입장에 있는 야곱이 가인 입장에 있는 에서를 굴복시키기 위한 뜻이며,

에서는 야곱에게 굴복하였기 때문에 미움을 받을 수 있는 입장에서 야곱과 동일한 사랑의 축복을 받는 입장으로 옮겨졌던 것으로 주장한다.

반증

롬 8:29~30에서, 원리강론 교리 주장대로 인간의 책임 분담(선행으로)으로 예정되어졌다는 주장은 잘못된 것이다. 하나님의 주권적 예정은 그대로 자유의 은총에 의한 것임을 밝혀주고 있다.

롬 9:10~13에, 하나님의 선택의 은총이 인간의 신분이나 공로에 따라 주어지는 것이 아니라 전적으로 하나님의 은혜에 의한 것임을 확실히 밝혀준다. 에서는 야곱에게 굴복하여 미움을 받을 수 있는 입장에서 야곱과 동일한 사랑의 축복을 받는 입장으로 옮겨졌던 것이라고 주장하며 예정설을 비판한 원리강론 교리는 진리의 말씀에 전혀 맞지 않다.

말 1:3에, 에서를 미워하였고 그 산들을 황무케 하였고 그의 산업을 광야의 시랑에게 붙였느니라(에돔의 멸망)는 진리의 성경 말씀이 원리강론 교리 주장을 반증한다.

그러므로 몇 가지로 분류해서 원리강론이 주장하는 하나님의 절대성과 완전 무결성(딤후 3:16~17). 그리고 절대적 주권적 예정과 하나님의 은총(롬 9:10~13)을 부정하는 원리강론 교리 주장과 허위성과 인간 행위 신앙을 주장하는 것은 잘못된 이단 교리임을 반증한다.

제8절 기독론 반증

1. 생명나무 복귀로 본 아담과 예수

통일교 원리강론 교리는 아담을 생명나무로 비유한다. 창 2:9, 3:24;

계 22:14을 인용하여 인류 역사는 에덴동산에서 잃어버렸던 생명나무를 역사의 종말의 세계에서 복귀하여 지상천국을 이루려는 복귀 섭리의 역사라고 주장한다. 그러므로 완성한 아담과 예수님과의 관계를 알 수 있게 된다고 한다.

창 3:24에 기록되어 있는 생명나무를 잃어버린 생명나무, 즉 타락한 아담(창 2:7)으로 비유한다.

계 22:14에 기록되어 있는 생명나무로 표시되어 있는 재림예수(구원된 아담으로 표현한다)라고 주장한다. 그러므로 예수 그리스도는 창조 목적을 완성한 인간으로 오신 분이심을 우리는 부인할 수 없다고 원리강론 교리는 주장한다(딤 2:5; 고전 15:21; 행 17:31; 눅 17:26). 그래서 예수 그리스도를 인성으로만 본다고 주장한다.

반증

원리강론 교리 타락론에서 이미 밝힌 것처럼 진리의 성경에 아담을 생명나무로 비유한 기록은 찾아볼 수 없다.

성경 창 3:24; 잠 13:12; 계 22:14에 진리의 성경은 타락한 인간들이 예수 그리스도를 믿음으로 구원을 이루는 생명나무로 표시한 것이다.

이상과 같이 창 3:24에 "하나님이 그 사람을 쫓아 내시고 에덴동산 동편에..." 생명나무(아담), 계 22:14에서 복귀된 생명나무(예수님)로 비유한 것은 완전히 거짓된 주장이다(참조: 복귀라는 용어는 기독교에 없다. 통일교에서만 구원 방법을 복귀라는 칭호로 사용하는 특이한 이단 교리이다.). 그러므로 생명나무 복귀(구원)로 본 아담과 예수님에 대한 창 2:9을 인용하여 생명나무로 비유한 원리강론 교리 주장은 이단 교리임을 반증한다.

2. 예수님은 하나님 자신인가?

성경 요 1:10, 8:58, 14:9~10을 인용하여 예수님을 창조주 하나님으로 알고 있는 것은 잘못된 것이라고 원리강론 교리는 주장한다. 그의 신성으로 보아 예수님을 하나님이라고 할 수도 있다. 그러나 하나님 자신이 될 수는 없다고 주장한다.

그러므로 하나님과 예수님과의 관계를 인간의 마음과 몸과의 관계로 비유하여 생각할 수 있다고 주장한다. 요 14:9~10에 그를 본 것은 곧 하나님을 본 것이 되는 것도 사실이지만, 이 말씀은 예수님이 곧 하나님이시라는 뜻에서 말씀한 것이 아니라고 주장한다.

왜? 예수님이 하나님 자신이라면 하나님 아버지를 부르시어 스스로 하나님이 아니심을 밝히고 있는 것인가?(마 27:46; 요 17:1). 또 예수님이 하나님 자신이라면 어떻게 하나님이 「사단」의 시험을 받고 또 「사단」에 몰려 십자가에 달리는 등의 일이 있을 수 있을 것인가? 그리고 예수님이 십자가 상에서 「나의 하나님 나의 하나님 어찌하여 나를 버리셨나이까」(마 27:46)라고 하신 말씀을 보더라도 예수님은 하나님 자신이 될 수 없다는 것은 분명하다고 주장한다.

예수님은 지상에 있어서 원죄가 없다는 점을 제외한다면 그는 우리와 조금도 다름이 없는 인간이었고, 부활 후 영계에 있어서도 제자들과 다름없이 영인체로서 계신다고 주장한다.

반증

예수님은 분명히 하나님이시다. 요 1:10에, "세상은 그로 말미암아

지은 바(창조) 되었으며 세상이 그를 알지 못하였고"

성경 요 14:9~10에, "나를 본 자는 아버지를 보았거늘 어찌하여 아버지를 보이라 하느냐 나는 아버지 안에 있고 아버지는 내 안에 계신 것을 네가 믿지 아니하느냐"

요 8:58에, "아브라함이 나기 전부터 내가 있느니라"

요 10:30에, "나와 아버지는 하나(일체)이니라"

고후 13:13에, "주 예수 그리스도의 은혜와 하나님의 사랑과 성령의 교통하심이 너희 무리와 함께 계실지어다"(삼위)

마 28:19에, "성부와 성자 성령의 이름으로 세례를 주고"(삼위) 이와 같이 하나님 진리의 말씀은 확실하게 예수 그리스도가 삼위일체 하나님이심을 증명하고 있는 기독교의 바른 교리이다. 원리강론 교리처럼 예수님의 신성을 보아서 제2의 하나님이라고 할 수는 있으나 하나님이 될 수는 없다는 주장은 완전히 이단 교리임을 반증한다. 기독교는 진리의 성경 기록대로 삼위일체 하나님을 창조주로 믿는 것이다. 또한 원리강론 교리에서 주장하는 예수님은 지상에 있어서도 원죄가 없다는 점을 제외한다면 그는 우리와 조금도 다름이 없는 인간이었고 부활 후 영계에 있어서도 제자들과 다름 없이 영인체로서 계신다고 주장하는 원리강론 교리는 예수 그리스도의 인성과 신성, 창조주 하나님의 가치를 모르는 무지에서 나타난 것으로서 분명한 이단 교리임을 반증한다(마 28:19; 요 1:10, 8:58, 14:9-10).

예수 그리스도는 부활하신 후 승천하시어 하나님 우편에 계신다.

3. 성령관

성령 하나님을 원리강론 교리에서는 이렇게 말하고 있다. 성신은 참 어머니로서 후 하와로 오신 분, 그래서 말세 때는 여성 신으로 계시 받는 사람이 많은 것이다. 그리고 성신이 여성 신이기 때문에 성신을 받지 않고서는 예수님 앞에 신부로 설 수 없는 것이다.

요 3:5에 성신으로 거듭나지 아니하면 하나님 나라에 들어갈 수 없다. 혼자서 어떻게 자녀를 낳을 수 있느냐. 타락한 인류를 다시 낳아 주기 위해서는 참 부모가 오셔야 하는데 그 참 부모가 문선명 교주와 그의 처 한학자라고 주장한다(요 3:5 인용하여).

반증

성신은 원리강론 교리에서 주장하는 것처럼 여성 신이 아니다.

요 3:5에, "사람이 물과 성령으로 거듭나지 아니하면 하나님 나라에 들어갈 수 없느니라"(마 1:18~21에 성령으로 잉태하여 동정녀 마리아에게 탄생한 그리스도).

성신은 인간인 여성 신이 아니다. 또한 문선명의 처 한학자는 더욱 아니다. 타락한 인간이 구원받는 것은 통일교에서 말하는 문 교주나 그의 처 한학자 인간을 통해서 구원받고 거듭나는 것이 아니라 요 3:5의 진리의 말씀대로 구원받는 것이다.

성령은 삼위일체 하나님 창조주이시다(마 28:19; 고후 13:13).

마 12:32; 막 3:29; 눅 12:10에서, 성령 하나님을 훼방 모독하는 자 사하심을 받지 못하리니, 성경기록에 오직 성령만이 중생의 동력인이라고 가르치며 사역에 어떠한 협력도 있을 수 없다(겔 11:19; 요 1:13; 행 16:14; 롬 9:16; 빌 2:13). 오직 하나님의 불변의 진리의 성경 말씀으로만 이루어진다.

혼자서 어떻게 자녀를 낳을 수 있느냐, 통일교 원리강론 교리의 인본주의적 주장이야 말로 하나님을 인간의 표준으로 생각하는 엄청난 삼위일체 하나님 신성모독 행위이다. 통일교 원리강론 교리가 얼마나 황당한 이단 사교 교리인가? 분명하게 반증한다.

4. 삼위일체 교리

고전 15:45의 말씀을 인용하여 예수님은 후 아담으로 오신 영존하신 아버지이고 성신은 후 하와로 타락한 자녀를 다시 낳기 위하여 오신 참어머니라고 한다.

통일교 원리강론 창조 원리에 의하면 수수작용 정분합작용에 의하여 삼대상 목적을 이룬 사위기대의 터전이 없이는 하나님의 창조 목적은 이루어지지 않는다고 기록하고 있다<창조원리 비판 참조>.

예수님과 성신도 이성 성상으로부터 실체로 분립된 대상으로 수수작용(성적 관계: 저자 주)으로 합성 일체화하여 하나님을 중심삼은 사위기대를 이루는데, 이때 예수님과 성신은 하나님과 일체가 되는 것이니 바로 삼위일체라고 통일교 원리강론 교리는 주장한다.

<참고 도표>

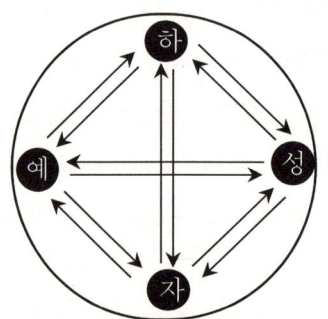

- 수수작용(⟷)
- 삼대상목적(하 를 중심한 예 성)
- 사위기대(하 예 성 자)
- 삼위일체(하 를 중심한 예 성)

반증

원리강론 교리가 주장하는 삼위일체 교리는 고전 15:45의 말씀을 왜곡 주장한 것이다. "첫 사람(아담)은 땅에서 둘째 사람(그리스도)은 하늘에서" 낳았다.

원리강론 교리 창조 원리에서, 정분합작용 삼대상 목적을 이룬 사위기대의 터전이 없이는 하나님의 창조 목적은 이루어지지 않는 것으로 주장하는데 그러나 이 교리는 하나님과 기독교의 진리와는 아무런 상관이 없다.

예수 그리스도와 성신도 이성 성상으로부터 실체로 분립된 대상으로서 수수작용으로 합성 일체화하여 하나님을 중심삼은 사위기대를 이루어 삼위일체를 이룬다는 원리강론 교리는 잘못된 주장이다.

그러므로 기독교의 삼위일체 하나님을 믿는 기독교 진리가 원리강론 삼위일체 교리를 비유한 것이라고 주장하는 것은 터무니없는 사교집단의 거짓 주장이요, 창조주 하나님 신성을 모독하는 이단집단의 거짓 사교 교리임을 반증한다.

마 28:19에, "너희는 가서 모든 족속으로 제자를 삼아 아버지와 아들과 성령의 이름으로 세례를 주고"

요 3:30에, "주 예수 그리스도의 은혜와 하나님의 사랑과 성령의 교통하심이 너희 무리와 함께 있을지어다" 성부 성자 성령은 분명한 삼위일체 창조주 하나님이시다.

5. 중생론

원리강론 교리에서 중생의 사명으로 본 예수님과 성신, 혼자서 어떻게 자녀를 낳을 수 있겠는가(번식 작용을 할 수 있나?).

요 3:3~5에서처럼 두 번 태어나야(중생) 되는 것이다. 인간이 범죄했기 때문에 선의 자녀를 다시 낳아주기 위하여 참 아버지와 참 어머니가 다시 계셔야 하니, 참 아버지가 예수 그리스도(통일교 문 교주)요, 참 어머니가 성신(통일교 문 교주 처 한학자)이라고 주장한다. 예수 그리스도 앞에 신부로 설 수 있는 여인은 성신(여인이 계시를 받는 신)을 받지 않고서는 예수님 앞에 신부로 설 수가 없다(피조세계의 생명체의 번식 작용을 그대로 인식 주장함)고 통일교 원리강론 교리는 절대적 주장을 한다.

반증

요 3:3~5에 "예수께서 대답하여 가라사대 진실로 진실로 네게 이르노니 사람이 거듭나지 아니하면 하나님 나라를 볼 수 없느니라…" 진리의 성경 말씀은 타락된 인간을 다시 낳아야 하는데 어떻게 혼자서 자녀를 낳을 수 있는가? 원리강론 교리는 비유의 말씀이라고 주장한다. 그러나 이 말씀은 죄 없는 남성과 여성(통일교 주장, 참 아버지와 참 어머니)을 말한 것이 아니요, 물과 성령(하나님의 힘)으로 거듭나지 아니하면 하나님 나라에 들어갈 수 없느니라고 하신 진리인 성경 말씀이다.

요 3:7에, "육으로 난 것은 육이요 성령으로 난 것은 영이니"

마 1:18~21에, "성령(하나님의 힘)으로 동정녀 마리아에게 태어나신 예수 그리스도이시다"

원리강론 교리에서 예수님과 성신을 참 아버지(문 교주)와 참 어머니(문교주의 처 한학자)로 중생한다고 주장하는 교리는 삼위일체 하나님 신성을 모독한 이단 사교 교리임을 반증한다.

제9절 복귀원리론 반증

원리강론 교리인 복귀섭리는 타락한 인간으로 하여금 하나님 창조 목적을 완성케 하기 위하여 그들을 창조 본연의 인간으로 복귀하여 나아가는 하나님의 섭리를 말한다. 복귀원리는 원리강론 교리의 중심 사상이다. 원리강론 교리를 모르고서는 이해할 수 없는 독특한 교리이다.

기독교 교리나 진리의 성경에 없는 문자와 내용들이다. 성경 말씀은 기독교의 진리가 아니고 진리를 찾아가는 교과서이므로 틀릴 수 있지만, 통일교 원리강론 교리는 진리이니 틀릴 수 없다고 절대적으로 주장한다. 또한 원리강론은 세대주의와 시한부 종말론을 주장하고 있다. 그래서 복귀섭리는 6,000년 기간이라고 주장한다.

아담으로부터 아브라함 때까지: 2000년간,

아브라함으로부터 예수님 때까지: 2000년간,

예수님 이후부터 재림 때까지: 2000년간

반증

복귀, 복귀원리, 복귀섭리라는 문자 자체가 진리의 성경 말씀에 없는 문자다. 원리강론의 복귀원리는 문 교주의 주장에 불과한 기독교 진리와는 관계없는 세대주의 이단 교리임을 반증한다.

1. 탕감 복귀란?

복귀역사는 '구원역사'라고 한다. 탕감 복귀는 구원섭리 역사라고 주장하는 것이 원리강론 교리이다.

1) 복귀는 어떻게 하는가?

타락한 인간이 하나님이 취할 수 있는 어떠한 조건(행위 신앙)을 세우지 않는 한 하나님은 무조건 타락한 인간을 하늘 편으로 복귀시킬 수 없다고 주장한다. 즉 탕감 조건(행위 신앙)을 통해서만 구원섭리가 이뤄진다고 한다.

탕감 복귀란 탕감 조건(행위 신앙)을 세워서 창조 본연의 인간으로 복귀하여 나아가는 섭리를 말한다.

2) 탕감이란 무엇인가?

타락한 인간이 본래의 위치와 상태로 복귀하려면 반드시 필요한 조건을 세워야 하는데, 그 조건을 세우는 것을 탕감이라고 한다.

3) 탕감은 어떻게 세워야 하는가?

첫째, 적은 탕감: 본연의 위치와 상태에서 상실되었던 것보다 적은 가치의 탕감 조건이다. 빚을 1,000원 졌는데 원금보다 적은 금액 800원만 갚고 완전히 갚은 것으로 인정받는 방법을 적은 탕감이라고 한다. 성경적으로 말한다면, 예수 그리스도의 십자가의 대속을 믿는다는(마 26, 27장) 극히 적은 탕감 조건으로 구원의 혜택을 받는 것을 말한다. 몇 방울의 물로 세례를 받는다는 탕감 조건으로 중생된 입장을 복귀할 수 있는 것을 말한다.

둘째, 동일 탕감: 동일한 가치의 조건을 말한다. 빚을 1,000원 졌는데 이자 없이 원금 1,000원만 갚고 완전히 갚은 것으로 인정받는 방법을 동일 탕감이라고 한다. "생명은 생명으로 눈은 눈으로 이는 이로

손은 손으로"(출 21:23~25)

셋째, 큰 탕감: 적은 탕감을 세우는데 실패했을 때 더 큰 탕감 조건을 세워서 처리하는 방법을 큰 탕감이라고 한다. 아브라함은 비둘기, 양, 소 번제 실수로 탕감 조건이 가중되어 독자 이삭을 바치게 된 것(창 15:9, 22:23)이라 하고, 모세 때 이스라엘 40일 정탐 실수로 40년 광야 표류가 시작(민 14:34)된 것이라며 비유한다.

4) 탕감 조건을 세우는 방법

반대의 경로에 의하여 취하는 탕감 조건을 세워야만 한다. 원리강론 교리에 탕감 조건은 타락한 인간 스스로가 인간 책임분담(행위신앙)으로써 그에 필요한 탕감 조건을 세우지 않으면 안 된다고 주장한다.

반증

원리강론 교리는 탕감 복귀섭리가 구원섭리에 귀결된다. 원리강론 타락론에서 성적 사랑(섹스) 행위를 타락의 절대적 근본 죄로 주장하고 있다(아담 하와가 하나님 명령 불순종하고 선악과를 따 먹은 것이 성적 간음 행위라고 비유한다).

그러므로 원리강론 교리 탕감 복귀섭리는 성적 사랑 행위에 의해 이뤄져야 복귀섭리가 완성된다. 다시 말하면 원리강론 구원교리는 피갈음(섹스) 구원교리가 되는 것이다.

또한 통일교 원리가 주장하는 탕감론에 있어서 적은 탕감, 동일 탕감, 큰 탕감 여러 가지 방법을 통하여 복귀섭리를 하는데 기독교와 진리의 성경 말씀과 전혀 관계가 없다.

기독교와 진리의 성경 말씀은 예수 그리스도를 믿음으로만 구원받는 종교이다(요 3:16; 히 11장). 온 사람은 하나님의 은혜로 모든 죄를 회개하고 아무런 조건 없이 예수 그리스도를 믿기만 하면 구원받는 것이 기독교의 영원한 진리이다.

1) 성경에 기록된 탕감

마 18:27에, "그 빚을 탕감하여 주었는데…"(탕감의 뜻: 방출하라, 가게 하라, 포기하라, 용서하라 등)

눅 7:42~43에, "탕감하여 주었으니"(탕감의 뜻: 자신의 친절을 보여주라, 긍휼을 베풀라, 은혜를 나타내라, 용서하라, 사죄하라, 거저 주라 등) 진리의 성경 말씀에 기록되어 있는 탕감은 하나님의 은혜로 타락한 인간에게 거저 주는 것이다. 다시 말하면 타락한 인간은 어떠한 책임이나 행위로 탕감되는 것이 아니고 하나님의 은혜로 예수를 믿기만 하면 아무 조건 없이 죄를 용서받고 구원받는다.

그런데 원리강론 교리의 탕감론은 대가를 지불하며 반드시 조건을 세워야 한다면서, 예수 그리스도도 사탄에게 탕감 조건으로 육체를 내주었다고 주장한다(원리강론 p.354; 문 교주 말씀 책 165호, 31~32). 십자가의 죽으심은 사탄에게 치르는 탕감이고 죄의 용서가 아니라고 한다.

저자는 통일교 문 교주가 신도들을 행위 신앙(탕감)으로 구원을 강조하고, 헌신 봉사라는 미명으로 인권유린 노동력 착취 등을 통하여 타 이단종파들처럼 재산을 착복하고 문 교주 개인의 영달을 위한 사교종교 집단의 수단의 하나로 본다.

예수 그리스도의 십자가 대속은 사탄에게 치르는 속량이 아니다.

요 1:29에, "세상 죄를 지고 가는 하나님의 어린 양이로다"

요일 3:8에, "죄를 짓는 자는 마귀에게 속하나니 하나님 앞에 인간이 죄를 지으면 마귀에게 속한다"

요일 1:8~9에, "죄인이 하나님께 회개하여 용서를 받으면 사탄은 주관할 수 없게 된다".

마 4:10; 막 1:13; 행:23; 롬 8:32 등. 예수 그리스도의 십자가는 원리강론 교리처럼 사탄에게 탕감 조건으로 주어진 것이 아니라 인간을 구원하고자 대속으로 하나님 아버지께 드려졌다.

참조: 특히 일본 통일교인들이 희생하고 문 교주에게 충성 헌신하는 교리이기도 하다.

2) 인간의 고난과 탕감 조건에 대하여

성경 말씀에 기록되어 있는 고난은 두 가지로 집약한다. 하나는 죄 없는 의인의 고난이요(욥 5:7; 골 1:24; 고후 1:5; 벧전 4:13, 5:19; 딤후 1:12 등). 다른 하나는 인간의 죄와 여러 원인에서 발생하는 고난이다(시 119:71; 습 1:17; 신 28:15; 약 5:13 등).

죄의 결과는 인간이 당하는 모든 시련을 다 치뤄도 하나님께 죄를 용서받을 수 없다. 죄의 용서는 하나님의 은혜로 예수를 믿고 회개를 통해서 이뤄질 수 있기 때문이다.

이상과 같이 원리강론 탕감 교리는 기독교의 근본 교리인 진리의 성경 말씀을 왜곡한 거짓 사이비 이단 교리이다.

2. 메시아를 위한 기대

타락한 인간이 메시아를 위한 기대를 조성하려면 어떠한 탕감조건을 세워야 하다고 주장한다. 믿음의 기대 위에서 실체 기대를 이루어야 주님을 맞이할 수 있다고 주장한다.

1) 믿음의 기대를 세우는 방법

중심 인물이 있어야 한다. 조건물을 세워야 한다. 수리적인 탕감(조건을 세우는) 기간이 있어야 한다고 주장한다.

2) 실체 기대를 세우는 방법

믿음의 기대를 세우는 탕감 복귀란 터전 위에서 실체 기대를 세움으로서 메시아를 위한 기대 위에 서야 비로소 메시아를 맞이할 수 있다고 주장한다.

반증

메시아를 위한 기대로 믿음의 기대 위에 세우고 실체 기대를 세워야 메시아를 맞는다는 원리강론 교리 주장은 이단 사이비 교리이다.

예수 그리스도를 믿기만 하면 하나님의 은혜로 구원받는 것이 기독교의 진리이다(요:16; 요일 1:7; 히 11장; 계 22:17, 22:21 등).

행 22:3~4에, "사도 바울은 율법으로 구원받고자 노력하였으나 비참하게 실패하고 말았다"

롬 4:15에, "율법은 진노를 이루게 하나니"

롬 5:1에, "믿음으로 의롭다 하심을 얻은 즉"

롬 5:2에, "믿음으로서 얻은 은혜"

참조: 구원의 서정- 소명, 중생, 회심, 신앙, 칭의, 수양, 성화, 견인, 영화(롬 8:30; 고전 1:30, 6:11; 딛 3:5)

원리강론 교리의 복귀원리(탕감 복귀, 탕감, 탕감의 조건, 탕감의 종류, 섭리기대 등)는 기독교 진리를 왜곡하고 벗어난 이단 사이비 교리임을 반증한다.

제10절 재림론 반증

예수님께서는 십자가를 지시고 3일 만에 부활하시고, 반드시 재림하실 것을 약속하셨으므로 오늘날 기독교 성도들은 다시 오실 주님을 바라보면서 천국에 갈 것을 영원한 소망으로 여기고 기도하고 예배하며 찬양한다(마 16:27, 24:36; 살전 5:4; 눅 21:34~36; 계 3:3).

원리강론 재림에 관한 교리는 진리의 성경을 왜곡하여 주님은 구름 타고 재림하지 아니하며 육신을 쓰고 초림 때와 같이 지상에서 여인의 몸을 통하여 탄생한다고 주장한다. 그리고 그 사람이 바로 통일교를 창설한 문 교주요 재림 메시아라는 것이다(원리강론, p.515~556).

1. 예수 그리스도는 언제 재림하실 것인가?(시기)

예수 그리스도가 재림하실 시기가 바로 말세 때요, 세계 제1차 전쟁이 끝난 때부터 재림하실 시기로 보아야 한다고 주장을 한다. 그 이유는,

첫째, 세계 전쟁사로 보아서 현재가 재림 시기이다(원리강론, p.493~514).

둘째, 종교개혁과 역사 년대 산출 근거를 보아서 현대가 재림 시기이다(원리강론, p.467).

셋째, 통일교 문 교주의 출생 근거에 기준을 두고 현대가 재림 시기라고 주장한다(1921년 문 교주 출생).

넷째, 1963년 8월 17일, 1966년 4월 5일 일본에서, 1981년 한국에서 문 교주는 재림 예언을 주장했으나 모두 빗나갔다.

반증

　재림하실 시기는 예수님이 십자가에 돌아가시고 3일 만에 부활하시어 승천하신 후부터 재림하실 시기이다(마 16:28, 24:34 등).
　그러므로 현세가 바로 예수 그리스도의 재림의 시기요, 말세이므로 통일교가 주장하는 재림 시기는 진리의 성경을 왜곡한 거짓 주장이다.
　"그 날과 그 때는 아무도 모르나니 하늘의 천사들도 아들도 모르고 오직 아버지만 아시느니라"(마 24:36; 막 13:32; 행 1:7)
　세계 1차 전쟁이 끝난 시기부터 재림 시기로 보아야 한다는 주장과 세계 전쟁사로, 종교개혁과 역사 년대 산출 근거로, 통일교 문 교주의 출생 근거로 하여 재림의 시한부를 말하는 통일교 원리강론 주장은 거짓된 이단 사이비 교리이다.
　재림 예언이 빗나간 통일교 문 교주의 사기극은 1963년 8월 17일 (음력 6월 28일)에 재림 메시아는, 일본 동경으로부터 라디오, TV 방송을 통하여 전 세계에 즉시 보도한다고 동경 각 지역에서 대대적으로 선전하였다. 그러나 거짓 사기극으로 끝났다. 예언이 빗나가자 시기를 변경하여 1966년 4월 5일이라고 다시 주장하고 발표했으나 또 실패로 끝나고 말았다.
　그 후에 통일교 문 교주는 1974년 2월, 미국에서 일본으로 와서 통일교 전 간부들을 모아 놓고 1975년 8월 15일까지 일본 통일교협회장 구보끼(久保本修己) 씨가 일본 총리대신이 안 되면 일본은 멸망한다고 망언 폭탄 선언까지 했다. 그 때에 일본 통일교 신도들은 문 교주가 세계의 왕이 된다며 들끓었던 사실이 있었다(현대 기독교의 이단 「山論 外」, p.61).

한국에서 재림예언 사기극,

통일교 문 교주는 1960년부터 3차 7년 노정(7년 3회, 21년)을 정하고 21년이 되는 1981년도에 재림할 것을 예언했다. 재림예언 선포가 빗나가니까(문 교주 자칭 재림예수) 통일교 신도들이 사명을 다 하지 못해서 재림 선포식을 못했다고 핑계를 댔다.

이상과 같이 시기를 정하여 재림을 예언하고, 예언이 실패하면 어떤 이유를 붙여서 시기를 연장하고 신자들에게 책임을 전가하고 다시 예언하는 방법으로 사기극을 벌이는 통일교 문 교주의 거짓된 재림 사상은 사이비 교리임을 확실하게 반증한다.

2. 예수 그리스도는 어떻게 재림하실 것인가?(형태)

원리강론 교리에서 인용하고 있는 성경 말씀

요 16:25에, "이것을 너희에게 비사로 일렀거니와 때가 이르면 다시 비사로 너희에게 이르지 않고 아버지에 대한 것을 밝히 이르리라"

말 4:5에, "보라 여호와의 크고 두려운 날이 이르기 전에 내가 선지 엘리야를 너희에게 보내리니"(주님이 오시기 전 먼저 엘리야가 와야 한다고 주장한다.)

마 11:14에, "오리라 한 엘리야가 곧 이 사람이니라"(하늘에서 온 엘리야가 아닌 땅 위에서 태어난 세례 요한을 가리켰다는 사실이다)

눅 1:13에, "사가랴의 아들 세례 요한을 가리켜 엘리야라고 증언한 사실을 강조한다. 이와 같이 세례 요한을 가리켜 엘리야라고 증언한 사실을 놓고 볼 때 예수 그리스도는 초림 때와 같이 지상에서 육신을 쓰고 재림할 것을 주장한다. 구약시대는 메시아의 강림으로서 복귀섭리의 전 목적을 완성하려는 섭리로 오셨기 때문에 예수님 자신이 스스로 재림할 것을 말씀하시기 전까지는 한 번 오셨던 메시아가 재림하게 되리라는 것은 누구도 상상할 수 없게 되었던 것이다(단, 7:13~14에, 그리스도의 재림에 대한 성경을 부정하고, 초림 예수께서 구름타고 오실 것을 예언 주장한다).

1) 예수 그리스도의 재림은 지상에서 탄생하신다.

눅 17:25, "그러나 그가 먼저 많은 고난을 받으며 이 세대에게 버린 바 되어야 할찌니라"(눅 17:20~26, 33:37; 마 2:2~3, 28:9; 요 12:48; 벧후 3:7; 살후 3:8; 사 11:4; 계 2:27, 12:5; 롬 8:23; 요 14:20; 행 2:4; 고전 15:27 등)

마 28:9, "예수께서 저희를 만나 가라사대 평안하뇨 하시거늘 여자들이 나아가 그 발을 붙잡고 경배하니"(부활 후에 나타나심을 가리켜 재림이라고 주장한다(원리강론, p.528).

이상과 같이, 성경 말씀을 인용해 예수 그리스도의 재림은 지상에서 육신을 입고 탄생한다고 원리강론 교리는 주장한다.

2) 구름타고 재림한다는 성경 말씀은 무엇인가?

성경에 재림은 구름타고 영광 가운데 천사들의 나팔소리와 함께 오신다고 기록하고 있다(마 24:27~31, 26:64; 단 7:13; 계 1:7 등)

구름타고 재림하신다는 성경 말씀은 비유로 해석할 수밖에 없다고 주장한다(히 12:1; 출 13:21; 눅 17:37; 고전 15:47; 요 3:13; 계 17:15).

실예로, 계 17:15, "음녀의 앉은 물은 백성과 무리와 열국과 방언들이니라" 구름은 수증기가 지상에서 증발하여 올라간 것을 말한다. 그러므로 물은 타락한 인간을 상징하며, 구름은 타락한 인간이 중생하여 그 마음이 항상 땅에 있지 않고 하늘에 있는 독실한 성도를 의미한다고 한다.

눅 17:37, "독실한 성도들이 모이는 곳으로 오시겠다"는 것을 의미하는 것으로서 구름타고 오신다는 말씀과 동일한 내용의 것임을 알 수 있다고 한다(성도들을 구름으로 비유한다.).

3) 예수 그리스도의 재림을 왜 구름타고 오실 것으로 말씀했는가?

첫째, 적그리스도의 미혹을 방지하기 위함이었다.

둘째, 어려운 신앙 노정을 걷고 있는 성도들의 신앙을 격려하기 위함이었다(원리강론, pp.533-535).

성경 마 10:23, 16:28; 요 21:18-22; 행 2:1~4 등을 인용한다.

반증

성경, 요 16:25; 말 4:5; 마 11:14; 눅 1:13 등 세례 요한을 엘리야라고 증언한 예수 그리스도의 말씀을 인용하여 엘리야의 재림(세례 요한)과 같은 방법으로 주의 재림도 초림 때와 같이 지상에서 육신을 입고 탄생할 것으로 주장하는 것은 거짓 이단 교리이다.

계 12:5, "여자가 아들을 낳으니 이는 장차 철장으로 만국을 다스릴 남자라 그 아이를 하나님 앞과 그 보좌 앞으로 올려가더라" 말씀을 인용하여 예수의 초림을 주장하는 것은 잘못된 성경 말씀 왜곡이다(계 2:27).

1) 세례 요한은 한 인간의 존재다.

예수 그리스도는 삼위일체 하나님이시다(요 1:10, 10:30; 14:9~10; 마 28:19 등). 예수 그리스도는 성자 하나님이시다. 그러므로 세례 요한을 엘리야의 본보기로 들어서 예수 그리스도를 비유한 것은 거짓된 주장이다.

단 7:13~14을 중심으로 메시아의 재림에 관한 성경을 부정하며 초림 예수 그리스도가 구름타고 오실 것을 주장하는 원리강론 교리는 이단 교리임을 반증한다(단 7:13~14는 분명히 재림에 대한 예언 말씀이다).

예수 그리스도 초림 전 구약성경에 재림에 관한 예언이 1,527회 이상 예언되었으며, 초림 예언은 300회 정도로 밝혀지고 있다(신약: 재림 예언 318회 정도).

예수 그리스도 초림 전에 재림에 대한 예언은 분명히 했으며 초림 예수 그리스도가 구름타고 오실 것을 주장한 원리강론 교리는 잘못된 이단 교리임을 반증한다.

2) 예수 그리스도의 지상 재림 주장에 대하여

원리강론에서 재림에 대한 성경 말씀을 초림으로 주장하고 있다.

마 28:9에, "예수께서 저희를 만나 가라사대 평안하뇨 하시거늘 여자들이 나아가 그 발을 붙잡고 경배하니" 부활하신 직후의 일이지 재림이 아니라는 사실을 분명히 확인한다.

눅 17:25에, "그가 먼저 많은 고난을 받으며 이 세대에게 버린 바 되어야 할찌니라"는 말씀은 예수 그리스도께서 십자가에 달리시기 전 예수님 자신에 대한 예언의 말씀임을 확실하게 밝힌다.

3) 구름타고 재림하신다는 비유

성경 말씀에 나타난 구름을 비유로 해석할 수밖에 없다고 주장한다 (히 12:1; 출 13:21; 눅 17:37; 고전 15:47; 요 3:13; 계 17:15).

계 17:15에, "음녀의 앉은 물은 백성과 무리와 열국과 방언들이니라." 원리강론 교리는 구름은 지상에 있는 물이 증발 정화하여 올라간 것을 말한다. 물은 타락한 죄인들을 상징하며, 그러므로 주의 재림은 타락한 죄인들에게 재림할 수 없다.

예수 그리스도를 잘 믿고 있는 성도들 가운데 재림한다. 구름은 성도로 비유했다 등의 원리강론 교리는 성경 말씀에 어긋난다. 구름은 하나님의 거룩함과 영광 중의 임재를 표현한 것이다(출 3:21, 14:24; 사 19:1; 출 24:18 살전 4:16~17).

원리강론 교리에서 예수 그리스도의 재림이 구름타고 오실 것으로 성경 말씀에 기록된 이유는 적그리스도의 미혹과 어려운 신앙생활을 하고 있는 성도들을 격려하기 위해서라고 주장한다(원리강론, pp.534~535).

기독교의 재림론은 원리강론 교리처럼 초림 때와 같이 여인의 몸을 통하여 육신 쓰고 지상 탄생이 아닌 하늘에서 구름타고 천사장의 나팔소리와 함께 친히 하늘로 좇아 거룩함과 영광 중에 강림하신다(살전 4:16~17). 그러므로 초림 때와 같이 육신을 쓰고 재림한다는 원리강론 교리는 잘못된 이단 교리임을 반증한다.

3. 예수 그리스도는 어디로 재림하실 것인가?(장소)

예수 그리스도가 영체로 재림하시는 것이 아니고 지상에서 육신을 입고 인간으로 탄생하신다면 하나님이 예정하신 그 곳은 어떤 민족 가운데 탄생하실 것인가?

1) 예수님의 재림은 동방나라로 하신다.

마 21:33~34에, "포도원 소작인의 비유를 인용하고"

계 5:1에, "해 돋는 곳 동방으로"(계 6:1, 7:2-3, 14:1)
그러므로 재림의 나라는 동방의 그 나라 한국이라는 것이다.

2) 왜 한국인가?

동방은 동양 3국(한국, 일본, 중국)을 말하는데 그 중에서 예수 그리스도의 재림의 나라는 한국이 될 수밖에 없다는 것이다(마 24:32; 눅 16:25, 37 인용하여).

첫째, 탕감 복귀의 민족적인 기대를 세운 나라.

둘째, 하나님의 일선인 동시에 사탄의 일선인 나라(남과 북의 3·8선 경계를 말한다.).

셋째, 하나님의 심정 대상의 나라.

넷째, 예언자들이 증거한 나라.

다섯째, 모든 문명의 결실의 나라.

그러므로 한국 땅으로 주님이 재림하지 않으면 안 된다고 주장한다(원리강론 pp. 535~556).

반증

예수 그리스도가 구름타고 천사장 나팔소리와 함께 재림하는 것이 아니고 지상에서 여인을 통하여 육신을 입고 초림 때와 같이 재림한다며 문 교주를 재림메시아로 주장하는 원리강론 교리는 거짓된 이단 교리이다.

메시아가 동방나라에 재림하는데 그 나라가 한국이라고 주장하는 원리강론 교리는 성경 어느 책에서도 발견할 수 없다(마 21:33~43; 계 5:1, 6:1, 7:2~3, 14:1 등).

○ **성경에 기록된 동방이란?**

계 7:2에, "해 돋는 데로부터"(동쪽, 성전 동문을 가리킴)

수 12:1에, "해 돋는 편"에 이르는 골짜기에서 헤르몬 산까지의 동방 온 아라바를 말한다(민 21:11; 신 4:41, 47; 수 1:5 등).

그런데 통일교 문 교주는 동방의 한국 땅으로 주님이 재림한다고 주장해 놓고, 자칭 메시아인 본인은 자신의 가족을 다 데리고 왜 미국으로 이민 갔는가? 거짓 주장을 스스로 인정해버린 결과가 되었다(통일교 문 교주 가족, 1973년 8월 10일, 미국으로 이민 감).

또한 원리강론 교리에서 메시아가 재림하는 나라는 몇 가지 조건이 갖추어져야 한다고 주장하는데 대하여 진리의 성경 말씀에서는 그와 같은 황당한 주장은 전혀 기록이 없다.

그러므로 원리강론 교리가 재림 장소로 한국 땅이라고 주장하는 것은 잘못된 주장이다. 주님의 재림의 시기, 형태, 장소 등 모든 것은 하나님 아버지만 아시는 일이다(마 25:13; 막 13:32 등).

4. 재림 예수 그리스도는 누구인가?

인류의 부모되신 주님이 한국으로 재림하는 것이 사실이라면 그 분은 틀림없이 한국 말을 쓰실 것임으로 한국이는 바로 조국이가 될 것이다. 이렇게 주장한 자가 통일교 문 교주이니 문선명이가 재림예수라는 주장이다(원리강론, pp.17, 스스로 주장하고 있다).

반증

재림 예수님은 원리강론 교리가 주장하고 스스로 자칭하는 문 교주와 같은 사람이 아니다. 타락한 인류의 죄를 대신 지시고, 고난의 십자가에 달려 죽으시고, 사흘 만에 부활하시어 다 이루었다 하시고, 다시 오시겠다고 약속하신 하나님 우편에 계신 주님이 다시 오시는 것이 재림이다(단 7:13~14; 행 1:11; 살전 4:16 등).

주님은 재림하실 때 하늘에서 천사장의 나팔소리와 함께 구름타고 오신다. 만왕의 왕으로 오시는 그 분이 예수 그리스도요 재림 예수님이시다(살전 4:16~17).

제4장

조직과 포교 활동

미리보기

4 조직과 포교 활동

제1절 교단조직과 포교 활동
제2절 교단 산하 조직과 간접 포교 활동

제4장 조직과 포교활동

제1절 교단 조직과 포교활동

1. 통일교 조직 기구표

협회 총본부: 서울특별시 용산구 청파동 2가 9의 1
↓
교 구 본 부: 각 시·도청 소재지
↓
교 역 본 부: 각·구·시군청 소재지
↓
교 회 본 부: 각·읍·면·동사무소 소재지
↓
전   도   소: 기타 집회 장소

위와 같이 획일적으로 조직된 완전히 문 교주를 중심한 중앙집권 조직운영 형태이다.

2. 교육기관과 교육 방법

1) 교육기관

① 통일신학교: 경기도 구리시 수택동 505번지

② 선문대학: 충청남도 아산시 삼용동 산 55-9
③ 중앙수련소: 경기도 구리시 수택동 505번지
④ 각 시·도별 지방 수련소(시·도청 소재지 교회 내)
⑤ 각 시·군별 단기 수련소(시·군청 소재지 교회 내)
⑥ 특별 계절교육

2) 교육 방법

○ 중앙수련소

① 과거에는 교역자 양성소로 활용하였다(신학교 대행).

② 20일 수련

③ 40일 수련

④ 100일 수련

일반 신도들을 교육 훈련하는 기간을 정하고 20일 수련받은 후, 다음에 40일 수련, 40일 수련 받은 후 100일 수련, 방법으로 교육 훈련을 한다.

- 교육 시간: 아침 6시 기상 23시 취침
- 교육 내용: 음악 1시간, 특강 1시간 외 전 시간 원리강론(통일원리) 교육 시간이다.
- 1주일을 1차 교육 기간이라고 한다면,
  20일 수련은 3차 반복 교육이요,
  40일 수련은 6차 반복 교육이며,
  100일 수련은 15차 반복 교육식으로 하여 세뇌교육 시킨다.

○ 지방 수련소

① 일반 신도 교육 훈련장으로서 활용한다.

② 수련 기간은 1주일로 하고 교육 훈련 방법은 중앙 수련소와 같다(단, 7일 교육 뿐이다).
③ 장소는 각 시·도청 소재지 교구 본부 산하에 둔다.

○ 포교기구
① 각 교회를 통한 직접 포교활동을 한다.
② 기동 포교대를 활용한 집중 지역 포교활동을 한다.
③ 교육(수련)을 통한 포교활동을 한다.
④ 사회 봉사를 위한 활동이 없는 것이 특징이다.
⑤ 간접활동 기구로 비 교단조직 활동이 있다.

○ 포교활동 방법
① 개인 전도·가정방문 전도
② 특히 기독교인 및 제직자 포섭활동 집중(제1차 전도 대상)한다.
③ 수단 방법 가리지 않고 포교 활동한다.
④ 교회 중심 직접 포교 활동과 간접 포교 활동을 한다.

교회 중심 직접 포교활동은 자급자족으로 신도들의 헌금을 위주로 하여 운영한다. 단, 교회를 신축할 때, 대지를 구입할 경우에는 일부를 본부로부터 보조를 받는다. 간접포교 조직 기구는 문 교주가 직접 자금을 지원하는 방법을 취하고 있다.

제2절 교단 산하 조직과 간접 포교활동

1. 국제승공연합 조직 구성과 활동
2. 남북통일 국민연합운동 조직과 활동

3. 초교파운동 조직과 활동

1) 초교파 기독교 협의회 연혁

① 1966년 11월 7일, 기독교 초교파 운동 본부를 창립했다.

② 문 교주의 특별지시 하에 전(前) 통일교 협회장 이재석 씨를 총책으로 세워서 초교파 운동본부를 조직케 하였다.

③ 모든 자금은 문 교주가 직접 지원했다.

방부신 목사(기감), 박창번 목사(기감), 이재석 씨(통일교 측), 박철수 목사, 김윤관 목사(예장 소속) 5인이 초교파운동을 발족했다.

④ 발기인 총회에서 명칭을 '기독교 초교파운동본부'라 칭하기로 했다.

⑤ 그 후에 강홍수 목사(한국기독교장로회 증경총회장)를 포섭하는데 성공, 초대 회장으로 추대할 것을 결의하고,

• 장영석, 유영근, 방부신, 박영주, 강홍수, 박철수 목사와 통일교 측 이재석 씨 등 7인의 인원이 초교파운동 발기인으로 했다.

• 1975년 12월 8일, 서울 문화회관에서 33인의 각 교파 인사들이 모여 초교파 재건 총회를 개최했다.

• 회　장: 강홍수 목사
• 부회장: 송홍국, 양풍원 목사
• 총　무: 박철수 목사(오랫동안 재임했다.)

장영석, 유영근, 방부신, 박영주 목사, 통일교 측 이재석 5인의 이사를 임명했다.

2) 조직 구성

① 초교파 기독교협의회 회원으로 한국교회 목사, 장로, 평신도를 가입시킨다.

② 회장은 기독교 출신 목사를 세워 대표로 한다.

③ 모든 조직, 재정, 사무 관장은 통일교 측 제위들이 직접 부별로 담당하여 관리한다.

- 각 교단 별로 담당 기구를 만들어 활동하게 한다.
- 각 직책 별 포섭 기구를 조직하여 활동하게 한다.

3) 조직기구

① 오 성 회 : 성노회 - 기독교 각 교단
　　　　　　　성목회 - 기독교 각 교단
　　　　　　　성장회 - 기독교 각 교단
　　　　　　　성청회 - 기독교 각 교단
　　　　　　　성녀회 - 기독교 각 교단

② 친목 기구: 목양회, 장친회, 목우회, 일성회, 성친회, 동역회, 장로동우회, 계명 장로회 등을 친목 단체로 조직하여 활동하고 있다.

위장 총회 조직

연합 총회(장로회): 총회장 김경만

총화 총회(장로회): 총회장 이병옥

기성교회 간판을 단 위장 총회 조직을 구성하고 있다.

참조: 초청장 양식

1 초 청 장

주님의 은혜와 평강이 항상 함께하시기를 기원합니다.

본 회가 금번에 선교비 지원받는 목사님들을 모시고 수양회를 갖고져 하오니 꼭 참석해 주시기를 바라며 12월분 선교비도 그 때 지급해 드리겠습니다.

아　래

일 시 : 1981년 O월 O일(2박 3일)
　　　　(도착 시간 O일 O시)

장 소 : OOO지역, OOO호텔

1981년 O월 O일

초교파기독교협회

2 초 청 장

연말을 맞이하여 하나님의 사랑이 귀 가정과 교회에 항상 함께하시기를 기원합니다.

12월 중 성친회 회의를 통하여 신년도 사업 계획을 세우고자 하오니 많은 관심을 가지시고 한국교회 일치 운동에 대하여 건설적인 조언의 말씀이 있으시기를 바라오니 공사 다망하시더라도 회원 간의 친목을 위하여 많이 참석해 주시기를 바랍니다.

아　래

일 시 : 1985년　○월　○일　○시

장 소 : ○○○호텔 (○층)

성 친 회 친 목 회

회장 ○○○ 목사

• ① ②와 같은 내용의 방법으로(초청장, 초대 말씀) 포섭하고 공작한다. 사실은 본 저자가 조사해보니 가짜 목사 제위들이 대부분 가담하고 있다는 것을 발견하게 되었다.

○ 활동 사항
① 통일원리 세미나, 공청회를 실시하다(숙식 제공, 교통비 지급 외 여비 지급, 일등급 대우).
② 관광여행을 실시하다(숙식비 일체 제공, 일등급 대우).
③ 성지순례를 실시하다(숙박비 여비 일체 제공, 1인당 100만원 정도 예산, 1970년대).
④ 기독교 각 교단 어려운 교회 자금지원 실시하다(매월 10~20만원 씩 지원).
⑤ 기타 등, 문 교주를 재림주로 인정받기 위한 조직활동이다.
⑥ 활동 자금은 문 교주가 직접 지원한다.

4. 교수협의회 조직과 활동

1) 세계평화 교수협의회
2) 국제크리스찬 교수협의회
3) 활동 사항

5. 전국 대학생(원리연구회) 조직과 활동

1) 전국 조직과 그 현황
① 서울을 중심한 학군 학사로 조직되어 있다.

② 지방에도 학군 학사로 조직되어 있다.
③ 총○학군 ○학사로 전국에 조직되어 활동하고 있다.

전국에 조직되어 대학 근처에 학사 사무소를 두고 있으며, 주일예배 등을 학사에서 대학생들만 모여서 예배를 드린다. 예배 인도는 학사장이 인도한다(1988년 이후 전국 각 대학 동아리연합회 써클연합회에서 제명을 당함, 지금은 비공식 위장 써클 활동을 많이 하고 있다.).

2) 국제기독학생 연합회
3) 남북통일운동 전국대학생연합(1988년)

제3절 교세와 운영

1. 한국 교세 현황

1) 교 회 수: 서울 :150여 곳
　　　지방: 450여 곳
　　　총: 600여 곳
2) 신 도 수: 서울 : 30,000여 명
　　　지방: 30,000여 명
　　　총: 60,000여 명
3) 통일교 주장: 신도 수=40만 명 주장

2. 세계 교세 현황

1) 선교국수: 130여 개국
2) 교 회 수: 2,000여 곳

3) 신 도 수: 100,000여 명

4) 통일교 주장 세계 총 신도 수 = 400만 명 주장(허위 숫자이다.)

5) 참 조: 미국 통일교 수 = 150여 곳

　　　　　신　　도　　수 = 5,000여 명

　　　　　일본 통일교 수 = 500여 곳

　　　　　신　　도　　수 = 100,000여 명

3. 교회운영 방법

1) 교회운영 관리제도

① 협회 본부 - 교구 본부 - 교역 본부 - 교회를 둔다.

② 상부하달 조직구성 운영한다.

③ 월 1회 이상 회의를 개최한다.

　○ 협회 회의는 협회 부장급 이상과 각 교구장 이상 모임(시·도·책임자)이다.

　○ 교구 회의는 교구 본부 부장급 이상과 교역장 이상 모임(시·군·책임자)이다.

　○ 교역 회의는 전도사(교회장)를 중심한 모임(읍, 면 책임자)이다.

2) 인사관리 제도

① 교구장 및 협회 본부 부장 이상은 협회장 추천으로 문 교주가 임명한다.

② 교역장 및 교구 부장은 교구장 추천으로 협회장이 임명한다.

③ 교회장 및 전도인은 교역장 추천으로 교구장이 임명한다.

제5장

재산과 축적방법

미리보기

5 재산과 축적방법

제1절 재산 축적 방법
제2절 한국에서
제3절 외국에서
제4절 한국의 부동산 현황과 재산

제5장 재산과 축적 방법

제1절 재산 축적 방법

 통일교의 문 교주는 만물 복귀라는 미명으로 돈을 모아야 한다는 계획 하에 세상은 사탄 주관권이요, 만물이 사탄 주관권 내에 있기 때문에 하나님 주관권 세계로 만물을 복귀시켜야 한다고 외쳐댄다. 그래서 재산을 모으기 위한 방법을 세우고 착수하면서 만물을 복귀하는데 있어서는 어떠한 수단 방법을 행해서라도 상관없다고 지시하고 있다.

 문 교주는 세상 물질은 사탄의 것이기 때문에 어떠한 상 윤리나 경영 윤리도 필요 없다. 속여서라도 할 수만 있다면 돈을 모아야 한다고 주장한다. 그래서 제1차로 한국에서 실시한 것이 산탄공기총 공장(예 화산탄공기총)을 건설하여 공기총을 생산하고 통일교 전 간부와 신도를 총동원하여 공기총을 판매하는 장사를 시작했다.

 특히 일본에서는 돌 단지 장사(영 감상법), 인장(도장), 다보탑, 불상 등(불교에서 말하는)을 만들어 장사를 하는데 도덕적 양심이나 종교적 윤리관은 완전히 상실한 채, 종교 사기로 일본 통일교 신도들을 총동원하여 세뇌교육을 시키고 집단 수용하면서 신도들의 가정에서 반대하면 가정을 떠나게 하고, 직장을 이탈케 하며, 학업을 포기하면서까지 구원이라는 미명아래 속이는 이단 사이비 종교 장사꾼으로 만들었다.

이들은 종교를 빙자한 온갖 거짓 사기와 공갈 협박 등으로 가정 방문을 하여 상품을 속여서 팔고 줄행랑을 치는 수법으로 일반적으로는 도저히 상상할 수 없는 엄청난 폭리를 자행하고 있다. 예를 들면, 영감상법으로 돌 단지 원가 1개당 5만~20만원 상당을, 판매가는 1개당 3천만~5천 만 원까지 받고 판매하는 행위이다.

고가로 판매하는 방법이 바로 "영 감상법"인데 돌 단지 안에는 하나님의 영이 들어 있어서, 돌 단지를 사서 집에 잘 보관해 두면 환자에게는 질병이 치료되고, 환란이 있는 가정에는 환란이 사라지고, 사업에 어려움이 있는 자는 사업이 잘 되고, 조상 귀신이 물러간다고 갖은 속임수와 공갈 협박으로 판매를 하는 것이다. 그리하여 모은 돈을 문 교주에게 헌납하고 문 교주와 그 일가족으로 하여금 엄청난 부를 누리게 했다.

○ 영 감상법(종교를 빙자한 사기 상법) 사건

일본에서 통일교의 영 감상법이 종교사기 사건으로 일본 사회에서 엄청난 물의를 빚고 있다. 그래서 현재 피해자들이 수백 건의 피해보상 청구 소송을 제기하여 400여 명의 변호사로 통일교대책협의회가 조직되어 피해자의 재판을 적극적으로 도와주고 있다. 영 감상법인 돌 단지, 도장 등 장사가 위의 사건으로 어려움을 겪게 되자, 통일교 문 교주는 다른 방법으로 종교 사기를 계획하고자 "천지종교"라는 또 하나의 종교 단체를 만들어 가지고 종교사기 장사를 하고 있는데, 바로 다보탑 불상을 만들어 돌 단지 장사(영 감상법)와 같은 방법으로 종교 간판을 이용하고 있다. 현재 일본 전국 100여 군데에 판매요원 집단 합숙소를 두고 있다.

제2절 한국에서

1. 1965년 전국 통일교에 문선명 특별 지시

문 교주는 전국 통일교 간부와 신도들에게 헌금 배당금을 책정하여 하달하였다. 수단 방법을 다 하여 빚을 얻어서라도 배 당헌금을 강요하면서 하나님을 위하여 사업 자금을 마련하고자 하는 뜻이라고 하였다. 이에 통일교 간부들과 신도들은 전심을 다 하여 배당금을 문 교주에게 바쳤다.

2. 산탄 공기총(새총) 공장 설립과 생산

문 교주는 거둬들인 헌금을 가지고 경기도 구리시(전 양주군 구리읍) 수택동 505번지에 새총공장, 예화산탄공기총(현, 통일산업주식회사, 군소방위산업체, 경상남도 창원시 공단지역 내)을 건설하고 생산하였다.

3. 공기총 판매와 구원론

전국 통일교 교역자 및 전 간부와 신도들에게 새총(산탄 공기총) 판매를 잘하는 것이 하나님 나라에 잘 갈 수 있다고 명령을 내렸다. 문 교주는 판매 수량과 금액을 책정하여 책임을 강요하면서 통일교 전 교역자 및 신도들이 새총 판매에 적극 참여하도록 독려했다. 그런데 의외로 새총이 잘 팔렸다. 1966년~1969년까지(4년여 간) 전국에 새총 붐이 일어나고 많은 돈을 벌게 되었다. 그러나 돈을 많이 벌게 된 원인은 무엇보다도 신자들의 노동력 착취와 인건비를 주지 않은 신앙을 빙자한 무임금 때문이었다. (※ 당시 본 저자는 대전광역시·충청남·북도에서 판매 등급 1, 2등을 했다.)

4. 통일교 경제기반 기초 조성

통일교 교역자와 신도들의 헌신 봉사로 새총 장사가 성공하여 문 교주는 돈 버는데 혈안이 되기 시작하면서 적극적으로 돈 버는 사업에 착수하고 통일교 신자들의 피, 땀, 눈물, 노동력을 착취하여 재산을 모으는데 100% 성공했다.

제3절 외국에서

1. 일본 통일교가 앞장서다.

일본 통일교 젊은 신도들은 인권 유린과 무임금 노동력을 마음껏 착취당했다. 그리고 현재도 착취를 당하고 있다.

하나님을 위한 헌신 봉사라는 미명 하에 피와 땀과 눈물의 열매를 문 교주는 자기가 다 번 것처럼 항상 주장한다.

문 교주는 신자들이 벌어서 바친 돈을 자기 마음대로 수입 지출하며 간부들이나 신자들은 자신들이 피 땀 눈물 흘려 벌어서 바친 돈이 어떻게 사용되는지 전혀 알 수 없다. 그러나 어느 누구도 문 교주 앞에 불평은 있을 수 없다. 저자는 통일교에 있으면서 18여 년 동안 수입 지출 결산서 발표한 적을 한 번도 본 일이 없다.

2. 일본에서 영 감상법은 종교 사기였다.

1) 760万円 배상 명령(賠償命令)(한화: 1억 원)

최근 통일교 문 교주 집단은 영 감상법 패소(靈感商法 敗訴)로 한때 실의에 빠지기도 했었다. 10여년 간 통일교 집단에서 젊은 일본인 남·녀들을 구원이라는 미명 하에 포섭하여 탕감 복귀라는 황당한 교리를 가지고 세뇌시켜 헌금이라는 명목으로 장사를 시켰다. 이는 재물을 착취하기 위한 수단으로 아르바이트 행상을 통한 영 감상법이라며 상술로 돌 단지, 다보탑, 불상, 인장 등을 판매하게 하여 강매한 수입을 몽땅 문 교주에게 헌납 해왔다.

종교를 빙자한 통일교 문 집단의 영 감상법으로 일본인들의 막대한 피해가 발생하고 사회 문제로 등장하게 되었고, 이 영 감상법을 근절하고 피해자들을 보호하고, 피해 회복을 돕는 목적으로, 1987년 2월부터 활동을 개시하고 5월에 결성된 전국 영 감상법 피해대책 변호사회 연락회(전국 변호사 협의회원 20%)가 조직되어 대단한 활동을 하고 있다.

영 감상법을 둘러싼 피해 액은 막대하며 소송제기도 전국적으로 수십 건에 이르고 있는 중, 최근 재판소가 영 감상법에 통일교의 책임을 인정한 판결이 처음 나오게 되었다. 앞으로도 계속 승소판결이 나올 것으로 믿고 있다. 실제로 영 감상법이 후꾸오까 지방 재판소로부터 불법 행위로 패소 보상하라는 판결이 나왔다.

이 같은 사실은 일본 유력 일간지인「아사히신문」을 비롯해 여러 신문들이 지난 2012년 5월 27일자 1면 머릿기사로 보도되었다. 수많은 피해자 중 후꾸오까 피해 여인 두 명이 통일교 집단을 상대로 약

4천 9백 만 엔의 손해 배상을 청구한 소송 판결에서 5월 27일 오전 후꾸오까 지방재판소에서 원고 승소 판결을 받음으로 통일교 문 교주 집단의 영 감상법 사기 상술 정체가 백일하에 드러나게 되었다.

나까야미 재판장은 판결문에서 헌금 등의 권유 행위에 관여한 통일교 문 교주 집단의 신자들은 교회와의 사이에 실질적인 지휘·감독관계가 있었다고 밝히며 문 교주 집단의 책임을 인정해 헌금 액에 위자료를 합한 3천 7백 60만 엔(한화: 약 4억 원)을 지불하라고 명하였다.

2) 영 감상법이란?

하나님의 영이 상품 안에 들어 있는 것을 판매하는 행위를 영 감상법이라고 한다.

원가 1개 10만원~20만원 가치의 상품을 영감상품이라며 3천~5천만 원 씩에 판매하여 엄청난 폭리를 취하는데, 그 이유가 바로 상품 속에 하나님의 영이 들어있기 때문이라고 종교를 빙자한 사기 행각이다.

통일교 문 집단이 일본에서 행하는 영 감상법은, 영 감상법에 해당될 수 있는 대상을 사전에 조사했다가 기회를 포착하여 통일교 신자 수명과 영능자라는 자가 함께 동행하여 그 가정이나 대상을 찾아 방문, 영 감상품을 사도록 유도하는 상행위이다. 다시 말하면 종교를 빙자한 사기 공갈 협박으로 상품을 허위 선전 판매하는 상법이다.

황당한 종교사기 영 감상법으로 엄청난 돈을 모으고 있는 통일교 문선명 집단은 지금도 전국적으로 사회적 물의를 일으키고 있으며, 수백 건의 재판이 진행 중이다. 얼마 전, 일본 구주지방에서 주부 38명으로부터 4천 3백 3십 만 엔의 영 감상법 배상 제소가 또 신청되었다(「요미우리신문」 5월 12일자).

1990년도에는 통일교 문 교주는 "천지정교"(天地正敎)라는 종교를 또 하나 일본에서 창립하여, 종교 법인으로 장사를 하는데 역시 같은 영 감상법이다. 다보탑, 불상, 도장, 심지어는 술 안주까지 판매한다. 일본 전국에 100여 군데 조직, 통일교 문 집단에서 세뇌된 젊은 남·녀 신도들은 탕감 복귀라는 교리에 의해 또 하나의 이단종교 신자가 되어 문 교주로부터 배당된 돈을 바치기 위해 희생을 강요당하고 있다.

3) "써먼트" 영 감상법

영 감상법(靈感商法)이 사회적 물의와 피해자들의 속출과 피해 소송 재판 등으로 타격을 받은 통일교 문 교주는 새로운 영 감상법을 개발 "써먼트"라는 조직을 몇 년 전부터 실시하고 있다.

"써먼트"란 돈을 차입하여 문 교주에게 바치는 행위이다. 돈을 차입해 올 수 있는 담당자(1억 엔 이상, 한화 10억 이상)를 "써먼트"라고 부른다. 현재 "써먼트"(차입금 영 감상법)는 수 백 명에 달하고 있으며 또한 엄청난 피해자가 속출하여 일본사회의 문제가 되고 있다.

"써먼트" 영 감상법은 통일교 신자 가운데 자기 집이나 친척 중에 대대로 부동산을 유산받은 가족을 대상으로 선정해 신자로 하여금 자기 부모, 친척을 설득시켜 유산받은 부동산을 담보로 은행이든 신용금고 또는 사채 시장에서 돈을 융자받도록 하여 통일교 문 교주에게 바치면 복을 받는다는 황당한 종교 사기수법이다. 죽은 조상들이 해원성사 되고 후손들이 잘 되며 가정에 행운이 온다는 등 영 감상법 행위와 똑 같은 술법을 사용해 돈을 차용해다가 문 교주에게 바치는 것이다. 일본에서 전국적으로 조직되어 활동하고 있다. 참으로 황당한 사탄 마귀 역사요, 문 교주의 종교 사기 행위가 아닐 수 없다.

이상과 같이 영 감상법을 이용해 10여년 간 1년에 수십 억 엔부터 수백 억 엔의 막대한 자금이 일본에서 문 교주 앞으로 바쳐지고 있다.

금번 영 감상법 패소 결정은 문 교주 사기 집단에 엄청난 충격을 가져다 줄 것이며, 이젠 때가 되어 하나님의 심판이 통일교 문 교주 집단에 내려지기 시작된 것으로 저자는 믿는다.

4) 통일교 재산은 문선명 교주 개인 마음대로

① 자기 마음대로 수입 지출한다.

② 자기 친자식(어린 아이들까지도), 문의 처 족벌들, 수제자 격 일부 개인 명의로 재산 등록을 거의 다 마쳤다.

③ 현금도 문 교주가 다 가지고 있다.

④ 왜 신도들의 피 땀 눈물로 바친 헌금을 문 교주 마음대로 재산을 독차지 하고 자기 것으로 만들고 있나? 자신이 신이기 때문이다.

이것이 사이비 교주의 작태요, 마지막 심판 때의 마귀의 행위이다. 통일교가 재단법인체라면 엄연히 신도를 대표한 재단법인 명의로 재산 등록을 필하여야 할 것이다.

2012년(현), 섹스교리에 의해 출현된 통일교 집단 문 교주가의 피비린내 나는 세습문제와 재산 다툼은 현재 진행형이다. 그 결과는 하나님께서 심판하실 것이다.

제4절 한국 통일교의 자산 대략 현황

1) 문선명 교주의 호화 저택: 용산구 한남동 유엔빌리지 1의 9
   · 대　지: 1천 8백여 평
   · 건　물: 3백 6십여 평
   · 현 싯가: 50억 원 상당
2) 여의도 통일교 세계본부 건축 예정지(120층 건물 설립 예정

지역): 서울시 영등포구 여의도동
- 대　지: 1만 4천여 평
- 현 싯가: 2조 5천억 원 상당

3) 어린이 예술단 본부 및 선화예술 중·고등학교: 서울시 성동구 능동(어린이 대공원 후문 입구)
- 대　지: 1만여 평
- 건　평: 5천여 평
- 현 싯가: 5천억 원 상당

4) 세계일보 부지: 서울시 용산구 한강로 3가
- 대　지: 2천여 평
- 현 싯가: 5천억 원 상당

5) 도원빌딩(통일교 각 기관 입주): 마포구 도화동 18층
- 대　지: 5백여 평
- 건　평: 2천여 평
- 현 싯가: 200억 원 상당

6) 통일교 본부: 서울시 용산구 청파동 일대
- 대　지: 3천여 평
- 건　평: 1천여 평
- 현 싯가: 1천억 원 상당

7) 일성 종합건설(주): 서울시 마포구 도화동 도원빌딩
- 현 싯가: 1백억 원 상당

8) 홍영수산: 서울시 성동구 능동 예술회관 내
- 어　선: 60여척
- 현 싯가: 1백억 원 상당

9) 주식회사 일화(경기도 용인군 맥콜공장 포함): 경기도 구리시

수택동 505번지 일대
- 대   지: 2만여 평
- 건   물: 8천여 평
- 현 싯가: 5천억 원 상당

10) 일신석재: 경기도 이천군 이천읍 소재
- 대   지: 2만여 평
- 건   평: 1천여 평
- 현 싯가: 2천억 원 상당

11) 청평유원지 및 통일교 수련소: 경기도 가평군 설악면 외서면 일대
- 임야 등: 1백만여 평
- 현 시가: 1조원 상당

12) 통일교 공동묘지: 경기도 파주군 적성면 일대
- 임야 등: 1만여 평
- 현 시가: 5십억 원 상당

13) 학교부지(선문종합대학): 경기도 이천군 이천읍 신둔면일대
- 임야 동: 1십여만 평
- 현 시가: 3백억 상당

14) 학교부지(선문종합대학②): 경기도 성남시 율동 광주읍 오포면 일대
- 임야 동: 1십여 만 평
- 현 시가: 5백억 원 상당

15) 공장부지: 경기도 분당 신시가지 일대
- 임야 동 : 1만여 평
- 현 시가 : 5백억 원 상당

16) 경기도 이천읍 설봉관광호텔: 경기도 이천군 이천읍 내

・현 싯가: 1백억 원 상당

17) 충청북도 충주시 수완보 와이키키 관광호텔: 충북 중원군 상모면 온천리 806-1

・현 싯가: 1백억 원 상당

18) 한국티타늄(주): 인천광역시 북구 가좌동

・대 지: 5천여 평
・건 평: 2천여 평
・현 싯가: 2천억 원 상당

19) 선문종합대학: 충남 아산군 탕정면 일대

・임야 등: 20만여 평
・현 시가: 2천억 상당

20) 태안반도 일대: 충남 태안군 서해안 일대

・임야 등: 10만여 평
・현 시가: 2백억 상당

21) 통일산업(주): 경남 창원시 공단 내

・대 지: 5천여 평
・건 평: 1만여 평
・현 싯가: 5천억 원 상당

22) 제주도 관광단지 개발 예정(무인도 지귀도를 매입): 제주도 제주시, 서귀포시 및 남제주 북제군 일대

・임야 등: 5만여 평
・현 싯가: 2백억 상당

23) 전국 통일교회 부지(평균 지역당 1~2백여 평): 시·군·읍 단위까지(600여 지역)

· 대　지: 10만여 평
· 건　평: 3만여 평
· 현 싯가: 1천억 원 상당
24) 전라남도 여수지역 통일교 타운
· 호텔 등: 3천억 원 상당
25) 세진실업(주), 선도산업(주), 경진화학(주), 일흥(주), 흥영(주), 성신찬업투자, 성일기계, 영도산업 등 30여 개 기업과 종교신문, 성화사, 월간 광장, 통일세계 등 13개의 언론사들이 있으며, 경복국민학교와 선경여중·고교 등:
· 5백억 원 상당.
26. 현금 및 주식(문선명 교주)
· 1천억 원 상당

종합 참조: 통일교의 자산 평가는 2012년 현재 - 10조여 원

제6장

각 기관 및 사업체 현황

미리보기

6 각 기관 및 사업체 현황

제1절 한국 기관 및 사업체
제2절 외국 기관 및 사업체

제6장 각 기관 및 사업체 현황

제1절 한국 교단 기관 및 사업체

1. 교육기관

 1) 통일신학교: 경기도 구리시 수택동 505
 2) 중앙 수련소: 경기도 구리시 수택동 505
 3) 청평 수련소: 경기도 가평군 설악면 중림동
 4) 이천 제2수련소: 경기도 용인군 이동면 소재
 5) 국제승공연합 중앙수련회: 경기도 구리시 수택동 505
 6) 경복초등학교: 서울특별시 성동구 능동산 3-34
 7) 선화예술 중고등학교: 서울특별시 성동구 능동산 3-34
 8) 성화대학교: 충청남도 천안시 삼용동산 55-9
 9) 선정여자중고등학교: 서울특별시 은평구 갈현동 227-5
10) 선문종합대학교: 충청남도 아산군 지역일대

2. 각종 단체

 1) 세계평화교수협의회: 서울특별시 마포구 도화동 292 도원빌딩

2) 국제크리스챤교수협의회: 서울특별시 마포구 도화동 292 도원빌딩

3) 전국대학생원리연구회: 서울특별시 마포구 도화동 292 도원빌딩

4) 국제기독학생연합회: 서울특별시 마포구 도화동 292 도원빌딩

5) 국제승공연합: 서울특별시 중구 중림동 355 대왕빌딩 607호

6) 국제여성승공연합: 서울특별시 종로구 낙원동 284-6

7) 전국대학생남북통일운동연합: 서울특별시 마포구 도화동 292-2 도원빌딩

8) 남북통일학생전국연합회: 서울특별시 마포구 도화동 92 도원빌딩

9) 남북통일운동국민연합: 서울특별시 마포구 도화동 292 도원빌딩

10) 남북통일문제연구소: 서울특별시 마포구 도화동 292 도원빌딩

11) 통일사상연구원: 서울특별시 중구 중림동 355 대왕빌딩 814

12) 반공애국단체총연합회

13) 세계종교인평화회의 동지원

14) 국제종교재단

15) 전국승공청년연합회

3. 언론 출판

1) 진화인쇄(주): 서울특별시 성동구 성수동1가 13-24

2) 청파서림: 서울특별시 용산구 청파동1가 168

3) 세계일보: 서울특별시 용산구 한강로3가 63-1

4) 종교신문: 서울특별시 용산구 청파동1가 168

5) 성화사: 서울특별시 종로구 낙원동 284 낙원Ⓐ 130

6) 월간 광장: 서울특별시 마포구 도화동 292-20

7) 월간 초교파: 서울특별시 중구 을지로1가 71-3

8) 월간 통일세계: 서울특별시 용산구 청파동1가 71-3
9) 성동문화사: 서울특별시 용산구 청파동1가 168
10) 신명출판사: 서울특별시 용산구 청파동1가 168
11) 도서출판 주류 : 서울특별시 마포구 도화동
12) 도서출판 일념: 서울특별시 마포구 도화동
13) 미래문화사: 서울특별시 용산구 원효로1가 2-1
14) 세계와 여성(월간): 서울특별시 용산구 한강로3가 63-1
15) 세계와 나(월간)

4. 문화예술 스포츠

1) 국제문화재단: 美 NEW YORK 베리타운(대표 문선명)
2) 각종 비디오 선전원: 대도시에 설치
3) 선화어린이예술단(리틀엔젤레스): 서울특별시 성동구 능동산3-34
4) 한선무용단: 서울특별시 성동구 능동산 3-34
5) 일화축구팀: 경기도 성남시(성남지역)

5. 각종 사업체

1) 주식회사 통일산업: 경상남도 창원시 공단 내
2) 주식회사 일화: 경기도 구리시 수택동 505
3) 한국티타늄공업: 인천광역시 북구 가좌동 55-15
4) 일신석재(주): 경기도 이천군 부발면 신원리 산52
5) 일성종합건설(주): 서울특별시 마포구 도화동 292-20 도원빌딩
6) 선도산업(주): 경기도 이천군 대월면 초지리

7) 홍상목재(주): 서울특별시 동작구 상도동 345-8
8) 세일론(주): 서울특별시 구로구 가리봉동 215-8
9) 일상조경(주): 서울특별시 강남구 서초동 1307-23
10) 통일실업(주): 서울특별시 관악구 신림4동 504-5 지산빌딩
11) 적성산업(주): 경기도 파주군 적성면 기월리 116
12) 정진화학(주): 인천광역시 북구 작전동 407-1
13) (주)일흥: 제주도 제주시 건입동 143
14) 홍영수산: 서울특별시 성동구 능동산 3-34
15) (주)홍영 IOE: 서울특별시 성동구 능동산 3-34
16) (주)성신 창업투자 : (증권업)
17) 삼정수력(주): 서울특별시 용산구 원효로1가 39-6 통일빌딩
18) 성일기계(주): 서울특별시 영등포구 영등포동 2가 28-110
19) 성일기계상사: 서울특별시 영등포구 영등포동 2가 28-110
20) 일원보석공예: 전라북도 이리시 분석가공 공업단지
21) 영도산업: 서울특별시 마포구 도화동 292-20 도원빌딩
22) 도원디자인 프로덕션: 서울특별시 마포구 도화동 292-20 도원빌딩
23) 남경물산: 서울특별시 용산구 청파동1가 657
24) 세일스튜디오: 서울특별시 용산구 청파동1가 657
25) 한국데이타통신공사: 서울특별시 마포구 도화동 292-20 도원빌딩
26) 일미제과: 서울특별시 용산구 청파동1가 167
27) 마칸드라수산(주): 부산광역시 서구 남부민동 646 충무쇼핑
28) 한국 뉴세라믹연구소: 경기도 용인군 이동면 덕성리 417
29) 유창흥업: 충청북도 중원군 상모면 온전리 806-1
30) 천연사이다: 서울특별시 강서구 외발산동 101-1

6. 기독교 침투기관

1) 초교파기독교협회: 서울특별시 중구 을지로1가 동아쇼핑 1206
2) 연합총회(장로회) 이병옥 회장: 서울특별시 영등포구 여의도동 43-3 홍우빌딩 909호
3) 총화총회(장로회) 김경만 회장: 서울특별시 용산구 용산경찰서 앞

제2절 외국 기관 및 사업체

1. 교육기관

1) 통일신학대학원: 미국 뉴욕 벨베이아
2) 세계윤리재교육협회: 미국 뉴욕
3) 벨베디아수련소: 미국 뉴욕
4) 가톨릭수녀원: 미국 뉴욕
5) 미국신학교: 미국 뉴욕
6) 일본 신학교 동경

2. 언론 및 출판

1) 세계일보: 일본 동경(일간지)
2) 뉴스월드: 미국 워싱톤(일간지)
3) 워싱톤타임즈: 미국 워싱톤(일간지)
4) 울티마테 노티시아스: 우루과이(일간지)

5) 일본 사상신문: 일본 동경(주간지)
6) 중요 선교국마다 1개 정도씩 있음(주간, 월간)

3. 사회 문화

1) 국제 구호재단 미국 뉴욕
2) 맨해튼 오페라센터: 미국
3) 새소망합창단: 미국
4) 고우월드브 라스밴드 70인조 문화밴드: 영국
5) 심포니오케스트라: 미국 뉴욕시
6) 썬버어스트 경음: 미국
7) 일본 독일 등 7개국

4. 사업체 수

1) 문 이스트(어업 류): 미국
2) 형제상사: 일본
3) 부동산(주): 일본
4) 뉴욕빌딩 43층: 미국
5) 티파니빌딩 8층: 미국(보석상)
6) 콜롬비아대 동창빌딩: 미국
7) 자동차 수리공장 등 20여 개: 미국
8) 우르과이 크레디트은행 플라자 호텔: 우르과이
9) 영 감상법 불상 판매사업(천지정교): 일본
10) 부동산(주) 등 100여 개(일본)

제7장

문 교주의 대형사건

미리보기

7 문 교주의 대형사건

제1절 국내에서
제2절 외국에서
제3절 짐바브웨 청년 통일교 폭로사건
제4절 한국전쟁기념관 사진 전시품 도용사건
제5절 박보희 씨 만교통화교 입교사건

제7장 문 교주의 대형 사건

제1절 국내에서

1 1958년 이화여자대학교 사건

1) 1959년 3월 24일, 이화여자대학 교수 5명 파면당하다(통일교 관련 사건으로).

2) 1959년 5월 11일, 이대여자대학생 14명 퇴학당하다(통일교 입교 관련 사건으로).

2. 1968년 서울 문리과대학 사건(종로구 동숭동 소재)

1) 1968년 10월 31일, 11월 1일(2일간). 유사종교 비판 강연회
2) 1968년 11월 1일, 저녁 8시경 서울대학교 신사훈 박사 강연회장에 통일교 신도 김영진이 인분을 가지고 강사의 몸과 얼굴에 뿌리다.

3. 1974년 문선명 일화주식회사 탈세사건

1) 59억 탈세 사건으로 물의를 일으키다.

2) 당시 한국의 최대 탈세 사건으로 일간신문에는 탈세액이 93억으로 발표되다.

4. 천사들의 밀수 사건 1974년 11월 27일 톱기사(각 「일간신문」)

1) 리틀엔젤레스 소도구에 사치품 숨겨(탈선 성인에 멍든 천사) 들여오다 김포 세관에서 적발 당하다.
2) 금수품 200여점 성인용 사치품(중국제 정력제도 들어 있음) 등. 1974년 11월 24일, 오후 6시 50분 홍콩발 대한항공.

5. 1975년 영락교회 난동 사건(중구, 명동)

1975년 4월 15일, 서울 영락교회에서 통일교 비판집회 실시하다. 통일교 측 정체불명 특공대 침투 폭력 및 난동 부리다.

6. 1978년 남대문교회 사건(중구, 양동)

1978년 4월 24일, 저녁 남대문교회에서 이단종파 비판 강연회 실시하다. 통일교 기동대 침투 폭력 및 난동을 부리다.

7. 1988년 이대복 목사(저자) 전라남도 장흥군 연합회 통일교 비판 세미나 통일교 폭도 수백 명 동원 납치 사건

8월 27일, 관산장로교회에서 관산지역 기독교연합회 주최, 통일교 비판 세미나 강사로 이대복 목사 초청, 통일교 폭도 수백 명이 철근

무장과 자동차 여러 대로 이대복 강사 목사 납치당하다. 생명 위협을 무려 11시간 동안이나 당한 폭력, 협박, 공갈 등, 한국 종교역사상 최초의 사건이었다. 경찰에 체포되어 구속된 자만 무려 16명이었다. 외 대형 사건이 10여 건이다.

8. 문 교주 비서인 박보희 씨, 각 대학교에서 통일교와 문 교주 선전 강연회 개최, 추방 사건

- 고려대학교에서 추방당하다.(1987년 4월 6일)
- 한양대학교에서 추방당하다.(1987년 4월 21일) 등
- 돌연 강연회(통일교와 문 교주 선전) 중단되다.

9. 대학교수 이름 도용 통일교 지지성명 광고 사건

1974년 4월, 각 일간「신문」에 99명 전국 각 대학에서 교수 이름을 도용하여 통일교와 문선명 교주 지지 일간신문 광고 사건

제2절 외국에서

1. 일본

1) 1958년, 통일교가 일본에 침투하여 1964년 동경에서 종교 법인이 설립되어 본격적인 포교활동이 시작되었다.
2) 1967년 7월 7일,「아사히신문」에 최초로 학생들의 가출 사실이 문제가 되어 통일교가 사회문제의 집단으로 알려지게 되었다.

3) 일본에서는 전국적으로 통일교 피해자 반대운동이 조직되어 통일교 반대운동이 계속 진행되고 있다.

4) 최근 영 감상법(돌 화병, 다보탑, 인장 등) 사건이 발생되다.

• 영 감상법(돌 화병·다보탑·도장)에 신통력을 가졌다고 선전한다.

• 황당한 영 감상법 사기로 통일교 신도들의 아르바이트 영 감상법 판매 행위로 피해자가 속출하고 있다.

• 원가 5만 원 짜리를 2천 만 원까지 받고 판매한다.

• 일본에서 가장 큰 사회문제로 등장하고 있다.

5) 1987년 3월 12일, 일본 동경 TV방송국 특별 취재단 5명이 한국을 방문 저자(당시: 국제통일교대책문제연구소)와 1시간 30분간 특별 대담과 특집 촬영으로 피해방지 대책을 위한 방송을 일본에서 했다.

6) 1987년 4월 21일, 일본 기독교 대표 모리야마 목사 일행이 한국을 방문, 저자와 3일간 통일교 대책 문제에 관하여 진지한 대담과 협의를 했다.

7) 1987년 5월 11일, 재일교포 박미웅 목사가 한국을 방문, 저자와 통일교 대책 문제에 관하여 진지한 협의와 반대운동 계획을 논의했다.

8) 1984년, 통일교 문 교주 일본 입국 거절당하다.

9) 1990년 1월, 피해자 부모들이 통일교 원리비판(이대복 목사 저) 일본어로 번역 출판하여 일본 전국 서점에서 판매되다.

10) 일본 통일교 신자들은 모두가 물건을 팔고 장사를 하며 심지어 사기 술법을 동원하기도 한다. 상 윤리나 도덕은 무시해도 상관없다.

11) 가장 돈을 많이 벌 수 있었던 영 감상법이 일본 사회에서 대사기 사건으로 나타나자 피해를 본 당사자들이 재판소에 수백 명이 고소를 하고 있으며 통일교는 이 문제를 수습하느라 정신을 차릴 수 없을 정도다. 피해자를 돕기 위해 일본 전국에 있는 400여명의 변호

사들이 모임을 조직하고 전국에 지부를 두어 피해 접수와 무료로 피해자들을 도와주고 있다.

12) 영 감상법 종교 사기가 문제되자 최근에는 새로운 상법으로 "천지정교"라는 또 하나의 법인체를 만들어 가지고 다보탑, 불상, 술안주 장사를 하고 있으며, 젊은 신자들이 집단생활을 하면서(100여 군데) 아르바이트를 한다. 이네들의 월 생활비는 1만~2만 엔 정도로 지급되므로 비참하게 생활하면서 활동하고 있다.

• 영 감상법(돌 항아리)은 원가 5~20만엔 짜리를 2천~5천만 엔까지 속여서 파는 행위이다.

• 도장은 원가 1만~2만엔 짜리를 50만~300만엔 씩 속여서 파는 행위이다.

• 불상, 다보탑은 원가 5만~10만엔 짜리를 500만~2천만엔 씩 속여서 파는 행위이다.

13) 일본 나고야시에서는 최근 재판소에 통일교에서 탈출한 신자들이 청춘을 보상하라는 고소를 하여 재판을 실시하고 있으며, 1990년 10월 11일, 나고야 재판소에서 재판하는 광경을 저자는 실제로 방청해 보았다.

14) "천지정교"를 설립하다.

1988년 2월 25일, 일본에서는 통일교가 사업을 목적으로 문 교주의 지시로 또 하나의 종교를 설립했는데, 그 종교단체가 바로 일본 북해도 지방청에 "천지정교"라는 법인체이다. "천지정교"라는 미명 하에 다보탑, 불상, 술 안주(술집에서 파는) 장사를 통해 돈을 벌기 위한 목적으로 "천지정교"를 설립했다고 이 단체에 종사하는 자들은 전부가 통일교 신자들로서 일본 전국에 100여 지역에서 집단 합숙하며 장사를 하고 있다. 본 저자도 1990년 2월, 일본에 갔을 때 오사까시에서 집단 합숙소를 직접 목격했다.

2. 미국

1) 미국 의회가 통일교 문 교주를 미국에서 추방 및 대책을 강력히 촉구한 적이 있다.

2) 전 통일교 신도로서 자퇴자 앨런테이트 우드(자유재단 총재 역임) 씨는 문선명 교주가 기금을 모금하기 위해 외국인을 입국시켜 국법을 위배하였고, 때로는 통일교 신자들의 모금의 목적이 사실과 달랐다고 문 교주를 비난했다(속임수).

3) 문 교주는 자선금, 사취관한 주법, 미국의 조세법, 이민법, 은행법, 통화법, 외국인 에이전트법을 조직적으로 위반했다.

4) ABC 미국방송 보도(1981년 7월 11일)
 • 미국 정부가 통일교 문 교주를 미국에서 추방하기 위해 법적준비를 하고 있다고 했다.
 • 문 교주 부인 한학자는 이민법을 어기고 미국에 거주하고 있다고 지적했다.

5) 열두 가지 죄목으로 기소된 문 교주이다(1981년 9월 5일, 한국-타임즈).

6) U.S 뉴스앤드월드 리포트지는 미국 내 사이비 종교로 문선명 교를 첫 번째로 꼽았다.

7) 미국에서 문 교주 초상화를 처형하기도 하고, "문 니를 한방 먹입시다"라고 찍힌 티셔츠나, 범퍼, 스티커가 나돌기도 했다.

9) 미국의회 당국은 통일교 문 교주 소유 국제해산물회사와는 거래를 하지 말도록 특별법까지 제정하여 통과시켰다(1982년 7월 24일).

○ 통일교 문 교주 징역 18개월 선고받다(미국에서 탈세죄).

1) 1982년 7월 16, 통일교에 있어 영원히 잊을 수 없는 날로 기억될 것이다. 그것은 통일교가 미국에서 더 이상 영리를 위한 사업과 포교 신앙사업을 확장하면서 뻗어나갈 수 있는가 없는가를 판가름하는 날이었기 때문이다.

2) 1981년 10월, 탈세 혐의로 고발당한 후 통일교와 문 교주의 변호사들은 온갖 지혜와 법률 상식을 동원, 법원과 싸우면서 무죄를 주장하였다. 그러나 연방법원 뉴욕 맨해튼 법원은 문선명 교주에게 탈세 혐의를 인정, 징역 18개월 벌금 2만 5천불을 물도록 선고했다.

3) 「뉴욕타임지」, 「워싱톤 포스트」, 「한미 타임지」 등 중요 신문들은 재판 결과를 보도했다.

4) 탈세 혐의로 재판을 받고 있던 통일교 문선명 교주(62세)가 18개월 징역과 2만 5천 달러 벌금형을 선고받았다.

5) 문 교주는 1973년과 1975년 사이에 개인 구좌에 입금한 예금으로부터 받은 이자 소득 11만 2천 달러와 합작 투자에서 얻은 주식 소득 5만 달러를 보고하지 않았고, 세금 보고를 허위로 했다는 혐의로 지난해 5월 18일 정식으로 기소되었다.

6) 문 교주는 문제의 돈과 주식은 개인 재산이 아니고 신도들이 선교 목적으로 그에게 위탁한 것이기 때문에 교회 재산이라고 주장했다.

7) 지난 14일. 연방 법원의 제라드 L.고텔 판사는 문선명 교주가 몇몇 검찰관의 편견에 희생되었기 때문에 혐의 사실이 무효이며 통일교에 대한 편견에 가득 차 있는 배심원들 없이 재판을 받게 해 달라는 문 교주 변호인단의 요청을 기각했다.

8) 지난 5월 15일. 배심원들의 유죄 판결이 내린데 이어, 이날 통일교 측 변호사들의 정상 참작 변론을 듣고 언도에 임한 제라드 L.고텔

판사는 만약 문 교주에 대해 형의 집행유예가 주어진다면 세상에서는 가난한 자는 징역에 가고, 돈 많고 힘 많은 자들은 비싼 변호사들 도움을 받아 징역을 면한다고들 할 것이라면서, 실형을 선고한 것이다.

9) 한편 하버드대학 교수인 로런스트라이브 변호사를 포함한 변호인단은, 문 교주가 종교 지도자이므로 그에게 징역형을 가한다면 종교 박해로 해석될 것이라고 주장했으나 고텔 판사는 배심원들에게 문 교주의 지위나 통일교에 대한 평판을 도외시하고 그가 탈세 혐의를 받고 있는 사람이라고만 생각하고 사건을 다루라고 지시했던 것과 마찬가지로 언도를 함에 있어 범법 자체에 초점을 두고 처리한다고 말했다.

10) 문 교주는 25만 불을 보석금으로 내고 불구속으로 재판을 받아 왔으며, 기미야마 씨도 10만 불 보석금으로 풀려났다.

11) 고텔 판사는 문 교주가 미국에서 전과가 없다는 점, 자녀가 많고 가정을 사랑하는 사람이란 점을 고려해서 탈세 죄목에 대해서는 실형을 가하지 않고 집행유예를 내리는 것이 타당하다고 생각되나, 탈세 음모죄에 대해서는 문 교주의 교회 내 지위로 보아 그의 승인 없이 행동할 수 없는 부하 여러 사람이 관련된 것을 중시할 수밖에 없다고 실형을 가하기로 한 이유를 설명했다.

12) 그러나 문제는 또 다른 곳에서 발생하고 있었다. 미국연방 이민국은 문선명 교주가 탈세 혐의로 유죄가 인정되자 문선명 교주에게 부여된 영주권을 취소, 그를 해외로 추방해야 한다고 주장하고 나온 것이다.

13) 이민법은 영주권을 받은 자가 시민권을 받기 전 형사 사건이나 도덕적 범죄를 저지르거나 유죄 판결을 받으면 영주권을 취소하고 추방하도록 되어 있으며 미국 재입국을 금지시키는 규정을 가지고 있다.

14) 그렇기 때문에 탈세 혐의의 형사 사건이 유죄로 인정됨으로써

문선명 교주와 그의 보좌관이 도덕적 범죄를 저질렀기 때문에 영주권을 취소, 해외로 추방하겠다는 뜻을 이민국에서 밝힌 것이다.

○ 문선명 추방 움직임(도덕적 타락과 관련된 법칙)

1) 미연방 이민국에서 탈세 혐의로 1년 6개월 징역형을 선고 받은 문 교주를 30일 내에 추방시킬 것을 모색 중임을 밝힌 적이 있다(도덕적 타락과 관련된 범죄 행위는 1년 이상 징역 형인 자는 추방 대상에 해당).

2) 1981년부터 문 교주는 돈을 가지고 죄를 벗으려고 엄청난 로비 활동을 전개했으나 유죄 판결을 받았다(수 백만 불 로비 활동하다).

3) 펜실바니아주의 알렌우르 감옥에서 1년 6개월 생활하게 되었으며, 미국 종교 역사상 탈세 혐의 구속 실형받은 일은 처음이다.

4) 한국 교포 300여 명이 집단 반대운동, 1982년 8월 낮 12시에 하였다. 한국인들이 1백여 개의 플래카드와 피켓을 들고 "통일교 문선명이 꺼져라" 하고 외치다(워싱톤에서).「테일러 뉴스지」에 보도되다.

5) 문 교주 미국 호화판 궁중생활하다.

문 교주 저택의 호화판 생활을 밝힌다. 대지 3만여 평, 건평 250여 평(1백만 불 상당), 50피트 길이의 고기 뱃놀이, 고급 수영장, 수십 명의 하인, 멋진 리무진 승용차 등.

6) 거리에서 꽃을 팔고 인삼차를 파는 아르바이트 하는 젊은 통일교 신도들의 처량한 모습과는 엄청난 대조를 이루고 있다.

3. 필리핀에서 통일교 문 교주 제소당하다.

필리핀 정부 검찰 당국은 6일, 통일교 문 교주 등 관계자들에 대해 불법 신도 모집 혐의로 제소할 방침이라고 밝혔다.

필리핀 법무부 산하 수사위원회 피스칼힐다 클라베 위원은 문 교주를 비롯한 한국인 4명과 필리핀인 8명 등, 통일교 관계자 12명이 기소될 것이라고 말했다.

클라베 위원은 이들이 신도를 불법 모집하고 필리핀 신부를 돈을 받고 외국인에게 짝지어 준 혐의로 마닐라 인근의 케손시와 파사이시 법원에서 기소될 것이라고 말했다. 이번 기소는 통일교가 지난 1995년과 1996년 거행한 대규모 합동결혼식에 대해 필리핀 의회가 벌이고 있는 수사와는 별개의 것이다.<마닐라·A.P.F>

4. 기타

1) 영국에서 통일교를 조사 요구토록 하였다(1975년 4월 18일, 「한국일보」).

2) 프랑스에서 통일교 본부를 폭파하였다(1976년 1월 23일, 「동아일보」).

3) 프랑스 신교 연합 통일교를 비난하였다(1976년 1월 27일, 「동아일보」).

4) 영국 정부에게 통일교 활동 선교 금지령 내렸다.

5) 통일교 미국 신자가 어머니 고발사건, 미국에서 발생하였다 (1976년 1월 21일, 「중앙일보」).

6) 미국에서 통일교 말썽 부모들이 의회 조사 연구하다(1976년 1월 4일, 「조선일보」).

7) 미국에서 문 교주 20만 불 탈세사건, 미 대 배심원에서 1년 6개월 실형받고 감옥생활을 시작하다(1984년~1986년).

8) 브라질에서 문 교주 물러가라. 브라질 시민 수천 명의 분노와 군중들이 통일교 공격하다(「워싱턴 포스트」 1986년 8월 28일).

9) 중국에서 통일교 비난하다(1986년 6월 23일, 「조선일보」).

10) 서독 정부 경찰 문 교주 입국 금지령을 내리다(1986년).

11) 벨기에서 벨기에 주교의 경고, 통일교는 기독교에 위반된다(1976년 2월 11일, 「경향신문」).

12) 대만에서 집단 남·녀 합숙 생활로 물의를 일으키다(1974년 2월 「한국일보」).

13) 대만 정부에서 통일교 활동 금지시키다(1974년 2월 4일, 「한국일보」).

14) 아프리카의 짐바브웨 청년에게 문 교주의 아들 문흥진이 윤회환생하여 세계통일교 간부들과 신자들의 심령심판 사건들과 폭력 사건이 일어나는 등 웃지 못할 황당한 사건이 발생하였다(1989년 사건).

제3절 짐바브웨 청년 통일교 폭로사건

짐바브웨(본명, 에지프트) 청년은 1992년 8월 4일, 日本 지바껭 마꾸바리에 있는 국제회의 공회당 대강당에서 통일교와 문선명 교주의 정체를 다음과 같이 폭로했다.

웨슬레의 감리파에 속한 경건한 크리스챤 가정에서 태어나 자랐습니다. 학생 때부터 성경을 열심으로 배웠고 하나님을 사랑하며 그리스도 예수를 믿는 아이로서 귀하게 자랐습니다. 그리고 젊었을 때부터 하나님에 대한 말씀을 전하는 것이 즐거운 일이었습니다.

1983년 통일교 사람과 접촉하기 시작하였습니다(통일교 전 짐바웨이 책임자 어거스틴 마튼고). 그들에게 하나님 말씀을 전하기로 결심하고 그들을 회개하도록 권하기로 결심하였습니다. 1987년 나의 이같은 사실이 통일교 문 교주에게 알려졌습니다. 문 교주는 그의 오른팔처럼 여기는 인물 케냐 주재 곽정환(現 통일교 재단이사장) 씨와 나를 만나도록 계획한 것입니다. 나는 케냐로 향했습니다.

그러나 거기에서 문 교주의 패들이 비밀리에 어떤 계획을 하고 있음을 알았습니다. 그것은 문 교주의 죽은 아들의 영이 내게 재림하여 함께 활동하고 있다며 문 교주와 그들의 패가 신자들에게 믿도록 만들었습니다. 그래서 그들은 나를 '홍진' 군이라고 불렀습니다.

나는 이 같은 계획이 있는 것을 알고 싫증이 났습니다. 그러나 그들의 계획을 허용하고 말았습니다. 나중에야 알았습니다만 문 교주는 그의 자식인 '홍진' 군의 이름이 지핀 자를 찾고 있었습니다. 이것은 문 교주가 그의 부하들에게 자기 자식의 영이 신자 중 누구에게 틀림없이 지피리라는 말을 했기 때문이었습니다. 그러나 그것은 문 교주의 단독 계획이었습니다. 얼마 후 케냐에서 통일교인들에게 설교한 후 곽정환 씨는 문 교주로부터의 지령을 갖고 내게 왔습니다. 그것은 이제부터 계속하여 전 세계통일교 조직에게 설교해 줄 수 있느냐는 것이었습니다. 문 교주는 나의 고백 여행을 기원하면서 그의 한 쪽 팔 노릇을 하는 곽정환을 통해 어떤 요구를 전해왔습니다. 그것은 통일교인들이 지금까지의 악습관을 끊어버리도록 지도해 주기 바라는 것이었습니다.

나의 순회 설교는 그의 아들 '홍진'의 영이 활동하고 있기에 할 수 있는 것이라 설명하고 있습니다. 그 문홍진이라는 인물은 1984년 미국 뉴욕 근교에서 교통사고로 죽은 통일교 문 교주의 차남으로 그 영혼이 내게 지핀 몸이 되어 통일교인들의 죄를 제거키 위해 역사하고 있다는 것입니다. 본래 나는 눈치를 채고 '홍진'의 이름으로 불려지는 것을 승낙하지 않았던 것입니다. 그래서 문 교주와 마찰이 생기게 되었습니다. 그러나 통일교인들을 위해 나는 설교 여행을 나갔습니다. 그리고 세계여행 비용을 가져왔습니다. 나는 어디로 가든지 열렬한 환영을 받았습니다. 내가 향한 고백 여행은 내부 숙청에 큰 효과가 있었다고 문 교주와 통일교 전체가 평가했습니다. 문 교주가 기획한 계책, 즉 자기 아들 '홍진'의 영이 나와 일체가 되어 활동한다고 날조해 그는 나를 이용하고 있었습니다. 이 일로 나는 언젠가 확실히 공포코자 생각하고 있었습니다.

1988년 결정적 충돌이 발생했습니다. 그 충돌로 인하여 유럽에서 나 자신의 안전을 위해 짐바브웨로 돌아왔습니다. 문 교주는 내가 행한 고백식에서 알게 된 정보, 그 중에서도 특급 비밀에 대한 정보를 퍼뜨리지 않을까를 염려하고 있었습니다.

침묵을 깨고 나는 日本의 모 목사와 접촉하여 통일교 문 교주는 거짓 메시아요, 통일교인들이 문 교주에게서 벗어나 회개하고 그리스도의 품으로 돌아오고, 하나님과 그리스도의 진리 구원 사업에 열심을 내도록 하는데 협력하였습니다. 문선명은 신이 아닙니다. 구세주가 못 됩니다. 적그리스도입니다.

제4절 한국전쟁기념관 사진 전시품 사용 사건

통일교 문 교주가 서울특별시 용산구에 있는 한국전쟁기념관의 작품을 도용, 포교활동 자료로 日本에서 이용한 사실이 밝혀졌다.

1996년 5월, 본지(일본 언론)를 방문한 일본 통일교 반대운동 제1인자 '와까' 목사(55년)는 "한국전쟁기념관에 문 교주와 관련된 사진을 전시하고 있다"는 통일교 측 주장과 포교활동 선전 책자를 저자에 직접 방문 제시하면서 그 사실 확인 조사를 의뢰해 왔다.

이에 저자는 일본에서 사용된 자료를 확인하고 조사에 착수, 1996년 6월 11일, 한국전쟁기념관(서울특별시 용산구) 담당자를 찾아가 사실을 알리자 기념관 측 조사결과가 밝혀졌다. 밝혀진 사실에 의하면 일본 통일교는 한국전쟁기념관에 진열되어 있는 문제의 사진 "노인을 등에 업고 강을 건너는 청년"이 문 교주라고 속여 각종 선전 책 및 팜플렛을 이용해 포교활동에 적극 활용했다.

그러나 한국전쟁기념관 담당자가 조사 중에 한국 통일교 측에 통보하여 통일교 간부 2명을 전쟁기념관으로 소환, 문제의 전시 사진을 확인한 결과 통일교 문 교주의 사진이 아님이 밝혀졌다. 그 조사 결과를 저자는 일본 "와까" 목사에게 통보했다.

이 사건은 일본 교계와 사회에서 엄청난 파문이 일어났으며 재판에 회부될 것으로 알려졌던 사건이었다.

통일교는 황당하고 파렴치한 종교사기 집단이다. 후손들에게 역사를 바로 교육하기 위해서 실화들을 사진으로 한국전쟁기념관에 진열해 놓은 것을 거짓 종교 집단이 포교를 위해서 해외까지 가지고 가서 거짓 포교 행위를 했다는 사실에 대하여 치를 떨지 않을 수 없는 것이 저자의 심정이다.

제5절 박보희 씨, 만교통화교(萬敎統和敎) 입교사건

문 교주에게 북한으로의 귀환은 뼈에 사무치는 일이었다. 때문에 그의 오른팔이라 할 수 있는 박보희(전 세계일보 사장)씨 입장에선 이의 관철(방북)은 지상 명령이었다. 박보희 씨는 1980년대 중국에 투자한 팬더자동차 공장이 2억 불의 손실로 무산되면서 통일교 내에서의 입지는 어렵기 그지 없었다. 그래서 문 교주의 최후 최상의 소망인 북한 진출에 그의 운명을 걸지 않을 수 없었다. 이의 성취를 위해서라면 어떤 일도 감내해야 할 처지에 놓여있는 상황이었다.

1. 문 교주는 이렇게 하소연 한다.

나도 사람인데 왜 고향에 가고 싶지 않겠는가 말이다(자칭 재림주가 사람이라고 시인한다). 문 교주 스스로 이단종교 교주임을 드러내 놓은 것이다.

문 교주는 1991년 12월 6일, 북한 함흥에 있는 김일성 공관에서 그에게 달려가 포옹을 하며 "형님"이라고 불렀다. 사단의 두목을 형님으로 불렀다면, 그 역시 사단의 동생이 될 것은 뻔한데 "형님"이라 했다. 문선명이 왈, "구약의 창세기에 나오는 이삭의 아들 에서와 동생 야곱의 이야기에서 원인"하고 있다.

김일성 사망 직후의 조전(弔電)은 더욱 문 교주의 의중을 의심케 하기에 족했다. 세계평화를 위한 정상회의 사무국에서 의례적으로 보낸 전문을 북한 측이 보도한 내용을 보면 이렇다.

북한 1994년 7월 13일, 방송한 박보희 명의의 조전(弔電) 내용
"저는 주석을 다시 만나 뵙고 그이께서 가장 관심하시는 문제들에 대해 말씀드릴 날을 고대해 왔습니다. 그런데 40년 간의 식민지 억압을 끝장내시고 그렇듯 강력하고 기백 있는 국가를 창건하시고 공화국을 이끌어오신 위대한 수령님께서 계시지 않는다 생각하니 슬픔을 금할 수 없습니다. 진정 현대 역사의 위인은 떠나가셨으나 우리 조국의 평화적 통일을 위한 김일성 주석의 필생의 노력은 우리 모두의 기억

속에 영원히 남아있을 것입니다. 친애하는 지도자 동지께서 수령님의 위업을 굳건히 이어 나가리라는 것을 굳게 믿어마지 않습니다."

환고향을 선포하던 1991년 8월 29일 연설에서, 문 교주는 이렇게 말했다. "앞으로 김일성이가 내 말 안 듣다가는 세계 각국에서 대사관들이 전부 다 쫓겨날 겁니다. 무슨 말인지 알겠어요? 보따리 싸는 겁니다. 안 듣겠어요? 어때요? 그래서 여기까지 왔다구요. 뭘 하려구? 고향으로 돌아가려고! 다 가는 겁니다. 나도 고향 갑니다. 이북 가게 되면 대한민국이 전부 다 문 총재 이북에서 죽으라고 그러겠나(문 총재: 문 교주 자칭), 미국이 죽으라 그러겠나, 일본이, 소련이, 중국이 그러겠나요? 아이고 우리나라로 오소! 할 겁니다. 알겠어요.

그러면 내가 소련 저 크레믈린 궁전에서 쓱 낮잠이나 자고 여름이 되면 수박 깨서~ 겨울에도 수박을 놓고 잔치할 수 있게 산다 하게 되면 다 와보고 싶겠지요. 그럴 때 초대장 내면 얼마나 그 郡이 야단일까요? 쓱 가서 사진 찍어 가지고 쭉 해서… 고위층들 하고 어깨동무하고 맥콜 마시고… 거 얼마나 풍류적이고 얼마나 신선놀음이야… 그래서 내가 세계 6대 주에 최고의 별장을 다 사 놨습니다. 불란서, 영국, 독일, 미국, 아르헨티나, 브라질…"

재림주가 겨우 고위층이나 찾고 어깨동무나 하고 맥콜이나 마시고 풍류나 찾고 신선놀음이나 하고…. 신자들의 노동력 착취해서 세계 유명 별장이나 사서 초호화판이나 누리겠다는 자가 어떻게 재림예수란 말인가? 아무리 이단 교주의 행동이라지만 어처구니없는 황당한 주장이 아닐 수 없다. 그러니 문 사단의 가정이 난장판이 될 수밖에 없지 않은가 말이다(1997년 1월).

김일성의 돌연한 사망. 그리고 박보희 씨의 문상과 북경에서의 기자회견으로 박보희 씨는 완전히 남북의 틈에 끼어 운신의 여유를 갖지 못한 채 북경, 도쿄, 미국을 오가고 있다. 서울 입성을 위해 국제사면위원회를 통해 청와대에 탄원도 했다. 당시 손병우「세계일보」부사장의 학연인 고려대 인맥을 찾아 로비도 해봤지만 허사였다.

이형래(李炯來) 前 세계일보 논설위원(문 교주 방북을 위해 중간 역할을 담당했던)은 박보희 씨에게 문 교주 방북을 위해 북한과 접촉 중일 때 김윤열(金允烈) 만교통화교(萬敎統和敎) 교주(敎主)를 동원하고 있다고 설명했다. 박보희 씨는 우리의 사명을 완수키 위해서는 가능한 모든 수단 방법을 동원해야겠다며 적절한 시기에 김 교주를 만나보겠다고 했다.

통일교 문 교주의 수법이 그렇다. 자신의 목적을 위해서는 어떤 수단 방법도 가리지 않는다. 참고로, 문 교주의 여인들과의 섹스 관계만 보더라도 유부녀, 처녀, 과부 할 것 없이 섹스 파트너로 일생을 살아온 그다. 또한 문 교주는 스스럼없이 무당, 점쟁이를 찾는다. 그런 행위들을 수십 년 간 저자는 보아왔다. 그의 제자가 수단 방법을 가리지 않는 것은 당연지사로 여겨진다.

2. 박보희(朴普熙), 만교통화교(萬敎統和敎) 입교

과정을 기록한 내용을 보면, 1991년 6월 8일, 이형래 씨와 김윤열 씨 그리고 박보희 씨의 친동생 박노희 씨와 함께 일본으로 갔다. 도쿄 나리다 공항엔 박보희 씨가 미국인 비서인 폴을 데리고 나와 있었다. 그는 김윤렬 교주의 손가방을 손수 들어주기도 했다. 보다 못해 이형래 씨가 가방을 받아 폴에게 넘겨주었다고 한다. 미제 캐딜락 리무진이 나와 있었다. 우리는 박보희 씨가 묵고 있는 도쿄의 힐튼호텔에 투숙했다.

이날 밤 7시를 기해 김 교주(만교통화교)는 박보희 씨의 방에서 소금물로 박보희 씨의 발을 씻겨 주면서 예수가 제자들의 발을 씻겨 준 옛 일을 따라 했다. 김 교주는 박 씨에게 건강이 좋지 않다면서 그에게 기(氣)를 넣었다. 박보희 씨는 상당히 고통스러운 표정을 지었다. 손가락 마디를 잡고 2분여 걸쳐 기(氣)를 넣었다. 그리고 그를 위해 김 교주는 기도를 했다. 김 교주는 앞으로 서울에서 정식으로 성기(聖氣)를 주는 의식을 거행하겠다고 하면서 방북은 성사될 것이라고 장담했다. 다음 날 아침 KAL기 편으로 김 도사와 이형래 씨는 홍콩을 경유 평양으로 갔다.

6월 19일. 서울로 돌아온 후 이형래 씨는 김 교주와 박노희 씨 그리고 고향의 후배인 김○○ 씨와 같이 KAL편으로 제주도에 갔다. 목적은 금강산을 잇는 한라산에서의 기도가 필요하다는 김 도사의 주장에 따른 것이다. 우리는 제주도의 오리엔트호텔에서 여장을 풀었다. 그리고 한라산에 오르기 시작했다. 도중에 영실암자에서 기도를 했다. 박보희 씨의 방북이 기도의 주제였다. 백록담을 1Km쯤 남겨 놓고 김 도사는 갑자기 하산, 그의 출생지인 추자도로 가야 한다고 해서 일행은 모두 하산, 오리엔트호텔로 돌아왔다. 다음 날인 24일 아침 9시, 동양페리호로 추자도를 향했다. 파도가 좀 높은 데다 약간의 비도 뿌렸다.

김 도사는 박노희 씨로부터 절을 3배 받았다. 형인 박보희 씨를 대신한 것이었다. 김 도사는 10여 분에 걸쳐 눈물로 기도를 올렸다. 부모의 영혼이 박보희 씨에게 축복을 반대한다는 것이다. 김 도사는 대의를 위한 일이니 아버지, 어머님 불효자를 용서하십시오. 하면서 돌아가신 부모의 무덤 앞에서 오열하며 부모님의 양해를 간구했다. 그는 승락을 받았다고 했다.

그는 박노희 씨를 보고 그의 동생 김찬렬 씨에게 절을 하라고 했다.

그가 받을 축복을 박보희 씨에게 넘겨주었기 때문이라는 것이다. 야곱이 형인 에서에게 축복을 가로 챌 때도 팥죽을 끓여서 아버지 이삭에게 바쳤다고 성경의 이야기를 인용했다.

서울에 돌아온 후 7월 9일, 서울 리베라호텔에서 박보희 씨를 만났다. 그는 방북 계획과 "남북통일범국민연합" 의장 "승공연합" 의장으로 취임 대북 사업에 보다 더 적극적으로 일할 수 있다고 했다. 무엇보다 곽정환 씨가 「세계일보」 사장에서 해임 돼 후임에 한상국 대사가 취임하여 일하기가 한결 쉬워졌다고 했다.

공교롭게도 한상국 씨의 누이 동생이 김 교주의 열렬한 신자라는 것이다. 박보희 씨는 안기부의 8국장을 만나기를 희망해 7월 11일, 첫 인사 소개를 했다. 엠버서더호텔에서의 회합에서 양측 정부가 관계되는 사업은 의제로 삼지 않겠다는 데 서로가 합의를 했다.

7월 12일, 다시 리베라호텔에서 이형래 씨는 박보희 씨를 만났다. 박노희 씨도 함께 했다. 박보희 씨는 김 교주에게 성기(입교식)를 준 데 대한 답례로 고급 세단을 한 대 선사하고 싶다고 했다. 다음 날인 13일, 다시 리베라호텔에서 박보희 씨 내외와 김 교주와 같이 만났다. 이 자리에서 김 도사는 오는 17일 롯데월드에서 성기 수여를 정식으로 하겠다고 했다. 참석자는 7명이어야 한다고 했다. 오후 7시부터 시작한 이야기는 10시 30분에야 끝났다.

3. 박보희 씨, 만교통화교 성기(聖氣) 수여식

1991년 7월 17일, 아침 7시, 잠실 롯데월드 920호실에서 성기 수여식이 진행되었다. 박보희 씨 내외, 동생 박노희, 김 교주의 둘째 딸인 김경희, 김 교주의 양자라는 이 선생 등 7명이 참석했다. 김 교주는 박보희 씨 이마에 "만교통화교 민석대왕(旼奭大王)"이라는 네모난 인을 붉은 인주에 묻혀 찍었다. 그리고 김 교주에게 박보희 씨 부부가 3배 올렸고, 김 교주는 성기를 내리면서 하늘의 새로운 암시를 알려 주었다.

그는 박보희 씨에게 "정각(正覺)"이라는 새 이름을 주면서 연령으로는 내가 적지만 이제부터는 정각은 민석대왕의 아들임을 선언했다. 김 교주는 카메라를 준비해 와 이 날의 의식을 그의 제자로 하여금 찍게 했다. 박보희 씨의 동생 박노희 씨는 사진촬영에 강한 역정을 냈지만 외부로 절대 나가지 않는다는 김 교주의 다짐에 수긍하고 말았다.

그러나 이 사진은 불행하게도 김 교주가 그의 제자라는 이○○변호사 등에게 자랑삼아 보여줬다. 김 교주는 어떤 경우에도 하늘과의 약속이기 때문에 비밀을 지키겠다고 했지만 똑같은 악령 사단에 놀아나는 거짓 속이는 자들이요, 어떤 목적을 위해서는 수단 방법을 안 가리는 자들이니 그들의 당연한 놀음인 것이다.

8월 8일, 김 교주와 함께 다시 일본으로 가 박보희 씨를 만났다. 물론 박보희 씨 요청으로 이뤄진 만남이었다. 힐튼호텔에서 밤늦게까지 박보희 씨와 김 교주 일행은 이야기를 나눴다. 김 교주는 박보희 씨에게 국회진출 의향을 부추기며 전국구로 나가라고 권했다. 청와대를 통해 전국구를 따낼 수 있다고 장담하면서 예금 통장에 50억 원 정도의 성금이 필요하겠지만 노대통령에게 말해 틀림없이 관철시킬 수 있다고 했다.

9월 15일, 박보희 씨는 롯데호텔 8층에 있는 불란서 식당에 나와 김 교주를 초청했다. 박보희 씨 내외가 나왔다. 박보희 씨는 통일교인으로서의 발언이 영향력이 없기 때문에 국회에 진출, 통일외교분과위원회에서 활동하고 싶다고 했다. 박보희 씨는 이에 대한 김 교주의 도움을 상당히 기대하고 있었다. 식사는 네 사람 뿐이었다. 김 교주는 일본서 요구한 금액을 그의 제주도에 있는 동생 은행 구좌에 온라인으로 9월 10일까지 입금시킬 것을 요구했다.

그리고 전국구를 위한 입금도 종용했다. 참다 못한 이형래 씨는 박보희(박 총재) 씨, 이 시간부터 나는 김 선생(김 교주)을 박보희 씨에게 소개한 것을 취소합니다. 앞으로 일은 저와는 관계없는 일입니다 라고 말했다. 김 교주는 이 사장 민석대왕의 일에 그렇게 간섭하면 응징합니다라고 겁을 주려고 했다. 나를 응징해요?

무슨 하나님이 우리 말로 돈 액수도 이야기하고 온라인이란 말로 입금시키라 합니까? 그 神이 올바른 신이라면 나를 응징하기 전에 김 교주를 응징할 것입니다…라고 했다.

박보희 씨가 민석대왕의 아들 정각(正覺)이 되어서라도 북한 진출만 된다면 문제가 없다는 식의 절박하고도 어찌 보면 일생을 건 듯한 도박을 하지 않을 수 없는 것도 사이비 종교인 통일교 문 교주의 환고향 인간 향수의 집념 때문이었다.

통일교 문 교주, 그의 수석 수행원인 박보희, 만교통화교 교주 김윤렬 악령들은 곧 무서운 하나님의 준엄한 심판을… "흉악한 자들과 살인자들과 행음자들과 술객들과 우상 숭배자들과 모든 거짓말 하는 자들은 불과 유황으로 타는 못에 참예하리니…"(계 21:18)

(1995년 5월. 월간 「조선」前 세계일보 논설위원 이형래, 문선명 씨 위험한 남북 줄타기 기사, 참조).

제8장

문 교주의 망언과 폭언

미리보기

8 문 교주의 망언과 폭언

제1절 문 교주의 거짓말 예언들
제2절 문 교주의 망언과 폭언들

제8장 문 교주의 망언과 폭언

제1절 문 교주의 거짓말 예언들

첫째, 통일교 원리와 문 교주 행동이 전혀 일치하지 않는다.
둘째, 문 교주의 예언들이 전부 거짓말이었다.
셋째, 1980년대 안에 북한이 망한다. 김일성 죽는다.
넷째, 소련도 망한다.
다섯째, 1981년도에 지상천국이 이뤄진다.
여섯째, 중국, 1970년대에 강청이 모택동 후계자가 된다고 예언했다.
일곱째, 1963년 일본에서 주님이 일본에 재림한다고 두 번 예언했다.
그러나 문 교주의 예언들은 완전히 빗나갔다. 얼마나 황당한 거짓된 예언들인가. 이 같이 거짓 예언을 하는 이유는 신자들의 이탈을 방지하기 위한 하나의 수단임을 스스로 입증한 격이다.

제2절 문 교주의 망언과 폭언들

1. 기독교회에 대하여

1) 통일교가 기독교를 흡수하는 거예요. 그건 멀지 않았습니다(말

씀 134호, p.26~).

2) 전 세계기독교가 망할 수 있는 운세에 부딪치게 되는 것입니다(말씀 146호, p.12~).

3) 빌리그레함(미국교회 부흥사)의 말에 무슨 내용이 있습니까? 썩은 나무 토막과 마찬가지요(말씀 106호, p.29~).

4) 통일교 문 선생이 기성교회 선교 자금으로 10억 정도 기부한다면 기성교회 한꺼번에 망칠 수도 있지요(말씀 179호, p.18~, 1970년경).

5) 기독교가 망하지 않으면 망하게 해야 한다구요(월간「통일세계」1974년 1월호 p.24).

6) 기독교는 구원이 없는 허황된 종교다.

7) 교황권 시대가 온다.

8) 기독교인은 멍청이들이다.

9) 기독교 목사들 중 통일교 주변을 기웃거리는 자들이 있다.

2. 통일교를 기독교 위에 세우다

1) 통일교는 기독교보다 앞선다.
2) 통일교인들은 예수보다 낫다.
3) 통일교가 기독교 교파를 통일시킨다.
4) 통일교가 기독교를 분열시키는데 앞장서야 한다.
5) 통일교가 세계기독교 교파를 통일시키는 것이 사명이다.

3. 성경과 삼위일체 하나님에 대한 신성 모독

1) 성신(성령)은 어머니 신(문 교주 처 한학자)이다.

2) 성경을 버리더라도 문선명을 믿어라.

3) 예수가 장가 가야 한다(결혼시킴).

4) 하나님 어머니가 있다.

5) 천국은 참부모와 같이 있는 곳이다.

6) 사탄이 천국을 보내준다. 사탄이가 하나님 앞에 이 사람 지독한 통일교인이구나 증거할 때 하나님도 최종적 싸인을 하게 된다.

7) 영계에는 하늘 아버지, 어머니도 계신다.

8) 참 부모가 왕이요, 왕비다.

9) 예수가 내 부하다.

10) 예수 믿고 천당 간다는 것, 벼락맞을 소리이다.

11) 하나님도 손자를 원한다.

12) 아담이 없으면 하나님도 없다.

13) 하나님은 아담을 닮았다.

14) 예수는 사가리야의 아들이다.

15) 성경은 신·구약 만이 아니다.

16) 예수가 사탄 굴복시키지 못했다.

17) 사탄에게 영수증을 받아라.

18) 예수님은 가난한 자에게 복음을 전하지 않았다.

19) 예수는 부모 없는 불쌍한 예수다(사생아라는 뜻).

20) 하늘의 혈통(섹스)을 교환해야 한다.

21) 천사장이 누시엘이다 등.

4. 국가와 세계에 대하여

1) 정부와 통일교가 하나되지 않으면 망한다.

2) 통일교가 정치를 해야 한다.

3) 기독교 민주당을 만들어야 한다.

4) 미국 땅을 사가지고 하나님 앞에 바치겠다.

5) 대만이 문선명이 말을 안 들어서 UN에서 축출당했다.

6) 아가씨(처녀) 외교술을 이용한다.

7) 치마 바람으로 김일성 공산당을 굴복시킨다.

8) 문 교주가 도와주지 않으면 한국은 앞으로 살 길이 없다(말씀 182호).

9) 정부가 통일교를 반대하면, 그 정권은 망한다(이승만 정권을 예로 든다).

10) 미국도 문 교주 말 안 들으면 망한다.

제9장

문선명은 섹스 교주였다.

미리보기

9 문선명은 섹스 교주였다.

제1절 문 교주의 피갈음 관련 설교
제2절 증인 - 우리들의 체험한 사실

제9장 문선명은 섹스 교주다!

*참조: 문선명 어록(文鮮明 語錄 본문 중에서)
그것은 예수가 세상에 탄생해서 이루지 못한 女子들과의 복귀(섹스)다. 천사장 누시엘과 섹스에 의해서 빼앗긴 것과 같은 방법으로 六마리아를 빼앗아오지 않으면 안 된다. 六마리아를 복귀(섹스)하면 재림 주님은 섹스 경험이 없는 처녀를 택해 "어린 양 잔치 의식"을 거행한다.

제1절 문 교주의 피갈음 관련 설교(1995년 월간 「통일세계」)

생태적인 모든 여건을 가만히 볼 때 암놈이 있고, 수놈이 있는 것을 아는 것입니다. 동물도 그렇고 곤충도 그렇고 다 그러니까, 아담 하와도 보니까 같다 이겁니다. 그러니 "아! 저렇게 하는구나" 하고 다 알게 마련이라는 것입니다. 알겠어요? 천사장은 그렇지 않아도 본래부터 알고 있는데 이런 사실들을 알고 있는 천사장은 하와가 슬플 때 위로의 대상이 되어 주고, 아담은 그걸 생각하지 않고 천하의 주인으로서 갖춰야 할 주관성, 모든 자주적인 능력을 갖추기 위해 등산이나 바다나 돌아다니고 동물이란 동물은 다 잡으러 다니고 그랬을 것입니다.

그래서 얼마나 차이가 있습니까? 그러니까 아담과 하와 둘이 어디 갈 때는 하와가 뒤떨어져 가지고 울고 불고 했을 것입니다. 외로울 때 천사장이 위로하는 입장에 서 가지고 나이가 들어 가지고도 벌거벗은 채로 옛날 같이 안아주는 것입니다. 16세쯤 되었으면 세상만사 다 알고, 여자로 말하면 월경도 나오고 그럴 수 있는 때입니다. 그런데 이 철부지 아담은 그저 놀고 들어오니, 하와에 대해 관심 없었습니다. 그랬다는 것입니다.

그러니까 울고 있는 하와를 천사장이 안으면 벌거벗고 있으니 여기에 문제가 벌어진 것입니다. 그렇기 때문에 하나님은 그걸 알고 선악을 알게 하는 나무의 열매를 따 먹지 말라 하는 것을 하와에게 경고했다는 것입니다(창 2:17 인용). 그거 이해돼요? 몇 센티미터 안 떨어져 가지고 다 닿을 수 있는 자리이기 때문에 동물들이 쌍쌍으로 돼 있어 가지고 전부 저렇게 해 가지고 자기들이 좋아하고 새끼를 치고 있구나 하고 알고 있는데 자기도 그런 생각을 해 가지고 그러면 어떤가 하고 힘주면 끝나는 것입니다. 이렇기 때문에 타락할 수 있는 비근한 내용이 벌어집니다.

남자 완성, 여자 완성, 하나님까지 완성시킬 수 있는 본 고장이 어디냐? 어디서 하나님의 사랑을 완성시킬 수 있고 어디에서 남자 여자 완성시킬 수 있느냐?

기독교인 지옥 가나 천국 가나 보시지요. 그러면 하나님이 복귀 완성을 해 가지고 어느 자리에 가야 되느냐? 구약을 완성하고 신약을 완성하고 성약시대를 넘어가야 됩니다. 구약시대는 아담, 하와가 개인적으로 타락을 해 가지고 하나님을 배반해 가지고 그 후손들은 전부 다 지옥 행차하게 되었습니다. 제2차 부모가 와 가지고 국가를 수습해서 하늘로 돌아가려고 했으나 실패했습니다.

예수님이 십자가에 돌아감으로 말미암아 실패했다는 것입니다. 기독교인 지옥 가나 천국 가나 뭐 보시지요, 나는(문선명) 가보고 다 조사해 보고 하는 말입니다. 틀림없습니다.

그들이(기독교) 통일교회를 망하게 했나 흥하게 했나를 두고 보십시오. 통일교회는 반대를 받더라도 흥해 나가지만 그들은 반대하면서 망합니다. 기독교는 40여년 동안 통일교를 반대해 나왔습니다. 40여년 동안 그러다 보니 미국 자체, 자유세계의 기독교는 텅텅 비어가지고 공동묘지가 되어 버렸습니다. 그것은 문 총재(자칭)를 반대했기 때문입니다. 반대는 반대하는 자의 소유권을, 반대받는 자에게 상속해 주기 위한 하나님의 제2의 전략입니다. 세계를 재창조하기 위한 것이 통일교 사상입니다.

여러분, 하나님이 제일 중요시 하는 것이, 하나님이 제일 정성을 들여 만든 곳이 어딘 줄 알아요? 남녀 생식기입니다.

여자에게 남자가 없으면 절대 암흑이요, 남자에게 여자가 없으면 절대 암흑입니다.

신약시대는 뭐냐 하면 아들이 희생했습니다. 아들이 피를 흘린 것은 다시 오시는 부모를 위한 것입니다. 부모가 올 때에 부모님이 오는 그 길을 평탄하게 하기 위해서 2차 대전까지 2천년 역사를 거쳐 오면서 얼마나 많은 순교의 피를 흘렸습니까. 피를 흘린 것은 부모님(문 교주 부부)이 이 땅 위에 평탄하게 군림하기 위해서입니다.

여러분 그걸 알아야 됩니다. 2차 대전 직후 기독교 문화권을 중심한 통일적 세계가 이루어져 가지고 그 때 영국·미국·불란서·일본이 문 총재(문선명)를 왕으로 모시고 자기 나라의 주인 이상으로 모셔야 했는데 '퉤' 침을 뱉었습니다. 문 교주는 인류를 구하기 위해 자기 자식을 희생(흥진 아들 죽음을 말한다.)시켰다는 것입니다.

죽은 흥진(문 교주의 아들)이를 대좌 위에 올려드리고 존경과 숭배를 드려야 한다고 한다.

제2절 증언-우리들이 체험한 사실

1. 유효민: 통일교 경제적 기반에 공헌, 문 교주와 결별하다
(저자와는 한 때 통일교 반대운동 같이 하였다.)

유효민 씨는 문 교주의 초대 비서 역이었던 박정화 씨의 뒤를 이어 2대 비서 역 사촌 간인 유효원, 유효영 형제와 함께 세계기독교통일신령협회 간판을 걸고 발족에서부터 기반 만들기에 크게 공헌(이화여자대학 사건으로 문 교주와 옥고 동참자이며, 36가정의 멤버, 1972년 탈퇴, 서울거주, 회사 사장, 2000년 초, 사망)하였다.

유효민에 의하면, 나는 통일교가 정식으로 창립되기 전의 1954년 1월 4일에 부산에서 사촌인 유효원, 유효영과 함께 문 교주의 추종자가 되었다. 박정화 씨는 그 무렵 식구(신자)의 중심 인물로서 문 교주의 한 팔로서 활동하고 있었고, 나 또한 대단히 노력을 했다. 그러나 그 한편으로는 문 교주가 박정화 씨를 밖으로 멀리하려고 하는 움직임이 있었던 것도 사실이었다.

그 원인은 박정화 씨는 너무나 문 교주의 비밀을 지나치게 많이 알고 있었기 때문이다. 만약 그가 수사 당국에 모든 것을 폭로하게 되면 문 교주가 중죄로 당할 것은 물론 그가 반대하면 문 교주의 모든 행각이 다 탄로 남으로 이 사회에서 파렴치범으로 이 땅에 있을 곳이 없게 된다. 박정화 씨는 문 교주의 여자관계나 돈 출처 문제를 너무나도 깊이 잘 알고 있었기 때문에 소외되었던 것으로 생각된다. 이것은 문 교주와 통일교의 상투적 수단이고 나의 경우도 그러했다.

내가 처음 통일교 원리를 들을 무렵 문 교주를 위시해서 모인 식구들은 그 날 먹을 것도 어려운 형편이어서 북한에 있을 때에 사진관을 했던 경험을 살려서 나는 브로마이드(관광사진)를 제작 판매하는 일을 제안했다. 이것이 적중해서 하루에 1만장이나 매상이 될 때도 있었다. 한 장에 7원(6.25 전쟁 후) 전·후로 도매한 것을 학교에 못 가는 전쟁 고아들이 담배나 라이터돌 등을 판자에 넣어 행상하는 대신 관광사진을 파는 때가 유행이 되었다. 10원 씩에 팔고 매일 7만 원 정도 씩이나 현금 수입이 되었으므로 일용할 양식을 단번에 해결할 수 있었다.

박정화 씨가 말한 바와 같이 브로마이드(관광사진) 제작 작업을 하는데 남자 식구들은 작업을 분담해서 일을 하고, 여자 식구들은 가위로 잘라서 정리하는 일에 몰두했다. 이 일은 2년 정도 계속되었다고 생각되어진다.

그 후 산탄 공기총은 1961년부터 시작하여 본격적인 생산에 들어가서 일본에 수출했으나 공장도 가격으로 1정에 1만원(이후: 30만원)에 15만정 이상이 팔렸다. 도합 45억 원(1960년대 초)이었으니까 통일교에서는 꽤 큰 재원이 되었다. 산탄 공기총을 발명한 내가 통일산업의 사장이 되지 못한 것은 소위 7.4사건(이화여대 14인 퇴학사건)으로 문 교주와 옥고를 같이 치렀음으로 전과 기록으로 총포 제조 허가 조건에 하자가 있었기 때문이었다.

그래서 김인철 씨가 사장, 문 교주의 6촌 동생 문승룡 씨가 공장장, 그 아우가 생산 부장이 되고 발명자인 나는 조립 부장이라고 하는 세상에 유래없는 기묘한 직책을 맡았다.

산탄 공기총의 제2차 특허권은 문 교주 지시로 문 교주의 명의로 양도 공증까지 하였다. 주요 간부는 문 교주의 친척들 뿐 그들은 한 사람이 한 대의 차를 가지고 화려하게 타고 돌아다녔으나 나는 도보로 걸어다닐 수밖에 없었다.

문 교주는 신앙보다 친척 중심의 돈을 벌기 위한 사업주의라고 밖에 생각할 수 없는 입장이었다. 오래지 않아 문 교주의 정체는 더욱 노골적인 형태로 드러났다. 나는 문 교주나 통일교를 위해서 할 수 있는 온갖 노력과 봉사를 다해 옥고 동참상, 모범상, 14년 공로상, 전도상 등 교회에 상주하며 그림자처럼 어디든지 따라 다녔지만 단 한 가지라도 가르침에 상반된다든가 폐를 끼친 일은 없었다. 다만 문 교주의 경제 문제나 여자 문제를 너무나도 많이 알고 있었기 때문에 말하자면 문 교주 쪽에서 나를 꺼림칙하게 여기고 배신한 것이다. 이것으로 나는 확실하게 인연을 끊고 통일교를 탈퇴했다. 박정화 씨의 체험과 너무나 맥이 같아서 나는 그의 억울함을 잘 이해할 수 있다.

문 교주와 통일교의 본질(섹스, 혈대 교환 교리)을 이야기 할 사건에 관해서 나는 한 가지 더 구체적인 것을 증언해 두고자 한다.

1955년 문 교주와 통일교 간부들이 체포되었던 7.4사건을 증언하고자 한다. 7월 4일의 문 교주에 이어서 6일에 나도 체포되었다. 체포 이유는 병역 기피였다. 그러나 북한에서 남한으로 나온 피난민에게는 호적이 없었으므로 신분 증명서를 만들어 받을 때에 제2국민병으로서의 병역을 면하기 위해서 실제 연령보다 5~6세 정도 올려(연상으로) 신고했다. 그것이 위반이라고 하는 것인데, 문 교주 자신도 박정화 씨에게 지시해서 위조시키고 있었다.

우리들은 말을 맞추어서 위조에 협력했다고 공술하였으나 한편에서 문 교주는 자기는 모르는 사이에 제자들이 맘대로 한 것이라고 책임 회피하고 있었다. 하나님과 같이 모시는 입장에서 우리들 제자가 그의 연령을 함부로 변경한다는 것은 천벌을 받을 일이다. 실제로 모든 것을 문 교주의 지시에 따랐을 뿐이었다. 그런데 이 병력 기피 용의는 문 교주 이하의 간부를 체포해서 취조하기 위한 구실이고 실은 간음과 혼음(남·녀 섹스, 혈대 교환)을 조사할 목적이었다. 수사관의 질문은 날이 갈수록 이상한 방향으로 진행되고 있었다.

　당신들은 부부사이가 어떠한가?

　당신 부인들과 동침은 언제 했나?

　한 주일에 몇 번 씩이나 하는가?

　한 달에는 몇 번이나 했나?

　여자 신자들과는 몇 번이나 했는가?

　병역 기피와는 관계가 없는가…? 남의 사생활 문제를 집요하게 심문하는 형사에게 큰소리로 대들고 수사관과 입씨름을 한 일도 있었다. 그러나 수사관의 조사는 끈질겨서 책상 위에는 "문 교주와 여자 식구들과의 섹스 관계를 도표"로 그린 그림을 놓고 섹스 관계의 확인을 하는 것이 아닌가?

　나는 시종일관 모른다. 없다고 버티었으나 내심으로 그 정확함에 탄복했다. 유치장 안에 있는 우리들은 밖의 상황을 잘 몰랐으나 박정화 씨들의 은폐 공작의 결과인지 조사를 받은 여성들은, 나는 문선명 교주와 그런 짓을 한 일이 없었다. 당사자들은 꿈에 섹스는 했다 등등으로 적당히 거짓말을 했다. 경찰은 거의 정확하게 문 교주를 둘러싼 여성들의 성 관계를 쥐고 있었으나 본인의 친고나 남편으로부터의 고소가 없었으므로 이 사건으로 문 교주는 3개월 만에 무혐의로 풀려났다.

　그래서 7.4사건은 단순한 병역 기피 문제가 아니라 통일교의 안방 깊숙이 숨겨져 있는 문 교주와 여성 신자들과의 섹스 문제의 수사가 경찰이 노리는 바인데, 통일교가 말하는 아무 것도 아닌 사실 무근의 혐의가 아니라 간신히 문 교주와 여자 신도들과의 섹스 혼음 사실이

천하에 공포되는 것을 면한 것이다. 참고로, 이때 체포되었던 간부의 유치 번호는 문선명 390번, 유효원 380번, 유효영 1709번, 나는 1175번 이었다. 김원필 씨도 체포되어 그는 1년 실형의 판결을 받고 수감되었다. 아무튼 통일교와 결별하여 두고두고 냉정하게 문 교주나 통일교의 실정을 파악한 결과 여러 가지 모순과 잘못된 것이 밝혀졌다.

통일교의 체질은 기독교 신앙과 관계없이 문 교주에게 아부하는 무리들만 주위에서 사이비 종교 체제를 이용하여 문 교주의 부를 축적하는데 동참하고 있는 것이다. 이것은 역사의 흐름을 어거지로 되돌려서 문명에 역행하는 것이라고 말할 수 있다. 더구나 식구(신도)들이 노동력을 팔아서 모은 거액의 돈은 문 교주 한 사람이 관리하고 어디에 얼마 만큼 숨겨 두고 있는지 현재의 최고 간부들도 모르고 있다.

또한 통일교의 문 교주가 1948년에 북한에서 체포된 것은 공산당의 종교 말살 정책에 의해서 내무성에 구속되었던 것이라고 판에 박은 듯이 거짓말을 하고 있다.

나는 북한의 평안북도 선천에서 사진관을 경영하고 있었는데 공산주의가 싫어서 1947년 8월. 사진관도 각종 기계도 그대로 두고 28세 때 혼자서 월남했다. 그때까지 나는 선천북교회의 집사였다. 그런데 그 당시에는 기독교 탄압 같은 것은 없었다.

이것은 통일교의 거짓의 역사이다. 박정화 씨가 자세히 쓴 바와 같다(「야록 통일교회사」, 일본「육마리아의 비극」). 또한 통일교 문 교주의 합동결혼식에 대하여 한 마디 한다면 그 당시는 부부의 짝짓기를 신중히 생각해서 종로의 유명한 백운학(관상가), 또 이명학(사주가)에게 찾아가 짝짓기 궁합을 맞춰 달라고 자문을 구했다.

그런데 최근의 합동결혼식은 마치 마작판의 마작말패 섞듯이 남의 인권을 아무렇게나 적당히 처리해 버리는 것이다. 이래서야 참 부모가 정해주는 이상 상대 축복이라고 말할 수가 있겠는가? 성스러워야 할 결혼(축복)으로 행복을 이루어야 할 터인데 행복한 꿈이 채 가시기 전에 여기저기서 이혼 소동이 발생하고 있으니 과연 땅에서 재림주에게 축복 받은 것이 하늘에서도 영원한 부부가 될 수 있을까? 그 책임은 또 누가 져야 하는가? 반드시 문선명 교주가 져야 한다.

2. 유신희: 6마리아의 한 사람이었다.

1954년부터 수년간 6마리아의 한 사람.

문 교주의 원리를 믿고 복귀(문 교주와 섹스)를 받아 5~6인의 남성과도 복귀(섹스)의 실천을 했다. 지금 회고하면 참으로 어리석었다고 후회하며 문 교주는 죽어 마땅한 사람이라고 단언한다.

유신희 씨는 부산시 영도구에서 남편인 신성묵 씨와 다섯 아이들과 평화롭게 살고 있었다. 그때 근처에 살고 있던 사촌 오빠 유효원의 권유로 문 교주의 포교집회에 방을 빌려 주었던 것이지요?

○유: 그렇습니다.

1953년 12월 24일이었습니다. 처음에는 3일 간만 쓰겠다는 약속이었습니다만 결국 25일간이나 되고 말았습니다. 그때 사촌 오빠인 유효원, 효영 형제, 그리고 유효민 등 머리가 좋은 오빠들이 믿게 되므로 우리들 부부도 덩달아 믿게 됐어요. 메시아의 위대한 사람이라고 생각하고 있었고 자세히는 이해하지 못했지만 오빠들이 전부 믿어 우리 부부도 덩달아 믿었던 것입니다.

○그래서 얼마 후에 부부가 서울로 가셨군요? 아이들은 어떻게 하셨습니까?

유: 남편이 먼저 집을 나갔으므로 내가 가족회의처럼 아이들을 모

아 놓고 이야기를 하였습니다. 아빠도 엄마도 재림 주님이 오셔서 대단히 바쁘게 되었다. 그래서 너희들의 뒷바라지를 할 수 없게 되었구나… 큰 아이는 중학교 2학년생이었고 제일 끝의 막내 딸은 아직 여섯 살이었습니다만 다섯 아이들이 이해해 주어서 서로 손잡고 고아원으로 보냈습니다. 정말로 해서는 안 될 짓을 했습니다. 그로부터 7년 동안 아이들이 고아원에서 살게 되었던 것입니다.

○벌써 40년이나 지났습니다만 지금 아이들은?

유: 모두 기독교신자 로서 그저 얌전하게 잘 지내고 있습니다. 그래도 막내 딸 하고는 자주 충돌이 있습니다. 어머니 때문에 교육도 제대로 못 받고 대단히 어려운 생활을 해야만 했다고 나를 원망합니다.

○문 교주와 복귀의 섹스를 한 여성으로서 이렇게 얼굴을 내놓고 인터뷰에 응해준 사람은 아마도 유신희 씨가 처음이라고 생각이 됩니다만 지금의 심정은?

유: 지금까지 침묵해온 것은 아이들에게 복귀(문 교주와 섹스를 통한 구원)의 사실이 알려지는 것이 부끄럽고 두려웠기 때문입니다. 나는 벌써 나이가 나인 만큼 참을 수 있습니다만 자식들이나 손자들에게 미칠 영향을 생각한다면 사실은 너무나 부끄러운 일이기는 합니다만 나같이 미혹에 빠진 사람들이 다시 있어서는 안되겠기에 죽기보다 어려운 이 사실을 밝혀야겠다는 결심을 한 것입니다.

○문 교주와 복귀(섹스)에 관해서 자세히 이야기해 주십시오.

유: 여자 식구 한 사람한테 꾀임에 빠져서 밤늦게 캄캄한 문 교주의 방으로 갔습니다. 거기서 문 교주와 복귀(섹스)를 받은 것입니다. 나의 경우는 극히 짧은 시간에 깜빡 할 사이에 끝났습니다.

사단의 피를 맑게 하기 위해서는 아직 두 번 더 복귀(섹스)를 받아야만 하는 것이었습니다 만은 나는 한 번 만으로 끝냈습니다.

○그것은 왜?

유: 문 교주는 여러 여자와의 관계가 많아서 다음에는 내 차례가 언제 돌아올 것인지도 몰랐고, 또 나쁜 이야기를 들었기 때문입니다.

같은 피난민 시절에 그것은 다름 아닌 당시 나는 범냇골(지금은 성지로 명명 통일교 교인들이 세계 각처에서 참배하러 온다) 근처에 살고 있는데 우리 아버님과 문 교주는 매일 등산 산책을 하는 사이였습니다. 어느 날과 같이 나도 손을 잡고 아침 등산하던 중 문 교주가 철부지 나를 움막으로 끌고 들어가 성폭행을 해 많은 출혈이 심했다고 울면서 이야기 하여… 아무리 복귀(섹스)라고 하는 명분이라지만 타락이니 복귀니 전혀 귀가 열리지 않은 철부지 어린 아이에게 그런 몹쓸 짓을 할 수가 있습니까? 그래서 나는 두 번 복귀(섹스)를 단념했습니다.

○문 교주로부터 복귀(섹스)를 받은 후, 유 씨는 몇 사람의 남성과 복귀(섹스)를 했지요.

유: 그 때는 문 교주한테서 복귀(섹스)를 받은 여성은 다른 남성을 복귀(섹스)하지 않으면 안 된다고 가르쳐서 그렇게 믿고 있었기 때문입니다. 그래서 5~6인의 남성과 복귀(섹스)를 했습니다.

○유 씨는 6마리아의 한 사람이었다(「야록 통일교회사」 박정화 저).

유: 6마리아의 이야기는 듣기는 했습니다만 누구인지는 알지 못했습니다. 그래서 내가 어떤 처지인지 나는 잘 몰랐습니다. 나보다 훌륭한 여인들이 많이 있었고 문 교주 주위에는 항상 세 사람 정도가 바짝 붙어 있어서 나와는 격이 다른 사람들이라고 생각하고 있었으니까요.

○그 세 사람이란 누구인가요?

유: 신정순, 이순철, 양윤신 씨 입니다.

문 교주가 유난히도 귀여워했고 후에 재산을 노리고 재벌과 결혼시킨 임영신이 들어온 것은 그 뒤의 일입니다.

○문 교주는 차례차례로 새로운 여성을 신변에 두고 시중을 들게 했다고 하는데 같은 여성들끼리 다투는 일은 없었습니까?

유: 있었지요. 여자들끼리니까 질투나 독점욕은 당연히 있습니다. 그래서 여자들끼리 심한 싸움이 있을 때에는 문 교주가 그러한 여자를 때린 일도 있었습니다. 그리고 육체도 재산도 빼앗고 볼일이 끝난 여인은 계속 주변에서 내쫓아 버리는 것입니다. 나는 내쫓긴 사람들 중의 한 사람입니다.

○6마리아는 그 때 그 때 적당히 교체가 되어 결국은 재산이나 새로운 여인이 목표이었던가요? 6마리아 교체는 문 교주의 독단으로 행해졌습니까?

유: 우리들은 옆의 일도 몰랐었습니다. 그래서 어느 땐 그 주위에서 쫓겨난 여자만도 다섯 사람이나 되어서 서로 이야기한 일도 있습니다. 그 정보 교환으로 알았습니다만 실로 여러 여자들에게 피해를 주었던 것입니다.

처녀를 임신시켜 아이를 낳게 하기도 하고
유부녀 어머니와 딸들의 정조를 닥치는 대로 짓밟아서 가족이 풍지 박산이 되기도 하고
유복했던 사람이 재산을 빼앗겨서 빈털터리가 되기도 하고
여러 가지 비극이 수 없을 정도로 속출하고 있는 것을 알게 되어 모두가 정말로 분개했습니다.

유: 그렇다고 생각합니다.

사람이 모여있을 어느 땐가 통일교 원리의 설명을 내 사촌 오빠인 유효원 씨가 열심히 땀을 흘려가면서 강의하고 있는데 문 교주는 여성들과 히히덕거리고 있는 것입니다. 그래서 여자 신도들에게는 유효원 쪽 협회장이 존경을 받았고 인기가 있었습니다.

유효원(전, 통일교 협회장) 오빠는 수술(한쪽 다리가 반신 불수였

다)을 받지 않았더라면 좀 더 오래 살 수 있었다고 생각합니다. 의학부 출신답게 자기 병을 잘 알고 있어서 수술을 하면 죽는다는 것을 알고 있었습니다. 그래서 수술을 안했던 것이지요. 그런데 문 교주는 병 따위는 진짜 메시아라면 고칠 수 있을 거라고 말할 것을 유효원 협회장은 두려워했던 것입니다. 사실 이러한 소리도 있었습니다.

그 소리에 미워하는 유효원 씨에게 무리하게 수술을 시켜서 죽게 하고 말았던 것입니다. 그래서 인기가 높은 유효원(협회장) 씨에게 정상의 자리를 빼앗길 일도 없게 되어 문 교주는 모름지기 안심했을 것입니다.

○지금 과거를 돌이켜 보면 어떠하십니까?

유: 이제 생각하는 것은 한(恨) 그 것뿐인데 정말로 후회하고 있습니다. 그리고 다른 무엇보다도 아이들에게 할 말이 없습니다. 나도 정말 바보였습니다. 좀 더 현명했더라면 그 때의 선악의 구별이 섰을 터인데 어리석었기 때문에 이렇게 돼 버리고 만 것입니다. 지금 나는 남편과도 이혼하고 아이들과도 떨어져서 혼자서 조용히 살고 있습니다. 나뿐만 아니라 그 무렵,

문 교주의 신변에서 봉사(섹스)하게 한 여성으로서 행복하게 된 사람은 한 사람도 없습니다.

모두 문 교주의 거짓에 속아서 몸도, 마음도, 재산도 바치고 걸레가 되어 당장 내일 생활에두 곤란을 겪고 있는 사람들 뿐입니다.

그 사람들과 만나서 이야기할 때 우리들의 소원은 단 한 가지, 문 교주는 재림 메시아가 아니다. 죽어 마땅한 사내다. 하루라도 빨리 죽었으면 하는 인간이라고 하는 것뿐입니다.

3. 김덕진: 섹스 릴레이의 실천자 (저자와 여러 차례 만남)

김덕진 씨는 평양 숭실전문학교 출신이다.

일본 음악학교에서 공부한 일도 있고 음악의 외길을 걸음.

통일교에서 애창 중인 성가 19곡을 작곡.

문 교주의 가르침대로, 섹스원리를 실천한 산 증인. 회개하고 기독교로 귀향하여 경찰목사(기독교), 1990년도에 사망했다.

나는 어느 한국 육군의 고급 장교의 보신을 위한 모략으로 북의 스파이로 몰려서 유엔군 제1형무소에 무기 징역수(438번)로 들어가게 되었어요. 그것이 사실 무근인 것으로 증명되어 1954년 11월 27일. 무죄로 석방이 되었습니다.

그래서 출소할 때 형무소에서 내가 노래를 가르쳐주고 있던 이석민이란 남자가 자기는 통일교 재림예수 문선명의 제자이므로 출소해서 서울로 가거든 찾아서 반드시 이 편지를 전해 주십시오 라고 하며 한 통의 편지를 맡겨 왔습니다.

겉봉투에 아버님 전상서, 뒷면에는 제자 이석빈이라고 쓰여 있었습니다. 누이동생 집에서 한동안 신세를 지고 있으면서 문 교주는 지금 어디에 있을까? 하고 궁리했습니다. 그 당시는 아직 통일교 따위는 아무도 몰랐었기 때문에 거처를 모르고서는 편지를 건네줄 수가 없었습니다. 그래서 친한 친구인 서울 중부 경찰서장에게 부탁하니 부하에게 명해서 빨리 찾아 주게나 하고 얘기했습니다. 보잘 것 없는 작은 집을 찾아가서 나는 이런 사람인데 형무소 안에서 이런 편지를 맡아 가지고 왔다고 말하니까 문 교주를 만나게 해주더군요. 인사를 나누고 있는데 옆에 있던 여성이 선생님 예배 시간입니다. 하더니 나에게도 함께 예배드리는 게 어떻습니까? 하기에 같이 참석했지요. 좁은 곳인데 풍금도, 아무 것도 없었습니다.

처음에 노래한 찬송가란 것이 6천년 한이 맺힌 싸움의 동산, 승리의 월계관을 찾아 구하여… 문 교주가 작사했다고 하는 복귀의 낙원이라던가 이 세상을 에덴의 동산으로 복귀한다고 하는 것 같은 가사였는데 웬일인지 그 노래를 일본의 군함 행진곡의 곡조로 노래하고 있는 거예요. 깜짝 놀란 나는 끝난 뒤에 말해 주었습니다.

세계를 통일하는 살아있는 하나님이라고 하면서 우리를 한국인의 원수인 일본국의 그것도 가장 군국주의를 대표하는 군함 행진곡으로 자작의 찬송가를 부른다는 것은 무슨 일이요? 이렇게 바보스러운 일이 어디에 있소? 어찌 당신이 재림 메시아란 말이요? 여러 가지 질문을 했더니,

문 교주는 얼굴을 벌겋게 하고 있다가, 김 선생 부탁이 있소. 내가 작사한 것이 또 다른 것도 있으니… 라고 말하며 나에게 작곡을 부탁했습니다. 즉석에서 좋다고 대답하고 그 후 약 2, 3년 간에 나는 통일교의 성가를 작곡했습니다. 문선명 작사가 5곡, 유효원 작사가 1곡, 나의 작사가 13곡 모두 19곡이 나의 작곡인데 지금도 전 세계의 통일교에서 열심히 불리우고 있습니다.

한국에서 만든 성가 책에는 작사, 작곡, 김덕진을 지워버렸고 다만 일본 책에는 문선명 작사, 김덕진 작곡 5곡과, 작사, 작곡 김덕진 14곡 모두 19곡이 실려 있습니다. 잠깐 이야기는 조금 뒤로 하고, 문 교주를 방문했던 다음 날부터 아름다운 여성들이 매제의 집으로 나를 찾아오게 됐습니다.

김 선생님, 저희들의 교회로 다니시지요 하는 것이었습니다. 작곡을 맡은 것도 있고 해서 다니기 시작했더니 대우가 아주 좋았어요. 모두들 같이 브로마이드(관광사진)를 만들고 있었고 동대문 시장에서 장사도 하고 있는 신자도 있던 시대였습니다. 그렇게 가난함 속에서 나에게 신사복을 여러 벌 만들어 주어서 즐거워서 열심히 작곡을 한 셈이지요. 그러는 동안에 싫어도 문 교주의 원리를 듣게 되었던

것입니다. 간단히 말하면 6천 년 전 에덴의 동산에서 아직 고교생 정도의 나이로 미성숙했던 하와를 사단의 천사장 누시엘이 범하고 말았다. 이것이 세상에 악을 가져온 원죄이다.

성경에 기록되어 있는 대로 눈에는 눈을 이에는 이로 이번에는 사단을 속이고 세상의 여성들을 복귀시키지 않으면 안 된다. 요컨대 문선명은 젊은 시절에 하나님의 계시를 받은 재림 메시아임으로 섹스로 파탄이 된 세상을 자기가 여성과 섹스하는 것으로 원래의 모양으로 복귀시켜 혈대 교환(피갈음)을 하지 않으면 안 된다고 하는 것입니다.

그런데 이것은 겉으로 내세울 수 없는 비밀의 원리임으로 대외적인 설교에서는 그 비유로서 이렇게 이야기 하고 있다고 말하고 있었습니다. 예수 그리스도가 십자가에 달리기 전에 하나님에게 될 수 있으면 이 잔을 피해 주셨으면 좋겠다고 기도했습니다.

원리에서는 하나님은 95%까지는 인간을 인도하여 주시지만 나머지 5%는 인간 자신이 생각해서 해결하지 않으면 안 된다. 예수님에게도 하나님은 자기가 해결하라고 말했으므로 피의 눈물을 흘리는 수고 끝에 깨달았다. "나의 원대로 마옵시고 아버지의 뜻대로 하옵소서" 하! 하! 이 원리를 재빨리 나는 깨달은 것이지요.

인간의 몸을 쓴 하나님(문선명)이 섹스의 무리를 점점 넓혀 나가는 것이 하나님의 희망을 성취하는 것이 된다. 나는 원래가 불량해서 청춘주식회사 사장을 자칭하며 여색을 탐닉하고 있었는데 나는 딱 집히는 것이 있었습니다. 이것은 죄가 아니고 좋은 일이라고 하며 학생시절에 일본에서 다방의 여자들을 유혹해서 그 날 밤에 범한 경우 같은 것은 죄의식을 느낄 때도 있었는데… 그렇지만 통일교의 복귀원리는 열심히 섹스에 전념하면 전념할수록 하나님의 섭리가 성취된다는 것입니다. 그래서 나는 우선 문 교주로부터 복귀(섹스) 받은 유신희 씨에게 하나님의 거룩한 피를 나누어 받기로 한 것입니다. 지금은 이미 할머니가 되어 늙었지만 당시의 유신희 씨는 대단한 미인이었고 머리가 좋은 순수한 사람이었습니다.

그녀는 문 교주가 가르쳐 준 원리를 진심으로 믿고 있었으므로 다른 남성에게 넘겨줘야 할 의무가 있다고 생각했던 것입니다. 그래서 김덕진 선생 보세요. 내가 복귀(섹스)해 드리지요… 라고 말하며 그녀 쪽에서 다가왔습니다. 물론 나도 승낙했습니다. 그리하여 나는 유신희 씨와 고맙게 섹스를 했습니다.

그녀는 남편이 있는 몸이었는데도 욕구 불만이 있었던지 몰라도 불량하고 오입쟁이로 여러 여성과 경험해 온 나의 기교에 즐거워했어요. 지금까지 한 중에 제일 좋았어요. 문 교주보다 몇 십 배나 더 좋았어요 라고 말하면서요. 복귀원리의 실천이라고는 하지만 이것은 이미 보통 남녀의 섹스 그대로여서 여자가 위라던가 아래라던가는 관계가 없습니다.

그 후에도 다른 여성과 좋을 대로 했습니다. 원리의 책을 쓴 유효원 씨 들처럼 온순하고 꼼꼼한 사람들은 문 교주 자신이 범해서 복귀시킨 누구누구와 섹스하라고 지시될 때까지 기다리고 있었지만 나로 하여금 말하게 한다면 바보들이에요. 나는 달라요. 95%는 하나님의 가르침이지만 나머지 5%는 자기가 찾아야 합니다. 문 교주와 섹스를 한 여인은 다른 남자와 혈대 교환(血代 交換)(섹스)을 해야만 한답니다. 남자는 제2의 여자와 하고, 여자는 제3의 남자와 하며, 그래서 제4의 여자에게로 릴레이 식으로 해가는 것입니다. 이렇게 해서 넓혀가는 것이 통일교 교리인 원리 아닙니까?

그렇게 함으로써 온 세계의 남·녀가 하나님의 혈통으로 사단에게 빼앗긴 전 인류 즉 사단혈통의 세계를 하나님 편으로 복귀해야 사단의 발판을 무너뜨리는 것이 하나님의 뜻이라고 문 교주가 가르치고 있어요. 그래서 나는 순풍에 돛단배처럼 유효원 협회장 같은 답답한 고지식쟁이를 비웃으면서 하나님의 뜻도 이루고 성적 만족도 느끼며 동분서주 하면서 쾌락의 나날을 보냈지요. 서울은 물론 대구에서도 부산에서도 깨끗하고 예쁜이들만을 엄선해서 15~6인과 관계했을 거예요. 서울에서 내가 5인의 여성과 섹스한 짓이 일주일 후에는 자그만치 72인의 그룹이 되었다더군요. 이것도 훌륭한 통일교 원리 실천의 성과이지요. 그런데 문 교주와 유효원 씨가 안 된다고 말했습니다. 그 이유는.

메시야 문 교주한테서 받는 섹스(복귀)는 소생, 장성, 완성의 원리로 3회 섹스하지 않으면 안 된다. 너(김덕진)는 아직 1회 밖에 하지 않은 유신희와 했으니까 무효다. 몇 백 사람에게 둘레를 넓혀도 의미가 없다.

그래서 나는 성질이 났어요. 이 새끼(문 교주에게) 그런 거짓말이 어디 있어! 라고 사단이 하와를 범했을 때 하나님은 아무 것도 하지 못했다. 사단을 이기는 데는 조건만 맞으면 되는 게 아닌가. 그런데 문 교주와 3회 하지 않으면, 여성은 복귀가 안 된다는 것은 무슨 말인가? 이 개새끼야 라고 노해서 싸움을 했어요.

그 후에 나는 대구로 가서 영신중고등학교의 음악교사를 하고 있었는데 어느 날 문 교주의 수제자였던 박정화 씨가 대구로 찾아온 것입니다. 문 교주가 대구의 미인 신도 우옥례와 나를 정식으로 결혼시켜서 무마하라고 지시하였다는 것입니다.

물론 이 여성과 문은 섹스를 한 사이입니다. 그런데 우연하게도 어느 곳에서 이석빈(형무소에서 같이 복역함)과 공교롭게 만났습니다. 형무소에서 나에게 문 교주 앞으로 보내는 편지를 부탁했던 그 사람입니다. 이석빈은 출옥한 후로 자기의 죄를 깨닫고 지금은 대구 시내의 작은 교회의 전도사를 하고 있다고 합니다. 그리고 이 기회에 당신도 자기와 같이 일반 여성과 재혼해서 하나님 앞에 용서를 받아 그리스도의 복음을 전파하는 전도자가 되는 것이 어떻겠는가? 하였으며 박정화 씨도 협조해 주었으므로 이석빈이 근무하는 교회의 장로의 장녀 강혜환 집사와 나는 재혼했습니다.

가난했던 내가 결혼식에서 입을 옷이 없어서 박정화 씨 한테서 옷을 빌려 입고 결혼식을 했습니다. 그로부터 오늘까지 하나님의 용서와 은혜로 나는 대단히 행복하고 75세 때에 귀여운 손자까지 하나님의 축복으로 받았습니다. 재혼해서 2년째 되던 해에 우리들 부부는 대구에서 서울로 이사해서 나는 성동고등학교의 음악교사가 되었고 밤에는 신학교 생도로서 공부를 했습니다.

그 무렵 친구인 김경래 씨(한국기독교총연합회 직전 사무국장, 1992년경, 현재 생존해 있음)가 신문기자로서 「통일교의 정체」라고 하는 기사를 크게 쓴 것입니다. 그 신문기사를 읽었다던 어떤 부인이 나를 찾아왔는데 정말 깜짝 놀랬습니다. 그 부인은 바로 문 교주의 본처였던 최선길 씨였습니다. 최 여사는 문 교주의 인격이나 통일교의 성의 난맥을 알고는 어처구니가 없어서 이혼하고 가련하게도 과부가 되고 말았습니다. 그 때 최 여사는 나에게 이런 이야기를 했습니다.

김 선생님, 이 기회에 문선명이란 남자가 재림주가 아니라는 것은 물론 사람도 아닌 무서운 독사같은 자식이라는 것을 온 세계에 알립시다. 문 교주는 호색가로서 성욕이 왕성해 내가 문과 결혼해서 자식(문성진)을 낳기까지 부부관계를 매일 밤 수회 이상 해도 기운이 펄펄 났습니다. 이것은 그가 뱀처럼 이상하게 정력이 강하기 때문입니다. 나도 전적으로 동감했습니다.

통일교는 종교가 아닙니다.
음란한 섹스교일 뿐입니다.

문 교주와 싸움을 하고 대구로 옮길 때까지 나는 박정화 씨가 있던 광산으로 쫓겨간 일이 있었습니다. 1년 반 정도 있다가 서울로 돌아오고 나서부터 친구들이 빌려준 방에서 남자 6인, 여자 3인이 즐겁게 복귀(섹스)게임을 한 일이 있습니다. 통일교의 원리를 실천한 것뿐이지만 거기에는 종교다운 것은 하나도 없었습니다.

나는 깨달았습니다. 문 교주의 섹스 원리는 잘못된 것이라는 것을, 그는 이 원리를 내세워서 어머니와 그의 딸 형제를 범하고 끝의 딸에게는 아이까지 낳게 했습니다(현: 기독교 최○○ 장로 가정). 극악무도한 행위란 바로 이런 것이 아니겠습니까? 이번에야 말로 문 교주와 통일교가 하나님의 제재를 받을 때가 왔습니다. 그리고 많은 희생자들에게 그 죄를 보상하지 않으면 안 됩니다. 나 자신도 불량 청년시대에 죄를 짓고 통일교에 들어와서는 원리를 미끼로 제멋대로 음행을 자행한 죄는 몇 천만 번 엄벌을 받는다 해도 할 수 없는 일입니다.

하나님께 마음속으로부터 통회하며 열심히 경찰 목사로서의 사명과 고아들을 위해서 전력을 다해 하나님의 선한 사업에 봉사하고 헌신하는 나날을 보내고 있습니다(제3장은 「야록 통일교회사」 1996년 3월 1일, 큰샘출판 이대복, 박정화 저, 일어판 「6마리아의 비극」 1993년 11월 4일, 박우출판사, 박정화 저, 참조).

제10장

문 교주 前 며느리 홍난숙
탈출 수기로 본 문 가의 잔악상

미리보기

10 문 교주 前 며느리 홍난숙 탈출 수기로 본 문가의 잔악상

제1절 박해와 굶주림과 신앙
제2절 문 교주의 딸과 오빠의 결혼
제3절 15세의 새 신부
제4절 「이스트 가든」에서 목도한 것
제5절 고통스러운 진통 끝에
제6절 문 교주의 투옥 후 새로운 황제 황후로 즉위
제7절 일본에서 한학자 수행
제8절 탈퇴를 결심했을 때
제9절 새로운 인생으로의 여행

제10장 문 교주 前 며느리 홍난숙 탈출 수기로 본 문가의 잔악성

제1절 박해와 굶주림과 신앙

다음은 문 교주 前 며느리 홍난숙의 탈출수기이다. 오래 전, 내가 좁고 긴 복도 구석에 위치한 한 방에 있었던 기억이 난다. 창문이 있었던 것도 같은데 내 마음의 눈에는 보이지 않는다. 가구가 있었던 것도 같으나 그것이 추억의 그림에는 잘 그려지지 않는다. 나에게는 단지 어두움에 둘러싸여 딱딱한 맨바닥에 앉은 작은 나 자신의 모습밖에 떠오르지 않는다.

나는 외톨이. 이 집은 언제나 비어 있다. 그런데 이상한 것은 무섭지 않다는 것이나. 내가 느끼고 있는 것은 완전히 체념에 가까운 것, 겨우 아장걸음을 걸을 수 있을 때에야 비로소 그것이 분명 나 자신의 느낌이었다는 것이다. 세계 어디에서든 나의 거처는 운명지어져 있었던지 인생에 있어서의 나의 역할은 인내뿐이었다. 누구를 기다리고 있는지도 모른다. 학교에서 돌아와 주는 오빠인지, 통일교로부터 오는 아이 보기, 하지만 긴 복도를 이쪽으로 걸어오는 모습을 보면 기대지도 않는 그 상대가 누구인지를 안다.

나의 어머니는 내 어린 시절, 거의 집을 비우고 있었다. 나는 유아 시절을 거의 엄마를 찾으면서 살았었다. 엄마를 찾는 마음은 나의 깊은 곳에 있었다. 분명한 형태로 기억하고 있지는 않다. 그것은 나의 마음의 희미한 중심부에 육체적인 아픔과 함께 느껴진다. 아버지와 마찬가지로 엄마는 새로운 종교적 회심에 대한 열정로 채워져 있었다. 문 교주의 초기 제자로서 내 양친은 재림주가 찾아온 것을 세계에 전파하여 초창기 통일교를 위하여 새로운 보다 열광적인 회원을 권유(전도)하는 것이 자기들의 사명이라고 생각하고 있었다.

우리들의 존재 그 자체가 그 사명의 하나의 표현이었지만, 아이들은 그것에 장애물 같은 복잡한 대상이었다. 문 교주는 최초의 36가정에게 "신의 참 가정"의 탄탄한 기반이 되게 하기 위하여 많은 아이를 갖도록 명하고 있었다. 동시에 그들이 온 한국에, 그리고 장차는 전 세계로 여행하여 그의 대리자로서 설교하고 증언해 주기를 기대하고 있었다. 문 교주는 그 신도들에게 그들이 그의 시중을 들면 신이 그들의 아이들에게 은혜를 베푸시리라고 가르쳤다. 문 교주는 사명이 시급하다고 재촉했다. 그것이 모친과 아이들과의 거리를 소원하게 하였다.

우리들을 이 세상에 있게 한 것은 양친의 종교적인 의무였다. 그래서 극히 어렸을 때부터 나는 그들이 우선적으로 책임을 다하는 것이 우리들에 대해서가 아니고 문 교주에 대해서라는 것을 알고 있었다. 양친이 우리를 먹이고 옷을 입히고 잠을 재워주고 우리를 사랑하고 있는 것도 알고 있었다. 그러나 아이들이 갈망하는 단 하나 양친과의 시간과 관심을 받는 것에 대하여 양친은 우리에게 배려해 주지 못했다.

유길자와 홍성표의 사이에 결혼 후 12년 만에 태어난 일곱 명의 아이들 중의 나는 서울에 있는 외조모 댁의 작은 집, 작은 방에서 태어났다. 조모는 조모 본인이나 대부분의 한국인이 생각하고 있는 것에 딸이 임신한 것을 결코 용서치 않았다. 그러나 나의 엄마를 쫓아낸 적은 한 번도 없었다.

통일교 자체로는 제자들에게 분배할 돈이 없는데, 문 교주는 제자들에게 열정만을 불어넣어 세계 여러 나라에 보내졌다. 그들의 영향을 최대로 하기 위하여 문 교주는 제자들에게 따로 따로 흩어져서 증언(전도)하도록 명령했다. 나의 아버지와 어머니는 흩어져서 한국의 소도시로, 또 다른 작은 마을로 떠났다.

우리들의 시중은 조모랑 아줌마들 혹은 우리가 형제, 자매로 부르고 있던 여성들에게 위탁되었다. 형제, 자매란 미혼 통일교 회원으로서 기혼한 제자 아이를 돌봐줌으로 문 교주를 위해 봉사해야 한다. 자신들의 아기를 타인, 때로는 전혀 알지도 못하는 이에게 일임하는 등 내 양친에게 어떻게 그런 흉내를 낼 수 있었는지 나 자신이 모친이 되고 나니 그것은 더더욱 이해가 되지 않는 일이다. 어떻게 이것이 완벽한 가족의 모범이 될 수 있을 것인가? 분명히 나와 내 형제, 자매가 일부 아이들 보다 행운아였다는 것은 알고 있다. 문 교주 제자 중에서는 포교를 하기 위하여 아들 딸을 고아원에 두고 가는 자도 있었다. 소수의 사람들은 두 번 다시 아이들이 있는 곳으로 되돌아가지 못했다.

문 교주는 아이들을 키우는 이상적 환경에 대하여 이렇게 말하고 있었다. 우리는 신자들 자녀를 위하여 기숙사를 고려하고 싶다. 거기에서는 수 명의 책임자가 적어도 수년간 그들을 키우고 교육한다. 이어서 당신들은 속박 없이 필요한 증언을 할 수 있으리라. 우리는 우리 그룹 중에 이와 같은 기숙사와 학교를 지휘할 자격과 의욕이 있는 사람을 가지고 있다. 이것은 장차 우리들에게 이와 같은 기숙사와 아이들을 유익하고 양친에게 유익하고 그리고 우리 운동에 대단히 도움이 될 것이다.

누구나 개인으로서는 하늘의 왕국에는 들어갈 수 없다. 가족으로서 만이 들어갈 수 있다.

문 교주는 내 양친도 포함한 초기의 제자들에게 이와 같은 학교를 위하여 우리에게 자금 원조를 할 만큼 부유한 사람들을 발견해 오도록 촉구했다. 나에게 있어서 엄마와 헤어져 있는 것은 쓰라렸지만 엄마에게도 인생이 즐거울 수가 없었다. 여행을 한다는 것은 큰일이었다. 엄마는 기차표를 사기 위하여 돈을 얻어야 했고, 빌리거나 마른 풀을 나르는 마차에 빌려 타기도 하여 전원에 메시아의 증거를 전하기 위해서 필요한 것은 뭐든지 했다. 어머니가 받는 보수는 종종 청중으로부터 오는 것이었다. 초기 통일교인들은 바보 취급을 당하고 돌이 날아오고, 침 뱉고 놀리고 하여 귀를 기울여주는 일은 좀처럼 없었다.

어머니는 열심히 기도함으로써 자기의 영혼과 끊이지 않는 공격과 싸워야 했다. 기도가 어머니의 혼을 충만시켜 주지만 배를 채워주지는 않았다. 엄마의 배는 종종 굶주림과 아기 때문에 부풀려져 있었다. 그녀의 임신한 모습을 보고 측은하게 생각한 시골 아낙네들의 자비심으로 살아갔다. 그것은 지금 나에게 경이로움으로 남아 있다. 어머니의 하루는 길고 같은 일을 반복했는데 낮에는 길거리에서 포교하고 밤에는 거의 텅빈 집회장에서 강의했다. 처녀 때는 내성적이었으나 이 같은 세월을 지나면서 강력한 연설자가 되었다. 스포트 라이트 (spot light)를 즐겁게 받을 만큼은 결코 아니었지만 때에 따라 공포심을 극복하고 말할 때는 사람을 끌어들이는 힘도 있었다.

결혼 초기 양친이 고통받는 것은 빈궁과 본의 아닌 이별이었다.

내가 아직 모유를 먹고 있을 무렵, 내 가족이 서울에서 작은 방에 세를 살고 있을 때 겪은 일이다. 갑자기 군인들이 들이 닥쳤다. 군인들은 아버지를 집에서 나가라고 하며 겁을 먹고 지켜보는 어머니 눈 앞에서 형무소로 연행해 갔다. 아버지 죄목은 군에 병역 등록을 하지 않은 것이었다. 한국에서는 병역은 청년의 의무이다. 나중에 아버지에게 들은 이야기로는 아버지는 의도적으로 병역을 피한 것이 아니었다. 면제하기로 보증되어 있었다는 것이었다.

그 날, 아버지를 어디로 데리고 갔는지 군인들은 어머니에게 가르쳐주지 않았기 때문에 나를 팔에 안고 두 살 박이 오빠의 손을 끌면서 아버지를 찾기까지 서울의 형무소란 형무소, 경찰서란 경찰서를 두루 헤매고 다녔다. 어머니 생각으로는 문 교주한테로 도움을 받을 생각은 추호도 하지 않았다. 비록 아무리 긴급한 일이라도 그녀의 개인적인 일로 소란을 피우기에는 문 교주는 너무나도 중요한 인물이었다. 아버지 부재 중에 우리 세 아이를 먹여 살리기 위하여 어머니는 초인적인 분투를 했다. 그 사이 계속 나의 양친은 결코 불평을 하지 않았다. 그들은 하나님 사업을 하고 있었다. 그들은 자기들의 가난함을 고상한 것으로 생각하고 있었다. 통일교 초창기에 문 교주가 견딘 고통에 비하면 자신들의 가난 같은 것은 새 발의 피라고 받아들였다. 투옥, 하나님이 없다는 공산주의자 손에 의한 박해, 남쪽으로의 긴 피난 도보여행. 그러나 문 교주는 잘 살았다. 특히 제자들과 비교하면 분명히 잘 살고 있었다.

문 일가는 서울특별시 고급지구의 하나였던 통일교 본부의 새로 지은 큰 집의 여러 방을 쓰고 있었다. 그들은 그 신자들의 노동의 대가로 지탱되고 있었다. 신자들은 문 교주와 그 가족 식사 시중을 들고 아이들을 보살피고 집을 청소하고 세탁을 했다.

나의 어린 시절은 거의 우리가 문 타운이라고 알고 있던 서울의 슬라브 집에 한 방을 빌려 살고 있었다. 문 타운이라고 하는 이름은 문 교주와 통일교와도 관계가 없었다. 그것은 좁고 구불구불 비틀어진 길가에 밀집한 작은, 그리고 낡아 빠진 집의 문간방이어서 집은 어느 것이나 마찬가지, 평옥으로, 난 방은 연탄난로였다. 어느 집 지붕이나 덧입힌 기와집으로서 문이 있는 돌담으로 쌓여 있었고, 이 지역을 어른거리는 도둑을 막기 위해 담벽 위에는 깨진 유리 조각 파편이 종종 박혀 있었다.

우리는 문 타운에서 다른 곳으로 여기저기 너무나도 집을 옮겨 다녔기 때문에 나의 기억으로 잘 생각은 나지 않지만 작은 집 한 채가 생각난다. 그 집에서 오빠와 나는 소꿉장난을 하면서 어린 여동생 충숙에게 자갈밥을 먹였다. 충숙은 통일교의 형제, 자매가 우리를 말릴 때까지 그것을 핥고 있었다. 또 다른 한 채도 생각난다. 우리는 긴 복도의 양쪽에 방 둘을 빌리고 있었다. 한 형제, 자매가 한쪽 방에서 우리들과 함께 살고 양친은 자기들만으로 좁은 방 하나를 쓰고 있었다. 어느 날 집 주인 부부가 우리 양친이 석탄을 훔쳤다고 비난을 한다. 우리 양친이 의심받는 것을 신경질적으로 대항하는 형제, 자매가 격하게 항의하자 집주인들은 우리 전원을 곧 거리로 내쫓았다. 가장 잘 기억나는 방은 나에게 있어서 가장 중요한 추억이 된 무대가 되었던 장소이다. 그것은 넓은 방이어서 작은 박스를 가운데 두고 둘로 나누어져 있었다. 엄마가 다섯째 아이를 가졌을 때였다. 아줌마 한 사람이 도와주려고 와 있었다. 나이가 위인 네 명의 아이는 박스 한 쪽에서 아줌마와 함께 거처했고 양친은 반대 쪽에 자리를 깔고 새 아기와 함께 잤다.

우린 방 어두운 쪽에 있었다. 나는 양친의 곁. 밝은 방에서 맑은 빛 속에서 자고 싶었다. 어느 날 밤, 나는 양친의 곁에서 자는 척을 했다. 그들이 나를 거기에 그냥 두어 하룻밤 그들 곁에 누워 푹신하게 자게 해 주었으면 하고 기도했다. 그러나 그렇게는 되지 않았다. 아버지는 나를 안아 방 어두운 쪽으로 옮겨 놓았다. 이것은 내가 기억하는 한 아빠와 가졌던 단 한 번의 육체적 접촉이었다. 아빠가 나를 가볍게 아주 가볍게 안아 올린 느낌. 볼에 닿는 셔츠의 부드러운 감촉을 지금도 나는 느낄 수가 있다. 아빠에게 안겼다는 것으로 무엇보다 행복했었기 때문에 아빠 엄마와 이렇게 떨어져서 빛으로부터 이렇게 떨어져서 자야 하는 슬픔은 조금은 사라진 것 같았다.

아빠에게 몸과 몸으로 접했던 순간의 느낌이 이처럼 생생하게 생각나는 것은 이 같은 순간이 좀처럼 없었던 때문이라고 생각된다. 우리는 정신적으로 멀어지는 느낌의 반복과 청빈의 생활을 보내고 있었다. 몸의 부딪힘이 있다고 하면 그것은 가난한 자들끼리의 대응책 없는 접촉이었다. 좋아도 싫어도 불가피한 그런 것이다.

문 타운에는 옥내에 배관 설비가 없었다. 우리는 집 안에 있는 공동 수도에서 세면을 하고 이를 닦았다. 여러 사람이 사용하는 탓에 악취가 진동하는 재래식 화장실에서 볼일을 봐야 했다. 화장실의 화장실 청소하는 트럭이 문 타운을 돌고 있었는데 그 횟수는 충분하지 않았다. 나는 화장실에 가는 것을 될 수 있는 대로 참았다. 정 참을 수 없게 됐을 때 옥의 화장실의 문을 밀면서 숨을 죽였다. 찬 얼음이 어느 한 겨울 동안에도 인간 오물의 악취는 보통이 아니었다. 여름에는 그 부근 전체에 파리가 우글거렸다. 쫓기 위해서 코를 잡고 있던 손가락을 데면 욱 하고 토기가 난다. 나는 악취를 피하여 화장실을 뛰어 나와야 했다.

주 1회 가족 전원이 몸을 청결케 하기 위해 함께 공중 목욕탕에 갔다. 한 사람 한 사람이 비누, 샴푸, 타올, 갈아입을 옷을 담은 철제 양동이를 갖고 간다. 우리는 동전을 지불하고 남자 아이는 저쪽, 여자 아이는 반대 쪽으로 들어갔다. 내부에는 넓은 방이 둘 있었다. 각각 김을 뿜어내는 거대한 온탕물이 있었다. 지금도 약 10명의 여자와 소녀가 한 줄로 서서 탕 속에서 붉은색으로 변해가는 것을 눈에 떠올릴

수가 있다. 때밀이로 고용되어 적은 요금으로 다소 돈 있는 이웃의 등을 밀어주는 여자들도 있었고, 우리는 공중 목욕탕에서 때를 흘려보내고 육체적으로 경쾌해져서 다음 1주일을 보낸다.

우리는 자라나는 아이로서 사물을 경제적으로 생각하는 감각은 없다. 우리는 자신들이 특히 가난하고 궁핍하다고는 생각지 않았다. 어쨌든 우리는 우리의 주변 이웃들과 별로 다른 것이 없었다. 계단에서 종이 인형을 갖고 놀았고, 발차기를 했다. 혼잡한 거리에서 더 혼잡한 교실에서 서로 잡고 잡히며 달리기를 했다. 그리고 우리보다 유복한 아이들과 같이 싸움도 하고 웃기도 했다.

우리를 떼어 놓았던 것은 돈이 아니고 신앙이었다. 나는 처음부터 그것을 알고 있었다. 즉 우리들의 종교가 우리들의 가족을 인질로 한 것은 통일교의 교리라는 것이었다. 장로파 교인들이나 불교도라는 것과는 달랐다. 나는 나의 종교에 대하여 교회 친구들과는 밖에서는 이야기 하지 않았다. 다른 사람들이 우리들의 종교는 기묘하고 위험하다고 하는 것까지 알고 있었다. 어린 나는 나 자신의 종교가 타인의 주의를 끌지 않았던 것을 만족히 여겼다. 특히 그것을 부끄럽게 생각한다던가 자랑스럽게 생각한 적은 없었다. 예외였던 것은 크리스마스일 것이다. 크리스마스에는 우리 가족도 통일교 밖의 친구들의 가족과 같았으면 좋겠는데 하고 생각했다.

문 타운의 생활을 지배하고 있던 빈곤함 때문에 이 지구엔 크리스마스 트리와 정성이 담긴 크리스마스 예수님 탄생 축하는 이상한 것이었다. 그렇지만 서울에서는 산타클로스는 가난한 자에게도 찾아온다. 그러나 우리 셋집에는 결코 오지 않았다. 헤매다 크리스마스 이브가 되면 나는 마음속으로 금년에는 산타크로스가 다른 친구 모두에게 오듯이 나의 머리맡에도 작은 장난감을 놓고 가는 해라고 믿고 침상에 잠이 들곤 했다. 해마다 크리스마스 아침이 되면 금년도 또 산타는 나와 나의 형제, 자매가 있다는 것은 생각지 못하고 있다고 생각하며 쓴 눈물을 삼키곤 했다.

이것은 나의 양친이 냉혹해서 그런 것은 아니었다. 지금에 와서 생각해보면 엄마는 통일교 발전을 위해서 너무도 바쁘게 생활을 했다. 머리와 마음이 문 교주를 위한 사명에 집중되어 있었기 때문에 아이들에게 크리스마스 선물을 준다고 하는 것은 생각할 겨를도 없었던 것이다. 우리는 크리스마스를 예수의 가르침을 따라 그를 의탁하는 말이라고 존중히 여겼다. 예수가 신이 그에게 의도했던 사명을 완수하지 못했다고 듣고 있었어도 나는 그의 탄생 기록에 대한 수많은 의문점들을 확인하고 싶은 충동을 느꼈다. 문 교주에 의하면, 어른에게 있어서 최선의 길은 그 날을 통일교를 위하여 전도하면서 지내는 일이라고 했다.

산타클로스를 우리들의 방에 오시게는 못했지만 우리는 오락을 발견하고 그것을 즐겼다. 오빠는 문 타운을 돌아다니며 창문 곁에 비밀을 고하는 푸른빛을 찾았다. 그 푸른빛이란 TV를 갖는 소수의 집이 있다는 것을 표하는 것이었다. 그는 문에 자물쇠를 걸고 있지 않기를 바라고 그런 집을 발견하면 그 집 TV 주위에 모여 있는 방에 살금살금 들어갔다. 때로는 주인이 누군가 알지도 못하는 인간이 들어와 있는 것을 알아차리고도 그를 거기에서 쫓아내지만 않으면 한 개의 프로그램을 다 볼 수가 있었다.

나는 오빠의 대담함에 놀라면서 동시에 칭찬도 했다. 그런 뻔뻔스러운 일을 나는 상상조차 못했다. 아마 어렸을 때 언제나 혼자 있었기 때문에 나는 내 친척이라도 남과 같이 있으면 안절부절 하곤 했다. 오빠가 여섯 살일 때 우리는 200마일 떨어진 제2도시 부산에 보내졌다.

외갓집 아주머니 부처가 있는 곳으로 가서 살았다. 양친은 늘어나는 가족에게 식사와 집마저도 제공할 수 없었던 것이다. 아줌마 부부는 아이가 없었다. 둘이는 작은 약국을 경영하고 방이 하나 뿐인 2층 방에서 살고 있었다.

그들은 우리에게 친절했지만 오빠도, 나도 집이 그리웠다. 가게 뒤에 방이 있었는데 우리는 삼촌 부부가 일하고 있는 동안 거기에서 둘이서만 놀았다. 나는 지금도 오빠가 학교에서 돌아와 거기서 나와 함께 지내게 되는 순간의 행복했던 기쁨을 기억하고 있다. 우리는 약간의 맛있는 음식, 특히 박카스라는 건강음료를 상점에서 몰래 꺼내어 뒷방에서 비밀리에 맛보았다. 그런 속임수를 나 혼자서 할 수 있는 배짱은 아마 없었으리라. 여동생인 충숙도 마찬가지, 서울에 사는 외갓집 조부모 댁에 맡겨졌다. 침실이 둘이 있는 집에는 엄마의 오빠 부처가 함께 살고 있었는데 그들에게도 아이가 없었다. 숙모는 여동생을 귀여워했으므로 조카라기보다는 딸같이 취급했다.

그 후에 엄마가 고백하기로는 엄마는 우리 모두를 그렇게 오랫동안 남에게 맡기는 것이 슬퍼서 문 교주를 섬기면서 가족이 함께 살 수 있는 방법을 찾았으면 좋겠는데…? 하고 생각을 많이 했었노라고 했다. 그러나 당시 엄마가 우선으로 했던 것은 문 교주를 위한 일이었다. 우리들이 아니었다. 양친이 문 교주와 통일교의 이름으로 아이들을 희생시키면서까지 활동한 사실에 대하여 후회 막심이라든지, 깊이 뉘우친다든지 하는 일은 없었을 것이다.

부산에서 돌아오니 어머니는 곧 나를 공립학교에 넣었다. 나는 아직 다섯 살이어서 동급생 중에 가장 어린 나이였다. 오랫동안 외톨이로만 지내온 뒤인 지라 아이들로 가득 찬 소란스러운 학교의 광경은 나에게는 공포감으로 밀려왔다. 매일 아침 나는 등교를 거부했다. 이

전략은 물론 무모하게 끝났고 나는 선생님 손에 잡혀 교실로 끌려 들어가는 동안 나는 도리어 아이들의 주목만 받고 움츠러들고 말았다.

초등학교에서는 어느 교실에나 80명이나 되는 아이들로 꽉차있었다. 나는 많은 아이들 속에 푹 파묻혀서 기본적인 요구조차도 전할 수 없을 정도로 숙기가 없어 비참했었다. 내 책상 밑에 쉬를 해 놓은 바람에 동급생들로부터 잔혹한 웃음거리가 되었던 것을 지금도 떠올린다. 나는 너무나 겁먹고 있었으므로 화장실에 가야겠다는 말을 선생님께 하지 못하였던 것이다.

통일교에 있는 쪽이 오히려 마음이 놓였다. 통일교는 처음부터 우리 생활의 중심이었다. 자기 전에 듣는 옛날 이야기는 문 교주의 전기에 대한 신앙적인 이야기들이었다. 우리는 그의 전기를 나 자신의 성장이야기보다 잘 알고 있었다. 문 교주와 참 가정의 사진을 장식하는 것은 방을 새로 옮길 때마다 제일 먼저 하는 의식이었다. 방에는 또 제단도 있었다. 중앙에는 참 부모님(문 교주)의 사진이 있고 그곳은 꽃과 양초로 둘러싸여 있었다. 양초는 문 교주의 축복을 받은 것으로서 사탄의 힘을 약화시킨다고 믿게 되었다.

일요일은 통일교에서도 예배일이다. 더더욱 우리들의 하루는 정통 기독교 제자의 하루보다도 일찍 시작되어 오래 계속된다. 우리는 새벽에 일어나서 예배의식 준비를 한다. 예배의식은 오전 5시에 시작되고 아주 어린 아이도 갓난아기도 출석해야 되는 것으로 되어 있다. 아, 아! 그 어렸을 때, 그렇게 일찍 일어나는 것이 얼마나 싫었던지! 서원은 매달 초하루와 통일교의 축일에도 암송되었다. 우리는 겨우 눈을 뜬 채, 제단 앞에 모인다. 우선 절을 세 번, 신과 참 아버님, 참 어머님(문 교주 부부)에게 절을 하고 그리고 나서 나의 맹세라고 하는 말씀을 암송한다. 나는 일곱 살이 되기까지 그 한 마디 한 마디를 암송했다.

　예배를 드린 후, 양친은 아침 6시부터 통일교 본부에서 행해지는 문 교주의 설교를 듣기 때문에 우리를 내버려 두고 나갔었다. 문 교주는 때로는 몇 시간이나 계속 이야기했는데 그것은 수 시간 동안 진행되는 적도 있었는데, 결코 이상한 일이 아니었다. 집회모임 장소 중앙에 앉은 어른들에게 있어서 일요일은 괴로움과 힘든 일이었다.

　나는 아주 작은 어린아이 때부터 주일학교에 다니기 시작했다. 문 타운에서부터 스스로 다니는 데는 시간이 걸렸다. 몇 번이나 버스를 갈아타지 않으면 안 되었다. 엄마는 오빠의 한 손에 버스 요금과 헌금을 위하여 돈을 얹어준다. 다른 한 쪽 손에 나의 손을 잡게 하였다. 나는 빨간 무명 모자를 쓰고 끈을 턱밑에 묶는다. 기억 속의 나는 손을 잡고 통로를 내려가면서 언제나 상냥한 오빠의 얼굴을 올려다보곤 했다. 나는 언제나 오빠를 올려다보고 있었다. 소년인 그는 나이보다 현명했다.

　나에게는 그 이상 친절함은 다시 없을 정도였다. 학교놀이에서는 오빠가 선생이고 나와 동생들이 생도였다. 충숙이가 질문에 답하지 못하면 오빠는 동생을 도와주었다. 나는 쇠 소리를 내면서 오빠는 불공평해. 충숙은 얌체야. 오빠는 충숙을 편애하고 있어라고 소리질렀다. 그런 나를 생각해 보면 부끄러워진다. 오빠는 참을성이 강했다. 언니는 동생을 돕고 가르쳐줘야 한다고 설명했으나 나는 내가 잘못됐다고 인정하는 것을 결코 할 수 없었다. 그러나 나 자신이 시작한 언쟁은 언제나 오빠의 사과로 끝나곤 했다.

　그러나 오빠는 성인은 아니었다. 오빠는 장난 끼 어린 측면을 가지고 있어서 통일교에 가는 도중의 정류소 가까이에 한 시장이 있었는데 오빠와 나는 때때로 주일학교에 가는 대신 거기에 가 엄마가 준

잔돈을 가지고 먹을 것을 샀다. 집에서는 좋은 음식이 없었다. 쌀과 콩나물이 우리 주식이었다. 그래서 오빠와 함께 맛있는 떡과 물고기 스프, 익힌 야채를 배불리 먹기도 하는 일에 나는 스스로 절제하지 못했다.

한 번 이런 식으로 얌체 짓을 하고 집으로 돌아갔을 때, 엄마는 우리를 보고 그날 주일학교에서 배운 것을 설명하라고 했다. 나는 심장이 두근두근 거리는 것을 느꼈다. 내가 고백하려고 했을 때 오빠는 웃으면서 지난 주에 배운 성서 이야기를 생각해 내서 말했다. 나는 그의 설득력에 눈이 휘둥그레졌다. 그 이후 우리는 더 이상 얌체 짓을 하며 모험하는 것은 그만 하기로 하고 그 다음 주부터는 주일학교에 충실히 출석하기 시작했다.

통일교 그 자체는 부지 내에 서 있는 그 몇몇 빌딩의 하나였다. 우리들은 잘 디자인 된 경비 문을 들어가 넓은 마당을 거쳐 다른 편 건물 문 안쪽 선반에 구두를 놓는다. 나는 기다리고 있다가 이층 주거에서 내려오는 문 교주의 아이들을 보는 것을 좋아했다. 문 교주 부인이 아이들의 선두에 서서 계단을 내려온다. 전원 통일교 형제, 자매가 세탁한 고가의 옷을 입고 있었으나, 예쁘고 매력적이었다. 문 교주 부인은 너무도 곱고 아름다웠기 때문에 어린 소녀에게 조차 여왕과 같은 여성이라고 칭찬하지 않을 수 없었다. 우리들은 그녀를 어머님으로 부르고 있었다.

문 교주 부부는 최종적으로 열 네 아이를 낳았는데, 내가 어렸을 때는 아직 그렇게 많은 나이는 아니었다. 장녀는 나보다 다섯 살 연상이었다. 장남인 효진은 네 살 연상, 차녀인 인진은 나보다 1년이 채 안돼서 출생했다. 차남 홍진은 나와 같은 해에 출생했다. 셋째 은진은 그 다음해에 출생했다. 넷째 국진은 나보다 네 살 아래였다. 문 교주의 다른 아이들은 1971년 미국으로 이민 간 뒤에 출생했다.

　나는 문 교주 아이들을 동경했다. 우리들은 모두가 그러했다. 우리들은 그들의 아름다운 모친과 강한 부친이 우리의 부모였으면 하는 바램이 있었다. 우리는 문 교주의 은총을 입고자 하는 어른들이 문 교주의 자녀들은 특별히 취급해도 이상하게 여기지 말도록 교육 받았다. 매주 일요학교에서는 헌금을 가장 많이 하는 반이 상을 받게 되어 있었다. 그래서 우리는 문 교주의 자녀들 중 하나를 자기 반에 합류시키기 위해 획책을 했다. 문 교주의 아이들이 하나 있으면 분명한 플러스가 되었다. 나머지 우리는 너무 가난했었다. 그렇지만 문 교주의 아이들은 매주 헌금 접시에 돈을 넣기 위해 손이 잘려 나갈 만큼이나 빳빳한 돈을 손에 쥐고 주일학교에 오곤 하였다.

　이 같은 현찰은 나에게 언제까지나 지워지지 않는 인상을 남겼다. 나는 어렸을 때 반짝 반짝하는 동전을 모으곤 했었다. 그것들 중 나는 가장 반짝거리는 것 하나만을 골라 그것을 다시 닦아 나의 특별한 헌금으로 하여 일요일 예배에 갖고 갔다. 나는 많이 갖고 있지는 못했다. 그렇지만 자신의 가장 좋은 것을 신과 문 교주에게 바쳤다. 나는 나 자신의 아이를 가졌을 때, 이 어린 시절의 습관을 계속하여, 지갑 속에서 가장 깨끗하고 새로운 지폐를 찾아서 아이들로 하여금 바치도록 했다.

　주일학교에서 우리는 원리강론과 문 교주의 계시에 대해서만 배운 것이 아니었다. 우리는 정통 그리스도 교파의 아이들이 배우는 것과 흡사한 이야기와 우화를 들었다. 그러나 우리의 이야기의 중심적인 등장 인물은 예수 그리스도가 아니고 문 교주였다. 우리는 우리의 종교를 확립하기 위한 그의 영적투쟁에 관한 이야기들과 반대자들의 손에 의한 그의 고통과 박해에 대한 이야기를 들었다. 그리고 타락한 인간의 죄를 그의 강한 어깨에 짊어진 역사적 인물이라고 배웠다.

그렇기 때문에 우리들은 문 교주 이상으로 신성하고 용감한 지도자를 상상할 수가 없었다. 우리들은 문 교주의 자녀들을 참 자녀님이라고 부르며 경외하고 칭송했다. 그리고 문 교주의 아이들의 이름과 업적을 모두 외웠다. 그들에게 이야기 할 때는 존칭의 님을 이름에 붙인다. 그것은 바로 그들이 탁월하다는 표현이었다. 우리들은 그들에게 엎드려 대령이라도 해야 할 정도였다.

최고참 세 사람의 축복자녀(합동결혼식에서 결혼한 통일교 교인자녀)들은 그들만으로 하나의 계층을 이루어 계속해서 우리 같은 33가정의 아이가 되었다. 우리들의 양친은 전원, 자기 아이들을 문 교주의 차세대 사위나 며느리 후보로서 앞에 내세우려고 격렬하게 경쟁한다. 통일교 내에서의 입지는 문 교주 부부와의 관계와 직접 결부되어 있었다. 친분이 있는 가족이면 서클의 지위를 확보하는 데 유리 했다.

축복받지 않은 양친의 아이들에게 있어서 통일교는 잔학한 장소가 아닐 수 없었다. 오빠는 어느 일요사건을 눈물을 글썽거리며 말했다. 축복받지 아니한 가정의 한 소년이 자기 버스표를 헌금 주머니에 넣었는데 무정한 어른이 그것을 거부하여 소년을 꾸짖었다는 것이었다. 오빠는 가슴속에서 끌어 오르는 분노를 느꼈다. 이 버스표는 소년에게 있어서는 무엇보다 가치 있는 것이었기 때문이다.

어린 시절, 우리가 문 교주와 만나는 것은 거의 없었다. 우리가 그의 모습을 볼 수 있는 것은 일요일과 통일교 경축일 뿐이었다. 통일교에서의 경축일은 자주 있었다. 참 부모의 날, 참 자녀의 날, 참 만물의 날, 참 신의 날, 참 부모님 성탄일 등이다.

참 부모님 날은 문선명과 한학자의 결혼을 기념한다. 그들은 완벽한 부부이고, 우리는 그들이 에덴동산을 회복하고 지상천국을 확립하기 위한 기초를 창조했다고 믿고 있었다.

　10월 1일. '참 자녀의 날'은 신의 자녀로서의 참 부모님과 우리들과의 관계를 기념한다. 5월 1일. '참 만물의 날'은 피조물에 대한 인간의 지배를 상징한다. 1월 1일. '참 하나님의 날'은 당년 최초의 날로 우리들은 새롭게 몸가짐을 하고 문 교주의 사명에 스스로를 바친다. 통일교의 제사 때에는 음악과 식사가 언제나 구심점 역할을 한다. 아이들이 어른들을 즐겁게 하는 것으로 되어 있다. 어른들은 문 교주 부부의 앞에 놓인 공물대 위에 과일과 음식들을 벌여 놓는다. 나는 문 교주 앞에 뽑혀 나가 노래 부르게 되는 것을 너무도 두려워했다. 4학년 때 두 축복의 자녀로, 내 여자 친구와 함께 뽑혀서 문 교주 부부를 위하여 전 회중 앞에서 노래하게 되었다. 우리들은 겁을 먹고 있었다. 어린 아이에게 있어서 하나님께서 친히 지상에 보내오신 분이라고 믿는 남자 앞에서 침착한 마음과 자세를 갖는 것은 어려운 일이었다.

　같은 해에 양친은 나를 사립학교에 보냈다. 그 때까지 우리 가족은 집을 빌리도록 되어 있었으나 금전적으로 조금도 안정되어 있지 않았다. 한국에서 교육은 부모의 제1의 관심사이다. 내 부모는 일곱 명의 아이들에게 가능한 최고의 교육을 받게 하기 위하여서는 기본적인 의·식·주 생활의 즐거움같은 것은 아무래도 좋았다. 우리는 가정에서 휴가를 지낸 일은 별로 없었지만, 나는 날마다 피아노 레슨을 다녔다.

　그런데 그들이 교육에 대한 관심은 지대했다 하더라도 학교나 학원의 수업료를 정해진 기간까지 내는 일은 드물었다. 어느 날 오후, 선생님은 우리 몇몇 학생에게 방과 후 남으라고 말했다. 수업료 지불 기간이 지났기 때문에 선생님은 우리들의 집을 하나하나 찾아 나설 모양이었다. 나는 선생님과 동급생에게 내가 살고 있는 초라한 집을 보이게 되는 것이 부끄러워서 집에 가는 대신 아버지 사무실로 모시고 갔다.

문 교주에게 있어서 산업은 기초이고, 신의 왕국은 그 위에 세워져야 한다고 가르치고 있다. 현재 그는 식품가공 수산업, 제조업, 컴퓨터, 제조업, 조선, 전자 공학을 포함하는 비wm니스 제국을 지배하고 있다. 일화(一和)는 그 제국의 최초의 기초가 되었다.

일화는 한국의 4개소의 근대적인 공장에서 40종 이상의 약품 류를 생산하고 있는 제약회사이다. 탄산이 든, 미네랄워터와 대중적인 소프트 드링크의 보토링을 기억하고 10여 종의 한국 인삼제품을 시장에 판매한다. 내 아버지는 이렇게 무에서 유를 만들어 냈다.

내가 교사와 동급생을 아버지의 사무실에 데리고 갔을 즈음에는 아버지는 대성공한 회사 사장이 되어 있었다. 나는 그들이 강한 인상을 받은 것을 알고 아버지의 성공에 감사를 했다.

아버지는 문 교주의 초기의 많은 신도들보다 현명했다. 그는 자기를 통일교에 종속시켰지만, 교육을 마치기도 했다. 10년 간에 걸친 가두에서의 증언과 통일교의 선교를 하는 동안 약학의 학위를 사용하는 일은 없었다. 그러나 1971년 문 교주는 아버지에게 500달러를 건네주면서 통일교는 고려인삼 제품을 개발하고, 생산하지 않으면 안 된다고 말했다. 문 교주는 통일교가 영향을 넓히고 있었던 일본에서의 고려인삼의 인기를 듣게 되었다. 일본인 회원 한 사람이 한국에도 수요가 되리라고 조언하여 결과적으로 그것은 성공을 거두게 되었다.

아버지는 이 다년초의 약초를 실제로 본 적은 없었지만 몇 세기에 걸쳐서 동양 사람들로부터 특별한 치료 효과 회복력을 가진다고 말해왔던 것을 알고는 있었다. 고려인삼은 노화를 저지하고 정력을 강화시키고, 활력을 넘치게 한다고 믿어졌다.

아버지는 본바닥의 시장에 가서 이 소문의 약초를 구별하는 것으로부터 시작하여 한국에서 가장 이익을 올릴 수 있는 제약회사를 만들어냈다. 계속해서 10여 년간 아버지가 일화를 차, 캅셀, 엑기스, 음료를 포함하는 한국 고려인삼제품 전문의 거대한 회사로 격상시키는 일을 하고 있을 때 나는 아빠의 얼굴을 거의 본 적이 없었다. 아침에 내가 눈을 떠보면, 아빠는 이미 출근했고 밤에는 내가 잘 때까지 아빠는 귀가하지 않았었다.

아버지는 하나의 아이디로 문 교주를 위해 막대한 이익을 산출하는 기업으로 바꾸어 놓았다. 일화 제품 중의 하나인 맥콜은 한국에서는 코카콜라와 같을 정도로 인기가 있는 소프트드링크이다. 일화의 맥콜과 진생업 병처리 한 미네랄워터는 이 회사가 한국 제1의 소프트드링크 메카로 성공하는데 일조했고, 그 시장 점유율은 62%, 해외 수출은 30개국 이상에 달하고 있다.

아버지가 맥콜 개발에 매진한 것은 일화를 위해 이윤을 올린 것과 더불어 가난한 사람들의 유익을 도모하게 위해서였다. 맥콜의 주원료는 보리였다. 그 인기로 문 교주는 대맥 농가의 시장을 만들어 냈다. 아버지는 농민의 아들이었기에 이 세상의 부를 위한 것이 아니고 하나님 앞에 보답하기 위해 부지런히 쉬지 않고 일했다. 그런데 그 부의 행선지는 문 교주 앞이었다.

제2절 문 교주의 딸과 오빠의 결혼

리틀엔젤레스 예술학원인 초·중·고등학교와 문 교주와의 관계를 명확하게 알 수 있는 구체적인 내용들은 알기 어렵다. 교사와 학생 대부분이 통일교 교인이 아니었기 때문이다. 그리고 종교는 없었다.

문 교주가 전 세계에서 운영하는 많은 기관들과 같이 리틀엔젤레스 예술학원은 그 창시자인 조국에서 조차 아직도 깊은 불신의 개념으로 보고 있다든지 아니면 문 교주와의 관계를 선전하는 일은 하지 않았다. 나는 오빠에 이어서 리틀엔젤레스 예술학원의 6학년에 입학했다. 불규칙하게 전개되어 캠퍼스에는 당시 7학년생에서 12학년생까지의 교실이 있었다. 그 후 캠퍼스는 넓혀지고 초등학교도 수용할 수가 있게 됐다. 학교는 우리 집에서 15마일 정도 떨어진 서울시 외곽에 자리하고 있었다. 오빠와 나는 집에서 아침 7시에 나와 522번 버스를 타고 다녔다. 버스는 언제나 일터에 가는 어른들과 무거운 가방을 든 학생들로 만원이었다. 4대에서 5대까지의 버스가 혼잡하기 때문에 뒤에 탄 두 사람마저도 태울 수 없어서 우리 앞을 그냥 통과하는 일도 수 없이 있었다. 우리는 답답할 정도로 숨이 막혀 버스가 속히 정차해 주기를 기도했었다.

리틀엔젤레스 예술학원에서는 지각을 허용하지 않았다. 늦어진 학생은 교정 밖의 콘크리트 벤치에서 양팔을 머리 위에 얹고 30분간 앉아있어야 했다. 그 후 자기가 지각했기 때문에 수업이 중단될 것을 교사와 동급생에게 사죄하는 편지를 쓰도록 요구되었다. 오빠는 버스 정류소로 오고 가는 길에서 반드시 나에게 자기의 몇 걸음 뒤에서 걷게 했다. 세계 어디서나 그러하듯이 서울에서도 성년에 되어가는 소년에게 있어서 여동생과 한 길로 가는 것은 조금 부끄러운 일이었다.

나는 기꺼이 따랐다. 오빠에게 딱딱한 경의를 갖고 대했지만 통일교 회원들이 아닌 친구들은 그것을 기묘하고 유쾌하게 생각했다. 오빠에게 말을 걸 때는 아이들이 어른에 대하여 사용하는 호칭을 쓰기도 했다. 오빠에 대한 나의 심정은 많은 점에서 부모에 대하는 감정과 비슷했다. 한국은 엄격한 부권제 문화이다. 나의 아버지는 착한 아버지였지만 평등주의자는 아니었다. 그는 의논할 여지없이 우리 집의 가장이었다. 아버지의 입장은 통일교의 가르침에서 강화되었다. 결혼은 서로를 존중하는 것이지만 인류와 신에 대하여 대상자의 위치에 있는 것 같이 부부에 대하여 상대자의 위치에 있다. 나는 아빠와 엄마의 삼각관계에서 한 번도 의문을 가져보지 않았다. 무의식 중에 오빠에 대한 나의 태도를 부모의 예의에 비교하고 있었다.

내가 중학생이 될 무렵, 문 교주와 가족은 미합중국에 이민을 갔다. 그가 신자들에게 고한 바에 의하면, 그는 1971년 하나님으로부터 미국에 건너가도록 계시 받았다고 한다. 왜냐하면 미합중국은 기원 1세기에 로마를 멸망시킨 것과 마찬가지 도덕적 붕괴의 가장자리에 서 있기 때문이란 것이었다.

그는 미국을 붕괴로부터 구하기 위하여 갔다. 그리고 그 자신의 소인을 찍은 과격한 반공주의와 도덕적 원리주의를 포교하러 갔다. 그는 합중국에서 집회를 주최하고 아메리카의 소외된 젊은이들과 부모와 동세대의 사람들과도 보조를 맞출 수 없는 젊은이들 중에서 신자를 발견했다. 그들의 통일교 입회는 많은 경우 CARP 대학연합원리연구회를 통해서 행해졌다.

CARP는 1973년 미국에 의한 캄보디아와 아시아와 라오스에의 베트남 전쟁 확대에 대한 항의 운동의 절정기에 합중국에서 설립되었다. 공산주의의 위협에 대한 문 교주의 처참할 정도의 경고는 조국의 제국주의에 흥분된 미국인 학생의 귀에는 미치지 않았다. CARP의 권유 회원들은 대학 캠퍼스에 있던 이상주의자와 고독한 젊은이들을 표적으로 삼았다. 반대운동에 공용한 대의를 발견하기에는 너무도 보수적이기도 하고 안이함 속에서 무관심한 학생은 종종 CARP에서 하나의 사명을 발견했다.

회원의 전형은 워터게이트 사건이 진행되는 사이 리챠드. M. 닉슨 대통령을 지지하기 위하여 화이트하우스 밖의 보도에서 안식기도를 단행했다. 수십 명의 말쑥한 젊은이들이었다. 그들은 '닉슨 대통령을 용서하고 사랑하고 단결하자'라고 하는 슬로건을 내걸었다. 그들은 워싱턴 모교에서의 반전 데모의 가장자리에 있으면서 애국심의 가치와 무신론자들을 비판하는 닉슨대통령의 용기를 칭찬했다.

적에 포위된 대통령에게 격려를 보내고 있지 않는 때에 아메리카의 CARP회원은 캠퍼스나 가두, 공항이나, 쇼핑센터에서 문 교주와 그 신성한 사명을 위하여 꽃을 팔고 돈을 모았다. 제2차 세계 대전의 연합국 측 승리는 그 자체가 끝낸 것이 아니다. 신의 섭리적 시점에서 보면, 그것은 아메리카와 세계에 메시아의 재림을 준비시킬 목적을 가지고 있었다라고 문 교주는 말하고 있다. 무엇이 일어났느냐? 합중국은 그 같은 시점에서 인식하지 않았다. 이 나라는 40년간 방종, 향락, 파괴에의 길로 치달았다. 윤리와 도덕이 무너졌다. 젊은이들은 타락하고 점점 더 범죄 소굴이 되어갔다. 프리섹스는 생활 양식이 되었다. 그러나 이것은 미국에만 한정된 것이 아니다. 자유세계의 지도자로서 미국과 세계 전체를 그 병으로 오염시켜 왔다. 무언가 이 흐름을 제지하지 않는 한, 전 세계는 붕괴로 운명지을 수밖에 없다.

세계의 종말을 저지할 수 있는 인간. 그것은 물론 문 교주이다. 이 목적을 위해 문 교주 자신은 가족이 늘어가고 있는 현재 가족을 데리고 뉴욕주 허드슨강 계곡의 고풍스러운 마을 타지타운에 정착했다.

1972년 문 교주는 85만 불로 웨스트민스터 군에 22메카의 토지를 구입했다. 벨베디아 저택은 이 지역의 아름다운 건설물 중 하나였다. 1920년에 건립된 스탁코의 대저택에는 16침실과 생활과 식사를 위한 넓은 방이 여섯, 욕실 10, 레스토랑이 열릴 수 있는 커다란 주방과 지하실이 있다. 저택은 연하고 부드러운 잔디와 노목, 나뭇가지와 폭포를 갖는 인공 호수를 내려다보게 되어 있다. 풀장과 테니스 코트, 그리고 2층의 타일을 깐 산책길로부터는 숨을 삼켜버릴 것 같은 허드슨 강의 경치가 펼쳐져 있다. 저택 터 안에는 또 다른 다섯 개의 건물이 있어서 저택보다 조금 작은 캬릿지 하우스도 포함돼 있었다.

이곳에는 10개의 침실과 욕실 셋, 방이 10개 있었다. 1735년에 건립된 다섯 개의 침실의 코티지와 정원사의 코티지, 화가의 아트지에 오락용 건물, 4,000평방 피트의 카레지와 세 개의 커다란 온실이 있었다.

1년 후 문 교주는 벨베디아에서 멀지 않은 곳에 18메가의 땅을 또 하나 56만 6,150불로 구입했다. 중심 건물은 벽돌로 지은 3층 건물의 저택이고 침실은 12, 욕실 7, 거실 1, 식당, 서재, 주방, 그리고 집 서쪽에는 넓은 타일로 붙인 일광욕실이 있다. 문 교주와 가족이 여기서 살지 않기로 결정한 후, 그는 이곳을 이스트 가든이라고 명명했다. 문 일가는 벨베디아에 사적인 방은 갖고 있었는데, 그 쪽은 손님을 머물게 하거나 통일교 행사에 사용했다.

허드슨 강을 내려다볼 수 있는 이스트 가든에는 작은 건물이 우뚝우뚝 서 있었다. 샨샤이드 펜에 마주한 입구에 경비실이 있고 그 근방의 문지기 방에는 침실 2, 거실, 식당과 작은 지하실이 있다. 저택에서 언덕을 조금 올라간 곳에 있는 귀엽게 보이는 그 석조옥은 두 침실과 욕실 하나, 거실, 서재, 식당이 있고 코티지 하우스라 불려지고 있다.

뉴욕은 문 교주의 활동기지였지만 그는 한국을 자주 방문했다. 한국에 오면 때로는 그가 혹은 그의 측근 한 사람이 리틀엔젤레스 예술학원을 방문하는 일도 있었다. 그것은 언제나 경사스러운 일이었다. 평소 수업이 중단되기도 하고, 또 우리 일부가 새로운 메시아를 보고 전원이 학교의 유복한 기부금자라고 알고 있는 인물을 볼 기회가 되기 때문이기도 했다.

한국 학교는 일본 밑 태평양 연안제국 전체의 그것과 흡사했다. 강조되는 것은 기계적인 암기와 반복되는 연습문제이다. 초등학교 졸업 때 나는 고등수학은 잘 할 수 있었지만 비판적인 사고는 못했다. 그것은 계산하는 것도 못하고 평가도 할 수 없는 기술이었다. 아이들의 마음은 지식으로 채워져야 할 빈 그릇이라고 생각되어졌다. 이것은 우리들의 도덕적 발달에 있어서도 교육체계는 권위에의 복종을 강조하고 있었다. 그것은 총의와 일치했고 복종과 수용을 칭찬했다. 그 때문에 나는 반대 의견을 허락하지 않는 권위주의적 종교 내의 생활을 보낼 준비가 분명하게 정리되었다.

나는 말을 잘 듣는 아이였기 때문에 공부하는 것과 음악생활에서는 어려움이 없었다. 때문에 한국의 학교에서는 좋은 학생이었다. 시키는 대로 피아노 연습을 했지만 열정적이지는 않았고, 그것이 엄마를 슬프게 하는 것도 알고 있었다. 나는 피아노에 대한 엄마의 열정을 계승하지 못했다. 3학년과 6학년 때 학교에서 콘테스트에서 우승은 했지만, 콘서트의 무대는 엄마의 꿈이었지 내 꿈은 아니었다.

1980년 11월. 우리는 문 교주의 친한 제자였던 한 사람, 박보희 씨의 리틀엔젤레스의 예술부원 방문을 위하여 어느 때는 일과가 중지된 적도 있었다. 때문에 우리가 그가 온다는 소식을 듣고 기뻐했던 기억이 있다.

그 당시 문 교주는 아메리카에서 보수적인 공화당원들의 마음에 드는 처지였다. 그는 사진촬영의 기회를 살리는 기술을 몸에 익히고 가능한 많은 위대한 세계적 지도자들과 사진을 찍고 있었다. 이들 사진은 세계에서 참 아버님(문 교주)의 영향력이 증대해가고 있다는 구체적인 증거로서 우리들에게 제시되었다.

그날 리틀엔젤레스 예술학원에서 박보희 씨는 최근 미국 대통령 선거의 결과로 참 아버님(문 교주)이 공헌한 영향을 절찬했다. 로널드

레이건의 사진이 문 교주가 소유한 신문「뉴스 월드」의 일면을 장식하고 박보희 씨가 말했듯이 레이건의 갑작스러운 승리를 속보했다. 나는 그의 연설 내용에 주목하고 있었다고 말하기는 어렵다. 당시 나는 13살 나이였다. 국제 정치는 내게 흥미를 주지 못했다. 내가 미국에 대하여 알고 있는 것은 정치보다 패션과 음악에 대한 것 뿐이었다.

그가 연설하는 동안, 나는 늘 옆에 있는 친구와 잘 소근거리는 쪽이었다. 그녀의 양친은 나의 양친 바로 뒤에 합동결혼식으로 축복을 받은 72쌍의 부부에 포함되어 있다. "너는 아직 모르겠지만 너는 효진 님과 매칭될 거야!"(결혼 상대를 문 교주에게 결정받은 의식).

박보희 씨가 연설하고 있는 동안, 그녀는 이렇게 속삭였다. 나는 웃음을 억눌렀다. "그건 헛소리"라고 나는 말했다. 그런 것을 친구가 알 수가 있었을까? 참 자녀 님의 결혼 상대로 누가 뽑힐 것인지에 대해서는 언제나 소문이 떠돌았다. 그러나 그런 결정을 하는 것은 문 교주이지 학교 교실에서의 소녀가 킥킥대고 웃을 일도 아니지 않은가? 2년 후가 됐어도 그 생각은 여전히 어이없는 것이었다. 문효진과는 몇 마디 밖에 말을 주고받은 적이 없었다. 그와 같은 연령인 축복의 자녀는 많이 있어서 19세가 되는 참 자녀 님의 결혼 상대로서는 나같은 열 다섯 살 소녀보다 훨씬 적합한 나이들이 있었다. 나는 효진을 잘 몰랐지만 그가 문 일가의 '검은 양'이라는 것 정도는 듣고 있었다. 그는 문 일가가 미국으로 갔을 때, 초등학생이었다. 한국에 있을 때는 썩 내키지 않았어도 어쨌든 근면한 학생이었다.

이 젊은 법정 추정 상속인의 지도자 역은 문 교주의 개인적 보좌 비타 김에게 명해졌다. 미국에 갈 때, 효진은 서울에 있었을 때보다도 더 큰 자유를 손에 넣게 해 주겠다고 맹세하고 있었다. 그에게 있어 미국에서의 생활에 적응하는 것은 간단하지는 않았다. 타지타운의 문 교주의 가옥 내에서의 생활은 서울에 있을 때보다도 더욱 고립되어 있었다. 문 교주의 아이들은 집에서는 통일교의 장로와 베이비시터들의 시중에 맡겨두고 학교에서는 완전히 아웃사이더였다.

그들은 사립학교에 넣어졌는데 효진은 학교에 BB총을 갖고 들어가 수 명의 동급생을 쏘았기 때문에 학교에서 퇴학당했다. 효진은 자기가 그런 짓을 한 것은 단지, 그것이 재미있어서였다는 단순한 이유 이외는 아무 것도 없다고 인정받아 교장이 자기의 일에 정직하고 유쾌한 생도라고 생각하고 있다고 주장했으나 결국 퇴학당하고 말았다. 퇴학을 당한 후 그는 자기 아버지와의 대면을 두려워했다. 그 때 그를 단호하게 벌했더라면 문 교주는 우리 전원을 많은 고통에서 건졌으리라. 그 대신 문 교주는 효진을 종교적 박해의 희생자인 양 취급했다. 이것은 문효진에 대한 책임 회피로 그가 한 평생 연속되는 주장의 일부였다.

문 교주 부부는 집을 잘 비우는 편이어서 온 세계에 통일교를 선전하고 집에서는 자기 아이들을 무시했다. 효진에 관한 일은 특히 어려운 문제였다. 그는 장남인데다 통일교의 장으로서 아버님의 지위를 계승할 것을 기대하고 있었다. 그러나 태도는 싸움꾼이고 장발을 하고 다니는 록 기타리스트였다. 문 교주가 마음속으로 그려왔던 후계자는 아니었다.

효진이 학교를 퇴학당한 뒤, 문 교주는 그를 워싱턴 DC 근교의 유복한 교외 도시 버지니아주에 보내어 최고참 신자의 한 사람인 박보희 씨와 살게 했다. 메시아의 아이들을 양육하는 책임은 신자들에게 있다고 하는 것이 문 교주의 이론이었다. 어쨌든 문 교주에게는 세계를 살펴야 할 의무가 있다. 자기는 이상적인 가족의 모범적 부친이라고 주장하는 참으로 인간치고는 기묘한 이론이며 이 모순을 효진 이상으로 강하게 느낀 자는 없었다.

　효진의 행동은 워싱턴에서 더욱 더 악화 일로였다. 큰 공립학교에서 치고받고 패싸움하기와 그보다 더 심한 것도 있었다. 처음으로 드럼에 손을 댄 것은 워싱턴에서였다.

　1988년의 통일교 회원들에게 향한 연설에서 효진은 다음과 같은 연설을 하였다. 워싱턴에 가는 일, 이스트가든을 떠나는 일에 나는 매우 흥분했었다. 아버님은 통일교 밖의 아이들과 친하게 지내지 말라고 말했지만 나는 밖의 사람들과 교제하고 싶었다. 이것은 친구를 가질 수 있는 기회라고 생각했다. 나는 아버지가 무엇을 원하는지에 대하여 생각하지 않았고 신경쓰지도 않았다. 나 자신의 친구를 갖고 싶었다. 이 이상 난폭한 자들로부터 압력을 받고 싶지 않았다. 고교에서는 주먹이 말을 한다. 나는 무술을 하게 되었다. 누구에게서도 아무 것도 뺏고 싶지도 않았다. 학교에서는 그들은 떼를 지어 돌아다닌다. 그러나 지배하는 것은 더더욱 강한 아이들이다. 그들이 나를 볼 때 황색인종이라고 모욕했다. 그래서 나는 힘껏 싸웠다. 싸우면 싸울수록 나는 이겼다. 아이들은 나와 친구가 되고 싶어 했다. 그러면서 내 이름은 아이들 사이에서 널리 알려졌다.

　기대에 배신당한 문 교주는 효진도 자기 자신의 문화 속에서 장로들의 감독을 받으면 정직한 사람으로 돌이킬 것이라는 희망을 안고 그를 한국으로 돌려보냈다. 허나 그렇게 되지 않았다. 더러운 장발과 몸에 달라붙은 블루진 모습의 효진은 리틀엔젤레스 예술학원의 복도에서는 약간 불거지었다. 그는 록밴드를 비롯하여 반항적 태도로 유명해져 가고 있었다. 연내의 젊은이에게 있어서 타인으로부터 신용받지 못하는 것은 그것만으로도 혹독한 일이었다. 효진의 건들거리는 태도는 남은 우리들의 노고에 더더욱 영향을 끼쳐 우리들까지도 비회원들 앞에서 그에게 곤욕을 당했다.

우리들이 선호하는 음악은 보다 고전 쪽으로 기울었다. 게다가 그는 문 교주(아버지)의 엄격한 행동 규범을 노골적으로 경멸했다. 학교에서의 효진은 담배를 피우고 걸프랜드를 갖고 있으며 알콜을 마시고 있는 것을 알고 있었다. 그가 불법적으로 드럼을 사용하고 있다고 속삭이는 자도 있었다. 그는 실제로는 리틀엔젤레스 예술학원의 과정을 마치고 있지 않았다. 오랜 후에 학교가 그저 그에게 졸업 증서를 보내왔을 뿐이었다.

최고참의 통일교 회원 36가정 사이에는 자기 딸을 문효진과 결혼시키려고 격렬한 경쟁이 있었다. 통일교 회원에 있어서의 지위는 문 교주와 어느 정도 가까운 것과 직접 관련이 있다. 의리의 관계는 통일교 회원이 취득할 수 있는 가장 가까운 위치였다. 예컨대 김영휘 부부는 최고참의 세 가정이라고 하는 자기들의 입장때문에 장녀인 김은숙이 효진과 매칭된다고 기대하고 있었다. 김영휘 씨는 당시 한국 통일교 회장이었다. 짓궂게도 딸을 효진과 결혼시키고 싶다고 희망하는 이들 부부조차도 효진의 드럼과 섹스, 록음악을 좋아하는 취향 때문에 남자 아이든 여자 아이든 자신의 아이들이 그와 친하게 되는 것을 알리려고 하지 않았다.

효진으로서도 영적 이유로 연결되는 일은 사양하고 싶었다. 통일교 회원에게 1988년의 연설에서 그는 이런 고백을 하고 있다.

한국에 갔을 때 나는 많은 여자 아이와 교제하기 시작했다. 나는 특히 한 여자 아이를 진심으로 사랑했다. 그녀와 결혼하고 싶었다. 그녀의 양친은 찬성하였다.

그는 아버님이 큰 부자라고 생각하고 있었다. 그들은 우리를 안아주면서 나를 그들 집으로 초대했었다. 그들은 나에게 친절했었다. 나는 그녀와 성적 관계도 가졌다. 그녀와 함께 살기 위해 내 힘으로 할 수 있는 것은 다 하고 싶었다. 그녀 외의 아무와도 교제하고 싶지 않았다. 고등학교에 다니고 있을 때 계속 방과 후로는 그녀 집에서 자든지 그녀가 나의 집에서 자든지 했다.

　나는 하루에 위스키를 한 병 마신다. 돈이 없을 땐 싸고 잘 듣는 콘 위스키를 마셨다. 언제나 취해있지 않으면 안 되었다. 늪에 빠졌다. 나는 자신의 마음이 울고 있는 것을 알고 있었다. 숨을 죽이기 시작했다. 자살하고 싶었다. 어떻게 아버지와 얼굴을 대할 수가 있을까? 최선의 방법은 없어지는 방법이라고 생각했다. 그렇게 하면 나는 무거운 짐은 없어진다. 몇 번이나 총구를 머리에 대고 앉아 그것이 어떤 것인지를 연습했다. 나는 내 육체적인 것만 걱정했다. 나는 다른 아이들보다 나빴다. 나는 그 정도로 유혹에 빠져 있었고, 자기 중심적이었다. 나 자신이 다른 사람에게 어떤 영향을 주고 있는지 같은 것은 신경쓰지 않았다. 나는 이처럼 성장해 갔다.

　효진과 같은 불량 소년들은 물론이고 소년 전반에 대해서도 나는 무엇을 알고 있었던가? 한국에서는 여자와 남자는 따로 따로 학교에 다니는데 리틀엔젤레스 예술학원은 압도적으로 여자가 많고 남자도 좀 있었으나 여자와는 별로 교류하지 않았다. 남자의 대부분은 통일교 회원이고 그 때문에 그들에게는 데이트는 허락되지 않았다.

　10세 때, 내가 만난 유일한 남자와 만난 후 남성이라고 하는 것은 피해야 하는 골치 아픈 것이라고 하는 강렬한 인상을 받았다. 13세 때 같은 연령의 한 소년이 일요일이 되면 통일교 밖에서 내가 나오는 것을 기다리고 있었다. 그는 통일교 회원은 아니었지만 가까이에 살고 있었다. 그는 버스 정류장까지 왕복하는 나를 눈여겨보았음에 틀림없다. 매주 그는 대화를 시도하려 했고, 매주 나는 그를 무시했다. 우리가 다른 곳의 새로운 통일교 건물에 이사했을 때는 너무 기뻤다. 골치 아픈 그를 떨쳐버릴 수 있으리라고 생각했기 때문이다. 그러나 그는 이 시간 다음에 맞은 첫 일요일, 새로 이사 간 통일교 밖에서 또 기다리고 있었다. 나는 그의 이름을 모른다. 결국 그는 나를 좇는 일을 포기했다.

리틀엔젤레스 예술학원의 친구들 사이에서는 어느 소년이 제일 멋진가에 대하여 로틴이 넘치는 천진난만한 말을 재잘거리고 있었지만 나는 그저 듣고 있었다. 일찍부터 학교에 다녔기 때문에 나는 대부분 다른 동급생보다도 한 살 아래였다. 아직 작고 귀여운 소녀에 지나지 않았다. 우리들 전원은 언젠가는 문 교주의 손에서 결혼해야 할 남자와 맺게 된다는 것을 알고 있었다. 그 날이 오는 것은 몇 년 후, 우리가 대학 공부를 마치고 성인의 생활을 시작했을 때라고 알고 있었다. 한국에 있어서의 평균적 결혼 연령은 25세이다. 나는 알고 있었다.

그 때가 오면 자기는 문 교주가 나를 위해서 정해준 선택을 받아들여야지! 양친은 그것을 기대하고 있다. 나는 순종하겠지! 장래의 내 결혼에 대하여 생각지 않고 있었다. 그것은 몇 년 지나서다. 결혼이 이뤄질 것에 대해서는 내 의사는 개의치 않게 될 것이기 때문이었다. 결혼에 대하여 웃어른을 따라야 한다는 점에서는 나는 한국 젊은 사람과 다를 것이 없었다. 한국에서는 중매결혼이 지금도 많이 행해지고 있다. 그것은 여러 세기를 거쳐서 가족의 사회적 지위를 갖기도 하고 전통적인 수단이었다. 서양풍습에 영향을 받은 많은 젊은이들은 연애결혼을 하지만 대다수의 한국인은 로맨스가 가정생활에 확고한 기초를 했는지 어떤지 여전히 의심을 품고 있다. 결혼 상대로서 서로를 선택한 연인들조차도 자주 점쟁이한테 가서 자신들의 결정을 확인한다.

열 다섯 살의 소녀로서의 내 순진함은 누가 말해도 지나친 과장이 아니리라. 내게 열 살 때 엄마는 나에게 생리에 대해서 설명해 주었다. 나의 엄마가 성에 대하여 대화할 수 있는 데까지 가까운 곳에 이르렀던 것은 그 때 단 한 번뿐이었다. 그날 밤 분위기는 너무도 무거웠다. 우리 둘은 생리에 관한 이야기를 했던 것으로 기억되는데, 엄마는 대화 도중 계속 당혹스러워 하는 모습을 보이셨다. 그러나 나는 자리에 앉아 엄마가 가르치지 않으면 안 되는 여성의 비밀을 배우고 싶다는 생각 이상으로 엄마의 당혹감을 해소시켜주기를 바라면서 어쩔줄 몰라했던 일이 생각난다.

실제로 나는 학교 복도에서 들었다. 남자와 여자 사이가 서로 속삭이며 웃는 것들을, 그런데 나는 그런 것에 거의 호기심을 갖고 있지 않았다. 자기에게는 알지도 못하는 농담을 이해하기 위하여 아무런 노력도 하지 않았다, 한 번은 버스 안에서 학교에서 여자 아이를 괴롭힌다는 평판을 받는 교사와 나란히 앉게 되었다. 그는 내 손을 잡고 버스에 타고 있는 동안 계속 나를 지켜보고 있었다. 나는 손을 빼려고 했지만 그의 힘이 너무 강했다. 내 손가락은 그의 꽉 잡은 손 안에서 빨갛게 되다 못해 하얗게 되었다. 나는 그것을 기묘하다고 생각했지만 그의 얼굴에는 무엇인가 성적인 위험이 있을지도 모른다고 하는 생각은 한 번도 떠오르지 않았다.

학교 모임에서 문효진과의 결혼에 관하여 친구가 예언하는 듯 말하는 것을 듣고 웃기는 했지만 집에 돌아왔을 때 엄마에게 그 이야기를 했다. 엄마는 깜짝 놀라는 듯이 보였다. 그러나 우리는 두 번 다시 그 이야기는 하지 않았다. 어느 날 우리들은 소문만이 아닌 홍 씨 가문에 일어난 결혼담이 정식으로 있게 되었다.

내가 리틀엔젤레스 예술학원에 입학했을 당시, 내가 지나갈 때 여자 선배들이 저 애가 바로 그 남자 학생의 동생이라고 속삭이는 것이었다. 유명해진 오빠의 이야기를 듣고 내 가슴이 부풀어 올랐다. 나는 오빠의 덕을 크게 입고 있었다. 오빠는 학교에서 가장 인기있는 남자. 핸섬하고 머리가 좋은 데다가 반장이었다. 그의 여동생인 것은 하나의 명예였다.

학교에서 그에게 분별없이 러브레터를 써 온 여자는 한 둘이 아니었다. 그는 여학생들에게 늘 주목받고 있었지만 품행이 단정한 소년이었다. 그래서 통일교의 도덕적 기준을 정색하고 받아들였다. 우리에게는 이성 회원과는 형제자매와 같은 그런 교제밖에 허락되지 않고 있었다. 물론, 데이트는 금지되어 있었고, 참 아버님이 결혼해야 한다고 결정지을 때까지 자기 자신을 순결하게 지켜야 했다.

오빠가 17세, 내가 15세가 막 되었을 때 나는 집안에서 무엇인가 일어나고 있다는 사실을 알고 있었다. 분위기 전체가 열을 올리고 있었다. 부모님은 우리 아이들에게는 아무 것도 말하지 않았음에도 그 밑바닥에는 긴장과 흥분이 흐르고 있었다. 당시 문 교주 일가는 미국에 살고 있었지만 그들이 장남 사위를 한국의 축복의 자녀 중에서 찾고 있다고 하는 소문이 퍼지고 있었다. 누구든지 사위는 최고참의 차지다. 김영휘 아니면, 유효원의 아들 중에서 선택된다고 생각하고 있었다. 그들의 아들들은 오빠의 친구였다.

어느 날, 학교에서 집으로 돌아왔을 때 부모님이 가장 좋은 옷을 입고 있는 것을 보고 나는 놀랐다. 오빠는 자기 방에서 옷을 갈아입는 소리가 들렸다. 그는 새로운 셔츠를 입고 머리를 한국의 비즈니스맨처럼 하고 방에서 나왔다. 남동생과 여동생 그리고 나는 숨소리를 삼켰다. 그 정도로 오빠가 어른스럽게 보였다. 부모님은 아무 말도 하지 않고 우리는 어느 때와 같이 아무 질문도 하지 않았다. 몇 시간 뒤 오빠를 데리고 어딘가에 가서 알 수 없는 일을 끝내고 돌아왔을 때, 비로소 부모님은 우리 여섯 명의 남·여 동생에게 문 교주 장녀와 결혼하게 되었다고 했다. 오빠는 자칭 메시아의 딸과 결혼한다. 하나님의 참 가정의 일원이 된다.

나는 매우 자랑스럽게 생각했다. 오빠는 특별하고 나도 또 특별하게 되겠지! 왜냐하면 그는 나의 오빠니까. 그러나 그가 실제로 우리 집을 떠난다고 생각했을 때 내 자랑스러움은 슬픔으로 바뀌었다. 그는 너무나도 젊고 내 생활에서 너무도 많은 부분을 알고 있었다. 우리 가정은 종교적이었기 때문에 때로는 통일교의 엄격한 계율에 따르지 않으면 안 되었다.

도박은 사람을 타락시킨다고 하여 문 교주로부터 금지되어 있었다. 그러나 우리 형제는 가끔 화투놀이를 했다. 진짜는 때로는 이긴 자에게 한 턱을 내는데, 중국집 소년이 자전거로 배달해주는 자장면을 먹곤 했다. 오빠가 없어지면 그것도 끝이 될까!

오빠가 가버리면 내가 고생스럽게 하고 있는 예술수업 등 그 누가 나에게 도움을 줄 수 있을까? 오빠는 선량한 성격으로 우리들 형제의 든든한 버팀목이었다. 나는 오빠의 모범으로부터 배우고 있지 않았다. 두 살 연하의 충숙을 자기 종인 것처럼 취급했다고 말하지 않으면 안 될 정도로 행동했던 것을 부끄럽게 생각한다. 내 조모는 한국의 유명한 연애담의 여주인공에 비춰서 나를 춘향 여동생을 그 여종으로 비유해서 향단이라고 부를 정도였다.

우리는 문 교주의 장녀와 오빠의 결혼식이 내일 이루어진다고 듣고 깜짝 놀랐다. 우리는 전원 결혼 즉 축복의 의미, 그것이 우리의 영적 생활에 끼치는 중심적 역할, 그럴 수밖에 없는 심사숙고한 마음을 가지고 그 순간을 향해 나아갈 필요에 대해 가르침 받았다. 그녀와 오빠에게는 그 시간이 더 이상 필요치 않았다. 그것은 마치 문 교주가 자기의 딸을 세계여행의 두 기항지 사이에서 결혼시키는 것과 같은 것이었다. 결론은 통일교의 교의적 행사였다.

문 교주는 예수가 결혼하여 죄 없는 아이를 낳기 전에 십자가에 달렸기 때문에 지상천국은 인류에게는 열리지 못했던 것이라고 주장한다.

재림주란, 새로운 시대, 통일교가 성약시대라고 부르는 시대의 문을 열었다. 이 완벽한 참 아버님(문 교주) 부부는 원죄 없는 아이들을 가지는 것에 의해 인류 최초의 참 가정을 만들어냈다. 나머지 사람 인류는 문 교주 부부로부터 축복(결혼)을 받는 것으로 죄 없는 혈통이 시작될 수 있다.

문 교주 부부는 에덴동산에서의 아담과 이브의 역할에 빗댄다. 문제는 원죄가 없는 입장에서 재연한다는 것이다. 그래서 실패한 예수의 사명을 본인들이 완수하여 인류를 복귀시킨다고 한다.

통일교에서는 인간의 타락은 성적(섹스)타락이라고 가르치기 때문에 문 교주는 원리적 일부일처제를 통하여 복귀시킬 것이다. 기타 부부 축복을 받고 참 가정과 일체화 하는 것에 대해서만 아담과 이브의 사탄의 혈통 원죄로부터 해방된다.

교회는 신랑 신부에 대하여 축복의 전·후에 몇몇 복잡한 의식에 참가할 것을 요구하고 있다.

문 교주의 장녀와 오빠의 경우 그 대부분이 생략되었다. 문 교주가의 최초의 결혼과 3일 행사(섹스) 사이에는 3년이 지나지 않으면 안 된다고 하고 있다. 각각 하나 씩의 그 의식에는 깊은 신학적 의미가 있다고 가르치고 있음에도 불구하고 이번에는 약혼식도 없고 성주식도 없고 탕감봉의 행사(탕감이란, 갚음의 뜻. 신랑 신부가 서로 상대편의 힘을 탕감봉으로 때려 인간의 성적 타락을 속죄받는 의식)도 3일 행사도 없다. 이론적으로는 통일교에서 축복을 받기 위해서는 3년간 회원으로 지내고, 새로운 회원 세 사람을 인도해야 하며, 탕감 헌금을 하지 않으면 안 된다. 이 헌금은 전 인류가 예수에 대한 배신때문에 진 빚을 서로 나누고, 이 집단적인 죄를 위해 우리 전원이 지불해야만 되는 것이라고 통일교에서는 가르친다.

결혼에 대해서는 한 쌍의 신랑 신부가 문 교주 부부 앞에서 부부란 축복의 의미라는 것을 설명해주고, 신랑 신부에게 그 짝을 받아들일지 어떨지를 결정하게 한다. 그러기 위해 약혼을 제정하기로 되어 있었다. 하지만 초창기 문 교주 일가의 경우에는 문 교주 자신이 결정했다.

성주의식은 대개 약혼식과 같은 날에 행해진다. 여성은 남성과 마주 서고 성별된 술의 반잔을 마시고 잔을 남성에게 건넨다. 여성이 먼저 마시는 것은 최초의 죄를 범한 것과 지금 최초로 은총에 복귀되는 이브를 상징한다는 것이다.

전에 남은 성주(聖酒)는 성포(聖布)에 뿌려져서 3일 행사(섹스)에서 사용된다. 신랑 신부가 축복을 받은 뒤 탕감봉 행사가 있고 남편과 아내는 각각 상대를 몽둥이로 의식적, 상징적으로 쳐 상대로부터 사탄을 쫓아낸다는 행사를 한다.

3일 행사는 결혼의 실행이다. 대개의 경우, 부부는 결혼생활의 최초의 3년 간은 성관계를 가져서는 안 된다. 섹스를 할 때는 문 교주에 의하여 미리 정해진 자세한 예법을 따르지 않으면 안 된다.

첫째 날, 부부는 함께 기도를 올린다. 그 다음 묵도를 하고 처음에는 성주에, 다음에는 냉수에 적신 성포로 몸을 닦는다. 처음 이틀 밤은 복귀(섹스)된 이브가 우선 사단에게, 둘째 날, 타락한 아담에게 은총을 가져오는 것을 상징하고 여성 상위가 된다.

셋째 날, 밤에 복귀된 아담과 이브가 천지창조의 새벽에 신이 그들에게 의도하셨던 사명을 달성하는 것을 상징하여 남성 상위가 된다.

이 원리는 문 교주 부부의 참 자녀의 최초의 결혼이었다. 축복에 관련된 의식의 대부분이 생략된 것은 솔직히 충격이었다. 모든 과정의 결혼은 강제된 것으로 그런 양상을 보이고 있었다. 왜 서두르는 것일까? 라고 나는 이상하게 생각했다.

문 교주의 장녀와 오빠는 문자 그대로 하룻밤 사이에 결혼시키기 위하여 통일교의 교의가 생략되었다. 왜 그랬을까? 훨씬 후에서야 나는 문 일족에게는 규칙이 적용되지 않는다는 것을 알았다. 그들 전원이 그 때까지 성 경험을 가지고 있었든지 혹은 축복 직후 바로 섹스를 했다.

통일교의 뒤편에 앉아있을 때 내 동생들 그리고 나는 그러한 생각은 하지 않았다. 부모는 문 교주 부부와 신랑 신부와 함께 앞쪽에 있었다. 우리들에게는 거의 보이지 않았다. 우리 전원은 축복의식에 출석하기 위해 그 날 학교를 쉬었다.

신부는 하얀 웨딩드레스를 입고 아름답게 나타났다. 나의 오빠는 어느 때보다 더 겸손했고 웨딩 케익 꼭대기 플라스틱의 신부 같았다. 우리는 그들이 서원의 말씀을 주고받는 것을 귀를 쫑긋 세우고 들었다.

- 너희들은 하나님의 창조 이상을 성취할 성숙한 남·여로서 영원한 부부가 될 것을 맹세하는가?
- 너희들은 참 부모가 되고 당신의 아이들을 신의 의지에 따르도록 키우고 그들을 너희들의 가정 신인류의 미래 세대에 전할 것을 맹세하는가?
- 너희들은 참 부모를 중심하고 그 가정 통일의 전통을 계승하여 이 자랑스러운 전통을 당신들의 기족과 전 인류의 미래 세대에 전할 것을 맹세하는가?
- 당신들은 창조 이상을 중심하여 신과 참 부모의 의지를 계승하여 아이들 형제자매, 부부, 부모(마음의 사대 왕국의 사랑, 조부모, 부모), 자녀(3대 왕권)사랑, 하나님의 전통을 확립하고 신과 참 부모가 하듯이 세계 사람들을 사랑하고 궁극적으로는 지상과 천상의 신의 왕국을

쌓을 초석의 이상적 가정을 성취할 것을 맹세하는가?

그들이 맹세를 하고 있는 사이, 방 반대 측에서 장발을 드리우고 있는 문효진의 모습이 눈에 띄었다. 그는 의식 사진을 찍고 있었는데 몹시 못 마땅하듯이 성난 얼굴을 하고 있었다. 나는 그런 태도에 불쾌하게 여겼다.

결혼식에 왜 이렇게 불행한 얼굴을 하고 있는 것일까? 지금 되돌려 생각해 보면 비로소 효진은 자기가 주목을 받고 있지 않았기 때문에 토라져있던 것이 아닐까? 라고 생각해보게 된다.

결혼식 후, 팔레스 호텔의 넓은 연회장에서 피로연이 있었다. 부모는 문 교주 일가 전원과 함께 그 곳에 출석했지만, 우리들 오빠의 자매는 초대되지 않았다. 아저씨 한 분이 우리 여섯 명을 호텔 레스토랑으로 데리고 갔다. 그렇지만 오빠의 결혼 축하로부터 따돌려진 우리 마음은 아팠다.

이것은 문 교주 가(家)의 파티이고, 홍 일가의 분명한 협력이었지만, 결혼 직후 문 교주 일가와 올케는 미국으로 돌아갔다. 그녀는 매샤츄세츠에 있는 명문의 스미스여자대학의 학생이었다. 오빠는 서울의 문가 집에 옮겨 효진과 닮은 직원들과 함께 동거했다. 오빠는 고교 졸업까지 아직 1년이 남아 있어서 미합중국으로 비자 취득은 간단하지 않았다. 오빠에게 있어서 효진과의 생활은 매우 어려웠다.

효진은 왕자로 키워졌고 왕자라 하여 의류는 바닥에 내던져 팽개치고 형제 자매에게 줍게 하고 가사 직원은 그의 개인적인 노예인 것처럼 그들에게 명령했다.

문 교주의 맏아들 효진은 여자 친구를 집으로 데리고 와서 섹스를 했다. 그리고 방 안을 온통 담배연기로 채우고 있었다.

오빠는 어찌할 줄을 몰라 했다. 효진의 태도에 찬성은 하지 않고 있었지만 메시아의 아들을 비판할 수는 없었다. 효진은 참 자녀의 한 사람이었다. 오빠는 단순한 사위에 지나지 않았다.

　오빠의 결혼 후, 나 자신의 생활은 평상시의 생활로 되돌아 왔다. 오빠와는 리틀엔젤레스 예술학원에서 얼굴을 마주대할 뿐 서로 마주쳐도 이야기 하는 이상 외에는 아무 것도 없었다. 오빠는 언제나 공부했다. 정규 수업은 오후 3시에 종료되었지만 고학년들은 대학시험공부 때문에 가끔 밤 6시까지 남아 있었다. 지금이야 말로 오빠는 이제는 보다 높은 레벨에 있었다. 그는 벌써 나의 오빠는 아니고 참 가정의 일원이었다. 나는 오빠가 없는 것을 매우 쓸쓸하게 느꼈다. 자신의 장래를 생각하는 것은 좀처럼 없었지만, 그럴 때는 나는 아직 몇 년이나 남은 학교생활을 떠올렸다.

　나는 학교를 하루도 결석하지 않았다. 그리고 피아노를 더 열심히 연습하게 되었다. 엄마의 꿈을 실현하여 피아니스트가 될 지도 모른다. 남성 피아니스트와 결혼해서 둘이서 전 세계를 여행하며 연주하게 될 지도 모른다. 점쟁이가 언젠가 엄마에게 나는 중요 인물과 결혼하여 아주 유명한 사람이 된다고 하지 않았던가? 이와 같은 생각은 모두 소녀의 꿈 속의 환상이었다. 나는 또 통일교의 엄격한 계율을 따르고 있었다.

　어느 날 오후, 교실에서 옆의 아이가 눈에 눈 화장을 하고 있는 것을 보고 나는 놀랐다. 그녀는 통일교 회원은 아니었다. 방과 후에 데이트가 있다고 말하였다. 나는 흥분과 동시에 반감을 느꼈다.

　문 교주의 장녀와 오빠의 축복, 6개월 후, 1981년 11월, 리틀엔젤레스 예술학원은 신의 완성 의식을 축하하기 위하여 한국 전통음악과 무용을 공연했다.

　1974년, 문 교주로 하여금 창설된 이래, 학교는 순조롭게 발전해 왔다. 부속의 연예센터는 문 교주가 1965년에 창설한 리틀엔젤레스 민속무용단의 본거지였다. 리틀엔젤레스는 7세로부터 15세까지의 소녀들로 구성된 무용단으로 전 세계 국가 원수와 영국의 왕족과 일본의 황족을 위하여 공연을 해왔다.

나에게는 그 기초적 재능은 전혀 없었다. 신의 완성식을 위하여 나는 반에서 잠깐 노래하기로 되어 있었다. 머리를 뒤로 하여 하나로 묶고서 다른 소녀들과 무대 뒤에서 기다리고 있을 때, 공연을 앞둔 나는 모든 신경이 마비된 것 같았다. 성대도 굳어 있었다. 아무리 아름다운 의상을 입고 있었어도 그것이 힘이 되지 않았다.

지휘자가 우리를 무대로 데려가기 위하여 정렬시키고 있을 때, 누군가가 내 이름을 부르는 것을 듣게 되었다. 돌연 교장이 내 옆에 와서는 하는 말이, "어머니가 당신을 마중하러 차를 보내 왔어요. 가서 옷을 갈아입으세요" 하는 것이다. 나는 탈의실에 들어가 교복대신 무대의상인 감색 셔츠와 스커트로 갈아입고 푸른 브레지어를 차고, 하얀 블라우스의 단추를 끼우고 입었다. 나는 동복의 하나인 검은 모피에 에리가 붙은 잿빛 털코트를 입고 빨간 모자와 통학 가방을 가지고 기다리고 있는 세단차로 다가갔다.

차 뒷좌석에 올라탔는데 어디로 데리고 가는지 전혀 짐작이 가지 않았다. 내가 묻지 않았던 것은 그들이 어디로 데리고 가든 믿고 순응하겠다는 뜻이었다.

문 교주의 사저에 간 적은 한 번도 없었다. 그것은 넓은 중간 마당과 이어지는 잘 지어진 큰 집이었다. 한 사람의 형제자매가 나를 잘 꾸며진 식당으로 인도했다. 그 옆에는 김영휘 부인, 엄마는 문 교주 부인의 반대 편에 앉아 있었다. 엄마는 웃음을 짓고 자기 옆에 앉도록 몸짓을 해 보인다. 나는 머리를 숙이고 커다란 크리스탈의 샹들리에가 하얀 테이블 코로스에 비취는 빛의 그림자의 패턴을 물끄러미 보고 있었다.

주방의 형제 자매가 저녁 식사를 가져오는 사이 나는 고개를 숙인 채로 있었다. 너무나도 겁을 먹고 있었기 때문에 밥도, 스프도, 김치도 목구멍으로 넘어가지 않았다. 나는 음식을 접시 안에서 뒤적이면서 아무도 신경이 쓰이게 하지 않도록 했다.

문 교주 부인이 대단히 기뻐 좋아하는 것이 나에게 강한 인상을 주었다. 굉장히 웃고 있는 소리가 들렸는데 돌연 그들이 나에 대하여 말하고 있는 것을 알아차렸다. 그러나 그들이 무슨 내용을 나누는지에 대해서는 신경 쓰지 않고 있었다. 식탁에 앉은 자 중에 누군지 알 수 없는 여자가 나를 유심히 쳐다보고 있었다.

그녀는 나의 이마와 머리의 생김새를 평하고 있었다. 학교 공연 때문에 머리카락을 뒤로 묶고 있는 것을 좋게 보고 있었다. 그 덕분에 나의 귀 생김새를 보다 자세히 살필 수가 있었다. 그녀가 내 귀의 장점을 칭찬하며 설명하는데 나는 부끄러워서 얼굴이 빨개지는 것을 느꼈다. 귀뿌리가 길고 둥글며 형이 밸런스가 잘 맞는다며 그것은 장수와 행운을 의미한다고 했다.

저녁 식사가 끝나고 설거지를 하려고 어머니가 일어섰을 때 나는 안절부절하며 엄마의 뒤를 따라 취사장으로 갔다. 그곳에서는 형제자매들이 나의 귀에 대한 내용 이외의 무언가를 가지고 기뻐하며 웃음을 지으며 수다를 떨고 있었다. 집으로 돌아오는 길에 엄마도 그 날 된 일을 만족하고 있는 것이 분명했다. 그러나 문 교주 저택 방문에 관하여 엄마는 아무런 설명을 해주지 않았다. 엄마가 말하지 않는 거라면 내가 질문할 입장이 못 되는 것도 잘 알고 있었다.

다음 날, 엄마가 내 머리를 자르기 위해 미용실에 가자고 했을 때, 그보다 먼저 엄마가 자기의 파란셔츠를 입으라고 내어 놓았을 때, 나는 놀라고 혼란스러웠다. 그것이 나에게 어른스럽게 보인다고 말했다. 나는 부모님과 함께 재차 문 교주 저택에 갔다. 이번에는 더 많은 사람이 모여 있었다. 통일교 간부 전원이 거기에 있었다. 모두 다 나에게 웃음을 지어 보였다. 나는 많은 주목을 끌고있는 것 같았다. '엄마의 멋진 셔츠 탓이겠지?' 라고 생각했다. 카메라맨이 내 사진을 계속 찍고 있었다. 먹을 것도 산더미처럼 쌓여 있었다.

부모님과 나는 문 교주 방으로 갔다. 우리들 만이 문 교주 부부와 만났다. 부모님은 문 교주 부부의 맞은 편 방석에 앉았다. 절을 하고 그들의 앞자리에 무릎을 꿇었다.

문 교주 부부는 매우 조용하게 이야기하기 때문에 그 이야기는 거의 들리지 않았다. 나는 머리를 숙인 채로 있었다. 그들 앞에 가만히 무릎 꿇고 있는 동안, 문 교주는 내 부모에게 "이 딸을 참 가정에 달라"고 부탁한다. "네" 하고 대답했을 때 아빠와 엄마는 나를 쳐다보지도 않았다.

'이건 도대체 뭐하는 거지?' 라고 나는 생각했다. 나는 결정되었다. 문 교주는 나에게 아무 것도 묻지 않았다. 내가 어떤 처녀인가 알기 위해서 나와 대화하려 하지도 않았다. 그는 이미 모든 것을 결정하고 있었다.

전날, 식사 자리에 있던 낯모르는 여자는 불교의 무녀, 점쟁이였던 것을 알았다. 그녀는 문 교주에게 나와 효진과는 완벽한 짝이라고 보증했다.

내가 붓타의 여자라고 알게 된 여자는 통일교 회원은 아니었다. 문선명이 정기적으로 직접 신과 교신하고 있는 재림주라면 왜 불교의 점쟁이에게 상담하지 않으면 안 되는 것일까? 이런 류의 생각이나 의심은 그 당시 나와 내 부모는 추호도 하지 못했다.

"자네는 내 아들 효진과 결혼하고 싶은가?" 라고 문 교주는 물었다. 참 가정과의 결혼 그것은 모든 통일교 회원의 딸들의 꿈이었다. 나는 주저하지 않았다. 문효진의 아내가 된다는 것은 내가 언젠가는 통일교의 어머니가 되는 것을 의미했다. 나는 송구스럽고 또 영광으로 생각했다. 효진의 복잡한 여자관계는 개의치 않았다.

축복은 단순히 두 사람만의 결합이 아니고 두 사람의 영혼의 결합이다. 신이 효진을 정의의 길로 복귀시키겠지! 라고 믿고 있었다. 그리고 문 교주는 그 사명의 도구로써 나를 선택한 것이다. 부모님은 "네, 아버님(문 교주)" 하고 대답했고, 나는 그의 시선을 정면으로 쳐다보면서 대답했다. 문 교주는 말했다.

이 아이는 어머님보다도 귀여워. 나는 그 말을 들은 척도 안 했지만 문 교주 부인이 어떻게 생각하고 있을 지가 의문이었다. 나에게는 그녀의 얼굴을 쳐다볼 용기도 없었다.

나는 이 세상에 태어나 가족이나 친구로부터 귀엽다는 말을 자주 들어왔다. 물론 나보다 귀여운 소녀는 많이 있었다. 그렇지만 문 교주가 나에게 귀엽다고 말해주니 솔직히 기뻤다.

왜? 문 교주의 장남과 결혼시키기 위하여 나를 선택했을까? 그 이유를 정확히 파악은 못했다. 그저 나는 귀엽고 좋은 가정에서 태어난 좋은 학생이었다. 당시 그것으로 나에게는 충분한 설명이 되었다. 나이를 먹음에 따라서 나는 내가 선택된 제일의 이유는 젊음과 순박함이었다고 믿게 되었다.

나는 자칭 메시아가 결혼했을 때의 한학자보다도 젊었다. 문 교주의 이상적인 아내는 그가 그녀를 자기가 원하는 모습으로 형을 갖추어가는 동안 그것을 따르기에 충분히 젊고 수동적인 어린 처녀였다. 그때는 이를 증명했다. 그러나 나는 젊기는 했어도 수동적인 것과는 달랐다.

효진은 옆 방에서 기다리고 있었다. 문 교주는 나를 그에게 데리고 갔다. 어느 쪽이든 축복에 동의하지 않으면 안 된다. 우리들 어느 쪽도 진정한 선택의 여지가 없는 것도 알고 있었다. 우리들은 개인이 자기의 결혼 상대를 선택하는데 문 교주가 찬성하고 있지 않는 것을 잘 알고 있었다. 인연은 영적인 양립성에 기초를 둘 일이었지, 육적 매력은 상관이 없었다. 그것을 선택하는 수단을 문 교주 이상으로 갖는 개인은 없었다. 나는 자칭 메시아의 아들은 물론 다른 남자와 단 둘이 있었던 일은 한 번도 없었다.

나는 절을 하고 딱딱하게 효진 님과 인사를 했다. 그는 우리가 결혼한다면 나는 형식적인 님은 사용하지 않도록 하자고 말했다. 그는 나에게 소파에 있는 자기 옆에 앉으라고 했다. 그리고 나의 손을 잡았다. 나는 거절하려 했지만 너무 내성적이어서 거절하지 못했다. 서로 간에 이야기할 것이 아무 것도 없었다. 어색한 분위기가 흐른 몇 분 후에 효진은 문 교주가 있는 곳에 가야겠다고 말했다.

우리는 거실로 돌아왔다. 거기에서 문 교주는 기도를 하고 있었다. 우리들은 모두 손에 손을 잡았다. 문 교주 부인은 자기 손에서 루비와 다이아 반지를 빼서 우리들의 약혼을 굳히기 위해 내 손가락에 끼웠다.

문 교주 부부는 모두 눈물을 흘리며 효진이가 이제는 메시아의 아들로 적합한 것을 증명하게 되겠지라는 희망을 가졌다. 부모님과 내가 집에 돌아올 때 어머니가 차를 타시려다 머리를 강하게 부딪쳤다. 우리의 문화는 미신성이 깊은 문화이다. 세월이 지난 후 나와 어머니는 몇 번씩 물어봤다. 그 때 머리를 부딪친 것이 다가올 고통의 징조였다는 것을 감지하지 못한 것은 우리가 너무 우둔했기 때문은 아니었을까?

제3절 15세의 새 신부

1982년 1월 3일. 나는 미합중국에 불법으로 입국했다. 통일교는 나의 비자 취득을 위하여 뉴욕 시에서 열리는 국제 피아노 콩쿠르 출연에 관한 이야기를 거론했다.

나의 연주를 듣기만 해도 미 이민국에서는 곧 엉터리 조작극임을 알아차릴 것이다. 그런 콩쿠르가 실제 있다 하더라도 나와 같은 제한된 테크닉밖에 없는 피아니스트가 출연자 안에 있을 리가 없었다. 신청에 신빙성을 유지하기 위하여 문 교주는 똑같이 날조된 리사이틀을 위한다는 명목으로 리틀엔젤레스 예술학원의 피아노 부문 최고의 학생들을 나와 동행시켰다. 고백하지만 양친과 내가 남·여 동생들에게 손을 흔들며 안녕이라고 인사하고 미국으로 출발했을 때, 그 매섭고 차가운 겨울 밤, 이런 책략에 관해서 나는 죄책감을 느끼지 않았었다.

우리들은 인간의 법은 신의 계획에 종속한다고 하는 문 교주의 주장을 받아들이고 있었다. 그의 도리로 말하면 사기성으로 취득한 비자는 나와 문효진과의 성혼을 위한 신의 도구에 지나지 않았다.

실제로 나는 약혼하고 나서 6주 동안 거의 아무 것도 생각하지 않았다. 뒤돌아보면 내가 가장 좋아했던 것은 젠 파이로 장치한 도자기 인형이었다. 스위치를 틀면 인형은 움직이고 말하고 웃음을 짓는다. 나는 문자 그대로 하룻 밤 사이에 변신을 경험하고 그 변신에 어쩔 줄 몰라 하는 여학생이었다. 어느 날 나는 어른들이 진지하게 이야기하고 있는 자리에서 쫓겨나야만 하는 어린 아이에 불과했다. 그 다음 날 나는 참 가정의 일원이 되고 나서도 나는 항상 고개를 숙이고 공손한 자세로 윗사람을 대했다. 예의를 갖추는 것은 당연한 도리였지만 항상 어색하게 되풀이 되었다.

효진과 그의 양친인 문 교주가 미국에 돌아간 뒤, 엄마와 나는 소녀에서 이제 여자로 변신한 나를 위해 적합한 복장을 구하러 몇 주일이나 쇼핑을 해야 했다. 학교 제복도, 셔츠, 블루진도 이젠 그만 입어야 했다. 나 자신은 맞춤 옷 비즈니스 셔츠와 보수적인 드레스로 치장하게 되었다. 이 새로운 역할 속에서 어색하고 자연스럽지 못했지만 나는 모든 사람의 주목거리가 되었다. 자기의 명예를 칭찬받으면서 다음에서 다음으로 베풀어주는 만찬회에 초대받는 것을 즐거워하지 않는 어린 아가씨가 있을까? 나보다 몇 년이나 연상인 사람들로부터 이리 땅기고 저리 땅겨지는 데 머리가 흔들거리지 않을 사람이 있을까?

다가올 고난에 대한 예조가 있었다고 한다면, 그것은 바로 내가 나의 약혼자와 있는 동안 나도 모르게 엄습해오는 불쾌한 감정이었을 것이다. 12월 문효진이 단기간 단신으로 한국에 왔었다. 우리가 만날 때 나는 항상 긴장했다. 공통된 취미도 없었고, 그가 나에게 섹스에 대해 용서할 수 없는 압력을 가했기 때문이다. 엄마는 결혼에 관하여 읽으라고 몇 권의 책을 나에게 건넸지만, 성행위가 실제로 무엇을 의미하는 것인지 그때까지 나는 확실히 이해하지 못하고 있었다.

효진은 한국 방문 동안, 나를 서울의 문 가에 데리고 가 자기 방을 보여준다는 구실로 나를 자기 침대에 밀쳐 뉜다. 그는 말했다. "나와 함께 눕는 거야 나에게 맡겨. 우리는 곧 결혼할 테니까." 나는 시키는 대로 했지만, 분명히 경험이 있는 그의 손이 나의 몸을 더듬고 그의 손가락이 나의 겨울 옷을 한 장 또 한 장 셔츠에 기어드는 동안, 나는 다만 공포 속에서 몸을 움츠리고 있었다. 여기를 만지는 거야 하며 그는 자기 손으로 내 손을 그의 안으로 끌어들이면서 말했다. 여기를 쓰다듬어….

통일교에서는 결혼 전의 섹스를 엄밀하게 금지하고 있다. 문 교주는 인간의 타락이 성적인 행위에 의한 것이라고 주장하고 있기 때문에 결혼 전 또는 결혼 외의 섹스는 사람이 범할 수 있는 최대의 범죄 행위라고 가르치고 있었다. 나는 15세의 겁 많은 소녀로서 통일교의 자손 메시아의 아들이 요구하는 데로 응했다면, 우리 둘 다 영원히 지옥에 떨어질 위험을 무릅쓸 것을 각오하지 않으면 안 되었을 것이다.

나의 과도한 순진함을 그는 노하기보다는 재미있어 하는 것 같았다. 신이 효진을 그런 깊은 죄의 길에서 건져내기 위하여 나를 택한 것이라고 마음 속 깊이 믿고 있었다. 그러나 이 임무가 얼마나 험난하고 막중한 것이었는지를 나는 미처 생각하지 못했다.

대한항공의 제트기가 뉴욕의 케네디(JFK) 국제공항에 착륙했을 때조차 내가 아는 모든 사랑하는 사람들로부터 멀리 떨어진 세계, 미국에서의 생활이 실제로 어떤 것인지 전혀 생각하고 있지 않았다. 문효진의 새신부로서 신도들의 추앙을 받으며 여러 가지 행사 속에 틀어박혀진 철없는 나 자신, 그런 내가 어떻게 문 교주의 신의 가정에 휩쓸려 갈 수 있었을까? 게다가 품행이 단정한 소녀가 문효진과 같은 연상의 반항아적인 젊은이를 길들일 수가 있을지 같은 의문을 나 자신에게 던져본 일은 없었다.

뉴욕에 도착 비행기에서 내린 뒤 수많은 인파 가운데 양친과 떨어져서 세관조사를 받기 위해 줄을 섰다. 내가 큰 셔츠박스 둘을 건넸을 때, 제복을 입은 세관원이 어이없어 하는 듯 보였다. 그는 나에게 난폭하게 말을 걸어왔지만 나는 영어를 못했기 때문에 그의 질문에 답할 수가 없었다. 누군가가 나의 어시스트에 왔다 갔다 하며 소란스럽고 소리를 지르기도 하였다.

나는 세관원이 차분히 갠 의류를 대 위에 탁 놓고 화물의 열과 이면의 포켓을 찾고 있는 것을 보고 있었다. 그는 무엇을 찾고 있었던 것일까? 내가 무엇을 갖고 있다고 감지했을까? 세관원에게 의심받을 만한 것이 딱히 떠오르지 않았다. 피아노 콩쿠르를 위한 악보는 어디 있지? 짧은 여행에 무엇 때문에 이렇게 큰 화물을 가지고 왔지? 그가 본국에서 약혼 축하 때 받은 몇 천 달러나 되는 박스를 열고 있는 것이 아닌가? 통일교 간부들은 나에게 그것을 나의 차색의 수수한 드레스의 밑에 두라고 했었다.
　나는 문 교주에 대한 반감이 절정에 달한 시기에 합중국에 도착했다. 1978년에는 인민사원의 지도자 짐 존즈 선생이 가이아나에서 900명 이상의 신자들에게 청산가리를 넣은 쥬스를 마시게 해서 집단자살한 사건이 있었는데, 문선명은 존즈를 닮은 사회의 위험인물로 합중국에서 악평이 높아 있었다.
　미국의 신문들은 문 교주를 따르도록 세뇌된 젊은이들에 관한 이야기로 연속되었다. 나라 안에 탈세뇌자(脫洗腦者)들의 소규모적 회사들이 설립되어 그들의 부모들은 통일교 센터로 힘겹게 데리고 나와 재교육하기 위하여 돈을 지불해야 했다. 통일교에서 태어났기 때문에 나는 통일교가 그토록 논쟁거리가 되어 왔는지에 대해 직접적으로 거의 몰랐었다. 그저 세뇌라고 하는 말로 드라마적인 의문을 품고 있었지만 신입회원이 되면 옛 친구나 가족으로부터 떨어지거나 헤어져야 하는 것은 사실이었다.
　통일교 회원은 새롭게 전도된 사람을 통일교에 끌어들이기 위하여 그 사람에 대해 될 수 있는 한 많은 것을 알게 하고 개개인에게 적합한 권유법을 장려한다. 회원들은 신입회원과 일대 일의 친숙한 관계를 형성하여 사랑의 폭탄(일본에서 말하는 찬미의 샤워)을 퍼 부음으로써 감성이 예민한 젊은이들이 새로운 가정에 열광적으로 호응해 오는 것도 그리 이상한 일은 아니었다. 모든 것을 포용하는 이 종교적 공동체의 음흉한 동기를 의심하는 것은 대개 신입회원의 진짜 가족들뿐이었다.
　내가 미국에 온 그 해 공항이나 교통신호 건널목, 또는 가두에서 통일교를 위해 값싼 물건이나 꽃을 파는 젊은이들이 여행자들을 따라다니는 것을 많이 볼 수 있었다. 구걸한다는 것은 굴욕적인 일인데 문 교주의 신자들은 그것을 초연하게 잘 해내고 있었다. 구걸이 메시아의 사업을 지원한다고 알았을 때 돈을 구걸하는 것은 부끄러운 일이 아니었다.

　미국의 부모들이 문 교주의 신학에 많은 의문을 가지고 있듯이 미국 정부는 그의 재정에 의문을 가지고 있었다. 상원재정위원회의 유력 공화당원 모보트 돌 상원의원은 통일교에 대한 청문회의 결론으로 문 교주와 통일교의 탈세에 대하여 국세청(IRS)에 조사를 권고하고 있었다.

　나의 약혼 바로 1개월 전에 뉴욕의 연방대배심은 문 교주를 기소하여 1972년에서 74년에 걸쳐 소득세 탈세와 탈세 모의에 대하여 고발했다. 내가 JFK공항에서 받은 세밀한 조사는 내 셔츠박스의 크기보다도 이 기소 쪽에 관계되어 있었다는 것에 의심할 여지가 없었다. 나는 물론 이러한 것을 잘 몰랐다. 내가 알고 있던 것은 내가 참 가정에 들기 위해 미국에 왔다는 것뿐이었다. 문효진은 세관 밖에서 안절부절 기다리고 있었다. 세관을 나온 나는 시련의 고통을 양친에게 위안받으려고 둘러보았으나 효진은 나를 주차장으로 재촉했다.

　문효진은 문 교주로부터 약혼 축하로 받은 검은 스포츠카가 대령하기를 기다리고 있었다. 그는 작은 꽃다발을 들고 있었는데 너무 오래 기다려서 불안했던 나머지 그것을 나에게 건네는 것을 잊어버리고 있었다. 그는 너의 부모들은 이스트 가든에서 우리와 합류하게 되는 거야라고 했다. 나는 너무도 지쳐있었다. 대꾸할 힘도 없었다.

　뉴욕 맨해튼의 회사에서 일하는 중역 간부와 엘리트가 허드슨강 연안의 고풍스러운 전원에 홈을 갖춘 부유층의 교외 도시를 빠져나가 웨스트체스타군까지 뉴욕시에서 북으로 40분, 우리는 침묵 속에서 차를 달렸다. 늦은 시간 밖을 보기에는 너무도 어두웠다. 너무 피곤해져서 그저 담담했다. 주철로 된 검은 대문을 지나서 나는 조금 더 관심을 가지고 보기 시작했다. 드디어 이스트 가든에 도착한 것이다. 효진은 경비실 경비원에게 목례를 하고 길게 구부러진 길을 달리고 있었다. 어둠 속에서 조차 원활한 잔디 위에 나 자신 오랜 세월동안 공손한 마음으로 생활해야 할 확실한 장소에 입주하는 순간이었다.

한국의 우리 집에는 미국의 저택의 녹색잔디에 앉은 참 가정의 사진이 장식되어 있다. 나는 그 사진을 항상 보면서 거기에 촬영된 사람들은 완벽한 분들이라고 확고히 믿고 있었다. 고급스러운 옷을 입고 호화스러운 저택 앞에서 포즈를 취한 그들은 이상적인 가정임을 보이고 있었다. 우리는 항상 그 모범을 따를 수 있게 해달라고 빌었다.

문 교주 부부와 그들 열 두 아들 중, 위로 세 아이가 우리를 대문에서 맞아 주었다. 나는 아버님과 어머님(문 교주 부부)에게 절을 했다. 넓은 현관 사이를 빠져나가 황색 방이라고 불리는 아름다운 일광욕실로 안내되어 있을 때, 나는 또 한 대의 차가 오는 소리를 들었다. 부모님은 어디 계실까? 그들과 통일교의 장로들은 언제 오는 것일까? 문 교주 부부와 대화하게 된다면 어떻게 하지? 잡념이 끊이지 않았다. 집에 들어 갈 때 무거운 부츠를 벗으려고 멈춰 섰다. 한국에서는 우선 신을 벗지 않는 한 절대로 집안에 들어가지 않는다. 이것은 결벽증과 동시에 경의의 표시이다. 효진의 여동생 인진이가 나를 멈춰 세운다. 아버님을 기다리게 해서는 안 된다는 것이다. 황색 방에서 우리는 우리의 여행에 대해서 예의바른 말을 사용하여 대화했다. 나는 미소지으며 거의 말없이 시선을 떨구고 있었다. 얼마나 긴장해 있었는지 말로 다 표현할 수 없었다.

참 가정과 단신으로 동석한 적은 한 번도 없었던 나는 공포감과 경외하는 마음으로 거의 경직되어 있었다. 양친이 도착했다는 소식과 함께 차의 문 닫는 소리를 들었을 때 비로소 안도의 숨을 내쉬었다.

부모님이 아래층에서 이야기하고 있는 동안 효진은 나에게 집안을 간단히 안내했다. 저택은 크고 넓었지만 많은 아이들과 아이들 돌보는 사람으로 가득했다. 내가 미국에 왔을 때 문 교주 부인은 열 세 번째의 아이를 임신하고 있었다. 작은 아이들은 그날 밤 3층 병사와 같은 장소에서 자고 있었다. 침대 안에서 이불에 둘둘 말려서 자고 있는 아이들을 보고 한국의 나의 집이 생각났다. 마음이 다소 애달펐다.

문 일가에 인사를 고하고 운전사가 나와 양친을 벨베티아까지 데려다 주었을 때는 벌써 한밤중이 지나고 있었다. 벨베티아는 통일교가 소유하고 있는 손님 용 저택인데 이스트 가든에서 멀지 않은 곳에 있었다. 우선 부모님이 한 방으로 안내되고 다음으로 나는 지금까지 본 적이 없는 최고의 아름다운 방으로 안내되었다. 그 방은 복도 저 끝에 있었다. 핑크색과 크림색이 잘 배합된 색으로 장식된 방은 왕녀가 사용하면 좋을 듯이 보였다. 퀸 사이즈의 침대 거실 부분에는 커다란 쇼파와 기분좋게 앉을 수 있는 팔걸이 의자도 있었다. 크리스탈의 샹들리에도, 워킹 크로셋가 둘, 그것은 내가 어릴 적 서울에서 세들어 살았던 방의 몇 배나 더 큰 것이었다. 욕실은 아름다운 타일로 쫙 깔려 있는데 청색, 백색의 손으로 그린 타일은 1920년대 이 저택이 세워진 그 당시의 우아함을 담고 있었다.

이런 방은 물론 본 적이 없었다. TV도 있었다. 나는 TV 스위치를 만지작거렸다. 영어는 한 마디도 못했지만 곧 내가 무슨 콤마샬을 보고 있다고 알아차렸다. 강아지 사료의 콤마샬이라고 이해했을 때의 나의 표정을 사진을 찍어놨더라면 하는 생각이 들었다. 개를 위한 특별한 사료, 개가 갈색 경단으로 가득한 바구니까지 부엌 바닥을 뛰어노는 광경을 흥미 있게 지켜봤다. 한국에서는 개는 식탁에서 남은 것을 먹는다. 미국에서의 최초의 밤, 나는 경이로운 상념에 쌓이면서 잠

자리에 들었다. 나는 개가 자기 전용 고기를 먹을 정도로 풍요로운 나라에 살고 있다.

다음 날 아침, 운전사가 되돌아와서 나와 부모님을 문 교주가의 아침 식사에 데리고 갔다. 문 교주는 자기의 사업과 통일교의 일들을 이곳 이스트 가든 식당에서 아침 식사 시간에 처리한다. 매일 아침 간부들이 와서 전 세계에서 전개되고 있는 그의 사업에 대하여 한국어로 보고한다. 긴 정방향의 식탁에서 문 교주는 어느 계획에 자금을 제공할 것인가? 어느 회사를 매입할까? 어떤 인물을 승진시킬까? 아니면 좌천시킬까를 결정한다.

문 교주 아이들은 양친과 함께 식사하지 않는다. 그들은 매일 아침 첫 번째로 문 교주 부부에게 인사하러 아침 식탁에 온다. 그리고 식당에 데리고 가 식사를 하게 한다. 그러고 나서 학교에 가거나 놀거나 한다. 큰 아이들은 그들의 양친 문 교주와 나의 양친과 함께 아침 식사를 했다. 나는 손아래 어린이들이 새로운 언니를 엿보려고 취사장 문에서 들여다보고 있는 것을 알았다. 그들의 말소리에 마음 따뜻함을 느꼈지만 작은 여자 아이들이 한국어를 하지 못하는 것에는 다소 충격을 느꼈다.

문 교주는 한국어는 천국의 보편 언어라고 가르치고 있었다. 그는 말한다. 영어는 하늘 천국의 식민지에서만 말해지고 있다. 통일교 운동이 전진되면 통일교의 국제적인 공식 언어는 한국어인 것이다. 가톨릭의 회의가 라틴어로 행해지고 있는 것과 같이 공식 회의는 한국어로 행해진다고 했다.

나는 전 세계 회원에게 한국어 학습이 장려되고 있는 것을 알고 있다. 그러므로 내가 신의 언어라고 배웠던 것을 문 교주 부부가 자기 아이들에게는 가르치지 못한 사실에 대하여 당혹감을 느꼈다. 그 날 아침, 미국의 아침 식사의 기묘함에 압도되었다. 베이컨과 소세지, 계란, 빵 등이었다. 이 같이 많은 음식을 보고 나는 조금 메스꺼움을 느꼈다. 한국에서는 김치와 밥으로 간단한 조식에 익숙해져 있었다. 문 교주 부부는 주방의 형제 자매들에게 자기 마음에 드는 과일 파파이야를 내도록 했다. 그녀는 내가 그와 같은 이국의 맛있는 것을 먹어보지 않은 것을 알고 있었기에 맛보도록 재촉했다. 그녀는 나에게 레몬즙을 짜는 것을 가르쳐 주기도 했다. 나는 아무래도 먹을 수가 없었다. 그녀는 나 때문에 기분이 좀 안 좋은 듯 보였다. 어머니는 내 앞에 있는 파파이야를 먹고 문 교주 부부의 멋진 기호를 칭찬했다.

　문 교주는 내 마음이 편치 않음을 눈치 챈 듯 그는 직접 효진에게 아래와 같이 말했다. 난숙은 낯선 곳에 와 있다. 외국에 와서 전혀 말을 못하고 습관도 모른다. 여기는 네 집이다. 너는 그녀에게 친절하게 해주지 않으면 안 된다. 나는 문 교주가 나의 불안을 배려해주는 것에 고마움을 느꼈다. 반면, 효진은 아무 대답도 하지 않았다. 그렇다고 그것에 별로 신경쓰지 않았다.

　효진은 벨베티아까지 나를 마중 나와 주었지만 거기 있는 며칠 동안 자주 방문해주지 않았다. 나는 왠지 그가 두려웠다. 그 만큼 그는 나에게 친절을 보이지 않았다. 그러면서도 그는 나를 안으려고 했다. 나는 왠지 어색해 몸을 비켰다. 머지 않아 결혼할 상대이긴 했지만 남자와 함께있을 때 어떻게 해야 좋을지 몰라 했다. 왜 내게서 도망가는 거지? 그는 묻지만 내가 어떻게 나 자신이 너무 어려서 이해할 수 없었던 것을 그에게 말할 수 있을까? 나는 자칭 메시아의 아들의 영적인 파트너가 되는 것을 명예롭게 생각했지만 피와 살로 즉, 육체로서의 남자의 아내가 되는 준비는 되어 있지 않았다. 계속되는 4일 간을 나는 1년의 꿈속의 장면과 같은 날을 보냈다. 자주 바뀌는 낯선 장소들을 이리저리 이동하면서 피로감도 있었지만 앞에 전개되는 대규모의 행사들 때문에 오히려 담담할 뿐 아무 느낌이 없었다.

나는 문 교주 부부에게 기분이 상하지 않도록 실수하지 않으려고 조바심을 내면서 지시하는 장소에 갔고 지시하는 일을 했다.

문 교주 부인은 나의 어머니와 함께 교외의 도로에 쇼핑하러 데리고 갔다. 나는 이렇게 많은 물건을 본 적은 처음이었다. 문 교주 부인은 최고급 최고가의 상점으로만 다녔다. 마-카스에서 그녀는 나에게 입어보라고 하면서 좀 어두운 색, 점잖게 보이는 드레스 하나를 골라준다. 그러면서 자기는 밝은 빨간색이나 로얄 블루의 옷을 고른다. 나는 그녀가 나의 젊음을 불쾌하게 생각하는 것이 아닌가? 하고 생각했다. 아마도 남편이 나의 약혼 날, 나를 두고 그녀보다 귀엽다고 한 것을 들은 것 때문이었을까?

한학자와 같은 놀랄 만한 여성이 누군가에게 특히 나 같은 여학생에게 질투한다는 것은 이해할 수 없었다. 문 교주와 결혼했을 때의 그녀는 지금 내 나이보다 한 살 더 위였을 뿐이었다. 38세로 13명의 아이를 갖고 있어도 그녀의 피부는 아직 주름 하나 없이 얼굴은 절세의 미인이었다. 그녀는 표면적으로는 나에게 최선을 다 했다. 처음으로 나를 자기 방에 불러 더 이상 입지 않는 드레스 한 벌과 아름다운 금목걸이를 주었다. 나는 옷을 입어볼 때 그 목걸이를 풀고 실수로 싱크 위에다 잊어버리고 나왔었다. 그녀는 나중에 메이드에게 그것을 보내왔다. 문 교주 부인은 나에게 자기의 양복 단스와 지갑을 열어주었다. 하지만 나는 처음부터 그녀의 마음은 닫혀져 있다고 느꼈었다.

한국의 가정에서는 전통적으로 장남의 며느리의 지위는 높다. 맏며느리는 모친의 역할을 계승하고 가정의 꽃이 된다. 우리나라에서 말하는 맏며느리가 바로 그것이다. 문 가에서 내가 역할을 다 하지 못하는 것은 처음부터 분명했다. 나는 너무 젊었고 너무 어렸다. "나(문 교주)는 어머님(한학자를 두고 하는 말)을 키우지 않으면 안 되었는데 이번에는 며느리를 키우지 않으면 안 되게 되었다"고 늘 말하고 있었다. 나중에서야 나는 겨우 문 가에서 그 누구라도 외부인이 중요한 역할을 맡는 것은 허락되지 않는다는 것을 알아차렸다. 나같은 경우 가족모임 때 문 교주로부터 가장 멀리 떨어진 의자에 그것도 가장 나중에 앉을 권리가 있다는 것을 의미한다.

내가 공항에서 세관 직원의 주의를 끈 것을 생각하여 문 교주는 언젠가는 피아노 리사이틀을 여는 것이 안전할 것이라고 하여 그렇게 결정했다. 나는 당황했다. 연습도 하지 못했고, 악보도 갖고 오지 않았다. 어머니는 나에게 운을 띤다. 리틀엔젤레스 예술학원의 수업에서 외워둔 악보 슈만의 곡에서 뽑아낼 수 있지 않겠느냐는 것이었다. 나는 그것이라면 충분히 해낼 수 있다고 생각했다.

효진과 문 교주의 개인 보좌인 비타 김이 어느 날 오후, 나를 뉴욕시까지 차로 데려다 주어서 맨해튼 센터의 무대에서 연습하도록 해주었다. 맨해튼 센터는 통일교가 밋트타운에 소유하고 있는 코사트 홀 겸 레코드 스타지오로 그곳에서 리사이틀을 개최하기로 되어 있었다.

나는 문 교주의 검은 벤츠의 뒷좌석에 혼자 앉아 시의 마천루가 눈에 들어오는 것을 물끄러미 보고 있었다. 그것은 추운 잿빛 하늘의 1월 1일이었다. 특별한 감명은 없었다. 유일하게 나에게 남은 인상은 뉴욕 시는 왜 이렇게 생기가 없는 것일까? 하는 것이었다. 이후에 다시 생각해보니 당시의 나의 감정이 이입되어 그렇게 느껴진 것이었다. 창밖 딱딱한 콘크리트 건물의 모습도 얼어붙어 있는 내 모습과 같았다.

맨해튼 센터에서 우리는 교회 최고 간부인 한 사람 박보희 씨의 아름다운 딸 박훈숙과 만났다. 그녀는 효진과 동년배였다. 그녀는 그 후 문 교주가 창설한 한국 제일의 발레단인 유니버설 발레단의 발레리나가 된다. 어느 쪽이나 한국어가 능숙하게 말할 수 있는데도 둘이는 친밀하게 인사를 나눈다. 그들이 긴 시간 지껄이고 있는 동안 나는 거기에 침묵하고 서 있었다. 나는 내 볼이 달아오르는 것을 느꼈다. 왜 두 사람은 나를 무시하는 걸까? 왜 이렇게도 예의가 없는 걸까? 효진이가 나를 작은 한 방에 남겨 놓고 누군가 다른 사람과 이야기하러 갔을 때 정말 나는 화가 났다. 여기서 기다려라 하고 그는 마치 나를 말 잘 듣는 새끼 강아지 훈련이라도 시키는 듯 대하고 있었다.

그러한 것들이 다툼의 씨앗이 되었다. 나는 자꾸 오빠로부터 내 자존심이 짓밟힘을 당하고 있다고 느꼈다.

효진이 보이지 않게 되면, 곧 나는 찾으러 나갔다. 효진은 지금은 문 교주의 것이 되어 있는 옛 뉴로가 호텔과 연결되어 있었다. 통일교는 이 호텔을 회원들의 거처로 사용하고 있었다. 36층의 도로아 전체는 참 가정이 뉴욕 시에 머물 때 쓰기 위하여 잡아둔 것이다. 나는 이쪽저쪽 서성거리다가 자물쇠가 걸린 내 방문을 흔들었다. 효진은 되돌아와서는 자기 침대가 명령대로 제자리에 그저 있지 않는 것을 보고 화를 냈다. 나는 아무 말도 하지 않았지만 뭐 누가 나를 유괴라도 할까봐 그러는가? 하고 반문하고 싶었으나 아무 말도 하지 않았다. 뭐니 뭐니 해도 이 무례한 젊은이가 무엇을 할 것인지를 나에게 명령할 수 있다고 생각하고 있는 것이 나는 싫었다.

공연하는 날 밤, 몇 백 명이나 되는 회원이 콘서트 줄을 메웠다. 나는 그날 밤의 공연 중 아주 작은 일부만 맡았다. 나는 수 명의 피아니스트의 세 번째였다. 나는 우리들이 한국을 떠나기 전에 엄마가 사 준 핑크색 롱 드레스를 입었다. 낮에 먹은 초밥 탓인지 극장의 VIP석에 앉은 참 가정을 위하여 연주한다는 부담감 때문인지 위가 따끔따끔 아팠다. 효진의 여동생 인진이가 나에게 소화제 페리트 비스모르를 스푼으로 떠서 먹여 주었다. 그것은 효과가 있었다. 나는 이 핑크의 액체를 독프-드처럼 미국의 경이로움의 하나라고 생각했다.

나는 너무도 빨리 연주를 해버렸다. 청중들이 피아노 연주가 다 끝난 것도 모르고 있을 정도로 빨리 끝냈다. 그래서 박수가 나오기까지 사이가 생겼다. 나는 전체를 다 쳤고 몇 군데 밖에 틀리지 않았던 것으로 안심했다. 내가 음악실에 되돌아오자, 효진과 인진은 평상복으로 갈아입으라고 말했다. 나는 그날 밤 마지막에 연주자 전원의 무대 인사가 있는 것을 잊고 그들이 하라는 대로 했었다. 그런 평상복으로는 무대에 나갈 수 없었다. 그래서 다른 연주자와 함께 마지막 인사하러 나가지 못했다.

연주가 끝난 뒤, 뉴로가 호텔의 전용 스위트룸에서 문 교주는 매우 기분이 좋아 진짜 피아노 콩쿠르를 매년 행사로 정했을 정도였다. 그러나 문 교주 부인은 나에게 기분 나쁜 표정이었다. 왜 다른 사람과 인사를 안했지? 라고 그녀는 매우 나무랬다. 왜 옷을 갈아입었지? 하는 것이었다. 나는 놀랐다. 하지만 아무 말도 못하고 있는데 효진은 내가 머뭇거리고 있는 것을 보면서도 아무 말도 하지 않았다. 나는 그저 고개를 숙이고 꾸중하는 말을 듣고 있었다.

내가 어떻게 그녀의 아들이 그렇게 지시했다고 말할 수 있었으랴? 커텐콜에 나가지 않았던 것이 나의 범한 최초의 실수가 아니었다는 것을 알았다. 문 교주 부인은 또 내 실수를 기록하고 있었다. 그녀는 그것을 다음 날 리스트를 해가지고 어머니께 말해 왔다. 나는 무례하게도 부츠를 신은 채로 그들 집에 들어갔던 것이었고, 부주의하게도 넥크레스를 싱크 위에 잊어버렸다. 또 식사할 때 맛있게 먹지 않았다.

그리고 생각 없이 커텐콜에서 인사하지 않았다. 게다가 그녀는 엄마에게 효진이가 나의 숨 쉬는 냄새가 구리다고 전했단다. 문 교주 부인은 어머니에게 경고하는 말과 함께 구강 청결제를 나에게 보내왔다.

나는 충격 받았다. 첫 인상이 오래 계속된다는데 문 교주 부인과 나의 관계는 미국체제의 첫 주부터 나빠지도록 운명지어져 있었다. 문 가의 아이들과 학교 시간에 맞춰지도록 결혼식은 1월 7일로 정해졌다. 결 혼허가증은 없는 채였다. 우리는 혈액 검사도 하지 않았다. 나는 뉴욕주의 결혼 법정 연령보다 한 살 차이였다. 효진과 나의 성혼은 법적으로 맺어진 것은 아니었다. 그것을 나는 몰랐고, 신경도 쓰지 않았다. 오직 문 교주의 권위만이 중요했다.

우리는 그날 아침, 문 교주 부부와 아침식사를 같이 했다. 엄마는 나에게 잘 먹도록 권했다. "긴 하루가 될 것이다. 두 종류의 의식이 예정되었다. 서양식의 의식이 벨베티아의 도서실에서 행해진다. 나는 하얀 롱 드레스를 입고 베일을 쓴다. 그 뒤 한국 식의 결혼식이 있어서 효진과 나는 고향의 전통적인 의상을 입는다. 계속해서 뉴욕 시에서 피로연이 있기로 되어 있다."고 말씀해 주셨다.

어머니께서 문 교주 부인에게 나의 머리의 셋트와 화장을 미용사에게 받을 것을 물었을 때, 문 교주 부인은 돈만 허비하게 될 것이니 인진에게 받도록 하라고 말했다. 나는 인진을 참 가정의 일원으로서 존경하고 있었지만 자기의 친구로서 신뢰할 수 있을지 어떻게 될지 의문이었다. 그는 양친의 말대로 하여 나에게 친절했다고 칭찬받았지만 나에게는 나 자신 효진에게 좋아하는 타입이 아니었던 것처럼 그녀의 타입도 아니라는 것을 잘 알고 있었다. 그녀는 나의 얼굴에 분을 바르면서 나에게 충고하기를 만일 문 가의 아이들, 특히 효진에게 잘 보이려면 당신은 변해야 할 것이야. 그것도 서둘러서, 효진에 대하여 누구보다도 잘 알고 있지! 라고 나에게 말했다. 그는 얌전한 여자는 싫어하는 걸! 왁자지껄 떠드는 것을 좋아하고 파티를 좋아해! 만일 그를 행복하게 해 주려면 더 외향적이 되지 않으면 안 될 거야! 라고 했다.

결혼 직전에 효진이 나를 보러왔을 때, 충분히 만족한 듯 보였다. 그렇지만 나는 그의 행복의 원천일 수는 없을 것이라는 것을 알았다. 그는 그의 부친의 가장 사랑하는 검은 양이 아니고 좋은 아들이었다. 양친을 기쁘게 하기 위하여 지저분한 긴 머리를 자르는 것에도 동의했다.

내가 도서실과 이어지는 긴 복도를 혼자 걸어갈 때, 나이든 한 한국 여인이 속삭였다. 웃지 말아요. 그렇지 않으면 첫 아이를 딸을 낳게 될 테니까? 이 지시에 따르는 것은 어렵지 않았다. 내 결혼식 날, 이 날이 나의 가장 행복한 날이 될 줄 알았는데, 나는 아무 느낌도 들지 않았다.

웨딩 앨범을 보면 나는 소녀였다. 그저 울고 싶어진다. 사진 속의 나는 상상 이상으로 더 비참해 보인다. 도서실에 들어가 하얀 의식복을 입은 문 교주의 쪽을 향해 방을 가로질러갈 때, 양쪽에는 사람들이 매우 분비고 있었다. 때문에 도서실은 꽉 차 있었고, 대단히 더웠다. 그 전원이 양친을 제외하고는 모두 나에게는 낯선 사람들이었다. 그곳은 너무도 엄숙한 방이었다. 그 어두운 색의 널판지에는 별로 읽을 일이 없는 고서가 즐비했고 높은 천정에는 샹들리에가 드리워져 있었다.

이 같은 무대 안에서는 신이 나를 위해 그리고 신으로부터 지상에 천국을 건설하도록 책임지워진 참 가정의 미래를 위하여 세운 계획을 실천하고 있는 것이라고 믿지 않고는 견딜 수 없었다. 나는 신의 보다 큰 목적의 도구였다. 문효진과 난숙의 결혼은 하잘 것 없는 인간적인 사랑의 인연이 아니었다. 신과 문선명이 우리를 결속케 함으로써 그것을 미리 예정하셨던 것이다.

　벨베티아의 윗 층에서 행해진 한국 식 의식은 보다 소수인이 참석했다. 출석자는 가족과 통일교 간부들이었다. 문 교주 일가는 생애에서 가장 중차대한 일을 신속하게 처리하고 있었다. 그러므로 다시 부를 때까지 머리를 전통적인 스타일로 만들어야 할지 준비가 없어도 될지 하며 고민하였다. 나는 한국식 의식대로 볼에 연지를 칠하는 것을 잊고 문 교주 부인과 주위의 여성들로부터 주의를 받았다. 효진과 나는 먹는 것과 한국 술이 얹혀 있는 반상기 곁 참 부모님(문 교주 부부)의 앞에 섰다. 많은 아이를 두고 싶다고 새 색시의 바람을 상징하는 민족 전통의 일환으로 과일과 야채가 나의 펼쳐진 치마폭에 뿌려졌다. 실제적인 의식에 대해서는 거의 기억하고 있지 않다. 너무도 지쳐있었기 때문에 주의를 집중시키기 위해서는 교회 공식 카메라를 의지해야만 했다. '여기서 있어' 라든가 '이렇게 말해' 라든가 하는 명령을 고맙게 생각했다. 움직이고 있으면 쓰러지지는 않으리라.

　맨해튼 센터의 연회장에서 열리는 피로연을 위하여 옷을 갈아입기 위해 운전사가 효진과 나를 이스트 가든으로 태워다 줬다. 그는 우리를 저택과 이어지는 언덕 위에 작은 석조 건물 앞에 내려놓았다. 하얀 포치와 매력적인 돌의 화사한 집은 마치 동화 속에 나오는 것 같은 집 같이 보였다. 효진과 내가 살 집이었다. 우리는 이 집을 코테지 하우스라고 불렀다. 1층에 거실과 객실 그리고 작은 식당이 있었다. 2층에는 작은 욕실과 침실이 둘, 나는 우리들의 스-츠케이스가 넓은 침대 쪽으로 옮겨지는 것을 보았다.

　효진은 섹스를 하고 싶어 했다. 나는 밤까지 기다려 달라고 부탁했다. 참 부모님은 우리가 한 시간 이내에 준비를 다 하도록 기다리고 있었다. 그러나 그는 자기 욕망을 채우려고 했다. 나는 결코 그의 앞에서 벌거벗고 싶지 않았다. 그러나 그를 이길 수 없었다. 옷을 벗으려던 찰나에 침대 속으로 미끄러져 들어갔다. 14년간을 늘 그런 식으로 생활해 왔다. 엄마가 준 책을 읽고 있었지만 성관계의 충격에 대해서는 전혀 준비가 되어 있지 않았다. 효진이가 내 위를 덮쳤을 때 나에게는 무엇이 일어났는지도 몰랐다. 그는 처녀성을 빼앗는다는 것에 흥분해하고 만족해하였다. 그는 나에게 무엇을, 어떻게, 하는 지를 지시했다. 나는 그저 그의 지시를 따를 뿐이었다. 그가 내 안에 들어왔을 때 나는 그저 통증을 참고 소리 지르지 않는 것뿐이었다. 그가 끝날 때까지 그리 많은 시간은 걸리지 않았다. 몇 시간이나 내 내면은 통증으로 불타는 것 같았다. '이것이 섹스구나' 라고 계속 생각했다.

나는 아픔과 피로와 굴욕으로 울기 시작했다. 우리가 밤까지 기다리지 않았다는 것은 잘못된 일이라고 느꼈다. 효진은 나를 잠잠하게 하려 애썼다. 그는 내 느낌에 대해 알고 싶었던지 좋지 않았어? 라고 물었다. 나는 어린 아이처럼 울면서 통증을 호소했다. 아프단 말이에요. 효진에게는 애인이 많이 있었다. 그가 자기의 죄를 이렇게 무감각적으로 오만한 태도로 고백하는 것에 더욱 충격과 상처를 받았다. 그의 날카로운 음성과 노도 같은 질타에 나는 더더욱 울음을 그칠 수가 없었다. 섹스는 혹독했고 남편은 그것보다 더 잔인했다.

우리가 옷을 입는 동안 주방 회원의 형제자매가 참 부모님이 차에서 기다리고 있다고 부른다. 우리는 아래층으로 달려 내려가 검은 리무진의 후론토시트에 올라탔다. 문 교주 부인은 나를 흘겨본다. 왜 이렇게 늦었지? 라고 그녀는 잔소리를 퍼붓는다. 기다리고 있는 사람들이 있잖아! 효진은 아무 말도 안 하고 있었지만 빨갛게 상기된 얼굴과 급하게 입은 옷이 우리들의 행위를 드러내고 있었다. 마침 문 교주 부부가 뒷좌석에 있어서 나의 굴욕적인 모습이 보이지 않는 것을 다행

스럽게 생각했다.

맨해튼까지 가는 동안, 나는 잠들어 있었으나 잠깐 뿐이었다. 맨해튼 센터 연회장은 식탁과 회원 수백 명으로 채워졌고 거의가 미국인이었다. 우리가 입장하고 메인테이블 좌석에 도착한 즉시 그들이 갈채를 보냈다.

나는 이런 식의 대소동에 질렸지만 내 앞에는 아직 더 많은 연회장과 만찬이 기다리고 있었다. 저녁은 스테-끼와 벡쿠트, 포터토 아이스크림과 케익 등의 미국 식의 식사였다. 어머니는 나에게 잘 먹으라고 했지만 모든 음식이 모래알을 씹는 것 같았다. 연회장은 한국식이었지만 연회 모두가 영어로 진행됐다. 효진과 나의 영예를 축하하는 많은 말들과 축배들이 있었지만 아무것도 이해하지 못했다. 타인이 웃음을 지을 때 웃음 짓고 타인이 손뼉 칠 때 나도 손뼉 쳤다.

언어의 장벽에 부딪혀 나 자신의 결혼식에서 혼자 외톨이가 된 기분이었다. 나는 이 집단 안에 있었지만 그 일부는 아니었다. 문 가의 전원이 노래하고 손뼉을 치는 것을 둘러보고 있었다. 모두가 행복해 보였다. 그것은 흥분된 광경이었다. 역시 영어를 잘 이해하지 못하는 아버지가 나에게 무엇인가 짧게 코멘트 하라고 하는 것 같았다. 나는 깜짝 놀라서 "영어로?" "아니 아니," 아버지는 나에게 안심을 시켜 주었다. "효진이가 통역해줄 거야"라며 아버지는 다음과 같이 말하라고 하였다. "하나님과 문 교주님께 감사하고 효진에게 좋은 아내가 되도록 약속한다"고 나는 그대로 말하고 인사를 대신했다. 방 여기 저기에서 한국인이 아닌 손님들이 그녀는 뭐라고 했지? 하는 말로 웅성대는 것을 보고 효진은 아니 별 것 아니에요 하는 것이었다. 그리고는 영어로 자기 자신의 코멘트를 늘어놓았다. 그는 굉장한 갈채를 받았다.

나는 박수를 칠 때 내 손을 그대로 무릎 위에 두었다. 문 교주는 나에게 손을 테이블 위에 올려 놓고 자신의 결혼식의 기쁨과 효진에 대한 감사를 더 확실하게 표현하므로 갈채를 받으라고 했다. 나는 그의 지시대로 했지만 깊이 생각하고 있었다. '나는 정말 바보야.' '뭣 하나 제대로 못해!'라는 불만이 급습했다. 우리가 이스트 가든에 돌아온 후에도 행사는 끝나지 않았다. 한국의 전통에서는 결혼식에 온 손님들이 신랑에 의한 신부의 상징적 약탈에 대하여 신랑의 발바닥을 몽둥이로 때린다. 코테지 하우스에 돌아와 보니 이 의식적인 공격에 대비하여 효진은 양말을 몇 겹이나 신고 있었다. 효진이 도망갈 수 없도록 발목이 끈에 동여 메여 있는 것을 보며 문 교주 부부는 웃었다.

나는 부드러운 쇼파에 앉아 사람들이 하는 것을 보고 있었다. 쇼파는 나를 그대로 잠들게 해 버릴 것 같았다. 모든 사람이 나더러 조용하고 얌전하군! 이라고 말하는 것을 들었다.

다음 날 아침, 우리 전원은 문 교주 조찬 식탁에 모였다. 효진은 어떻게 됐는지 모르지만 아침 일찍부터 모습이 보이지 않았다. 나는 문 교주 부부의 시중을 들기 위해 그들 곁에 머물러 있었다. 나는 참 가정의 일원으로 내가 해야 할 역할에 확신이 없었다. 내 남편은 나를 안내할 도움이 되어 주지 않았다. 나는 자연적으로 문 교주 부인의 시녀 역으로 낙찰이 됐다.

결혼식이 끝날 때까지 아무도 나에게 신혼여행에 대해서 말하지 않았다. 효진은 하와이로 가고 싶어 했지만, 문 교주는 그 대신에 플로리다를 권했다. 우리의 신혼여행은 보통 신혼여행이 아니었다. 우리는 남편과 아내와 문 교주의 개인적 보좌 비타 김과 기묘한 3인조를 구성하고 있었다. 문 교주는 비타 김에게 5,000달러를 건네고 우리를 플로리다까지 차로 데려가도록 지시했다. 우리가 어디로 가는지 혹은 무엇을 할 것인지에 대해 누구도 나에게 알려주지 않았다. 나는 완전히 고독했다. 두 남자가 언제 어디서 먹고 자고 할 것을 정했다. 나는 그때 가소린의 도이레에서 눈물을 참으려고 애썼던 것을 기억한다. 나는 핸드 드라이어가 어떻게 하면 움직이는지를 몰랐다. 그것이 열풍을 뿜어내는 것을 멈추지 않았을 때, 망가트린 것이라고 생각했다. 짧은 시간에 생긴 일이었지만 그것은 고독한 시간이었다. 이렇게 단순한 것 조차 나에게 도움을 줄 만한 사람은 아무도 없었다.

플로리다에 도착하자 비타 김이 나에게 디즈니월드에 데려다 주겠노라고 말했을 때, 약간 기분이 좋았다. 나는 15세의 소녀가 아닌가! 이 이상 멋진 바캉스 스포트는 상상도 못했었다. 그러나 효진은 별로인 듯 했다. 그는 예전에 몇 번이나 왔었기 때문이었다. 그래도 할 수 없이 오란드에서 머무르기로 동의했다. 추운 날이었다. 가느다란 안개비가 내리고 있었는데 나는 신경 쓰지 않았다. 메인 스트리트 U.S.A를 신데렐라 성으로 걸어가면서 왜 사람들이 디즈니월드를 마법의 왕국이라고 부르는지를 바로 이해할 수가 있었다. 나는 밋가 마우스장 같다는 봉제 완구 캬레쿠타가 없는지 둘러봤지만 한 사람도 볼 수가 없었다. 도착 10분 후 효진은 지루하다면서 돌아가고 싶어 했다. 나는 그의 제멋대로 하는 것을 보며, 아연실색했지만 벤츠에 돌아가는 그의 뒤를 따라갔다.

문 교주는 내가 아메리카의 일부를 볼 수 있도록 자동차 여행을 권했지만 효진은 곧 이 계획도 취소했다. 그는 이스트 가든의 경비원의 한 사람을 플로리다까지 비행기로 불러서 차를 되돌려 보냈다. 그리고 나에게 말했다. 우리는 비행기로 라스베가스에 간다.

나는 라스베가스가 어딘지 전혀 몰랐지만 효진도 비타 김도 설명해 주려 하지 않았다. 두 사람은 모두 다 문 교주 부부와 내 양친이 거기서 휴가를 보내고 있다고 말해주지 않았다. 나는 여기서 부모님과 만

나리라고는 꿈에도 몰랐다. 부모님이 앉아 있는 테이블에 가려고 레스토랑 가운데를 걸어갔는데 엄마는 내가 걸어오는 동안 멍청해 보였다고 하면서 나를 엄하게 꾸짖는다. 엄마에게 말했다.

만약 문 교주 부부가 거기에 있는 것을 알았으면 그것은 예의 바르지 못한 것이 되겠지요? 하지만 나는 몰랐었어요.

라스베가스가 캠프하의 천국이었다고 알았을 때, 나는 더욱 혼란했다. 호텔의 레스토랑에는 카지노와 슬롯머신이 있었다. 이런 장소에서 우리들은 무엇을 하고 있는 것일까?

통일교의 가르침으로는 도박은 엄격히 금지되어 있다. 어떠한 종류의 도박도 가족을 해하는 사회악이어서 문명의 쇠퇴에 공헌할 뿐이다.

그러면, 왜 참 가정의 어머님 한학자는 코인이 든 컵을 흔들면서 한 장, 또 한 장, 열심으로 코인을 슬롯머신에 넣고 있는가?
자칭 재림 메시아 문선명, 이 분은 성전에서 돈 바꾸는 장사꾼들을 내어 쫓는 신성한 남자의 후계자라면서 몇 시간이나 블렉잭의 테이블에서 시간을 보내는 것인가?

나는 물을 용기는 없었다. 그렇지만 물어볼 필요도 없었다. 죄의 소굴이라고 배워왔던 장소에 우리가 와 있는 이유를 문 교주는 기꺼이 설명해 주었다.

"재림주로서 죄인들을 구하기 위하여 그들과 함께 섞여 교제하는 것이 나의 의무다"라고 그는 말했다. "그들에게 죄를 생각나게 하기 위하여 그들의 죄를 이해하지 않으면 안 돼. 너는 내가 스스로 브랙잭의 테이블에 앉아서 도박하고 있는 것이 아니라는 것을 알았겠지!"

비타 김이 대신 앉아서 문 교주가 그의 뒤에서 지시하는 것에 따라 도박금을 놓고 있다. 그러므로 나 자신이 실제로 도박하고 있는 것이 아니라는 것을 알겠지! 라고 그는 나에게 말했다. 비록 메시아의 입에서부터 나온 말이라도 15세의 어린 신부이지만 나에게도 괴변은 괴변이었다.

제4절 이스트 가든에서 목도한 것

이스트 가든에 되돌아왔을 때 통일교 회원의 입장에서 본다면, 나는 기성부인이었다. 그러나 아무리 보아도 나는 여전히 학교 교육이 한참 필요한 어린 소녀였다. 문 교주 가정에 비하면 나의 신분은 비교도 안 되게 뒤처져 있다고 의심없이 받아들이고 있다 해도 아직 나는 학교 교육이 절실하게 필요한 형편이었다.

남편은 19세로 아직 학교를 끝내지 못한 처지인데 그를 별도로 하고 문 가의 아이들은 사립학교에 다니고 있었다. 문 교주 부인은 분명하게 말하기를, "너 때문에 1년에 4,500달러나 되는 사립학교에 그 많은 학비를 지불할 생각은 없다. 공립학교로 충분해!"라고 했다.

2월 초, 비타 김이 차로 나를 구빈튼학교까지 데려갔으며 나를 10학년으로 입학시켜 주었다. 우리들은 우선 노트 한 권과 연필 몇 자루를 사기 위해 콘비넨스 스토아에 들렀다. 나는 홍난숙이란 이름을 사용하기로 되어 있었다. 나의 결혼이나 문 일가의 관계는 아무에게도 알려져서는 안 된다. 비타 김은 교장에게 자신을 나의 후견인이라고 소개했다. 나의 성적표도 그에게 보내지게 되어 있었다.

서울의 리틀엔젤레스 예술학원에서는 나는 반에서 위에서부터 10등 안에 드는 학생이었다. 그러나 미국학교에 다닌다는 그 자체가 나를 두려움에 떨게 했다. 전형적인 외국의 학교에서 소란스럽기 그지없는 복도를 비타 김의 뒤를 따라 다니면서 내 뒤에서 또 내 옆에서 나를 추월해 달려가는 틴에이져들의 웃음소리와 단정치 못한 그들의 복장을 보고 있었다. 원기 왕성한 집단과 댄스파티의 광경에 내가 어떻게 하면 어울릴 수 있게 될까? 영어로 가르치는 교사의 말을 어떻게 해서 이해할 수 있을까? 학교에서는 성실한 학생, 가정에서는 온순하기만 한 아내로서 어떻게 양립할 수 있을까? 이중생활 속에서 나는 고독 이외에 설 자리가 있을까?

나는 문 교주 부부에게 아침식사 식탁에서의 인사를 위해 매일 아침 6시에 일어났다. 주방에서의 아침시간은 늘 대 소동이다. 문 교주 부부가 아침 몇 시에 내려오는지 아무도 확실하게 모르고 있었으나 그들 부부는 내려오면 곧 식사가 나올 것을 기대하고 있었다. 그러나 흔히 있는 일이었지만 문 교주 부부가 별도의 것을 요청할 때면 그들은 정신을 못 차리고 당황해 했다.

나는 그들 부부가 여러 통일교 간부들과 식탁에 도착하기 전에 부엌에서 가벼운 식사를 하였다. 그리고 나서 그들이 나타나면 그들 앞에 꿇어 앉아 절을 하고 "가도 좋다" 하는 말이 떨어지면 운전수가 나를 차로 학교까지 데려다 주었다.

항상 아침에는 매우 피곤했다. 왜냐하면 효진이 밤 12시가 되기 전에는 결코 돌아오지 않았기 때문이다. 게다가 돌아오면 꼭 섹스를 요구하곤 하기 때문이다. 그는 자주자주 술에 취해 있었고, 데비러와 찌든 담배 냄새를 한껏 피우면서 고데지하우스의 계단을 비틀거리며 올라온다. 나는 그가 나를 내버려두기를 기대하면서 잠자는 척 하고 있지만, 좀처럼 그럴 수가 없었다. 그의 요구에 봉사하기 위하여 거기 있을 뿐이었으며 나 자신의 요구같은 것은 문제도 되지 않았다.

아침에는 잠에 흠뻑 빠져 있는 그이지만 혹 잠에서 깰까봐 발끝으로 방안을 걸어 다녔다. 그는 한낮이 될 때까지 잠을 잔다.

때로는 내가 학교에서 돌아올 때까지 자고 있을 때도 허다하다. 그는 일어나면 샤워를 하고 그리고는 맨해튼에 나가 마음에 드는 나이트클럽 라운지 코리안 빠를 돌아다닌다. 19살이긴 하지만 낯익은 한국인 빠에서 술 대접받는 일은 어렵지 않았다. 그 당시 15살의 남동생인 홍진이도 16세인 인진이를 데리고 심야에 술 마시는 여행을 떠나는 일도 있었다.

꼭 한번 나를 유인한 적이 있었다. 우리는 차로 담배냄새가 자욱한 코리안 나이트클럽에 술 마시러 갔었다. 문의 아이들은 늘 오곤 하기 때문에 호스테스는 모두 친절하게 인사한다. 웨이터가 효진에게 골드 데기타 한 병과 빈풀 라이트를 한 상자 갖고 왔다. 인진과 홍진은 효진과 함께 마시고 있었다. 나는 그 사이 코카콜라를 홀쩍이고 있었다.

내심 울지 말자고 다짐했지만 아무리 다짐을 해도 눈물이 흘러 내렸다. 우리들은 이런 곳에서 무엇을 하고 있는 것일까? 어릴 때부터 나는 통일교 회원은 빠에는 가지 않는다. 문 교주의 신도는 알콜을 마시지 않으며 담배도 안 된다고 가르침을 받아 왔다. 참 부모님(문 교주 부부)이 온 세계에 다니면서 해서는 안 된다고 비난하고 있는 행동을 문 교주의 자칭 참 자녀님들이 자행하고 있는 동안 내가 어떻게 그들과 함께 이곳에 앉아있을 수가 있단 말인가? 혼란스러웠다.

내가 발을 들여놓은 이 깜짝 놀랄 집의 거울 속에서는 그들의 행동은 하등의 문제가 되지 않았다. 반대로 나의 행동이 문제될 뿐이었다. 너는 어째 이런 꼴을 하고 있어? 라고 효진은 나를 다른 테이블로 옮기면서 꾸짖듯이 묻는다.

모두가 즐거움을 무대로 하고 있어, 우리는 즐기려고 온 거야! 너를 애먹이려고 온 것이 아니야!

인진은 내 옆에 와서 앉는다. 그리고는 울음을 그치지 않으면 효진은 무척 성낼 걸! 하고 나에게 근엄하게 경고한다. 당신이 이렇게 행동하면 그는 당신을 좋아하지 않을 걸? 내가 미쳐 마음이 진정되지 않고 있는데 남편은 가자! 이년을 집으로 데려 가야겠어! 하고 소리를 지른다. 이스트가든까지 긴 드라이브 하는 동안 아무도 나에게 말을 걸어오지 않았다. 난방이 지나치게 켜져 있는 차 안에서 그들의 경멸이 피부에 와 닿는 것을 느꼈다. 울지 말아야 해! 하고 나는 거듭 나 자신에게 말했다. 곧 집에 도착할 거야! 나를 내려놓기 직전 효진은 나와 동급생인 한 사람을 태웠다.

그녀는 축복의 자녀로 문 가 형제들의 친구였다. 그녀는 뒷좌석에 몸을 꼬고 내가 있는 것조차 알아차리지 못했다. 그들은 뉴욕에 돌아가려고 성급한 나머지 차도에 미끄러져 차바퀴의 자국까지 남기면서 커브를 틀었다.

그날 밤은 그렇게도 많이 울면서 잠들었던 최초의 밤이었다. 침대 옆에 무릎을 꿇고 나는 몇 시간이나 하나님께 도움을 빌었다. 만약 당신의 뜻을 실현하기 위하여 이곳에 나를 보내셨다면 부디 저를 인도해 주십시오. 라고 나는 빌고 또 빌었다. 나의 어린 마음을 통해 만약 내가 이 세상에서 하나님을 실망시키면 내세의 천국에서는 하나님과 함께 할 수 있는 장소에서는 거부당한다고 믿고 있었다. 하나님 곁에 갈 수 없는 것이라면 이 세상에서의 행복한 생활이 무슨 유익이 있을까?

다음 날 아침 일찍 어머님이 아들을 자기 방으로 불렀을 때 나의 무릎은 카펫에 스쳐서 벗겨져 있었다. 효진이랑 다른 아이들은 아직 귀가하지 않고 있었다. 어머님은 알고 싶은 것이었다. 다른 아이들은 어디 있지? 왜 너는 함께 있지 않았냐? 그녀의 앞자리에 꿇어 앉아 나는 전야의 된 일을 이야기 하면서 흐느껴 울었다. 이 무섭고도 무거운 짐을 어머님과 나눌 수 있는 것은 큰 위안이었다. 어쩌면 무언가 변할지도 모를 일이다. 어머님은 매우 화를 냈지만 내가 기대하고 있었듯이 효진에 대해 하는 화가 아니었다. 그녀는 나에게 노발대발하고 있었다.

너는 바보같은 계집이야! 자기 자신이 무엇 때문에 미국에까지 왔다고 생각해? 효진을 바꿔놓는 것이 네가 할 의무야! 너는 하나님과 문 교주를 실망시켰어!

효진이 집에 있고 싶어 하고 안 하고는 너에게 달렸단 말이야! 내가 어떻게 그녀에게 사실 대로 다 말할 수가 있을까? 금녀의 자식이 집에 있어도 사실은 조금도 달라지지 않는다는 것을! 그는 코테지하우스의 거실을 자신의 록그룹 나-밴드를 위하여 점하고 있다. 나는 그들이 철야로 연습하는 것이 너무 싫었다. 그들이 연주하기도 하고 스테레오 음악을 듣거나 하면 온 집안이 울린다. 효진은 클래식 음악이 나를 즐겁게 했다고 주장했지만 내가 그의 밴드를 싫어하는 것은 그들이 연주하는 음악 때문이라기보다는 우리 가정에서의 그들의 민망한 짓 때문이었다.

밴드 멤버는 저녁 때 모이기 시작하여 가까이에 사는 다른 축복의 자녀(합동결혼)가 함께 섞이는 일이 많았다. 기타의 츄-닝 소리가 들리면 곧, 마리화나 냄새가 내가 숙제를 하고 있는 이층까지 곧바로 올라온다.

효진과 그 친구들은 내가 충격받는 것을 재미있어 하고 있었다. 그런 줄을 알고 있긴 했지만 실제로 그들에 대한 내 감정은 서로 모순되고 있었다. 금지되어 있는 행동에 함께 행동하고 싶지 않았었다. 그러나 교과서를 가지고 이층에 있을 때 나는 너무나도 외로움을 느꼈다. 나는 고독했다. 그들에게 가서 섞이고 싶지는 않았다. 그러면서도 섞이도록 권유해주기를 열망했다.

나는 상·하가 거꾸로 된 세계에 살고 있었다. 이제까지 계속 교육받고 있던 것을 믿고 있는 것에 대해서 바보취급을 당하고 내 자신의 잘못이 아닌 다른 사람의 실수로 윗사람에게 질책을 당하는 것이다.

어떻게 문 교주 부인에게 이를 고할 수가 있을까? 아이들이 빠에

다니는 것은 그들이 죄로 여기는 것 중에서는 가장 경한 것이었다. 그녀가 나에게 잔소리를 퍼 부을 동안 나는 줄곧 입을 다물고 있었다. 문 교주 부인이 나를 자기 방에 불러 앉히고 내 과실을 늘어놓았을 때는 그 후였다. 난숙은 학교에 결혼반지를 끼고 갔다느니 효진의 옛 걸프렌드에 관하여 묻고 다니는 따위를 인진이가 말을 했다고 한다.

나는 그런 말들을 전혀 하지 않았다. 그렇다고 나 자신을 옹호하기 위해 그들의 자녀들을 비판하는 것은 도저히 용서받을 수 없는 일이었다. 나는 나의 어머니에게 그렇게 설명하려 했지만, 어머니도 더 조심하여 참 가정의 감정을 해치지 않도록 해야 한다고 충고하실 것 같았다. 보다 성숙한 인간이 되기 위하여 그것은 불가하다고 생각하였다. **나는 부딪히는 일마다 비난거리가 되었고, 비판을 받고, 공평한 심문도 없이 유죄로 판결되었다. 너무나도 자주 거짓 고발을 당했기 때문에 나는 좀처럼 간단하게 사랑을 받을 수가 없게 되었다.**

나의 친 부모와 형제들이 한국에서 와 준다면 하고 얼마나 바랬던지! 문 교주 부부는 결혼식 후 친아버지를 서울로 되돌려 보냈다. 오빠도 아직 서울에 있어서 고교 졸업과 미국에서 아내와 합류하기 위해서 비자가 나오기를 기다리고 있었다. 미국에 오면 자기 자신의 생활로 바쁠 것을 알고 있었다. 그는 하버드대학 입학을 계획하고 있었다. 오빠가 학업에서 성공하는 것은 메시아의 명예가 되는 것이니까. 문 교주는 기꺼이 그를 보내고 싶어 하는 것 같아 보였다. 나는 오빠 때문에 전전 궁금하고 있었지만, 나 자신을 위해서는 슬프기만 했다. 나는 나를 미워하는 이들로부터 에워싸여서 이스트 가든에 머물러 있지 않으면 안 되었다.

문 교주의 셋째 딸 은진이는 예외였다. 그녀는 나보다 한 살 아래인데 역시 인진과는 사이가 좋지 않았다. 나는 이스트 가든에 온 직후 그녀와 친해질 수 있었다. 처음으로 수개월 간의 인진의 친절을 감사하였다. 모든 것이 너무 새삼스럽기만 하여 나는 실수하지 않으려고 무척 걱정하면서 지냈다. 예를 든다면 이스트 가든에서 아침 일찍 예배에 처음으로 참석했을 때 나는 길고 하얀 예복을 입었지만 문 교주가의 전원은 스쯔랑드레스 차림이었다.

나는 후회스러웠다. 그 기분은 엉뚱한 옷차림을 하고 나온 틴에이져로 밖에 보이지 않았으리라. 나 자신 무지했던 것도 있었지만 이렇게 간단한 습관을 아무도 나에게 가르쳐 주지 않은 일에 대하여 상처를 받았다. 그 후 은진은 그 일에 책임을 지고 가족의 모임이나 통일교의 의식에서 어떻게 해야 한다는 것을 늘 가르쳐 주었다.

경배의식은 문 교주 부부의 침실에 인접한 서재에서 행해졌다. 나는 이 같은 의식에서 내가 일곱 살 때부터 암송해 온 소원의 말씀을 문의 아이들은 모르고 있는 것을 알고 깜짝 놀랐다. 경배식 후 통일교 형제자매들이 참 가정의 경식(經食)을 가져왔다. 쥬스, 치즈, 케잌, 도너츠, 데닛 등.

문 교주는 본 고장의 회원들을 모으고 6시에 벨베티아에서 정례설교를 했지만, 우리가 벨베티아에 갈 시간까지 나는 문 교주 부부의 시중을 든다. 그는 한국어로 이야기하기 때문에 나 같은 젊은 여자로서 매주 문 교주의 설교를 들을 수 있는 것은 하나의 영예였다. 나는 간단히 이해할 수 있었다. 그는 특히 통찰력이 있다든가 뛰어나게 카리스마적이라든가 하는 것은 아니었다. 실제로 그는 그 어느 쪽도 아니었다. 대개의 경우 그는 도덕적인 사람이 되는 것에 의하여 하나님과 인류에게 이바지하도록 우리들을 고무시켰다. 그것은 드높은 신의 부르심이었다.

주일 아침, 벨베티아의 정해진 방에서 있었던 설교는 우리들 모두에게 얼마나 경하스러웠던지 우리들의 선량함에 의해서만이 세계를 변화시킬 수 있다고 충심으로 믿고 있었다. 우리들의 신념에는 순수함과 상냥함이 있었지만 통일교 회원들은 칼트 주의에 유혹되었는지도 모른다. 하지만 우리들의 거의는 칼트 주의자는 아니었다. 우리들은 이상주의자였다.

문 교주의 다른 아이들이 뉴욕에서 술을 마시고 있는 사이 은진과 나는 밤늦게까지 저택의 식당에서 과자를 굽고 한국어로 대화를 나누었다. 은진은 요리가 능숙해서 초코릿, 찌프스 넣은 치즈케잌이랑 손으로 만든 쿠키 등 저택의 리카를 사무실로 하고 있는 경비원들에게 나눠줬다. 자사 직원단을 구성하고 있던 통일교 회원들은 문 교주의 아이들로부터 선물을 받는 것보다 명령을 받는 쪽에 익숙해져 있었다. 참 가정은 직원을 년 계약 봉사원처럼 취급하고 있었다. 주방의 형제자매나 베이비시터들은 천정 속의 찬 다락방에서 많을 때는 6명이 자기도 했다. 약간의 보수가 주어졌지만 정식으로 주는 급료같은 것은 없었다. 경비원이나 가정교사, 문 교주 소유의 땅을 돌보는 남자들에게도 상황은 별반 차이가 없었다.

문 교주 일가의 태도는 자네들은 이처럼 참 가정 가까이에서 살 수 있다는 것 만으로도 행복한 줄 알아라 라는 식이었다. 문 교주 가정의 가장 나이 어린 아이들로부터 이것 해라 저것 하라고 반말로 지시받아야 한다. 그것 갖고 와, 저것 집어 줘, 내 옷을 주워 줘, 벨트를 고쳐 줘 등.

문 교주는 자신의 아이들에게 작은 왕자·왕녀 등으로 가르쳤기 때문에 그들은 그대로 행동했다. 그것은 매우 곤혹스러운 광경이었다. 직원들이 문 교주의 아이들로부터 모욕스러운 언동을 기꺼이 받고 있는 모습에 눈이 휘둥그레질 정도였다.

그러나 그들도 나와 마찬가지로 참 가정(문 교주)에는 결함이 없다고 믿고 있었다. 만약 문 교주 집의 누군가가 우리들에 대해 불만이 있다고 한다면 그 일은 그들의 기대가 아니요, 우리들의 무가치를 반영하고 있는 것이었다. 이와 같은 사고를 고려하여 나는 은진의 친절에 특히 감사하고 있었다. 그녀는 나를 무시하는 행동은 결코 취하지 않았다. 그녀는 나를 나 자신 그대로 좋게 생각하는 모양이었다.

인진은 여동생인 은진과 나의 우정을 유쾌하게 생각하고 있지 않았다. 하긴 인진도 자기의 뜻이나 목적에 맞을 때는 나에게 친절할 때도 있었다. 그녀는 한 번 나에게 와서 밤중에 몰래 외출할 수 있도록 옷을 빌려달라고 부탁했다.

그녀의 방은 양친의 스위트룸 바로 옆에 있어서 잘못 하면 어머님과 마주칠 위험이 있다는 것 때문에 나더러 어떻게 하면 좋으냐고 물어왔다. 그녀는 나에게 전날 새벽 4시경에 소리나지 않게 살금살금 자기 방으로 돌아갔었다는 이야기를 했다. 아직 어두운데 반대 쪽 의자에 앉은 아버님을 보았을 때 자신은 마음에 가책같은 것은 느끼지 않는다고 했다. 인진은 또 나에게 말하기를 문 교주는 자기를 몇 번이나 때리면서 자기는 그녀를 사랑하기 때문에 때리는 것이라고 강조했다고 했다. 그녀가 아버님에게 매 맞는 것은 이번이 처음은 아니었다. **그녀는 경찰에 가서 문 교주 나의 아버지를 아동 학대죄로 체포해 달라고 할 수 있는 용기가 있었으면 좋겠는데…. 라고 생각했었다고 말했다.**

나는 그녀에게 가장 좋은 블루진즈와 앙고라 스웨터를 빌려주었고 비밀을 지켜주려고 했었다.

참 가정 안에서의 생활 속에서 특히 문 교주(참 가정)의 아이들과 그 양친과의 사이에 욕하는 것을 보고 나를 아연실색케 했다. 나는 즉시 이것이 따뜻한 애정이 넘치는 가족이라고 하는 생각이 잘못된 생각이라는 것을 알아차렸다. 그들이 영적으로 완벽한 상태에 도달해 있다고 하더라도 일상적인 생활에서 그들의 그런 관계를 발견하는 것은 쉬운 일이 아니었다.

　예컨대, 가장 어린 아이들조차 일요일 오전 5시의 가정 경배식에 모이도록 하고 있었다. 어린 것들은 모두 졸리고 때로는 짜증스러워 했다. 여자들은 처음 수 분간은 아이들을 다독거린다. 우리들이 아이들을 진정시키지 못하면 문 교주는 벼락같은 소리를 지르며 노발대발 한다. 문 교주가 자기 아이를 진정시키려고 때리는 것은 몇 번이고 목격했지만 처음으로 그것을 목격했을 때의 그 혐오감은 내 뇌리에서 잘 사라지지 않는다. 물론, 그의 손바닥으로 치는 모습은 아이들을 더욱 울게 할 뿐이었다.

　효진은 아버님과 어머님에 대한 경멸심을 결코 감추려고 하지 않았다. 그는 양친을 그저 편리한 현금인출계좌 이상으로 보지 않고 있었다.

　결혼 초, 우리에게는 당좌예금계좌도 일정한 용돈도 따로 없었다. 어머님이 부정기적으로 그저 우리에게 여기서 천 달라 저기서 천 달라 돈을 건네주었다. 아이들의 생일이나, 통일교의 축일에는 일본인 기타 통일교 간부들이 참 가정으로 현금을 몇 천 달러씩 손에 들고 저택으로 찾아온다. 현금은 직접 문 교주 부인의 침실의 구로셋트의 금고에 넣어지곤 했다.

　훗날, 문 교주 부부는 나에게 효진 가족을 키우기 위한 생활비는 일본 자금 조달자에게 할당되어 있고, 이 기금은 그 때문에 정기적으로 보내어지고 있다고 말했다. 하지만 어떻게 되어 있는 것일까? 나에게는 도무지 알 수가 없었다. 돈은 직접 우리에게 오지 않고 있었다. 1980년대 중간 쯤 참 가정 신탁에 예치된 돈은 효진과 기타 성장한 아이들에게 매월 전신으로 송금해 왔다. 효진은 매월 천 달라 정도를 받고 있었는데 그것은 우리가 다리다운의 라스트 두리드리트은행에 열어 놓은 공식 명의의 당좌예금 계좌에 직접 입금시켜 왔다. 이들의 특정한 출처에 대해 일본인 이 외의 것은 나에게는 알려주지 않았다.

효진은 정기적으로 어머님이 있는 곳으로 거금을 받으러 가곤 했다. 내가 확실히 알고 있는 것은 그녀는 항상 안돼 라고 한 적은 없었다. 그는 돈을 우리들의 침실의 구로셋트에 넣어두었고 그가 빠에 갈 때는 언제나 현금 보관소에서 현금을 집어내 가곤 하였다.

어느 날 밤, 어느 때와 같이 맨해튼에 외출 하러 가기 위해 나가려 하던 효진이가 소란을 피우기 시작했다. 방 안에 있는 물건들을 손에 잡히는 대로 던지기 시작했다. 나는 영문을 몰라 두려워 떨어야 했다. **죽여버릴 거야! 이 계집들아 하면서 효진은 구로셋트를 휘저어 의류를 행거에서 바닥에 떨어뜨리면서 소리지른다. 내가 뭘 어쨌길래? 라고 하면서 더듬더듬 말했다. 네가 아니야! 이 바보야! 그는 어머님에 대해 말하고 있었다. 그녀는 내 인생을 망가뜨리려 하고 있어. 그는 돈을 잃어버린 것이었다.**

그는 어머님이 자식의 음주를 제한하기 위해 고데지하우스에 와서 돈을 갖고 갔다고 생각했었다. 나는 믿을 수 없었으나 그는 그렇게 생각하고 있었다. 문 교주 부인이 자기 자식들의 잘못된 행동을 제재하려 했던 것을 한 번도 본 적이 없었기 때문이다. 막 구겨진 의류들을 들어 올리면서 구두 사이에 끼어 있는 돈뭉치를 구로셋트 바닥에서 발견했다. 코트 포켓에서 떨어졌음이 틀림없었다. 돈은 6천 달라 이상이었다. 효진은 내 손에서 돈을 뺏어 들고는 모욕적인 말들을 연속 뱉어내면서 어머님을 마구 비난하면서 문빗장이 빠져나갈 만큼의 거센 기운으로 문을 박차고 나가버렸다.

나에게 있어서 학교생활은 어려운 것이었지만 고데지하우스의 혼란에 비하면 기가 살아나는 정신적 피난처였다. 영어수업에서는 그것이 무엇인지 전혀 알 수 없는 채로 단어를 외웠다. 생물학 시간에는 선생님이 직접 나에게 말씀하시는 것을 멍하니 바라보고 있을 수 밖에 없었다. 그러면 내가 전혀 이해하지 못한다는 것에 교실 전체가 웃음바다가 되곤 했다. 일찍부터 우수한 학생이었던 나의 면모를 보여 준 것은 수학시간 뿐이었다. 이 수학시간 40분간 우리들은 모두 '수'라고 하는 세계 언어를 이야기 한다. 나는 2학년이었지만 수학에서는 12학년 학생으로 들어갔다. 12학년 생의 수업이 내가 한국에서 4학년 때에 이수했던 범위와 비슷한 수준이었다.

 나는 한국 출신의 축복의 자녀(합동결혼)들과 함께 점심식사를 하고 때로는 함께 공부도 했다. 효진이 하고 나의 지위는 우리의 관계를 딱딱하게 하고 진정한 우정을 방해하고 있었다. 그 카페테리아의 테이블은 내가 잘 적응하기 어려운 또 하나의 장소였다.

 어느 날 오후, 한국인 동급생 두 사람이 나와 함께 공부하기 위하여 고테지 하우스에 왔다. 그녀들은 집안을 안내해 달라고 했다. 나는 그들에게 U밴드의 기타 광 앰루, 드럼으로 가득한 연습실을 보여 주었다. 침실과 문 교주 부인이 나를 위해 마련해 준 책상과 책장이 있는 공부방을 보여주었다. 그 중의 한 아이가 "그런데 어디서 자지?" 하고 물었다. "물론 침실이지!" 라고 말을 했으나, 후에 나는 두 아이가 퀸 사이즈의 침대를 물끄러미 바라보고 있는 것을 알아차렸다. 통일교 회원으로서 그녀들은 나와 효진의 결혼을 알고는 있었으나 실제로 모름지기 밤의 부부생활까지 있으리라고는 생각지 않았으리라.

 그런 생각이 그처럼 바보스럽고 어리숙한 예상이 아니라는 것은 지금의 나로선 이해할 수 있다. 뉴욕 주의 승낙 나이(결혼 성교에서의 여자의 승락이 유효하다고 되어 있는 나이)는 17세이다.

 축복의 자녀(합동결혼)의 한 아이가 텔레비젼을 키고 X지정(성인 지향적)의 비디오가 화면에 비쳤을 때의 당혹함이란 이루 말할 수 없었고, 치욕스러웠다. 나는 효진이가 비디오를 사용하는 것을 본 적도 없었다. 그래서 나는 비로소 텔레비젼의 캐비닛을 조사해 보았다. 거기에는 그런 영화테이프들로 가득 차 있었다.

그는 분명히 말하기를 노는 것이든 실생활이든 변화가 있는 섹스를 좋아한다. 너도 잘 알고 있을 텐데! 나는 한 여자 특히 너와 같이 얌전 떠는 신앙심이 깊은 소녀로는 결코 만족치 않아!

효진은 나의 성적 미숙함에 대하여 자기 어머니에게 털어놓기도 했다. 그녀는 어느 날 나를 불러 놓고 아내로서의 임무에 대해서 이야기 했다. 아주 가슴 답답한 분위기 속에서 그녀는 나에게 주간에는 귀부인, 밤에는 여자이어라! 하는 그녀의 완곡한 화법에 대응하기란 참으로 어려운 일이었다.

우리들은 남편의 벗이 되지 않으면 안 된다. 허나, 밤에는 남편의 변덕스러움을 만족시켜 주지 않으면 안 된다. 라고 그녀는 말했다. 그렇지 않으면 그들은 외도하기 쉽다. 남편이 외도하는 것은 아내가 그를 만족시키지 못하기 때문이야! 너는 효진이가 바라는 대로의 여자가 되지 않으면 안 돼, 더 노력해야 한다는 것이었다. 나는 혼란스러웠다. 문 교주가 나를 택한 것이 내가 요부가 되기를 기대하고 간택했다는 말인가?

나는 이제서야 진실을 보기 시작했다. 우리의 결혼은 속임수였다. 효진과의 결혼은 마치 협상과도 같은 것이었다. 그러나 이제까지의 생활을 고칠 생각은 없었다. 나는 효진이가 잘 가는 코리안 빠의 호스테스와 관계를 갖고 있는 게 아닐까? 의심했지만 아무런 증거가 없었다. 하루 밤새도록 어디 있었느냐고 물으면 메시아 자식에게 힐문하는 것이냐? 건방진 녀석이라고 답했다. 나는 눈을 뜨고 매트에 누워서 무슨 소리라도 나면 혹 이것이 그이의 차 소리인가? 하고 귀를 쫑긋 세웠다. 하지만 그것은 단지 지나가는 바람소리에 지나지 않았다.

결혼식 후에 그가 너무 육체적으로 조숙하지 않나? 의심은 했지만, 그의 문란한 생활을 알아차리기에는 나는 너무 무지했다. 결혼 후 수 주간 동안 성기에 통증을 수반하는 수포가 생기기 시작했다. 이와 같은 무서운 통증의 원인은 무엇일까? 나는 생각조차 할 수 없었다. 모름지기 그것은 성행위에서 당연히 오는 반응일지도 모른다고 생각했는데 하지만 그것이 아니었다.

효진은 나에게 성병을 옮겨 주었다. 몇 년 동안이나 나는 발진이 나올 때마다 레이져 치료를 받았는데 그 때마다 국소 약을 바르지 않으면 안 되었다. 레이져 치료가 감염 부위의 민감한 피부를 부주의하게 태워버린 뒤, 나는 밤새도록 따뜻한 욕조 안에 앉아 지내야 했다.

효진은 그날 밤, 내가 욕조 안에 들어앉아서 죽음의 고통 속에서 울고 있는 것을 보면서도 통증의 근본 원인이 무엇인지를 말해주지 않았다. 산부인과 의사가 내가 성병 감염증으로 고생하고 있다는 것을 분명하게 알려준 것은 그로부터 여러 해 뒤였다.

의사는 나에게 당신이 알아둘 필요가 있습니다. 에이즈시대에 효진의 부정은 그의 영혼에 있어서만 위험한 것이 아니기 때문이지요. 라고 말했다.

그것은 나의 생명에 있어서도 위험하기는 마찬가지였다. 그러나 1982년 봄에는 나는 단지 효진이가 나를 사랑하고 있지 않다는 것밖에 알지 못하였다. 결혼식을 한 후 몇 주간이 지나기 전에 그는 나에게 서로 간의 인생을 허망하게 하기 전에 우리는 따로 따로 길을 가야 하지 않겠느냐고 말했다. 나는 망연자실하여 눈물을 흘리면서 대답했다. 그런 것은 우리들로서는 할 수 없지 않아? 부모님이 우리를 맺어 주신 걸요? 아버님은 우리들은 함께 살지 않으면 안 된다고 말씀하셨습니다. 우리는 간단히 헤어질 순 없습니다. 이때 효진은 나를 선택한 일에는 반대했다는 것과 나와의 만남은 한 번도 바라지 않았다고 말했다.

결혼에 동의한 것은 단지 양친을 기쁘게 하기 위했을 뿐이었다고 고백했다. 그는 또 말하기를 자신에게는 한국에 걸프랜드가 있다. 그리고 그녀를 단념할 수가 없다고 말했다.

그의 부정한 행동과 부정한 행동을 그가 오히려 과시할 때에 보인 기뻐하는 모습 중에서 어느 편이 더 고통스러웠는지 모르겠다. 그가 자신의 행동을 눈에 띄지 않게 하고 싶었더라면 얼마든지 비밀로 할 수 있었을 것이다. 하지만 그 대신 그는 내가 있는 고테지 하우스의 거실에서 그녀에게 전화를 해서 기쁨을 맛보았다. 이스트 가든에서 나를 따돌리고 싶을 때는 친구나 가족들끼리 영어로 이야기한다.

나의 집에서 나에게 상처를 주고 싶을 때는 걸프랜드에게 한국어로 말한다. 내가 누구와 이야기하고 있는지 알 텐데? 그렇다면 저 쪽으로 가 하면서 그는 나에게 웃어보이고는 전화선 저 쪽에 있는 걸프랜드에게 큰 소리로 사랑을 이야기 한다.

결혼 수 주일 후, 왜 가는지 그리고 언제 돌아오는지 나에게 한 마디 말도 남기지 않고 서울로 출발했다. 그리고는 몇 개월 간 돌아오지 않았다. 그러던 어느 날 아침, 그의 남동생의 생일축하 하는 동안 나는 갑자기 기분이 나빠졌다. 어머니는 생각지 못했던 일에 본능적으로 알아차리고 나를 데리고 식탁을 뜨게 도와주었다. 내가 첫 임신을 한 것이었다. 괴로웠다.

나는 아직 어린 아이다. 내 임신에 대해서는 나는 어린 애처럼 반응했다. 어떻게 하면 빨리 졸업을 할 수 있을까? 다른 학생들은 어떻게 나에 대한 말을 할까? 내가 어머니로서의 준비가 되어 있지 않은 것. 나의 결혼의 불완전한 상태 등. 보다 큰 고민을 내가 직접 당하고 있는 현실에서 어떻게 동급생들이 알아차리기 전에 학업을 끝맺을 수 있을지 없을지를 근심하는 것이 오히려 간단했다. 곧 아버지가 된다는 것을 알면서도 효진은 서울에서 돌아오려 하지 않고 있었다. 그는 나에게 전화도 그리고 편지도 한 번 보내지 않았다.

한 번 전화를 했지만 아버님의 돈을 허비한다며 꾸지람을 받았을 뿐이었다. 그는 난폭하게 수화기를 떨어뜨리는 바람에 한국인 교환원이 전화선이 끊어졌습니다. 라고 신고해 왔다. 나는 마치 손바닥으로 뺨을 얻어맞은 느낌뿐이었다. 임신 때문에 전화가 걸려올 때는 효진은 내가 아니고 아버님의 보좌 비타 김과 이야기했다. 봄의 어느 날 아침 인사하러 들어가려 할 때 나는 비타 김이 그 전화 내용을 나의 어머니에게 전하고 있는 것을 들었다. 엿듣고 있는 사이 나는 숨을 죽이고 있었다. 다음에는 무슨 일이 일어나는 것일까?

효진은 비타 김에게 말했다. 우리는 법적으로 결혼하고 있는 것이 아니니까 우리에게는 아무런 의무가 없다는 것이 나의 입장이야. 우리 통일교 회원이 아닌 걸프랜드와 결혼할 생각이야! 문 교주 부부가 애기와 내 뒤를 봐주고 싶거든 맘대로 하시라고 해!

어머니는 거의 입을 열지 않았지만 비타 김과 어머니의 이야기를 들으면서 나는 두려워 떨었다. 효진은 정말 그렇게 할 수 있을 것인가? 나와 내 갓난아기는 어떻게 될까? 무슨 일이 일어날까? 문 교주가 하나로 묶어 놓은 것을 효진은 어떻게 갈라놓을 수가 있을까?

얼마 후, 한국에서 돌아온 효진은 나에게 아무런 사과도 없이 고티지 하우스를 나간다. 아버님이 당신과 갓난 애기를 돌봐줄 거야. 나는 확신해! 라고 하면서 그는 냉정하게 말하는 것이었다. 배짱 좋게도 전화를 걸어 왔는데 밤에 자기의 베르베스 치료에 대한 처방전을 가지러 올 것이라는 말을 해 왔다. 나는 너무나 화가 나서 그가 오기 전에 고티지 하우스의 전기를 모두 꺼버렸다. 그 때문에 그는 의약품 상자를 찾는데 손을 더듬더듬하고 있었다. 어린 애같은 장난기로 얻은 만족감도 그리 길지는 못했다. 그는 곧 나가버렸고 나는 계속 혼자서 신음하고 있었다. 그는 어디 있는지? 나는 미처 생각조차 할 수 없었다. 나중에 알게 된 일이지만 그는 우리가 결혼 축하금으로 받은 그 돈을 가지고 친구를 미국으로 불러들여 맨해튼에서 둘이 아파트 하나를 빌려 쓰고 있었다.

한국에서 이스트 가든에 돌아온 즉시, 그는 문 교주 부부에게 자기는 자기가 선택한 여자하고 살겠다고 말했다. 문 교주 부부는 어느 쪽도 그를 말리기 위해 아무런 시도도 하지 않았다.

그때에 나는 문 교주 부부는 자기 자식을 두려워하고 있다고 생각했다. 효진의 기분은 변덕스럽기 그지없었다. 기분이 너무도 불합리하기 때문에 문 교주 부부는 그와의 대결을 어디까지나 피하려고 했을 것이다.

그 대신에 참 부모님(문 교주 부부)은 나를 불러들였다. 나는 그들 앞에서 무릎 꿇고 머리를 숙여 시선을 아래로 떨구고 있었다. 내심 그들이 나를 안아 품어주기를 기대했다. 오히려 나를 안심시켜주기를 속으로 바라고 있었다. 하지만,

문 교주는 나를 격렬하게 비난했다.

나는 그가 그렇게까지 화를 내고 있는 얼굴을 처음 보았다. 그의 얼굴은 성이 나서 일그러졌고 새빨개진 얼굴로, 너는 어째 이런 일이 일어나도록 내버려뒀냐? 효진으로부터 이렇게까지 사랑을 받지 못한 것은 너 때문이야! 너는 무엇을 하고 있었어? 너는 왜 효진을 행복하게 해줄 수 없는 거야? 나는 문 교주가 나를 때릴까봐 무서워 얼굴을 들지 못했다.

문 교주 부인은 그를 진정시키려고 애를 쓰고 있으나 문 교주는 화를 진정시키지 않았다. 너는 아내로서 실패했어! 너는 이미 여자로서도 실패한 거야! 효진이 너를 버린 것은 너 자신의 과실이야! 왜 효진에게 나도 같이 가겠다고 말 못했어? 내 생각은 아무런 의미가 없었다. 내가 어떻게 그런 효진과 함께 갈 수가 있었단 말인가? 그와 그의 걸프랜드하고 함께 사는 것을 내가 어떻게?

나는 고교를 졸업하지 않으면 안 된다. 문 교주 부부에게 부당하게

비난도 당했거니와 그들이 두려워 견딜 수 없었다.

왜 그것이 내 과실인가? 문 교주의 자식이 부친에게 순종치 않는다 하여 왜 내가 비난받지 않으면 안 되는가? 내가 그들 면전에서 이런 말을 할 수 있을 정도로 어리석지는 않았지만 속으로 나는 생각하고 있었다. 그들 앞에서는 겸손했고 그들의 학대를 받고 말을 걸어왔을 때만 말을 해야 하는 것이 나의 운명이었다. 눈물이 주르르 볼을 적시며 흘러내렸다.

나는 재림주 앞에서 침묵했고 무릎 꿇고 있었다. 그렇지만 나에 대한 그의 공격이 얼마나 부당한가 하는 것에 속으로 치를 떨고 있었다.
겨우 그의 입에서 나가! 라는 고함소리가 떨어지자, 급히 일어나 뛰쳐나왔다. 고티지 하우스까지 달려가는 동안 눈물이 앞을 가려 보이지 않을 정도였다.

완전히 버림받았다고 느껴졌다. 나의 어머니는 전혀 나에게 도움이 되지 않았다. 어머니는 우리들 전원을 낚시로 낚아져 있는 같은 신앙 체계에 칭칭 얽매어져 있었다. 만약 문 교주가 메시아라면 우리들은 그의 의지를 실행하지 않으면 안 된다. 우리들 그 누구도 선택의 자유는 없다. 이 같은 상황에 있는 것이 내 운명이었다. 나는 가능한 이곳을 빠져나가고 싶었다. 하나님 만이 나를 도우실 것이다. 고티지 하우스의 내 방에서 흐느껴 울면서, 제발 버려지지 않게 되기를 하나님께 기도했다. 만약 나의 고통을 진정시킬 수 없을지라도 이것을 견딜 수 있을 만큼의 나를 강하게 해 주세요 라고 하나님께 기도했다.

왜 이렇게 유약한지, 눈물 흘리고 있는 나 자신에 혐오감이 든다. 나는 신 앞에서 운 것이 부끄러웠다. 하나님은 나를 이 거룩한 사명을 위해 선택 하셨다. 그리고 나는 하나님을 실망시켰을 뿐 아니라 자기 연민에도 졌다. 나는 신에게 내 신앙을 강화하고 하나님이 나에게 보낸 고뇌를 받아들이는 겸허함을 부여해 주십사고 빌었다.

이와 같은 모습으로 기도를 하고 있을 때 어머니가 계단 밑에서 나의 기도를 듣고 있었음을 알아차리지 못했다. 내가 내려갔을 때, 어머니의 눈도 내 눈과 마찬가지로 빨갛게 충혈되어 있었다. 어머니에게 있어서 딸이 이토록 고통당하고 있는 것을 목도하고 있음에도 아무런 도움이 되지 못했을 때, 그 쓰라림이란 이루 말로 다 표현키 어려운 것이었으리라. 그렇지만 나는 어머니의 감정을 단지 예감만 하고 있을 뿐이었다. 어머니와 나는 한 번도 자신의 감정에 대하여 이야기한 적이 없었다. 모름지기 우리가 서로의 고통을 인정하고 듣기 시작하면, 한없는 절망의 늪에 빠져 헤어나오기가 쉽지 않았을 것이다.

나는 결혼 초기부터 나의 감정을 감추는 일이 결국은 나를 보존하는 열쇠라고 배웠다. 나는 주말 생활은 지루하지 않은 여학생으로 보내고, 밤은 무릎 꿇고 절망의 기도를 드리면서 지냈다. 그 해봄, 나는 매일 오후, 저택 앞 넓은 차도를 걸으며 나의 생각을 정리하려 했다.

어느 날 내가 걷고 있을 때 문 교주의 최고참 제자인 한 사람이 나를 따라왔다. 문 가의 어느 누구도 나에게 위로를 주려고는 하지 않았다. 나는 스스로 억제하면서 그것을 의무로 받아들이지 않으면 안 되었다. 통일교의 장로는 나와 함께 걸으면서 나에게 고민하지 말도록 타일렀다. 댁의 슬픔은 갓난 아기에게 해가 될지도 모른다며 주의를 준다. 효진은 꼭 바른 길로 돌아오게 될 거야! 하며 그는 약속했다. 나는 내 굴욕이 이와 같이 널리 알려져 있다는 것에 당혹했다. 존경하고 있는 장로의 친절에는 감사하게 느꼈다.

그해 봄, 오빠가 어렵사리 한국에서 와 벨베티아에서 처와 함께 했다. 효진의 여인문제가 발발했을 때 막 그가 도착했다.

어느 날 오후, 문 교주는 인진과 오빠와 나를 자기 방으로 모이도록 했다. 우리는 효진이가 한 그 일 때문에 그를 가정에서 쫓아내야 할까? 라고 우리 전원에게 물었다.

그는 자기의 딸 인진의 답만을 기대하고 있는 것이 분명했다. 인진은, 효진은 젊어서 난폭하지만 이성의 자성은 있으리라. 때가 되면 집에 돌아올것이다. 라고 주장했다. 통일교의 법정 추종 상속인을 부인하는 것은 참 가정에 있어서도 파멸이다. 이 같은 주장에 오빠는 동의했고, 나는 아무 말도 하지 않았다.

문 교주는 만약 효진이가 돌아오면 우리는 전원 그를 용서하고 그가 자기 책임에 적응해 가는 것을 돕지 않으면 안 된다. 특히 자네는 아무런 원한도 가져서는 안돼 라고 말했다. 이것이 나에게는 여간 괴로운 일이 아니었으나 남편을 대하는 내 마음이 부드러워지도록 하나님께 비는 것은 나의 의무라고 말했다. 그와 문 교주 부인이 효진을 데려올 것이다. 우리들이 할 일이란 효진이 돌아오면 따뜻이 대하는 것이다.

다음 날 아침 문 교주 부인은 기도하는 집의 한 사람을 다리타운의 경식당으로 데리고 왔다. 내가 알지 못했던 사실이지만 어머님은 그곳에서 효진의 애인과 만나기로 되어 있었다. 애인은 나의 남편을 위해서 싸우기 위해 대단한 기세로 찾아왔다.

그녀는 문 교주 부부에게 종교가 자기들의 길을 가로막는 것을 허용하지 않겠다고 선언했다. 그리고 효진은 자기를 위해 통일교를 떠날 준비를 하고 있다고 말했다.

들은 바에 의하면, 그것은 강력하고도 도전적인 태도였다. 그러나 효진의 애인은 돈 다발이 가득한 돈 지갑과 켈리포니아행 항공권을 손에 쥐고는 경식당을 떠나버렸다. 문 교주 부부는 돈을 지불하고 여자를 쫓았다. 그들은 그녀를 로스엔젤레스의 어느 한국 여성에게 맡겨졌으나 그녀는 곧 성취감에 차 그 여성의 곁에서 도망쳐 버렸다.

문 교주 부부는 매우 만족해했다. 그들은 효진을 이스트-가든으로 돌아오게 했다. 그를 떠나가게 한 그 근본적 원인을 알지 못하고 있었던 것에 대해서는 아무런 관심도 없는 듯 했다. 그는 가출할 때보다도 더 격노해서 돌아왔음에도 불구하고 이제 외견상으로는 모든 것이 정상으로 되돌아온 것 같이 보였다. 그리고 문 교주와 한학자는 아들이 그저 눈앞에 있는 것만으로 만족해했다.

효진이 돌아온 직후의 어느 날 아침, 나는 참 부모님(문 교주 부인)의 아침 식사의 식탁으로 인사를 갔다.

순간 나는 깜짝 놀랐다. 그 자리에 작년 가을 서울에서 효진과 나의 사이는 아주 짝이 맞는 인연이며 천생배필이라 했던 그녀, 바로 불교 점쟁이였던 붓다 레디와 함께 있는 것을 보았기 때문이었다.

문 교주 부인은 장차 효진과 내가 어떻게 될 것인지에 대하여 묻고 대답을 요구하고 있었다. 난숙은 날개가 있는 백마다. 효진은 호랑이야. 이것은 좋은 궁합이다. 라고 또 그녀는 말했다. 난숙의 인생에는 곤란한 때가 있지만 그녀의 운세는 매우 좋다. 효진의 운세는 그녀의 운세에 달려 있다. 그는 난숙에게 앉아 있으며 둘이서 날 때만이 위대해진다.

문 교주 부인은 붓다 레디의 낙관적인 예언에 매우 만족해했기 때문에 함께 외출을 해서 다이아와 에메랄드 반지를 사 줬을 정도였다. 점쟁이는 문 교주 부인에게 연기(緣起)가 나의 행운색(幸運色)이라고 말하고 있었다.

수일 후, 붓다 레디는 나를 만나러 몰래 고티지 하우스에 왔다. 당신이 큰 권력을 갖는 여성이 됐을 때 나를 생각해 주세요. 내가 당신 앞에 행운을 본 것을 기억해 주세요. 라고 그녀는 말했다.

내 운명은 붓다 레디가 예측했던 것과는 전혀 달랐다. 효진은 양친이 그의 애정생활에 간섭한 것에 대해 노발대발하고 있었다. 그는 애인을 좇아서 캘리포니아까지 갈 입장도 못 되었다. 돈도 없고, 일도 없고, 고교 졸업 증서도 없고 양친 외에는 아무런 생활의 밑천이 없었다. 결국 효진은 말 뿐이었다. 아버님의 돈줄에서 끊어지는 것과 비교하면 진실한 사랑도 퇴색해 보였다.

효진과 이 걸프랜드는 여러 해 동안 편지 왕래가 계속됐다. 그는 때때로 나에게 보란 듯이 그녀의 러브레터를 펼쳐놓기도 했다. 그녀가 1984년 로스엔젤레스에서 연인과 이사해 갔다는 소식을 들었을 때는 그가 얼마나 난폭하게 굴었는지 자기 머리를 대머리로 만들었을 정도였다.

그는 고티지 하우스에서 비참하게 보냈다. 겨울 내내 어딘지 모르게 더 차갑고 공포스러웠다. 나에게는 관심도 없었다. 그는 자기 스스로 자기의 인생을 결정할 수 있는 아무 권한도 없었다. 거기에서 오는 불만을 나에게 표출했다. 뿐만 아니라 자기가 이 세상에서 가장 경멸하는 부모를 대하듯 나를 대했다.

문효진은 우리 두 사람이 함께 지낸 인생의 나머지 부분을 나를 경멸하는 것으로 보냈다.

제5절 고통스러운 진통 끝에

내가 문 교주의 손자를 잉태하고 있을 때, 문 교주 부부는 한학자의 열 세 번째의 아기의 출산을 기다리고 있었다.

문 교주 부인의 산부인과 의사는 열 번째 아이의 출산 후 다시 임신하면 건강은 물론 생명에도 위험하다고 경고하였다. 그 때 문 교주는 즉시 담당 의사를 바꾸었다.

그는 메시아의 죄 없는 참 자녀가 될 수 있는 한 많이 태어나 이 세상에 남겨져야 한다고 결의했기 때문이다.

문 교주 부부는 아이들의 양육에는 그다지 애를 쓰지 않았다. 참 부모와 참 아버지의 아기가 출산하면 곧 그 아이는 통일교의 형제자매에 맡겨지고 그들이 유모가 되고 아기를 보는 자가 되었다. 이스트 가든(동쪽의 동산)에 있던 14년간 문 교주나 부인이 자기 아이의 코를 닦아 준다던가 함께 놀이를 하는 것은 한 번도 본 적이 없었다.

문 교주 부부는 자기의 아이들을 방치해 두었고, 나 자신도 문 교주의 초창기 제자 두 명의 딸로서 어린 시절에 양친의 방치를 견디기 힘들었다. 문 교주는 이 점에 관하여 하나의 신학적 정의를 가지고 있다. 메시아 제일(第一)인 것이다. 그는 신자들이 그의 대리인으로서 대중에 대한 개종운동에 혁신하는 것을 기대하고 있었다. 문 교주 앞에 개인적인 가족의 행복을 추구한다는 것은 용납될 수 없는 일이 된다.

문 교주는 최고참 제자 중에 특정한 부부를 지명하여 문의 아이들 하나하나를 도덕적, 영적 발달의 책임을 지게끔 만들기도 했다. 보다 큰 사명, 세계를 통일교로 개종시키는 것으로부터 자신은 벗어나 있었다. 문 교주가 태어난 아이들의 원한을 알아차리지 못하고 있었던 것은 아니었다. 내 아들이나 딸은 양친이 통일교 회원 특히 36가정이라는 것으로만 생각하고 있다라고 말했다. 문 교주는 나의 결혼식 수개월 전에 서울 연설에서 그렇게 말했다.

"나(문 교주)는 내 아이들을 내어 쫓으면서까지 36가정과 아침식사를 했다. 아이들은 물론 불만을 품는다. 우리 아버지는 왜 이렇게 하는 것일까? 우리들의 양친은 정말로 우리들의 일을 염려하거나 생각조차 하고 있는가? 부모를 원망한다. 내가 우리들 통일교 회원을 누구보다도 사랑하고 자기 아내나 아이를 쫓아 방치하고 있는 것은 부정할 수 없다. 이것이 하늘이 아는 사실이다. 만약 우리가 이와 같은 삶을 살며 아이들의 반대에도 불구하고 이 길을 간다면, 우리들 가족을 내버려 둔다면, 마지막에는 나라와 세계와 온 세상이 이해하게 되리라. 우리들의 아내나 아이들도 또 이해하게 될 테지! 이것이 당신들이 걸어야 할 길이다."

확실히 문 교주 부부는 이 길에 준비되어 있는 진정한 문제에 대해서는 그다지 깊은 생각이 없었던 것 같았다. 내가 아빈튼학교에 입학한 인진(仁進), 홍진(興進)이가 헛구리학교(校)에서 전학해 왔다.

아버님의 말로는 자기 쪽에서 이 사립학교를 초청한 것인데, 그 이유로는 아이들이 교사로부터 문-나라고 부르면서 조롱을 당했기 때문이라고 했다. 그러나 사실은 문의 아이들의 몇 명은 대단했다는 것이다. 한 번 공립학교에 들어가면 최고의 문제아들이 하고 있는 복장을 하고 또 그와 같은 태도가 몸에 배었다. 새로운 친구 사이에 사용하기 위해 서양식 이름까지 생각해 냈었다. 예를 들면, 인진은 한 동안 자기를 크리스티나라고 불렀고, 그리고 화찌아나로 하였다. 효진이가 그들 파티에 참석했을 때 그는 자기를 스티브 한 이라고 불렀다.

문 교주 가의 장성한 아이들은 가명 이외에도 또 다른 위장으로 문가의 자녀들임을 숨기려 했다.

아이들 거의가 그들의 종교 교의의 모든 것을 무시하는 것에 비뚤어진 희열마저 느끼고 있었다.

그럼에도 불구하고, 문 교주 부부는 별로 주의를 요하지 않고 있었다. 그해 봄, 그들이 싸워야 할 보다 공적인 문제가 있었다. 아버님(문 교주)이 탈세혐의로 재판에 계류되었다.

지난 해 가을, 효진과 내가 맺어지게 된 바로 몇 주 전, 뉴욕의 연방재판소에서 한 통의 기소장이 문 교주에게 날아왔다.

그는 3년 간에 걸쳐 거짓 소득 신고를 제출했고, 160만 달러의 은행 예금에 대한 12만 2천 달러의 이자 신고를, 7만 달러 상당의 주식에 대한 취득을 명세하지 않고 위증했다는 고발을 당했다.

그를 보좌하는 한 사람이 허위 신고를 했다는 것과 범죄 은익을 위한 서류 작성에 의하여 위증죄, 공모죄, 사법 방해죄로 고발되었다.

문 교주는 한국 여행에서 합중국으로 돌아와 이들 고발에 대해 무죄라고 맞섰다. 문 교주는 뉴욕 연방재판소 앞의 계단에서 갈채를 보내는 2,500명의 지원자에 대하여 자기는 종교 박해와 인류 편견의 희생자라고 주장했다. 내 피부가 희고 내가 장로파 교인이었더라면 나는 오늘 날 이 곳에 서지는 않았을 것이다. 내가 오늘 날 여기에 있는 것은 단지 나의 피부가 황색이며 내 종교가 통일교라는 이유 때문이다.

그해 초, 6개월 간에 걸친 명예훼손 재판 결과를 미국의 배심원이 통일교는 젊은이들을 세뇌시켜 가정을 파괴하는 컬트(cult)라고 하는 전국지(全國紙)「디리-메일」의 기사를 신뢰할 수 있다고 결론내렸다. 그때 문선명은 이 같은 성명을 냈다.

"미국 고등법원 배심원은 통일교를 정치적 조직이라 표현했고, 그 면세 특권 폐지를 검토하도록 정부에 촉구했다. 배심원은 또 재판 종료 때 통일교에 160만 달러의 재판비용 지불을 명령했다. 이것은 미국 사상 길게 또 가장 많은 비용이 든 재판이었다."

뉴욕의 탈세 사건에서는 문 교주는 통일교와 그 산하 기업의 하나인 원남 엔터프라이즈가 연서(連書)한 서약 보상금 25만 달러로 보석되었다. 재판은 4월 1일에 시작되었다. 문 교주 부인은 해산달이 가까워 옴에도 불구하고 매일 연방재판소까지 문 교주와 동행했다. 셋째 딸인 은진(恩進)과 나는 한 번 밖에 가지 못했다. 나는 언어때문에 소송 상의 한 마디도 이해할 수 없었다. 그렇다 해도 이 재판소 내에서 무엇이 일어나고 있는지를 알기 위하여 무엇이 문제되고 있는지를 이해해야 할 필요는 없었다. 문 교주가 고소당하고 있는 것이 아니라 박해받고 있는 것이라고 믿었기 때문이다.

가족들과 직원들은 매일 아침 이스트 가든 18에카의 부지 내의 숲에 절개된 성암(聖岩-거룩한 바위)에 참여했다. 문 교주는 허더슨강을 내려다보는 이 언덕을 성지로 하여 축복하고 있었다. 그것은 아름답고 침해받지 않은 땅이었다. 거기에서 기도하면 내가 아는 그 어디보다도 신께 가깝고 현 20세기로부터 멀리 떨어진 느낌이었다. 그것은 조용한 명상을 위한 장소였고, 1982년에도 헌자 허드슨이 뉴욕의 이 지역을 탐험했던 1609년과 그다지 동떨어져 있는 것같이 보이지 않았다.

문 교주는 매일 아침 새벽에 혼자서 거룩한 바위에서 기도했다. 나의 어머니 연배인 여성 기도꾼들은 6주간의 재판기간 동안 매일 거기서 철야기도를 드렸다. 때로는 참 자녀님(문 교주 자녀)과 가까이에 사는 축복 자녀(합동결혼식)들이 거기에 모이기도 하며, 문 교주의 무죄가 밝혀지도록 기도했다. 언덕 위가 얼마나 추웠는지 나는 기억하고 있다. 나는 임신 중이어서 추위 때문에 관절이 아팠다. 그러나 불쾌감 같은 것은 아버님(문 교주)이 견디고 있는 고통에 비하면 아무것도 아니었다.

5월에 이르러 문 교주가 유죄 판정을 받았을 때 눈물이 흘러내렸다. 하지만 당사자인 문 교주와 그의 측근인 고문 외에 그가 처해진 심각한 상황을 진심으로 이해하고 있는 사람이 몇 이가 있었을까?

우리들 중 아무도 합중국 지방재판소 판사 제랄드 고텔이 그 권한을 행사하여 문 교주에게 징역 14년의 형을 선고하리라고는 생각지 못했다.

이스트 가든에서는 문 교주가 탈세로 유죄 판결을 받은 것에 대한 침울한 분위기에도 불구하고, 통일교는 정진 정명(正銘)의 종교 조직이면서, 면세 특권을 누리고 있었다. 이런 상황가운데 뉴욕 법정의 재정(裁定)에 의하여 상고되고 있었다.

2개월 후, 고텔 판사는 문 교주에게 징역 18개월, 벌금 25,000달러의 판결을 내렸다.

문 교주는 판결을 할 수 없이 받아들였다. 문 교주의 기도(企圖)로는 그의 수감은 신의 섭리였다. 미국 통일교 회장 모제 다스트는 문 교주의 유죄 판결을 예수 그리스도가 국가에 대한 배신으로 유죄가 된 것과 비교하기 조차 하였다. 문 교주의 변호사들은 즉각 상고를 신청했다. 우리들은 아메리카의 재판체계에 최고의 믿음을 가지고 있다. 정의는 실현될 것이다. 그리고 우리의 영적 지도자는 오명을 완전히 벗을 것이다 라고 모제 다스트는 매스컴에서 말했다.

세계의 위대한 종교 지도자들과 마찬가지로 그는 미움과 편견과 오해에 부딪히고 있다.

문 교주는 국외 퇴거를 하도록 한다는 검사들의 위협에 대항하여 통일교는 상고하기 위해 하버드 로스쿨의 교수인 헌법 전문가 로랜스 트라이브를 고용했다. 트라이브 교수는 문 교주를 국외 퇴거시킨다면 아래로는 2개월에서부터 위로는 10세까지의 미국 태생인 아이들 여섯 명을 그에게서 뺏는 것이 된다고 주장하여 성공했다. 고텔 판사는 국외 퇴거는 과중한 형벌이라고 동의하면서도 판결을 내리기가 어려웠다. 왜냐하면, 많은 사람들로부터 지지를 받을 수 없을 것이라는 것을 알고 있었기 때문이다. 상고의 결과는 미결된 채로 문 교주는 집에 머무르게끔 허가되었다.

문 교주는 유죄 판결에 당황해 하는 것 같지 않았다. 그해 여름 효진이 재차 한국에 가 있을 때 나는 문 교주 부부와 함께 메사추세츠 주 구로스타에 갔다. 통일교는 그 곳에 어선단(魚船團)과 불고기 가공장을 소유하고 있었다. 문 교주는 세계의 기아를 구하기 위하여 소위 바다에 교회를 설립했다고 말하고 있었다. 우리는 모두 그가 선단을 산 것은 낚시를 좋아하기 때문이 아닐까 하는 의심하고 있었다. 문 교주는 구로 스타에 캐토적 통일교에서 사들인 저택의 아침의 동산을 소유하고 있었다. 문 일가의 거주는 모두 에덴동산을 연상시키는 이름이 붙어져 있었다. 동쪽의 동산, 아침의 동산이나 북의 동산, 알라스카의 어선단 하나, 고데락의 2개소에 거대한 불고기 가공장, 프위스톨만의 제3 가공장을 갖고 있었다. 로잔제트스의 서원(西園), 남미의 남원(南園), 게다가 하와이에 또 하나의 광대한 소유지가 있다.

그해 여름 문 교주는 게-콧트의 선단(先端)의 프로핀스 타운에도 집을 한 채 빌려 좀 더 고기잡이가 잘 되도록 하였다. 동행한 주방 책임자의 형제자매들이 식사 준비를 하고 있는 동안 배 안에서 문 교주 처와 아이들의 시중을 드는 것이 나의 역할이었다. 나는 바닷가에서 가족 점심식사를 도왔고 수영을 하고 온 아이들의 몸을 닦아주는 등 대부분 문 교주 부인의 시녀로서 행동했다. 이것은 보수도 없고 아무런 가치가 없는 일이었다. 그녀가 일이 끝날 때까지 나는 산책을 할 수 없었다. 그녀를 따라다닐 때는 화장실마저도 갈 수 없었다. 나는 그곳에 그녀의 시녀로서 있었고 그 이상도 그 이하도 아니었다. 밤마다 나는 그녀의 아이들, 그녀의 요리사들, 그녀의 메이드들에게 에워싸여서 침상 위의 잠 주머니에서 잠을 자야 했다.

그녀는 우리에게 휴식할 수 있는 바캉스를 제공했노라고 했지만 휴식하고 있는 것은 그녀와 아이들뿐이었다. 나 자신은 임신하고 있었음에도 불구하고 문 교주가의 어린 여종 같았다.

이스트 가든에서 문 교주 부부가 집에 있을 때는 그들보다 일찍 일어나서 그들이 일어나 나오기를 기다리고 있어야 했다. 며느리로서 문 교주 부부의 식사 준비를 하고 하루 종일 문 교주 부인의 요구에 응하는 것이 나의 의무였다. 학교에 가지 않을 때, 또 주말에는 아침부터 저녁까지 문 교주 부인의 곁에 있었다. 그 중간에는 무엇을 가져오기 위해 무슨 시중을 들기 위해 어딘가에 따라가기 위해 그녀의 부름만을 기다리며 시간을 보내야 했다. 내용도 없는 한국제의 멜로 드라마 비디오를 함께 보고, 몇 시간이나 소비했다. 그녀는 그것을 즐겼지만 나는 그것이 너무도 싫었다. 하지만 그녀가 트롯트를 비평하는 경우를 대비하여 주의하여 보고 있지 않으면 안 되었다.

나는 다른 아이들과 함께 주방에서 식사를 했다. 한편 참 부모님(문 교주 부부)은 통일교 간부나 내방 중인 중요 인사들과 식사를 했다. 우리들은 앞서 재판의 전개를 소근 소근 하는 말을 통해서 알았다. 문 교주는 자신의 상황에 대하여 우리에게는 결코 직접적으로 이야기 하지 않았다. 그에게 우리는 그저 어린 아이에 불과했다.

내가 어린 아이였다는 점에서 이견을 가지고 있다는 말은 아니다. 나는 작은 아이들이 우유를 엎질렀다거나 큰 아이가 학교에서 있었던 일을 지껄인다든가 하는 이야기를 듣는 것이 집안에서 느끼는 유일한 가정적 분위기였다. 나는 흔히 미체어의 연진(姸進)에게 식사를 주었다. 형진(亨進)은 아직 아장걸음을 걷는 아기였다. 나는 그를 커다란 원 테이블에서 이스트 가든의 언덕으로 데리고 가 그곳에서 들꽃을 꺾어 주었다. 나는 올케 언니라고 하기보다는 친언니처럼 문 교주의 아이들과 함께 키워지고 있었다.

셋째 딸 은진과 함께 문 교주가 뉴욕주 보트 쟈비스에 구입한 말 목장 뉴-초프함에 가는 일도 있었다. 은진은 말 타기를 잘해서 말을 아주 좋아했다. 문 교주가 자금을 조달하고 있던 한국의 올림픽 마술단도 거기에서 연습하고 있었다. 문 교주의 투자가 큰 역할을 하여 은진은 1988년(서울) 올림픽 마술대표단의 멤버가 됐다. 문 교주의 윗 또래의 아이들 중에서 내가 이스트 가든에 막 왔을 때 매우 친절하게 대해주었던 또 한 명은 차남인 홍진(興進)이었다. 그는 나와 나이가 수개월 밖에 차이가 나지 않았었다. 상냥한 소년이었다. 자기 방에서 고양이 한 마리를 키우고 있었다. 이 고양이가 새끼 고양이를 낳았을 때 어미와 새끼가 서로 떨어질 수가 없어서 그 때문에 고양이들이 그의 방을 점령하고 있었다. 우리들은 때때로 홍진이를 자기 침실의 옆인 작은 전화 코너에서 발견한 적도 있었다. 고양이 탓으로 자기 침대에서는 잘 수 없었기 때문이었다. 이것이 특별한 추억으로 남았다. 효진은 나에게 멋진 추억 하나 남겨 주지 않았기 때문이었다.

그해 여름과 가을, 나는 거의가 스페인어를 사용하는 연상의 동급생들로부터 해산이 가까워 오는 임신을 숨기기 위해 영어 학교에 다녔다. 문 교주 부인은 그해 여름 나의 남여 동생들을 돌보게 하기 위해 어머니를 한국으로 돌려보냈다. 그 때문에 나는 이스트 가든에서 더욱 더 고독해졌다. 임신은 기쁘기보다 무서운 모험이었다. 때때로 아침에는 컨디션이 좋지 않았고, 기력이 쇠하여 혹시 아이에게 좋지 않은 일이 생길까 걱정했다. 그러나 그것은 일시적인 현상이었다는 것을 너무 어린 나머지 알지 못했었다.

효진은 거의 좀처럼 집에 있지 않았다. 흔히 있는 일이었지만 지루하면 7일간 수련회나 21일간 수련회를 받기 위해 한국에 간다고 했다. 이것은 하나님을 가까이 하게 하기 위한 목적으로서 통일교의 연수 프로그램이었다. 그러나 그의 속셈은 다른 데 있었다. 효진이 자유 시간을 빠의 호스테스나 옛 걸프랜드들과 보낸다는 소문들이 들려왔다.

효진은 이스트 가든에 있을 때, 몹시 아프다고 하는 나의 항의에도 불구하고 매일 밤 섹스를 요구했다. 아픔보다도 더 충격적이었던 것은 뱃속의 아이가 커져감에 따라 팽창하는 나의 웨스트와 힙에 대하여 그가 보인 반응이었다.

나에게는 그것이 기적이었으나, 그에게는 치욕이었다. 그는 나에게 뚱보라든가 더럽다고 말했다. 섹스를 할 때 보지 않아도 되는 것처럼 나의 배를 덮었다.

문 교주는 흔히 나에게 이렇게 말했다.

효진이 하나님 품에 돌아오도록 너는 더 기도하지 않으면 안 돼! 아버지가 되는 것이 머지않아 그를 바꿔놓겠지!

문 교주가 우리 모두 나의 아기의 건강을 위해 기도하지 않으면 안 된다고 말했다. 그저 지나가는 말로 한 것이 아니었다. 확실하게 들어내서 말하는 사람은 없었지만 나는 알고 있었다. 이스트 가든의 그 누구도 드럭과 알콜과 무방비한 섹스에서 지칠 줄 모르는 효진이의 욕망 때문에 아기에게 악영향이 미치지 않을까 모두들 걱정을 하고 있었다.

나는 혼자서 라마즈법의 크라스에 갔다. 운전사가 휄프스병원에서 베개를 두 개나 안은 나를 내려놓았다. 다른 임산부는 보살펴 주는 파트너와 함께 있었다. 교사는 나를 라마즈법의 호흡과 훈련테크닉을 학습 중인 간호원과 짝을 지어 주었다. 신이 나를 돕기 위해 그녀를 보내주셨다고 느꼈다.

비록 신 앞에 감사는 하고 있었지만 서로 사랑하는 커플들이 자기들 둘만의 아기의 탄생을 아기자기하게 준비하고 있는 것을 보면 마음이 아팠다. 여자들은 베이비 침대의 모양이나 애기시트 같은 것을 어떻게 할 것이냐에 대하여 이야기하고 있었다. 또 천 기저귀와 종이 기저귀에 대해서도 상의하고 있었다. 남자들은 어린애가 아내의 뱃속에서 움직이는 것을 감지하기 위하여 아내의 배 위에 손을 얹기도 하며 어색한 듯 보이나 매우 긍지를 느끼는 듯 보였다. 내가 한 번 효진에게 해 보려느냐고 물었을 때 그는 그저 냉소했을 뿐이었다.

6주 간의 공부가 있을 동안 나는 누구와도 이야기하지 않았다. 오히려 그들이 나에 대하여 어떻게 생각하고 있을까 하고 생각했다. 거기에서 누구보다 내가 제일 어렸다. 틀림없이 측은하게 보였음이 틀림없었다. 나는 이 클라스 기간 동안 매일 밤 머릿 속에서 떠나지 않는 고통스런 현실을 인정하고 받아들여야 했다. 효진에게는 나와 아기는 관심도 없었다.

2월 초순 예정 대로 출산에 대비하여 친정 어머니가 1월에 이스트 가든에 돌아왔다. 어머니는 고티지 하우스의 1층에서 잤다. 어머니가 거기 있어 주서서 좋았다. 2월 27일. 진통이 시작됐다. 남편이 곁에 없었기 때문에 출산은 3주가 늦어져 있었다. 효진은 한국에서 돌아와 있었다. 오후 10시, 우리는 드디어 의사에게 전화를 걸었다. 의사는 때가 됐다고 말했다. 효진은 일부러 전화기를 두고 나갔기 때문에 이스트 가든의 경비원 한 사람이 차를 운전하여 어머니와 나를 데리고 병원에 갔다.

나는 떨고 있었다. 이스트 가든에서 휄로스병원까지 15분 간의 드라이브 하는 사이에도 통증은 계속돼 오고 있었다. 나는 나의 신체에서 일어나고 있는 일이 믿기지 않았다. 어머니 학교에서 수업을 1회도 쉬지 않았고, 진통과 출산에 대한 책도 읽었다. 그러나 진통하는 순간마다 배가 찢어지는 것 같은 통증에 대해서는 그 아무 것도 나에게 마음의 준비나 각오를 갖게해주지 않았다. 차 안에 가만히 앉아 침착하게 있을 수가 없었다. 길이 구부러진 모퉁이를 돌 때마다 자궁 안에 칼이 있는 것같이 느껴졌다.

오랫동안 잠 못 이루는 밤에 어머니는 내 곁에 머물러 있었다. 그녀의 손은 내 손을 꼭 쥐고 통증이 왔을 때는 내 눈물을 닦았다. 매 시간마다 나는 간호사에게 아기가 출산하기에 충분할 정도로 자궁이 열렸는지 체크하도록 부탁했다. 1센치, 2센치, 자궁은 시계바늘이 도는 것과 같을 정도로 천천히 열리고 있었다. 그 밤이 너무 길게 느껴졌다. 피부는 둘로 찢어지는 것 같았다. 정말 죽는 줄로만 알았다.

효진은 그날 밤 내내 병원에 오지 않았다. 아침에 왔을 때는 술에 취한 듯 보였으며 곧 귀가했다. 그는 통증이 절정에 달할 때마다 통증이 내 위를 스쳐 지나가는 것을 보고 있었다. 내가 우는 것을 보고 있었고, 내가 신음하는 것을 듣고 있었다. 그러더니 잠이 들었다. 진통실 바닥에 드러누워 있었다. 그것은 볼만 하기도 했다. 효진을 부등켜 일으키면서 간호사들은 웃었다. 이렇게까지 고통스럽지 않았다면 나도 그 괴로워함을 이해했으리라. 그러나 나는 그때 언젠가는 그가 절실히 필요한 때 나를 그냥 홀로 남겨두고 떠날 사람이라는 것을 알았다.

문 교주 부인은 기도꾼과 점쟁이 무당을 데리고 대합실에 와 있었다. 그녀들은 진통실에까지 최고의 운세를 손에 잡기 위해서는 아기가 오전에 태어날 필요가 있었다고 연락해 왔다.

의사는 그것을 위해 손쓰는 것에 개의치 않았다. 그것이 당신들의 문화라면 내가 할 수 있는 일을 하지요 라고 말했다. 어머니는 분만실 밖에서 기다리고 있지 않으면 안 되었기 때문에 나는 고통을 참아 나가기 위해 간호사들의 동정을 기대했다. 내가 힘없이 추진 못하는 것을 보고 웃었을 때는 목이라도 조여주고 싶다고 생각했지만 그래도 간호사들은 훌륭했었다. 아기의 머리는 나왔다가 도로 들어간다. 나에게는 힘이 없었다. 의사는 처음 절개를 하고서 기구(겸자)를 사용하여 산모로부터 아기를 꺼냈다.

여자 아이였다. 짙은 검은 머리카락에 얼굴에는 기구(겸자)의 **빨간** 자국이 박혀 있었다. 눈을 감고 있는 그 아기를 측은하게 보고 있었다. 너무나도 작고 모자라는 갓난아이로 밖에 안보였다. 나는 아기를 안는 것이 두려웠다. 내가 아기를 덥썩 안지 못하는 것을 간호사들이 보고 서로 눈치들을 보고 있었다. 내가 나의 딸을 사랑하지 않는 게 아닌가 하고 생각하지나 않을까 염려했다. 그러나 전혀 그렇지 않았다. 나는 단지 아기가 너무 작았고 떨고 있었기 때문에 내가 어쩔 줄 몰라 했던 것이었다.

대합실에서 기다리고 있던 사람들은 예상했던 대로 여자 아이란 소리를 듣고는 낙담하였다. 사내 아이 손자를 낳아주는 것이 나의 의무였으나, 나는 또 다시 문 교주 부부에게 실망을 안겨주고 말았다. 설사 내가 통일교 교인이 아니더라도 한국에서의 풍습도 마찬가지였을 것이다. 한국 문화로는 사내 아이는 아직도 여자 아이보다 높이 평가된다. 아들을 낳아야 했던 나의 책임은 통일교 미래와도 결속되어 있었다. 참 아버님과 참 어머님의 장남으로서 문효진은 통일교의 사명을 계승해 갈 것이다. 통일교의 장(長)으로서 효진의 뒤를 이을 아들을 낳는 것은 나의 의무였다.

장녀를 출산한 후 나는 스스로 아무 것도 할 수 없다는 생각에 짓눌려 있었다. 아기는 나의 유두를 입에 물 수 조차 없었기 때문에 간호사와 나는 아기를 위해 어떻게 해줘야 할지를 몰랐다. 산부인과 병동의 간호사는 나의 아버님과 서투른 영어에 안절부절 못하고 있었다.

이때 나는 여성이 모성 본능이라고 부르는 것이 그 무엇을 의미하는지를 알았다. 자신의 갓난 아기의 그 가는 손가락처럼 기적적인 것을 본 적이 없었다. 내 아기의 맑고 투명한 살갗처럼 부드러운 것에 접촉한 적도 없었다. 내 아기의 새근거리는 호흡처럼 안심시켜 주는 소리를 들은 적도 없었다. 내가 무엇을 해야 하는지 조차 몰랐어도 나는 나의 갓난 아기를 보며 이제까지 나 자신 한 번도 알지 못했던 사랑을 느꼈다.

우리들, 신과 나와 갓난 아기는 그것을 함께 이해하며 살 것이다. 갓난 아기와 나는 3월 3일. 오후 1시 30분에 퇴원할 것을 허락받았다. 효진은 아버님의 차로 우리를 이스트 가든까지 데려왔다. 문 교주는 신생아를 축복하기 위하여 집에서 기다리고 있었다. 나는 그가 아기의 출생에 의하여 신이 효진을 본래의 자기로 복귀시키도록 기도했으리라고 확신했다. 그러나 효진의 태도는 요지부동이었다. 변화되는 기적은 전혀 일어나지 않았다. 우리가 퇴원했던 첫 날 밤, 그는 우리들과 함께 있었다. 허나 그 후에는 빠 순방으로 되돌아갔다.

어머니는 이스트 가든에 수 개월간 머물러 갓난 아기의 시중을 도왔다. 이렇게까지 어머니를 필요로 하고 있는 것을 송구스럽게 생각하고 있었다. 어머니가 딸을 대함에서부터 나 자신의 어색함을 더해 줄 뿐이었다. 어머니가 없었더라면 나는 어찌할 바를 몰랐으리라. 내가 자고 있는 동안 어머니는 밤새도록 아기 곁에서 깨어 있는 것을 나는 가슴 아프게 느꼈다. 아기를 아무리 사랑해도 저토록 지극정성으로 사랑할까, 정작 나와 아기 옆에 있어야 할 사람은 없는데, 어머니의 모습을 보며 내 인생 중 가장 외로운 시간을 보냈다.

딸의 출생 후 나는 일기를 쓰게 되었다. 그것을 지금 다시 읽노라면 일찍이 나이 어린 소녀였기 때문에 흐느껴 울지 않을 수 없다. 일기장 그 자체도 내가 어렸음을 증명해 주었다. 끝장은 개의 캐릭터 스누피 그림이 붙여져 있었다.

1983년 3월 6일. 효진은 어젯 밤 오전 2시에 귀가했다. 오후 2시까지 자고 있다. 그리고는 김진 군과 외출했다. 통일교에서는 신생아의 탄생 후 8일째에 봉헌식이 집행된다. 8이라는 숫자는 통일교의 원리수로 새로운 시작을 의미한다. 의식은 세례식이 아니다.

왜냐하면 우리 축복의 자녀(합동결혼)는 영적으로는, 태어나면서부터 원죄는 없다고 믿고 있기 때문이다. 봉헌은 오히려 신생아의 탄생을 신에게 감사하는 기도와 같은 것이었다.

3월 7일. 우리는 이 의식을 장녀를 위하여 집행했다. 일기에는 그 기록이 남겨져 있다. 효진은 아기를 안고 있다. 아버님이 기도했다.

우리는 아기를 손에서 손으로 돌렸다. 모두가 아기의 볼에 키스했다. 아침 식사동안 어머님은 쭉 아기를 안고 있었다. 그녀는 기분이 좋았다. 아기는 효진이가 막 태어났을 때의 모습과 똑같다고 하였다. 아버님(문 교주)은 아기의 눈이 신비한 참새의 눈을 닮았다며. 그것은 아기가 기지가 있어 보인다는 의미라고 말씀하셨다. 서양인의 눈은 둥글어서 그들이 무슨 생각을 하는지 다 드러내 보이지만 동양인의 눈은 침입할 수 없는 어두운 물웅덩이 같아 스케일도 크고 그 깊이도 더 깊다고 말씀하셨다.

다음 날 밤 아기와 내가 퇴원한 닷새 후 효진은 한국으로 갔다. 가지 않으면 안 되는 일은 아니었다. 그저 현실에서 도피하고 싶었을 것이라고 생각한다. 어느 때보다 슬프지 않다고 생각하려고 애쓰고 있다. 왜냐하면 아기가 함께 있기 때문이다. 하지만 아기를 재운 뒤 내 방으로 돌아오면 쓸쓸함으로 젖어들게 된다. 마음속에 커다란 구멍이 있는 것 같은 느낌이어서 너무도 슬프고 허하다고 일기에 썼다.

나는 효진이 무사히 한국에 도착하도록 하나님께 기도했다. 이렇게 고독하고 허전한 슬픈 마음을 채우기 위하여 아기를 주신 신께 감사한다. 눈물이 계속 흘러내린다. 효진이가 우리의 소중한 딸의 탄생과 함께 기뻐해 주기를 원했다. 그러나 일단 한국에 도착한 뒤에는 나와 아기는 그의 생각 속에는 있지 않다는 것을 알았다.

효진은 무사히 한국에 도착했을까? 도착하면 전화를 부탁했지만 그것을 기대하지는 않는다. 며칠 기다리고 그리고 전화를 하자! 아기의 예쁜 사진을 많이 찍어서 효진에게 여러 장 보내기로 했다. 생후 얼마 되지 않은 무렵 이러한 사진을 찍는 것은 쉽지는 않았다. 보통 신생아와 마찬가지로 아기는 규칙적인 간격으로 잠들 수가 없었다. 밤새도록 울고 있다가 낮에는 계속 자고 있다. 어머니는 피곤해 지치고 나는 죄송한 마음에 안절부절 못했다.

　어머니는 자기 아이들을 키우고 지금은 자기 손자를 키우고 있다. 나는 이러한 어머니를 괴롭히고 있다는 죄책감을 느끼고 있다. 나는 정말 아는 것이 없다. 많은 것을 모른다. 아기에게는 안됐다 하고 어머니에겐 감사했다. 아기에게 목욕을 시켰다. 아기의 머리를 씻기고 목욕통 안에 넣었다. 나는 아기를 비누로 씻을 수도 없었다. 마침내 어머니가 목욕을 끝냈다. 어머니에게 고맙다고 했지만 부끄럽게 생각했다. 나는 아기에게 참으로 안됐다고 생각한다. 자신이 엄마로서 갖춰져 있지 못했기 때문이다. 나는 좋은 엄마가 되고 싶다. 하지만 모르는 것이 너무 많다. 아기에게 안됐다는 미안한 느낌을 계속 느끼지 않을 수가 없었다. 날짜는 가고 효진은 연락이 없었다. 나는 여전히 기다리고 있다. 효진은 지금 무엇을 하고 있는 것일까? 자기 딸에 대하여 조금은 생각하고 있는 것일까? 라고 나는 쓰고 있다. 다음은 일기장의 내용들이다.

　문 교주는 효진은 전화를 걸어 왔던가? 라고 물으셨다. 아니요 라고 답하지 않으면 안 되었기 때문에 곤혹스럽기도 했다. 효진이가 간부들에게 아내의 역할에 대하여 이야기 했다고 들었다. 그는 지금 무엇을 하고 있는 것일까? 출산 후 건강상태는 좋지 않았다. 한국의 여성은 출산 후 특히 몸조리를 한다. 우리는 추위로부터 몸을 보호하기 위하여 옷을 몇 겹이나 겹쳐 입는다. 아무리 옷을 겹쳐 입어도 체감으로 느끼는 추위를 막을 수는 없었다. 나는 병약하지는 않았다. 그러나 약했다.

　나의 몸은 아직 출산 후 준비가 되어 있지 않았다. 관절에 통증이 있었고 그것은 임신할 때마다 더해가고 있었다. 그해 3월. 감정적, 육체적, 영적 포괄적으로 비참했다. 눈이 하루 종일 아프다. 이가 시근

거려 먹을 수가 없다. 어째서 건강이 좋지 않은지 모르겠다. 머리가 아프고 마음은 무겁다. 아기에게 젖을 주는 것은 조금 뒤로 미루지 않으면 안 되겠다. 아기에게 계속 안됐다고만 생각한다. 효진은 무엇을 하고 있는 것일까? 그는 전화도 하지 않는다. 그런 그의 전화를 기다리고 있다.

　마지막으로 마음속 깊이 기도한 이후 긴 시간이 흘렀다. 갓난 아기가 태어난 뒤 나는 나태해졌다. 임신 중에는 아기 때문에 진정성을 가지고 성실하게 기도했다. 하지만 아기를 출산한 후에는 주위가 산만하게 됐다. 침체되고 마음이 안정되지 못했었다. 효진의 일을 생각할 때, 나는 아기를 들여다본다. 그렇게 하면 내 마음은 희망으로 가득 찬다. 이 아이는 나의 희망의 모든 것. 나의 단 하나의 희망이 이 아이에게 있었다. 나는 계속 효진이 돌아오기를 기도했다. 다시 한 번 하나님께서 딸을 주신 것을 진심으로 감사한다. 아멘

1983년 3월 18일

　아침부터 내리는 심한 비바람도 강하다. 나는 책상머리에 앉아있다. 고독은 나의 마음을 가득 채운다. 나는 이 세계에서 혼자라고 느낀다. 때때로 내 곁에는 아무도 없다 라고 느끼면서 모든 사람으로부터 멀어졌다고 느낀다. 아기가 옆방에 있는데도 나 자신은 혼자라고만 느껴진다.

1983년 3월 19일

　어제와 그저께 나쁜 꿈을 꾸었다. 꿈속에서 효진은 나와 결혼했는데도 다른 두 여자와 함께 있었다.
　그 일에 대해서는 생각도 하고 싶지 않았다. 그러나 꿈은 매우 현

실적이었다. 너무나도 선명했기 때문에 꿈이 아닌 생시 같았다. 나는 여자들을 똑똑히 기억할 수 있다. 이제까지 본 적은 한 번도 없었다.

작년 효진이가 걸프랜드를 뉴욕 시로 데리고 가 일 주일 간 돌아오지 않았다. 나는 그가 그녀와 함께 있는 것을 꿈에서 두 번 보았다. 나는 그녀를 알고 있다. 그렇지만 이번에 본 여자들은 모르겠다. 어제와 그저께 어느 쪽이나 다른 여자가 둘이 있었다. 어쨌든 그것은 좋은 꿈은 아니었다. 왜 내가 이런 꿈을 꾸는지 알 수 없다. 아마도 그의 일을 지나치게 생각하니까 그렇겠지! 그렇지 않으면 이것은 혹 사탄의 시련일까? 식욕이 없고 영적으로 약해졌다고 생각한다.

아기를 목욕시키기 전에 효진에게 전화를 걸었다. 그에게 있어서 나에게 전화 하는 것이 왜 그렇게 어려운 것인지! 나로서는 이해할 수 없다. 혼자 있을 때 또는 잠을 자려고 할 때 그에 대하여 생각하지 않을 수 없었다. 생각지 않으려고 하고는 있지만 사고의 줄은 이어진다. 나는 내가 왜 이러는지 몰라. 나는 혼자가 되는 것이 무서워.

1983년 3월 22일

어머니는 나를 꾸짖는다. 내가 아침식사를 하지 않았기 때문이었다. 더욱 식욕이 없다. 그 나쁜 꿈을 꾸고 난 뒤 식욕이 더 없다. 어머니는 혹시라도 내가 육체적으로 약해지면 사탄이 침범해오므로 사탄을 씹는다고 생각하면서 먹지 않으면 안 된다고 말했다. 효진이 수련회에 확실하게 참석하고 있다고 들었지만 그런데도 나쁜 꿈을 꾸게 된다. 아마도 사탄이 나를 시험하고 있는가 보다. 심리적, 육체적으로 강해져서 신과 효진, 그리고 우리의 딸을 위한 책임을 다하지 않으면 안 된다.

1983년 3월 27일

바람과 비가 사납다. 악천후와 피로에도 불구하고 3시에 성암에 가서 1시간 기도했다. 불쌍한 어머니와 아버지, 나는 그들에게 항상 근심거리였다. 언제나 내 탓으로 고통을 당하고 있었다. 효진은 오늘도 수련회에서 잘 하고 있는 것일까? 어머니로부터 6일째 그이가 두 사람의 걸프렌드에게 각각 1시간씩 전화가 걸려 왔다고 들었다. 사탄은 여섯째 날 침투해 왔다. 우리들의 하늘 아버지께서는 효진을 어떻게 보시고 계실까? 우리의 불쌍한 하나님.

1983년 3월 31일

어제는 이유 없이 화가 났다. 아마도 사탄의 시험인가 보다. 나의 마음을 진정시킬 수가 없었다. 아기가 태어난 이후로 전에 입던 옷을 못 입게 되었다. 그 때문에 2, 3일 조금 근심했다. 스스로 생각했다. 이래서는 안 돼, 나는 이제 17세, 행할 바를 행하고 가야 할 곳으로 가야 하지만, 나에게는 아기가 있어 나는 중년의 여자가 된 것이다. 얼마나 불쌍한 계집인가? 여기에 있는 것을 후회마저 하고 있다. 나는 왜 이런 것일까? 하늘의 아버님께 감사하게 느껴지지 않고 송구스럽게만 느껴진다. 그러다가도 내가 차라리 보통 평범한 남자를 만나 그의 사랑을 한 몸에 받으며 행복하게 살았다면... 이런 생각을 한다 그러다가도 금방 이런 상념에 빠지면 안 된다고 스스로 돌이킨다. 하늘에 계신 아버님, 저는 지금 회개합니다.

1983년 4월 4일

월요일 새벽 2시 일기를 쓰고 있을 때, 오늘 무엇을 했는지를 생각한다. 글쎄 나는 하루를 어떻게 지냈을까? 순간 나는 지금의 상황을 잊으려 하고 있다. 그러나 일기를 쓸 때 나의 생각을 다시금 정리하게 된다. 나는 항상 속이 빈 것처럼, 삶이 허무한 것처럼 느껴진다. 이것은 그 탓일까? 젖을 주기 위해 아기가 눈뜨기를 기다리면서 나는 뜻밖에 발견된 편지를 읽었다. 그것은 로스에 있는 여자로부터의 편지였다. 전날 옛 걸프랜드로부터 온 편지를 발견하고 찢어버린 적이 있었다. 그런데 이 편지를 왜 찢지 않았는지 나는 모른다. 편지에 대해서는 아무 느낌도 없다. 화도 나지 않는다. 정말 비참한 현실이다. 왜 이렇게 되었는지를 곰곰이 생각해 본다. 그가 교제하고 있는 여자들에 대해서는 심란해지는 일은 없다. 그녀들이 오히려 측은하게 느껴진다. 내가 심란하게 여기는 자는 오로지 효진이다.

효진은 여름까지도 이스트 가든에 돌아오지 않았다. 나갈 때 작은 신생아였던 딸은 팝, 팝하고 옹알이를 하는 반짝반짝 빛나는 눈을 가진 아이가 되어 있었다. 그는 한국에 갔을 때와 마찬가지로 아기에게 관심이 없는 것처럼 보였다. 나는 우리의 미래가 두려운 나머지 어쩔 줄을 몰라 했다.

그해 여름, 문 교주 부부는 내가 아빈튼 고교에 다시 나가는 것은 불가능하다고 결정했다. 그들은 공립학교 당국이 나의 장기 결석 이유에 과대한 관심을 가지고 갓난 아기의 일이 소문이 날까봐 걱정했다.

내가 임신했을 때는 아직 뉴욕 주의 승낙 연령에 미달이었다. 아동학대, 혹은 강간죄로 고발당하여 처벌을 받을 수도 있는 상황이었다.

나는 뉴욕의 토브스 페리에 있는 사립여고 마스타즈 스쿨에 입학을 허락받았다. 매우 흥분됐다. 봄이 되면서부터 얼마나 학교에 가고 싶었던지!

4월의 일기에는 이렇게 쓰여 있었다. 곧 공부하지 않으면 안 된다. 그리고 피아노 연습도 전혀 하지 않고 그저 시간을 허비하고 있었다. 공부할 계획을 이제부터 세워야지! 학교는 사랑도 없는 결혼과 우울

한 상태로부터 벗어나게 해줄 것이다. 그것은 나를 보다 나은 어머니로 만들어 줄 것이다. 이스트 가든에 와서 나는 처음으로 새로운 희망에 가득 차 있었다.

그러던 어느 날 아침, 문 교주 부부는 나를 그들의 방으로 부른다. 불안했다. 그들이 나를 부를 때는 언제나 그들의 눈에 좋지 않게 비쳤다는 것을 의미하고 있었다. 그들 중 어느 쪽이 나에게 노하고 있는지에 대해서는 사전에 알 필요가 없었다. 둘이 다 발끈하기 쉬운 성격이었기 때문이었다. 동시에 화를 내고 있는 일은 별로 없었다. 이 때 내가 인사를 하자마자 고함을 지르기 시작한 것은 문 교주 부인 쪽이었다.

너는 마스타즈 스쿨의 학비가 얼마나 드는 줄 알기나 하니? 너를 교육시키는데 돈이 얼마나 드는지 알고나 있느냐 말이야? 왜 우리가 이런 돈을 내지 않으면 안 되는 거지? 너는 우리 딸이 아니지 않아! 이미 너를 먹이고 입히고 재우는데 돈이 무척 들고 있어! 앞으로 얼마나 더 필요하지! 그녀가 여기까지 이야기하기에 무척 힘들어 보였다. 그만큼 그녀는 노발대발하고 있었다. 그녀가 그토록 유난을 떨고 고함을 지르는 동안에 문 교주는 아무 것도 말하지 않았다. 나는 고개를 숙인 채로 입술을 깨물고 울었다. 그리고 생각했다.

나는 문 교주 부부가 하라는 것은 모두 해 왔다. 그들의 버릇없고 방자한 아들과 결혼했다. 그가 임신한 나를 두고 걸프랜드와 놀아날 때조차 그의 곁에 있었다. 나는 그들에게 아름다운 손녀 딸을 낳아주었고 온갖 시중을 다 들어줬다. 왜 나에게 이토록 엄포를 놓는 것일까?

문 교주 부인은 박보희의 딸은 고교 졸업 증서를 통신 교육으로 취득했다는 말을 한다. 너도 그렇게 하는 것이 좋은 거야! 너도 박훈숙처럼 할 수 있어 훈숙은 지금 발레리나야 모든 것이 잘 되고 있

어, 너 집에서 공부하고 동시에 애기도 돌봐야 해!

나는 아연실색했다. 나의 양친은 항상 교육을 중시했다. 그들은 자기들의 낙을 희생하여 7명의 아이들이 가능한 한 좋은 학교에 갈 수 있도록 하였다. 문 교주 부부는 나에게 졸업 증서를 통신으로 취득하게 하려는 것일까? 지금 나의 정서적인 입장으로는 학교로 되돌아가서 동세대들과 만나고 하루의 일부를 문 가의 집 밖에서 지내야 할 필요가 있었다.

문 교주가 겨우 입을 열었다. 통신 교육은 좋지 않아 라고 나지막하게 말했다. 우리는 난숙을 학교에 보내야 해! 나는 그를 고맙게 생각했다. 눈앞에서 무릎 꿇고 흐느껴 울고 있는 내가 마치 거기에 없는 듯, 그들은 여러 가지 논의를 시작했다. 그들은 나의 인생에 있어서 모든 중요한 결정을 하고 있었고 그 후 그 결과를 가지고 나를 비난했다. 나는 애써 울지 않으려 했다. 내가 잘못한 것은 없었다. 그렇지만 울지 않고서는 견딜 수 없었다. 문 교주 부인은 화를 다 토해 버리고 나서는 돌연 내가 아직 거기에 있는 것을 알았는지 나가라고 소리지른다. 나는 급히 일어서서 아래층으로 뛰어내려와 직원의 눈을 피하려 하면서 고테지 하우스로 서둘러 갔다.

한 여름 동안 나에 대한 교육 이야기는 전혀 나오지 않았다. 9월의 어느 날 나는 간단하게 내일부터 마스타 스쿨의 11학년에 다니도록 통고를 받았다. 그해 학교까지 운전자의 차로 통학했다. 최 상급생이 돼서야 나는 운전을 배웠다. 효진은 가르쳐주마고 했지만, 첫 번째 강습에서 모욕적인 말로 가르쳤기 때문에 나는 그에게 이스트 가든의 경비원 중 한 사람으로부터 배우는 쪽이 좋겠다고 했다. 효진에게 맞대항한 것은 이것이 처음이었다. 그가 소리지르면 아무 것도 외워지지 않는 것을 나는 알고 있었기 때문이었다. 그는 화내지 않을 수 있는 인내력은 없었다. 나는 문 교주 저택의 부지를 떠나지 않고 배웠다.

나는 마스타 스쿨이 좋았다. 공부는 재미있었고 학생 중에는 한국인 학생도 몇 명 있었다. 그 대부분이 음악가이고 주말에는 뉴욕에 있는 링컨센터에 있는 줄리어드 음악원에서 공부하고 있었다.

그녀들에게 나는 미국에서 교육을 받기 위해 온 또 하나의 틴-에이져에 지나지 않았다. 그들의 양친과 마찬가지로 나의 양친도 한국에 있다는 정도였다. 아무도 문 교주와 나의 관계를 알지 못했고 아무도 내가 결혼을 했고 아이까지 있는 아기 엄마인 것을 알 리가 없었다. 그들은 내가 아빈톤에서 후견인과 함께 살고 있다고 생각하고 있었다. 아무도 그 이상의 것은 묻지 않았고 나도 한국의 문화가 온전한 문화인 것을 고맙게 생각했다.

마스타-즈에 있던 한 아가씨는 특히 친절했다. 그녀는 나보다 어렸는데 나를 언니처럼 대했다. 그녀가 무언가 털어놓고 싶어할 때는 나는 그 상대가 되어 줬고, 그 역할을 하는 것이 좋았다. 그녀는 서울에서 가족들에게 전화가 걸려올 때면 도저히 어머니와 이야기할 수가 없었다. 왜냐하면 어머니의 목소리를 듣자마자 울어버렸기 때문이었다.

나는 그 아이를 불쌍히 여겼다. 또 한편 부럽기도 했다. 그녀를 위로하면서 비로소 나는 내 나이 또래가 가지는 보통 감정을 경험하지 못했다는 생각을 하게 되었다. 만일 어머니나 가족을 그리워하면 하나님을 슬프게 한다고 생각했다. 만약 집으로 돌아가고 싶다고 희망을 한다면 운명에 저항하고 있다고 생각했다. 또 나의 남편을 미워하면 나는 내가 문 교주의 예지를 의심하고 있다고 생각했다.

나는 나의 실패와 고독을 느낄 수 있는 자유는 있었지만, 그것을 표현하는 자유는 없었다. 따라서 동급생들과의 우정은 어디까지나 표면적이고 일방통행이었다. 나는 그 학기 동안에 유산을 한 적도 있었지만 아무에게도 털어놓고 말할 수 없었다.

몇 주 전부터 임신한 것을 알고 있었지만 최초 진찰을 놓쳐 버렸다. 소량의 혈액이 속옷을 적시는 것을 알아차렸을 때도 그다지 신경쓰지 않았다. 아기가 유산됐다는 것을 초음파 검사로 확인했을 때 충격을 받았다. 하룻 밤 병원에 입원하고 있었지만 효진은 모든 것이 끝날 때까지 오지 않다가 정작 왔을 때는 내가 병실에서 울고 있을 때였다. 그러나 그는 나를 위로해주기는커녕, 너의 흐르는 눈물에 나는 이제 진절머리가 난다고 말했다. 그는 우리가 아기를 잃은 것보다는 내가 추태를 연출하고 있다고 오히려 신경질적이었다. "네가 울고 있을 때는 너무 미워!"라고 말하고는 나만 혼자 남겨 놓고 떠나버렸다.

내 주위에 내가 마음을 터놓고 의지할 수 있는 진정한 친구가 한 명이라도 있었다면 좋았을 것을, 하지만, 학교에서 함께 앉아 공부하는 아이들과 나의 공통점이라고는 같은 연령대라는 것 밖에 없었다. 그들과 내가 삶을 공유할 수는 없었다. 유산 후 효진의 반응을 보고 앞으로 내가 참 가정 속에서 살아가기 위해서는 이제까지 해왔던 것 이상으로 감정을 추스르지 않으면 안 되겠다라는 것을 알아차렸다.

같은 세대의 많은 다른 젊은 여성들보다 내가 담당해야 할 역할은 더 많았다. 아이들을 키워야 했고, 어른들을 섬겨야 했다. 이들 사이에서 내 인생은 공중에 대롱대롱 매달려 나풀거리는 것 같았다. 나는 그 해 봄, 고교 졸업식에 입을 하얀 드레스를 어머니에게 골라 달라 요청했다. 그 정도로 나는 어리고 자립적이지 못했다. 그러나 집에서는 내가 졸업식에 나갈 준비를 하고 있었다. 아! 아! 걸음마하는 딸을 가진 정도의 나이든 내가!

졸업식에는 당시 부통령 죠시 부시가 이름 지어 줬다는 동급생의 부탁으로 축사를 하기로 되어 있었다. 엄마, 나도 가도 돼? 라고 귀여운 딸이 묻는다. 나는 내 인생에서 다시 없이 중요한 날, 작은 여아를 데리고 가고 싶었다. 그렇지만 나는 딸을 이스트 가든에 두고 갔다. 내가 살고 있는 이 두 개의 전혀 다른 세계를 어떻게 하면 조화시켜 갈 수 있을지 몰랐다.

제6절 문 교주의 투옥 후 새로운 황제 황후로 즉위

1983년 12월 22일

추위와 습기가 가득 찬 허드슨 강 계곡은 새벽을 맞이하였다. 뽀얀 잿빛이 하늘을 덮고 있는 이스트 가든의 오늘은 날씨마저 우리 기분을 반영하고 있는 듯 보인다. 문 교주 부부는 며칠 전에 한국으로 대대적인 강연을 위해 출발했다. 문 교주는 반정부 운동의 거점인 청주 집회에서 연설한다. 전두환의 억압적인 군사 정권과의 밀접한 관계 때문에 문 교주의 안전에는 위험이 뒤따랐다.

문 교주는 우리들에게, 당신은 적지에 가는 것이다. 왜냐하면 직접 대결만이 지상에 보내진 사탄의 사자, 공산주의자를 패배시킬 수가 있기 때문이라고 말했다. 우리는 기도꾼들과 함께 문 교주가 성공적인 강연을 하고 무사히 돌아 올 수 있도록 성암(聖岩)에 모여 한 나절 동안 기도했다.

문 교주는 일제치하에서 어린 시절을 보냈다. 그런 환경가운데 그가 터득한 것은 종교와 정치가 서로 연결되어 있다는 것이었다. 우리나라가 공산권과 민주권으로 분단된 상황에서도 그는 성직자로서의 책무위에 가일층, 정치적 입장도 분명히 하였다. 이 때문에 공산주의자들은 전도 설교하는 그를 투옥시켰다. 그들은 종교의 다양성을 불법이라고 했다. 그들은 적이었다. 문 교주는 공적생활을 통일교 원리의 보급과 공산주의의 박멸에 바쳤다. 문 교주에게 있어서 서로 다른 이쪽 편의 목적과 저쪽 편의 목적이 분리되는 것은 있을 수 없는 일이었다. 효진은 속으로는 자기 양친을 걱정했는지 모르지만 그의 행동은 변하지 않았다.

그날 밤, 일찍 그는 뉴욕의 빠-나드리로 가고 있었다. 한밤 중에 전화벨이 울렸을 때 나는 아기와 둘이서 있었다. 전화는 경비원 중 한 사람으로부터 왔다. "사고가 났습니다." 라고 그는 말했다. 나는 곧 참 아버님(문 교주)을 머릿속에 떠올렸다. "아니요. 참 아버님이 아닙니다. 홍진입니다."

홍진이요? 문 교주 차남은 다른 두 축복의 자녀와 밤 외출에서 돌아오는 길이었다. 뉴욕 주 파리타운의 통일신학교에서 멀지 않은 동결된 아스팔트 위에서 홍진의 자동차가 고장난 트럭과 충돌했다. 홍진과 친구들은 헌팅에 열중하고 있던 문 교주의 아들들이 학교 내에 만들어 놓았던 사격장을 사용하기 위해 신학교에 잘 갔었다. 세 사람 전원이 병원에 수송되었다. 형과 비타 김 그리고 나는 뉴욕주 포킹 부시에 있는 성 프란시스 병원의 응급치료실로 직행했다. 우리들은 그 누구도 아무런 마음의 준비가 돼 있지 않았다. 두 친구는 부상당하였으나 중상은 아니었다.

그러나 홍진은 충돌하는 순간, 뇌에 심한 충격을 받았다. 우리가 도착했을 때 그는 한참 뇌신경 외과에서 뇌수술을 받고 있는 참이었다. 나는 비타 김이 복도의 공중전화 부스로 걸어가 한국의 아버님과 어머님에게 전화 거는 것을 보고 있었다. 그는 흐느껴 울고 있었다. "용서해 주세요. 저는 너무 무익합니다." 라면서 시작했다. "당신은 나에게 당신의 가족을 맡겼습니다. 그런데 무서운 일이 생겼습니다." 전화는 그리 길지 않았다. 문 교주 부부는 다음 비행기 편으로 돌아오겠다고 말했다.

지금까지 나는 빈사상태에 빠진 중환자를 본 적이 없었다. 나의 동년배의 소년, 그것도 홍진처럼 착한 청년이 여러 모양의 종류의 관(管)과 기계에 비끄러매져 응급실(ICU)에 누워 있는 것은 몸서리치는 광경이었다. 그는 의식이 없었다. 완전히 부동의 자세로 누워 있었고, 자력으로는 움직일 수 없는 그의 신체에 인공 호흡기기에서 산소를 뿜어내는 소리만이 울려퍼지고 있었다. 굳이 의사의 말을 빌리지 않더라도 그가 혼수상태임을 알 수 있었다.

다음 날 우리들 전원은 참 부모님(문 교주 부부)을 마중 나가기 위하여 뉴욕 공항으로 출발했다. 당시 겁에 질려 창백해진 문 교주 부인의 표정은 결코 잊지 못할 것이다. 비타 김의 전화를 받고 나서 그녀가 한 잠도 이루지 못하고 왔음이 분명했다. 우리는 병원까지 문 교주 부부와 동행했다. 병원에는 통일교 회원들이 응급실 대합실에 모여 홍진을 위하여 철야기도를 드리고 있었다.

문 교주는 병실에 들어가기 전에 우선 모두를 위로했다. 문 교주 부인은 아들과 둘 만의 시간을 갖고 싶어 했다. 홍진은 뇌사 상태였다.

1984년 1월 2일

문 교주 부부는 그들의 인생에서 가장 마음 아픈 결정을 내리지 않으면 안 되었다. 우리 전원이 병원 침대 주위에 다가서는 중에 17세의 홍진을 간신히 버티게 했던 인공 호흡기의 스위치가 내려졌다. 그는 의식을 되돌리지 아니하고 저 세상으로 갔다. 문 교주 부인은 목숨이 끊겨진 그의 시체에 매달려 흐르는 눈물로 하얀 침대를 물들이고 있었다. 문 교주는 바싹 마른 듯 한 눈을 하고 그녀 옆에 서서 위로 아닌

위로를 하고 있었다.

　우리들은 형제의 죽음에 한없는 눈물을 흘렸지만 문 교주는 우리에게 홍진을 위하여 울지 말도록 명했다. "그는 영계로 가서 하나님과 함께 있게 되었다. 우리도 언젠가는 재차 그와 만나게 될 것이다."라고 했다. 우리들 전원은 아버님의 강함, 아들의 죽음으로 인한 상실보다는 신의 사랑을 앞세울 수 있는 그의 힘을 칭찬과 경외의 눈으로 인정했다. 이제 막 엄마가 된 나는 문 교주의 반응에 감명보다도 불안한 그런 느낌이 들었다.

　홍진을 위하여 벨베티아에서 대규모의 장례식이 거행되었다. 문 교주 부인의 지시로 가족 내의 여성이나 딸은 하얀 드레스를 입었다. 남성은 검은 셔츠에 흰 넥타이를 맸다. 통일교 회원은 하얀 통일교 예복을 입었다. 장례식 장에서 식 준비를 하고 있을 때, 나는 어느 때처럼 어색했다. 난 참 자녀는 아니고 단지 며느리다. 그래서 어느 쪽에 속하는지 잘 몰랐다. 내 자리를 가족 끝에서 발견했다. 주방의 형제자매들은 우리가 잃어버린 소년을 생각해서 홍진이 좋아하는 요리를 모두 준비했다. 햄버거, 피자, 코카콜라, 마치 틴에이져의 생일파티가 준비된 것 같이 보였다.

　이제까지 나는 한 번도 장례식에 출석해 본 적이 없었다. 홍진의 관 덮개가 열려 거실에 놓여 있었다. 그것은 넓은 방이었지만 200명이나 되는 사람으로 초만원이 되어 곧 더워졌다. 3시간 동안 친구나 가족이 홍진의 선량함과 상냥함에 대하여 회고했다. 문 교주에게 울지 않겠노라 약속했으면서도 나는 주체할 수 없이 흐느껴 울었다. 운 것은 나 혼자뿐이 아니었다. 문 교주는 참 가정 전원에게 홍진에게 작별의 키스를 하도록 지시했다. 나이 어린 아이들은 당연히 두려워하고 있었다. 나는 제일 작은 몇 아이를 안아 일으켜서 홍진의 볼에 키스를 시키고, 나도 그렇게 했다. 그는 벌써 무섭게 차가웠다. 문 교주가 방을 나서자 일순간 흐느끼는 소리가 멎었다.

그(문 교주)는 참석자들에게 "지금은 영계의 지도자(죽은 홍진을)다"라고 했다.

그의 죽음은 희생의 죽음이다. 사탄은 반공 십자군을 조직하는 문 교주에게 차남의 생명을 요구하는 것으로 공격을 해 오고 있다. 홍진은 앞서 간 아벨(아담 해와의 아들 형 가인의 시기를 받아 죽음을 당함)과 같이 착한 아이였다고 했다.

문 교주는 말했다. 홍진은 벌써 영계에 있는 자들에게 원리강론을 가르치고 있다. 예수 자신도 홍진에게 깊은 감명을 받았기 때문에 자기 위치에서 내려와 문 교주의 아들을 하늘의 왕이라고 선언했다.

문 교주는 홍진의 위치가 영계의 장이라고 설명했다. 그는 메시아인 문 교주가 도착할 때까지 하늘의 왕좌에 앉아있을 것이다.

10대 소년이 순간적으로 신격화 된 것에 나는 아연실색했다. 나는 홍진이 참 자녀, 재림주의 아들이라고 알고 있었다. 그러므로 그가 천국의 특별한 자리를 차지했다고 믿는데 의심하지 않았다.

그렇지만 예수님과 맞바꾸는 것은 지나치다. 이스트 가든의 다락방에서 헤매는 새끼 고양이를 찾는 것을 도와주던 그 소년이 하늘의 왕이라니! 나는 깃털 빠진 것 같은 어린 소자에게 조차 그것은 너무하다는 생각이 들었다. 그렇지만 내 주위를 살펴보았다. 모인 친척들이나 손님들은 이 계시에 엄중하게 고개 숙이고 받아들이고 있었다. 문 교주의 발언에 의심을 품었던 나 자신이 부끄러웠다. 그리고 그 계시를 부정할 수 있는 권리도 나에게는 없었다. 홍진의 관은 운반되어 영구차에 실려 JFK공항에 운반되었다. 한국으로의 긴 여행을 떠나기 위해서이다. 문 교주 부부는 아들의 유해를 따라 가지는 않았다.

문 교주의 장녀와 효진이가 남동생을 위하여 조국으로 돌아갔다.

홍진은 서울 교외에 있는 문 가의 전용 묘지에 묻혔다.

그 후 곧바로 세계에서 이스트 가든으로 비디오 테이프들이 보내졌다. 여러 가지 활동 사항들에 대한 보고들과 함께 어떤 통일교 회원들은 자신들이 영적인 능력을 받았다며, 영계에 있는 홍진과 서로 교통한다고 말하고 있었다. 그런 테이프를 보는 것은 너무나 기묘해 했다. 우리들은 문 교주 부부와 함께 비디오 주위에 모여 알지도 못하는 사람이 다음으로 연이어 홍진의 영이 말한다는 것을 보고 있었다. 그들 중 어느 한 사람도 깊은 종교적 통찰력을 보인 자는 없었다. 누구 하나 이스트 가든 에서의 홍진의 생활을 잘 알고 있다고 확인할 수 있는 지식을 보인 자는 없었다. 그렇지만 전원이,

참 부모님(문 교주)을 칭송하고 하늘에서 예수가 홍진에게 머리를 숙였다고 하는 문 교주의 계시를 더욱 더 확고하게 믿고 있었다.

나는 이런 테이프들을 받지 않았다. 이렇듯 많은 사람들이 참 가정의 슬픔을 이용하여 이토록 드러나게 문 교주의 총애를 받으려고 아부하고 있는 것에 화가 났다. 나는 순진했다. 그러나 그들은 그야 말로 문 교주의 애정을 쟁취하는데 있어서 기능적인 고단수였다. 분명히 문 교주는 온 세계에서 자연히 일어난 일들의 현상에 흥분하고 있었다. 아들이 이 사람들을 통해서 이야기하고 있다고 정말로 믿고 있는지! 그렇지 않으면 그들의 패턴(속임)을 자기의 목적을 위하여 사용한 것인지 그것은 알 수가 없다.

문홍진 신격화에 있어서 분명 통일교의 교리에 위배되는 부분이 있었다. 그것은 바로 문 교주가 하늘의 왕국은 독신인 개인은 안 되고, 결혼한 부부에 의해서만 도달할 수 있다고 가르쳐 왔다는 것이다. 그런데 문 교주는 이 문제에 있어서 신속하게 대응했다. 홍진의 사후 2개월도 되기 전에 결혼식이 거행되었다. 문 교주는 죽은 아들과 초창기 때부터 제자인 한 사람 박보희 씨의 딸, 박훈숙에게 축복(결혼)했

다. 훈숙의 형제, 박진성도 축복(결혼)을 받고 같은 날 문인진과 결혼했다.

1984년 2월 20일. 합동결혼식은 기묘하다고 밖엔 형용할 길이 없다. 인진은 자기를 진성과 짝을 지어 준 것에 대하여 노발대발 하였다. 그녀에게 있어서 진성은 받아들이기 힘든 청년이었다.

인진(문 교주 딸)에게는 많은 보이 프랜드가 있었다. 축복같은 것은 그녀의 안중에도 없었다.

그녀는 박 씨 집안의 인간들에게서 제일 먼저 눈에 띄는 특이한 육체적 특징이 있는데 바로 물고기 눈이라고 했다. 사실 인진은 연하의 청년이 있었다. 지난 해 워싱톤 DC에서 통일교 회의에 출석했을 때 인진과 나는 회의장의 호텔에서 한 방을 썼다. 그러던 어느 날 밤 내가 자고 있다고 생각한 그녀는 버지니아의 이 청년에게 전화를 걸었다. 그녀는 가만히 속삭이며 평상시와 달리 소녀처럼 웃으며 대화하고 있었다. 나는 그녀가 청년과 수다 떨면서 축복의 자녀는 키스를 해서는 안 된다고 교육받았지만 우리들은 예외에요! 하고 말하는 것을 들었다. 그것은 위험한 연애였다. 그 때 두 사람 중 어느 누구도 자기들의 부친이 동일 인물이라고는 알지 못했다.

소년은 문 교주의 첩의 아들이었다.

나는 1년 전에 어머니로부터 그렇게 듣고 알고 있었지만, 밤의 통화 내용을 듣고 아무도 아직 그 사실을 모르고 있구나라는것을 알았다. 소년이 문 교주와 여신자의 정사로부터 태어난 것은 36가정 사이에서는 공공연한 비밀이었다. 어머니는 나에게 그것은 로맨틱한 관계는 아니었다고 설명했다. 그것은 신이 정해진 섭리의 결합이었지만 세상에서는 이해할 수 없는 결합이라고 했다.

여러 가지 오해를 피하기 위하여 소년은 태어났을 때 문 교주가 가장 신뢰하고 있는 문 교주 고문의 한 사람의 가정에 맡겨져 그 아들로 키워졌다. 진짜 모친은 버지니아에서 그와 가까이 살고 있고, 어린 아이 때는 가족의 친구인 것 같이 연출했다. 문 교주가 부친이라는 것을 공개적으로 시인하지는 않았지만 소년 본인과 문 가의 제2세대에는 1980년대 말에 진실이 고해졌다. 지금까지 혈연관계 없는 교인들의 가정에 유아를 맡기는 일은 흔히 있었던 일이다. 통일교에서 아이를 못 낳는 부부에게는 여러 아이들이 있는 교인들 가정에서 아주 간단하게 갓난 아이가 입양되었다. 우리들 회원은 인류라고 하는 가정에 속했고,

유일한 참 부모는 문 교주 부부이기 때문에 실제로 누가 키우든지 거기에는 아무런 의미가 없었다.

통일교는 양자 결연과 같은 법적인 세상 법 같은 것은 생략하고 옆집에 여분의 가정 용 호스를 빌려주는 것 같이 가벼운 마음으로 아이들을 나눠 가진다.

1984년 2월. 우리는 두 쌍의 결혼식을 위하여 2년 전의 내 결혼식 때와 같이 벨베티아의 저택에 모였다. 하얀 예복을 입었다. 문 교주 부부는 우선 딸 인진과 박진성의 결혼식을 집행하였다. 결혼식 직후 박훈숙이 잘 꾸며진 도서실에 하얀 정식 웨딩드레스와 벨을 입고 나타났을 때 사람들은 쥐 죽은 듯 조용해졌다. 젊고 예쁜 여성, 그녀는 21세이고 발레리나로서의 야심을 불태우고 있었다. 문 교주는 줄리아 문의 무대 명으로 춤추는 훈숙의 재능을 빛내기 위해 한국에 유니버설 발레단을 창설했다.

그녀는 통로를 따라서 액자에 들어 있는 홍진의 사진 액자를 아버님과 어머님이 있는 곳으로 들고 갔다. 내 남편 효진은 죽은 동생 대신에 새색시 옆에 섰다. 그는 홍진이가 말할 수 없는 맹세를 거듭했다. 훈숙은 매우 아름다운 새색시였다. 이제 그녀가 산 사람과는 결코 결혼할 수 없는 것을 측은하게 생각했다. 그러나 시선을 그녀로부터

효진에게로 돌렸을 때 무언가 다른 것이 내 속에서 솟구쳐 오름을 느꼈다. 그것은 시샘이었다. 나는 생각했다. 자기가 사랑하고 있지 않는 남자. 자기를 사랑하지도 않는 남자와 비참한 삶을 사느니 보다 죽은 남자에게 사랑받는 쪽이 얼마나 더 나을까?

실제로 이 예식은 통일교 외부의 사람들에게는 묘하게 보일 것이다. 그러나 문 교주는 산 자와 죽은 자를 결혼시켰다. 나이 많은 독신 회원은 종종 영계(죽은 자)로 간 회원과 맺어줬다.

문 교주는 예수를 한국인의 노처녀와 결혼시켰다.

통일교는 결혼한 부부 만이 천국에 갈 수 있다고 가르치기 때문에 이 과정을 통과하기 위하여 독신인 예수에게도 문 교주의 중재 역할이 필요했던 것이다. 이것은 거룩하신 하나님의 신성을 모독하는 그의 오만한 행위 중에서도 가장 으뜸가는 행위일 것이다.

성혼식(결혼식) 수년 후, 쥴리아 문과 이미 죽은 홍진이 부모가 되었다. 물론 그녀가 실제로 아이를 낳은 것은 아니다. 홍진의 남동생 현진(顯進)과 그의 아내가 쥴리아에게 막 태어난 아들 신철을 자기의 아이로 키우도록 이양했을 뿐이었다.

그런데 정부 당국은 이 같이 소위 기적적으로 생긴 일을 알아차리지 못했다. 홍진의 사후 4개월이 됐을 때, 합중국 최고 재판소는 문 교주의 연방 탈세의 유죄판결 재심을 표명 없이 각하시켰다. 전 미국 기독교협의회 아베위가 시민 자유연합 남부 기독교도 지도자 회의 같은 조직에 의하여 제출된 16통의 법정 조언자의 서한은 이 재판을 종교 실천의 자유에 대하여 중대한 의미를 갖는 종교 박해의 일예라고 하였다. 만약 문 교주가 표적이 된다면, 다음에 오는 인기 없는 전도자는 누군가라고 생각하는 것은 당연한 결과였다.

판결 예(例)는, 정부에게 어떠한 종교 조직의 내부 재정도 검사하게 된다라고 유니테리안 보편 구제교회의 죠지 마샬 선생은 경고했다. 마샬 선생은 국내에서 개최된 지회에서 문 교주 지지를 위하여 목소리를 높인 400명의 종교 지도자 중의 한 사람이었다. 네브라스카 주 루이밀의 파르테스트하 목사, 에드워드 실벨 선생은 문 교주의 상황을 자기 자신의 상황과 비교했다.

실벨 선생은 재판소에서 나오게 된 원리주의적 그리스도교의 문 교주가 교례 죄 명령에 따르지 않았기 때문에 8개월간 투옥되었다. 실벨은 말했다. 사람들은 나에게 묻기를 문 교주 때문에 집회에 나가는 것은 기묘한 기분이 안 드느냐? 라고 그렇지만 나는 당신들과 함께 강제 수용소에 가기보다는 때로는 당신들의 자유를 위하여 투쟁하는 쪽을 택합니다.

뉴욕시민자유연합 대표 레미아 S 갓트만은 종교 문제의 변호의 여지없는 간섭이라고 부르는 것에 항의하기 위하여 종교 지도자와 시민운동지도자에 의한 특별위원회를 조직했다.

오진 G 첫째 상원의원을 위원장으로 하는 합중국 상원법사위원회는 문 교주의 제안을 심의하고 다음과 같은 동의에 도달했다.

우리들이 새로운 입국자를 의도적인 범죄 행위로서 비난하고 있는 것. 특히 교회의 자금을 자기 명으로 은행계좌에 소유하고 있는 것은 우리들 자신의 종교 지도자들의 대다수가 보통 행하고 있는 일이다. 가톨릭 사제는 이것을 행하고 있다. 파프테스트파 목사도 행하고 있다. 그리고 문 교주도 그렇게 행하고 있다. 우리가 그것을 어떻게 보든지 영어를 이해 못하는 외국인이 이 나라에서 제출한 최초의 신고서에 관하여 그의 탈세를 유죄라고 한 것은 사실이다.

우리는 그에게 우리들의 법률을 이해할 공평한 기회를 주지 않은 것 같이 보인다. 우리는 교정하기 위한 최초의 수단으로 민사의 형벌을 구하지 않았다. 우리는 의심스러운 면을 피고에게 유리한 쪽으로 해석해 주지 않았다. 도리어 우리는 1만 달러 이하의 납세 의무에 대하여 새로운 이름을 적용하여 그것을 유죄판결한 결과 18개월의 연방 형무소에 수감되었다.

아메리카 루터파협의회의 찰스 V 바그스트롬 선생은 한치 상원의 원위원회에서 증언했는데 문 교주의 탈세에 대한 문제를 판단함에 있어서는 많이 봐주는 편이었다.

나는 그가 횡령한 재판을 받았는지 어쨌든지 의문을 안고 있다. 법정은 귀 판사가 이 재판을 방청하겠다고 하는 문 교주의 요구를 거부하고 판사는 배심에 대해 재판 목적을 위해 그를 종교인으로는 생각지 말라고 했다. 그렇지만 이렇게 물었어야 했다. 왜 그는 그렇게 큰 대금을 손에 쥐지 않으면 안 되는 것인가? 통일교 내부의 그 누구도 답은 하나였다. 통일교는 갓슈 비즈니스이다.

나는 일본인 통일교 간부가 정기적으로 현금이 채워져 있는 종이 봉투를 갖고 이스트 가든에 도착하는 것을 본다. 그 돈은 문 교주 호주머니로 들어가든지 또는 아침 식탁에서 통일교 소유의 사업체 중역들에게 나누어진다.

일본인은 아메리카의 갓슈를 갖고 들어오는데 아무런 문제가 없었다. 그들은 세관의 관리들에게 아메리카에 온 것은 애트랜틱 시티에서 도박을 하기 위해서라고 말한다. 거기에 추가되어 뉴욕시의 몇 개인가의 일본 요리점도 포함되어 통일교가 경영하는 여러 가지 사업은 갓슈 비즈니스였다. 나는 통일교의 각 본부로부터 이스트 가든에 현금이 들어오는 것을 보았다. 그것은 직접 문 교주 부인의 코로셀의 벽걸이의 금고에 간수되었다. 그녀는 여기에서 특별히 정해진 날이랄 것도 없이 5,000달러를 주방 직원에게 건네주기도 하고, 500달러를 말차기를 해서 이긴 아이들에게 주기도 했다.

통일교 내부에서는 문 교주가 종교인으로서 면세 특권을 실업계에 있어서의 금전 획득의 수단으로 사용하는 것은 아무런 문제도 되지 않았다. 이익의 추구는 그의 종교철학의 중심이다. 문 교주는 마음은 자본주의이면서 신자를 지원하기 위한 비즈니스 네트워크를 건설하지 않고서는 세계 종교를 통일할 수는 없다고 가르쳤다. 이 목적 때문에 그는 식품 가공 공장, 어선단, 자동차 조립라인, 신문, 공작기계로부터 컴퓨터 소프트웨어에 이르기까지 여러 물건의 제작을 위한 회사를 설립하든가 매수하곤 했다.

법정에서 법률가가 무어라고 하든지 내부에서는 아무도 문 교주가 통일교가 사업의 자금을 무분별한 상태로 있는 것에 이의를 주장하지 않았다. 그것은 어떤 누구의 문제도 아니었다. 통일교 고문들이 사업과 정치 활동으로 통일교 자금이 유용을 이야기하고 있는 것을 얼마나 많이 듣고 있었던지, 그의 종교, 실업, 정치 이야기와 동일한 것, 그것은 통일교의 세계 지배를 위한 것이기 때문이었다. 잘못되어 있는 것은 합중국의 세법이지 문 교주가 아니었다. 메시아의 사명은 인간의 방법을 초월한다.

문 교주의 철학은 충분히 관대하게 들려왔다. 세계는 급격하게 하나의 마을로 되어가고 있다. 모든 인간의 생존과 번영은 공동 정신에 의존한다. 인류는 자기 자신을 인간으로서의 한 가족이라고 인식하지 않으면 안 된다. 통일교 이외의 시민적 자유주의자 팬으로서의 알아차리지 못하고 있는 것은 문 교주가 그리고 문 교주 만이 이 가족의 장(長)이라는 것이었다.

1980년 문 교주는 CAUSA(아메리카 통일교연합)을 설립했다.

통일교 자금을 그의 반공정책 자금으로 사용하는 것은 통일교의 철학 규정의 일부였다. 통일교에 의하면 이것은 비영리 비 당파 교회적, 사회적 조직으로 자유사회의 기초로서 신이 긍정하는 윤리와 도덕의 전체상을 제시한다. 소위 반공 전선이었다. 이것을 보통 말로 한다면 CAUSA는 엘살마톨과 니카라과의 공산주의 운동에 대항하기 위하여 막대한 자금을 제공한다는 것이었다.

문 교주 자신의 반공 신념인 루-투에 주의를 환기하는 것을 주저하지 않았다. 신이 긍정하는 세계인들 사이에서의 통일이 필요한 것은 문 교주의 그리스도교 신앙 때문에 1940년대 말, 북조선의 공산주의자에 의하여 투옥되어 고문당했을 때, 그의 눈에 확실해졌다. CAUSA는 아메리카와 세계 자유를 위한 그의 콤밋트멘트의 당연한 귀결이다.

1980년대에는 라틴아메리카가 문 교주의 반공열의 초점이었다. 반공신파를 지원하기 위하여 그 지방에 파견한 전도사들은 통일교 예복이 갖추어져 있지 않았다. 그들은 문 교주 혹은 통일교와의 연결고리를 분명하게 하지 않고 눈에 띄지 않게 설립한 많은 학술 단체의 후원 아래 비즈니스 양복을 입고 왔었다. 라틴 아메리카 통일연합, 과학의 통일에 관한 국제회의, 세계평화 교수 아카데미, 워싱톤 정치연구소, 아메리카 지도자에 관한 회의, 국제안전보장협의회 등의 직함으로 문 교주의 전도 앞잡이는 즉 표면상으로는 학술적인 안면(顔面)으로 보였다. 이들의 단체가 스폰사가 된 회의의 강사들은 많기는 메디아와 정계, 학계의 유명인들이었는데, 대개의 경우, 자기들의 경비, 호텔 비, 식대비가 문 교주에 의하여 지불되는 것을 알지 못하고 있었다.

문 교주 부부는 세금 지불에 대하여 극도로 예민하게 혐오감을 느끼고 있었다. 통일교 변호사는 거의 모든 시간을 어떻게 하면 과세를 피할 수 있을까를 생각하면서 지낸다. 이것이 참 가정 신탁기금이 아메리카의 은행이 아닌 리히텐슈라인 계좌에 넣어지고 있는 이유이다.
나중에 돌이켜 보고 비로소 나는 자신들의 이익을 위하여 법을 조정하려
고까지 하고 있으면서 종교 박해라고 주장하는 문 교주의 위선을 본다.

당시, 나는 예민한 감성의 10대, 신참의 모성, 신앙심이 깊은 신자
였다. 그 해 나는 보다 영속적인 비자를 확보하기 위해 처음으로 한국
에 돌아왔다. 문 교주 부부가 나의 이민을 합법화 할 때가 왔다고 결
정하기까지의 3년간 나는 아메리카에 불법으로 체류하고 있었다. 그
것은 나 한 사람이 아니었다. 이스트 가든은 메이드 장, 주방의 형제
자매와 베이비 시터와 정원사 등 관광 비자로 와서 단지 통일교의 세
뇌에 녹아버린 사람들로 꽉 차 있었다.

요즈음 나는 우리가 법을 어기고 있는 것에 대하여 참으로 이해하
지 못하고 있다. 그것은 나만의 문제는 아니었다. 지상에서 자칭 신의
대리인으로 문 교주의 법은 미국 시민법을 초월 하였다. 지난 해에 문
교주의 재판 건에 대한 중요성에 대하여 나는 잘 인지하고 못하고 있
었다. 문 교주가 실제로 1년 반 동안 갇혀있게 되어 있을 때 우리 모
두는 비탄에 젖었다.

**1984년 7월 20일 오전 11시, 문 교주는 고네치캇트 주단페하의 연
방 형무소에 수감되었다.**

형무소 당국에 신변을 맡기기 전 날, 문 교주는 이스트 가든의 저택
에서 120개국에서 온 통일교 간부들과 만났다. 그는 간부들을 안심시
켰다. 자기는 단지 작전본부를 집에서 형무소로 옮길 뿐이라고 했다.
단 페리에서의 생활 환경은 이스트 가든과는 아무래도 남달랐을 것이
다. 그는 40~50명의 수감자와 함께 기숙사와 같은 건물에 거주하면
서 형무소의 가푸테리아에서 바닥을 닦고, 테이블을 정리하는 일을
했다.

그에게는 하루 걸러 면회가 허락되었다. 나는 온순하게 문 교주 부

인과 동행하여 그들 두 사람의 시중을 들었다. 문 교주 처의 지시로 문 교주에게 힘을 돋우기 위해 자동 판매기에서 먹을 것을 꺼내주었고, 인스탄트 스프에 홍삼 엑기스를 넣었다. 여러 부서의 중역들과 통일교 간부들이 지시를 받기 위하여 끊임없이 방문했다. 통일교의 사업은 막힘없이 계속 진행됐다.

우리가 문 교주와 면회할 때는 언제나 그는 아이들에게 숙제를 내어 시나 작문을 쓰게 했다. 우리들은 다음 면회 시 그것을 그에게 읽어 듣게 한다. 나는 그가 나에게 준 하나를 기억하고 있다 숙녀의 생활이라는 것이었다. 인진은 대외적으로 부친을 옹호하였다. 보스톤에서 개최된 신교의 자유를 위한 집회에서 그녀는 350명의 지지자에게 문 교주의 상황은 소비에트의 반체제 물리학자 노벨평화상 수상자인 안드레이사하로프의 상황과 같다고 말했다.

1971년 아버지는 신의 분부에 의해서 이 나라에 왔습니다. 12년간 아버지는 아메리카를 위하여 눈물과 땀을 흘려 왔습니다.

지금 문 교주는 64세로서 죄 없는 죄인이 되었습니다. 형무소의 아버지(문 교주)를 찾아가 아버지가 죄수복을 입고 있는 것을 보았을 때 나는 울고 또 울었습니다. 아버지는 나에게 울거나 노하거나 해서는 안 된다고 말했습니다. 아버지는 나와 그의 뒤를 따르는 몇 백만이나 되는 사람들에게 분노와 슬픔을 억누르고 더욱 강력한 능력으로 진정 이 나라를 자유의 나라로 만들도록 명하였습니다.

인진은 그날 밤, 무대 위에서 前 상원의원 유진 막가시와 더불어 문 교주의 수감을 자유에서의 위협이라고 고발했다. 문 교주의 금고는 통일교에는 대 선전이 되었다. 단 하룻밤에 그는 경멸당하는 종교박해의 상징이 되었다. 선의의 시민적 자유주의자가 문 교주를 자기들의 대의의 순교자로 만들었다. 그들도 또 속고 있었다.

노스가로라이나주 라이라의 쇼-신학교는 투옥 중의 문 교주에게 명예 신학박사 학위를 수여했다. 학교는 문 교주에게 사회 정의, 인간고에서의 해방, 신앙의 자유세계, 공산주의에 대한 투쟁 등 여러 분야에 있어서의 인도적 공헌으로 표창을 수여하였다. 부교장의 요셉 씨는 문 교주의 명예를 찬양함에 있어서 쇼-신학교에 대한 통일교로부터의 3만 달러의 기부와 상관이 없다고 했다. 이사회의 결정으로 행해졌다고 한다..

투옥 중에 문 교주는 효진을 한국에 파견하여 창설 당시부터의 회원인 아들과 딸인 축복의 자녀들을 위해 특별수련회를 지시했다. 지금까지는 각자가 자기 자신의 방향으로 나아갔을 뿐 그들 안에는 아무 규율도 없었다. 라고 나중에 문 교주는 연설 중에 말했다.

그러나 지금은 그들이 어떤 질서 안에서 하나로 뭉쳐졌다. 이 일이 내 투옥 중에 일어난 것은 중요한 일이다. 왜냐하면 예수가 십자가를 지신 후 제자들은 모두가 산산이 흩어지게 되고 도망쳤기 때문이다. 이번 내 투옥 중에는 세계에서 모여온 축복자녀(합동결혼)는 도망가는 대신에 구심점에 이르러 하나가 되었다.

문 교주가 투옥 중 정통 기독교들에게서 존경을 쟁취하고 통일교 제2세에게 지배력을 강화하고 있는 동안에도 그의 아들은 사후의 위신을 점점 더 높여갔다. 홍진으로부터의 메시지 보고는 급증하고 있었다. 하나는 통일교의 공식 편지지에 쓰여 있었다.

빼이에리아의 형제 자매야! 이쪽은 홍진님과 예수의 팀이다. 우리들은 너희들 사이에 발판을 만들어 이곳 캘리포니아에 진짜 산샤인을 가져올 필요가 있다. 그것은 어느 통일교 회원이 황홀한 상태에서 그렸다고 말하고 있다.

우리들 형제는 홍진님으로부터 메세지를 받았다. 성프란스코, 성바울, 예수, 마리아 기타의 정령도 그가 있는 곳에 왔다. 라고 통일교 신학자 김영휘는 이와 같은 영매자의 한 사람에 관하여 다음과 같이 썼다.

그들은 모두 홍진 군을 새로운 그리스도라고 말하고 있다.
그들은 또 홍진 군을 하늘의 젊은 왕이라고 부르고 있다.
그는 영계에서는 하늘의 왕이다.
예수는 그와 함께 일하고 항상 그와 동행하고 있다.
예수 자신도 홍진 군이 새로운 그리스도라고 말하고 있다.
그는 바야흐로 영계의 중심이다.
그가 예수보다도 높은 지위에 있다는 것을 의미한다.

문 교주가 재림 메시아라고 주장하면서 그의 죽은 아들인 홍진 군이 예수라고 한다. 황당한 주장이 아닐 수 없다.

이야기를 다시 되돌리면 문 교주는 13개월의 수감 후, 1982년 20일에 석방되었다. 그의 석방에 종교계의 동료들은 환성으로 맞이하였다. 도덕적 다수라 협의회 폐지 라벨선생과 남부 기독교 지도자 회의의 요셉 로리 선생의 두 분이 로널드 레이건 대통령에게 전화를 걸어 문 교주를 완전히 사면하도록 라벨로라 기타 유명한 종교 지도자를 포함한 2,000명의 성직자들이 워싱턴 DC에서 그의 영예를 찬양하며 신과 자유의 만찬회를 열었다.

이스트 가든에서 문 교주는 마치 감옥에서 돌아온 것이 아니라 세계 강연 여행에서 돌아온 것인 양 영접되었다. 옛 리듬이 되돌아왔다. 아침 식탁에서의 회합이 재개되었다. 그러나 무엇인가 달라져 있었다. 형무소에서 석방된 뒤 벨베티아에 있어서의 일요 아침 문 교주의 설교에는 확실한 변화가 느껴졌다.

그는 점차 하나님에 대한 말을 하지 않게 되고 점점 더 자기의 일을 말하게 되었다. 단지 신의 사자라는 게 아니고 일종의 역사적 인물로서의 자기 자신의 모습에 집착되어진 것 같이 보였다. 전에는 영적

직함을 구하여 그의 설교를 열심으로 듣고 있었는데, 지금 나는 점차 불안해지고 관심이 변화되어 가는 것을 느꼈다.

1985년 말, 그는 자의적으로 한학자(문 교주 처)와 비밀의식을 통해 세계 황제와 황후로 즉위하였다. 그때 문 교주의 오만은 절정에 달했다.

벨베티아에 있어서의 호화스러운 의식에는 많은 세월(몇 개월이나)과 몇 10만 달러의 돈이 들었다.

통일교 부인들에게는 20세기 초까지 약 500년 동안 지속됐던 이씨 조선의 제왕의 의복에 대하여 조사할 것을 명령했다. 부족들의 왕이 쓴 왕관을 흉내 낸 순금과 비취의 왕관 디자인을 명령받은 자도 있었다. 나의 어머니는 몇 야드나 되는 비단과 사텐과 프로게드를 사고 이들 고가의 소재를 왕궁의 의상으로 만들기 위해 한국에서 재봉사를 찾아내야 하는 임무를 띠고 있었다. 문 교주의 열 두 아이들, 며느리와 사위, 손자 전원에게 왕자와 공주와 같은 의상이 입혀졌다.

문 교주의 대관식은 역사의 재현이라기보다는 이씨 조선을 무대로 한 한국 텔레비젼(방송)의 대중적인 멜로 드라마와 같이 보였다.

나는 신성한 종교예배보다도 시대물인 드라마 때문에 의상을 입었을 뿐이라고 여겼다. 이런 행동이 바보같이 느껴졌다. 문 교주는 이와 같은 거대한 자기 중심주의적 행위가 세계로부터 어떻게 보여지고 있는지를 충분히 알고 있기 때문에,

실제 의식에서의 사진 촬영을 금지했다.

내빈은 모두 높은 지위에 있는 통일교 간부들로 카메라를 지참한 사람은 입구에서 쫓아보내고 경비원에게 빼앗겨 버렸다.

금관과 양손을 감싼 의상으로 나에게는 문 교주가 마치 현대판 대제인 것처럼 보였다.

나와 내 친부모에게 있어서 대관식은 전환점이 되었다. 우리는 이때 비로소 문 교주에 대한 의구심을 서로 입으로 이야기하게 되었다.

그것은 간단한 것이 아니었다. 통일교에서 일어나고 있는 강제, 그리고 세뇌에 대해서는 많이 밝혀져 왔다.

내가 경험한 것은 조건반사였다. 사람은 획일적인 정신을 가진 사람들 사이에서 격리되어 비판적인 사고보다는 순종을 높이 평가하는 메시지를 사정없이 당하고 보면 신앙체계는 강해진다. 통일교에 오랫동안 관계하고 있으면 있을 수록 이 같은 신앙심에 사로잡히게 된다. 10년 후, 20년 후, 자기의 신념이 모래 위에 세워졌다는 것을 비록 자기 자신에 대한 것이라 할지라도 누가 인정하고 싶을까? 분명히 나는 인정하고 싶지 않았다. 나는 내부 사람이다.

나는 문 교주의 심한 과오와 행동을 허용하고 있는 것, 아이들을 주먹으로 마구 치는 것, 언어 학대 행위, 용서할 수 없을 정도로 충분하게 문 교주로부터 치욕적인 대우를 받았다. 나의 전 인생을 걸고 나는 그를 용서하지 않는다.

나만의 인생은 아니다. 나의 부모님은 30년간 자기들 자신의 의구심을 외면하고 지금까지 지내왔다. 나의 친아버지는 문 교주의 사업을 운영하는 자의적인 방식을 못 본체 하고 왔다. 자격이 없는 친구나 친척을 권위 있는 지위에 앉히고 아첨하는 자를 출세시키고, 뭔가 애써 독립심을 보인 자를 붙잡아 버린다. 친아버지는 문 교주로부터 사람들 앞에서 종종 모욕당하는 것을 감수하는 것으로 일화제약의 대표 지위를 꽤 버티어 왔다. 문 교주가 친아버지를 그 지위에 남겨둔 것은 일화가 그 때문에 계속 수익을 얻고 있었기 때문이었다.

흥진의 신격화와 문 교주의 대관식이 나의 신앙심을 시험하는 것이었다면 흑인 흥진의 등장은 그것을 거의 파괴시켰다.

문 교주의 죽은 흥진 아들에 대해서 많은 부분이 아프리카에서 보고되어 왔다. 1987년 곽정환 선생은 흥진의 영이 짐바브웨인의 몸에 붙어 그를 통해서 말하고 있다고 하는 정보를 조사했다.

이스트 가든에 돌아온 곽 선생은 법의는 진짜라고 선언했다. 우리는 전원 아침식사 식탁 주위에 모여 그의 인상을 들었다. 짐바웨이 사람은 홍진보다도 연상이었다. 그 때문에 문선명 아들의 환생은 아니었다. 거기에 덧붙여서 통일교는 윤회 사상을 부정하고 있다.

짐바브웨 사람은 곽 선생에게 자신의 육체에 홍진의 혼이 내려왔다고 소개했다.

곽 선생은 그에게 영계에 들어가는 것은 어떤 것이냐고 물었다. 흑인 홍진은 하늘 왕국에 들어가는 순간에 자신에게 전지하게 되었다고 말하고 있었단다. 참 가정은 지상에서 배울 필요가 없다. 왜냐하면 그들은 이미 완벽하니까 그들이 영계에 들어갔을 때의 지식은 그들의 것이 된다.

이 원리적 설명은 나를 노하게 한 것과는 반대로 효진을 매료했다. 그는 바스대학과 뉴욕주의 파리타운에서의 세미나에서 얼마간 강의에 조금 관심을 보이고 있었다. 그러나 나의 남편은 배운다기보다 음주 쪽으로 흥미를 갖고 있었다. 나는 신의 은총을 받기 위하여 지상에서 배울 필요는 없다고 하는 시사에 몸서리 쳐졌다. 통일교 내에서는 우리는 하나님에게 선택받은 인간일지도 모른다. 그러나 나는 지상에서의 우리들의 노력이 사후의 우리들의 지위를 결정한다고 믿고 있었다. 우리는 하늘에 있어서의 우리들의 장소를 쟁취하지 않으면 안 된다.

문 교주는 아프리카의 소식에 흥분했다. 통일교는 라틴 아메리카와 아프리카에서 집중적으로 포교 활동을 하고 있다. 흑인 홍진이 대의를 손상시키지 않는 것은 분명했다. 죽은 자기 아들의 영에 붙들려 있다고 주장하는 사내와 만나기도 전에 문 교주는 흑인 홍진에게 세계를 다니면서 설교하게 하며 길을 헤매고 있는 통일교 회원의 고백식을 할 것을 허락했다. 고백식이 곧 흑인 홍진의 사명의 중심이 되었다.

 그는 유럽, 한국, 일본에 가 알콜이나 드럭을 사용하거나 결혼 전 혹은 혼외 섹스를 행한 것으로 인하여 통일교의 가르침을 어긴 자들을 내리쳤다. 흑인 홍진은 문 교주로부터 이스트 가든에 불러오기까지 1년을 여행 중에서 보내고 죄의 고백을 한 자에게 죄를 없이 하기 위하여 체벌을 가했다. 우리 전원은 문 교주의 아침식사 식탁에 모여 흑인 홍진에게 인사했다. 그는 중간 크기의 야윈 흑인으로서 문 교주보다도 능숙하게 영어를 했다. 나에게는 뱀이 먹이에 감아 붙어서 그것을 삼켜버리려 하는 방법같이 그가 참 가정을 매료시키려고 행동하는 것처럼 보였다. 나는 이 사내가 일찍이 내가 알고 있던 소년의 혼을 소유하고 있다고 하는 구체적인 증거를 꼭 듣고 싶었지만 그것을 들어본 일은 없었다.

 문 교주는 신학에 관해서 원리강의를 누구라도 대답할 수 있는 표준적인 질문을 했다. 그는 놀랄 만한 계시도 종교적 감각도 보이지 않았다. 모름지기 문 교주에게 더 한층 강한 인상을 주었던 것은 그가 문 교주의 스피치에서 자유자재로 인용하는 능력이었을지도 모를 일이다.

 문 교주 부부는 우리 아이들만 흑인 홍진과 만나 우리들의 인상을 말하도록 하였다. 그것은 유쾌한 만남이었다. 현진, 국진, 효진은 흑인 홍진에게 자기들의 어린 시절에 대하여 질문을 했다. 그는 그 어느 것에도 대답하지 못했다.

 그는 우리들에게 자기는 지상에서의 생활을 아무 것도 기억하고 있지 않다고 말했다. 흑인 홍진의 기억의 보기 좋은 결함은 회의에 얘기하는 대신에 그가 하늘의 왕국에 들어갔을 때, 지상의 관심을 뒤에 두고 온 효진이라고 해석되었다. 집안의 모두가 다 그를 포용하며 죽은 형제의 이름을 부른다. 나는 그를 피하였다.

이 세상에서 가장 어리석음인가? 그 때 내가 생각지 않았던 제3의 가능성도 있었다. 문 교주는 이전, 아메리카의 시민적 자유 단체를 사용한 것과 같이 흑인 홍진을 자기 자신의 목적을 위하여 사용했다고 하는 것이다.

문 교주는 흑인 홍진의 구타에 대하여 이스트 가든에까지 들려오는 보고를 즐기고 있는 것 같이 보였다. 누군가 싫어하는 인간이 특히 몹시 얻어맞으면 낄낄대고 웃었다.

참 가정 이외의 아무도 구타를 면한 사람은 없었다. 세계 모든 간부들은 그 영향력을 구사하여 흑인 홍진의 고백식을 면제받으려 했다. 나의 아버지는 이와 같은 회합에 출석 의무를 회피하기 위하여 곽 선생에게 호소했지만 허사였다.

흑인 홍진은 통일교에서는 일시적인 현상이었다. 곧 그가 손에 넣은 애인은 너무도 많아 그가 때리는 구타는 그다지 격하지 않았기 때문에 회원들은 불평을 하기 시작했다. 아메리카인 회원과 결혼한 한국 여성으로 문 교주의 메에드인 원·J·막데비트는 어느 날 아침, 눈 언저리를 검게 하고 반점 투성이인 채 나타났다. 흑인 홍진은 의자에서 그녀를 의자로 쳤다.

그는 60대의 박보희 씨를 너무도 세게 때려 박 씨는 일주간 간 죠지타운의 병원에 입원하지 않으면 안 되었다. 박 씨는 의사들에게 자기는 계단에서 굴렀다고 말했다. 후에 머리의 혈관을 수술하기 위해 외과 수술이 필요했다.

문 교주는 더 이상 상황이 악화되기 전에 흑인 홍진으로부터 손을 떼는 것을 나는 알고 있었다. 진정 메시아라면 흐름을 정정하는 것은 간단하다. 폭력에서 손을 빼지 않으면 통일교 회원을 잃어버릴 게 불을 보듯 뻔한 것이었다. 문 교주는 그냥 홍진의 혼은 에지포트의 신체를 떠나 하늘에 올라갔다고 말했다.

짐바브웨 청년은 모처럼 따낸 단상의 지위에서 간단하게 떠날 생각은 없었다. 최후에 목격된 바로는 그는 자기 자신을 메시아 역이라 하여 아프리카 분파인 가루트를 설립하려고 하였다.

제7절 일본에서 한학자 수행할 때

1986년 5월. 효진이 한국에서 나에게 전화를 걸어왔을 때 나는 마침 뉴욕대학에서 봄 학기 말 고사를 마친 때였다. 그는 몇 주일 전부터 서울에 가 있었다. 그는 우리 딸과 내가 없어서 쓸쓸하다고 말한다. 우리는 될 수 있는 한 빨리 가지 않으면 안 되었다.

나는 대학 1년생이었다. 문 교주 부부는 나의 학문적 성공이 언젠가는 그들에게 유리한 쪽으로 다가오리라는 이유로 나를 대학에 보내줬다. 나는 여러 날 동안 밤늦게까지 자지 않고 기말고사 공부를 하던가 학기 말의 레포트를 쓰던가 하였다. 나에게 드는 교육비를 문 교주 부부에 대하여 정당화할 뿐만 아니라 1학년 생으로서의 자신이 거둔 성과의 프라이드를 느끼기 위해서도 나는 좋은 성적을 거두고 싶었다.

이 세상에서 학교의 교실은 내가 완전히 나 자신이라고 느낄 수 있는 유일한 장소였다. 나는 어떻게 배워야 하는가? 어떻게 시험을 치를 것인가에 대하여 알고 있다. 비판적인 사고방식은 나는 몰랐다. 그렇지만 좋은 성적을 얻기 위하여 비판적인 사고를 할 필요는 좀처럼 없었다. 한국에서 어린 시절에 익힌 기억술은 미국의 고등교육에서도 마찬가지로 유익했다.

뉴욕대학은 나의 제일 지망은 아니었다. 나는 콜롬비아 여자부 버나드 컬리지에 가고 싶었다. 그것이 유명한 칠(七)여자 대학의 하나로 알고 있었고, 동급생이 모두 여자인 것에 안심할 수 있었기 때문이었다. 나는 결혼했고 아이도 있지만 젊은 남성에 대해서는 어린 나이의 처녀처럼 어색함을 느낀다.

파트너는 나를 넣어주지 않았다. 나는 미련하게도 제1차 모집에 원서를 냈다. 이것은 정말 우수한 학생에게 있어서만 실현 가능한 선택이었다. 성적은 좋았으나 나의 논문은 당시 나의 생활을 특징으로 하는 내적사고의 결여를 나타내고 있었다. 불합격이 된 후, 나는 언젠가는 버나드 컬리지가 전교생으로서 나를 받아줄 것을 재고해 주도록 뉴욕 대학에서 좋은 성적을 수행하리라고 결심했다.

효진이 나를 서울에서 불렀을 때, 비행기 여행은 처음부터 끝까지 지치고 피곤했다. 딸 아이는 지나치게 흥분하여 잠을 자지 못했다. 그녀는 내가 눈을 좀 붙이려고 하면 나를 흔들었다. 나는 하나님이 이때를 통하여 효진의 마음을 부드럽게 해 주심에 틀림없으리라고 낙천적으로 생각하면서 정신을 가다듬고 있었다. 딸 아이와 함께 서울의 문씨 저택에 도착하자마자 나는 환상 속에서 눈을 떠야 했다.

효진은 우리를 한국에 오도록 요청하고 있었으나 우리 가족이 한국에 왔을 때 그는 우리를 좋아하지 않았다. 해를 거듭함에 따라 효진이 나를 지배하려 드는 것을 나는 나도 모르게 익숙해져 있기는 했으나 한국에 있는 동안 그는 나의 일거수일투족을 거의 편집광처럼 감시하는 데는 불안마저 느꼈다. 예를 들어 내가 리틀엔젤레스 예술학원 시절의 옛 친구를 만나려고 하면, 너는 그래서는 안 된다고 소리질렀다. 나에게 너는 친구는 없는 거야. 내가 너의 완벽한 친구야. 나 외에는 아무도 필요치 않아! 라고 말했다.

귀국해서 내가 딸을 데리고 친정 부모님에게 가 있는 것을 보았을 때도 격노했다. "내가 집에 돌아오는 것을 기다리는 것이 너의 의무야." 그 때문에 나는 매사에 신경질이 났고 친정 어머니를 방문할 때는 언제나 그가 나를 찾고 있지 않느냐고 문가 저택에 시간마다 전화를 했다.

내가 서울에 도착한 직후 문 교주 부부는 한국에서 뉴욕에 돌아와 있었지만 문가의 큰 아이들의 대부분은 한국에 있었다. 처녀인 인진도 그 중 하나였다. 그는 언제나 효진과 매우 친해서 우리들이 처음 만났을 때부터 나에 대해 무시하고 있었다. 내가 서울에 도착한 후 며칠 안 돼서 그녀는 나를 자기 방으로 불렀다. 나에 대하여 화가 나 있는 것은 분명했지만 그 이유를 나는 몰랐다. 우리는 현관에서 예의바르게 인사를 나누었을 뿐이었는데….

나는 참 자녀님(차녀인 인진) 앞에서 올바른 자세로 신중하게 자리에 앉았다. "오빠는 그렇게 열심히 하고 있는데 너라는 사람은 뭐하고 있지! 아무 것도 하는 것이 없지 않아!" 라고 그녀는 야단친다. 너는 게으름뱅이면서 어리광을 부리고 있어! 이 집에서는 네가 최저 지위에 있다. 한국의 전통을 따른다면 너 같은 건 부엌에서 걸레질이나 하고 접시를 닦지 않으면 안 돼! 그런 것을 똑똑히 알고 명심해 주기를 바란다. 나는 깜짝 놀랐지만 인진은 나의 대답마저도 기대하지 않고 있었다. 대답 같은 것은 주제 넘는 일이었다. 효진은 내가 교회 행사에 동행하는 것을 허락지 않는다. 이와 같은 것을 그녀에게 말한들 무엇 하리! 그녀의 반론에 내가 얻을 것은 무엇일까? 나는 그녀의 꾸지람에 떠밀려 그대로 있었다. 얼마나 많이 문가 일가에게 이런 꼴을 당하며 이렇게 위협받고 있었던가?

그들이 내 위에 쌓아 올린 거짓 보따리를 들고 보는 것만도 너무 힘든 일이었는데 대답할 힘도 없는 것이 나를 완전히 어린 아이 취급으로 위축시켰다. 인진은 그렇게 생각하고 있는 것일까? 자기 오빠가 나를 억누르고 있는 나의 인생이 내가 말하는 인생이라고, 나는 다른 사람들과 만나는 즐거움을 가져서는 안된다 라고, 효진이 서울에서 자유로운 시간을 어떻게 사용하고 있는지 그녀의 눈에는 보이지 않는 것일까?

효진이 빠에 나가는 일은 뉴욕에서 보다 더 심했다. 한국에서는 언제나 기꺼이 돈을 주는 사람, 그의 많은 악습에 이것저것에 참여하는 옛 친구들이 있었다.

어머니는 삼촌 유순에게 그를 살리도록 부탁했다. 삼촌은 일이 능한 트롬펫 연주자로 효진 이상으로 나이트구락부의 일들을 잘 알고 있었다. 어머니는 아저씨에게 약점이 있었다. 할머니가 아버지와의 결혼을 저지하려고 방에 가두었을 때, 구두를 갖고 간 남동생이었기 때문이다. 그런데 사실은 내 남편과 삼촌이 함께 있을 때 어느 쪽이 어느 쪽을 망보고 있는지는 명확하지 않았다. 술을 마신 뒤 두 사람은 곧잘 서울의 싸우나탕으로 갔다. 효진이 그 곳의 맛사지 걸 중에 애인을 만들고 있었다는 것을 나는 나중에야 알았다.

어느 날 밤, 효진이 빠에서 귀가했을 때 나는 매일 밤 하듯이 무릎 꿇고 침대 옆에서 기도했다. 나는 그가 방으로 들어오는 것을 보았지만 그에게 인사하기 보다는 기도를 끝마쳐야겠다고 생각했다. 그것은 잘못이었다. 그는 나의 머리를 손바닥으로 휘갈겼다. 나는 무모하게도 설명을 시도했다. 그저 기도를 끝내려 했을 뿐이오. 효진은 나와 나의 양친에 대하여 불평을 늘어놓았다.

너는 보기 싫어 뚱보에다 바보같은 여자야. 너의 부모들은 오만하고 아버님(문 교주)께 충실하지 못해! 놈들(처 부모)은 너에게 악영향을 주고 있어!

그가 욕실에 들어갔을 때 이 때다! 싶어 다른 방으로 달려갔다. 그는 바로 내 등 뒤에서 쫓아왔다. 문을 쾅쾅 두드리기 시작했다. 나는 겁에 떨었고 그의 고함소리에 아기가 혹 깨지 않을까 근심했다. 성난 효진이 문을 두드려 부수는 게 아닌가! 한 동안 나는 침대에서 동그랗게 움츠리고 있었다. 고맙게도 문에는 단단한 놋 자물쇠가 있었다. 몇 분을 지났을까 그는 가버리고 나 또한 잠들어버렸다. 다음 날 아침 복도에서 욕설을 퍼붓는 그 소리에 눈을 떴다. 이번에는 그가 기타를 망치같이 휘두르면서 욕을 하고 있었다. 그러나 든든한 나무문은 견디어 주었다. 그가 사라졌을 때 나는 또 다른 방으로 달려갔다. 복도에서 또 다른 방으로 미끄러지듯이 들어갔을 때, 그의 모습을 바깥 발코니에서 보았다. 그는 기타로 창문을 두들겨 부셔 내가 금방 앉아 있던 의자 위에 유리가루를 뿌리듯 해놓고 있었다.

나는 계단을 뛰어 내려가는데, 그의 저주소리와 욕설이 내 고막을 울리고 있었다. 나는 아래층에 사는 통일교 간부의 방으로 도망쳐야 했고 효진은 나에게 나오라고 소리소리 질렀다. 나는 두려워 떨고 있었으나 어리석지는 않았다. 만약 밖으로 나가면 의식이 떨어질 때까지 얼어맞을 것은 뻔했다. 그가 집 식구들을 동원시켜 나를 찾고 있는 동안 나는 숨어 있었다. 겨우 그가 체념하고 빠로 나갔을 때 나는 히스테리하게 울면서 아버지에게 전화를 걸었다. 아버지는 나와 딸을 위해서 차를 보내주었다.

이 때 나는 처음으로 나의 결혼생활에서 생명의 위협을 느꼈다.

지금까지 받아왔던 학대 같은 것은 육체적인 것이라기보다는 정신적인 것이었다. 나는 그의 잔악함과 협박에 무감각하게 되는 것으로 몇 년이나 지내왔다. 나는 보기 싫고 뚱보이고 바보였다. 그가 없으면 나는 그 누구도 아니요. 아무 것도 아니었다. 내 자신은 매우 현명하다라고 생각하고 있다. 그런데 그는 메시아의 아들이다. 나에게는 대치할 것이 없다. 나는 그의 언어학대에는 반응하지 않도록 스스로에게 타일러왔다.

어느 단계에서 나는 그가 열등감을 느끼고 있는 것을 알았다. 효진은 그의 청춘을 술과 오락과 창부로 낭비하고 있는 동안 나는 교육을 받고 있는 것을 불쾌하게 여기고 있었다. 그가 나를 공격하고 있을 때 이쪽에서는 되받지 않을 것을 배웠다. 되받아 친다 해도 마찬가지가 될 것이기 때문이었을 것이리라! 나는 이와 같은 증오와 신랄한 험한 분위기 속에서 자라고 있는 큰아이와 뱃속의 어린 것을 걱정하지 않을 수 없었다. 아이들 때문에 입을 다물고 그에게 화내지 않도록 해야 했다. 그것은 계란껍질이나 살얼음판을 걷는 것 같은 것이었다. 무슨 말을 해도 그를 폭발시키지 말아야 했다.

효진의 모욕적인 태도는 대부분 문가와 통일교의 억압과 지배적인 환경에 대한 자연적인 반응이었다. 나 또한 문 교주 부부에게 매어 있어서 고통받고 있었다. 불리면 언제나 문 교주 부인의 상대가 되어줘야 했고, 아빈톤의 집 밖에서는 실질적인 생활을 할 수 없었다. 뉴욕대학 그 다음의 버드나 컬리지에 다니고 있을 때 나는 그저 유령같은 존재였다.

문 교주가 자기 아이들이나 사위, 며느리들에게 대학을 보내는 것은 우리들에게 넓은 개인적 체험을 시키기 위해서가 아니라 그 자신의 보다 큰 대중적 영광을 가져올 수 있도록 학위를 취득시키기 위한 것 때문이었다. 친구와 접촉하는 일에 있어서 나의 생활에 대하여 질문을 했다. 문 교주 부인은 이미 그녀가 즐겨 사용할 수 있는 정당한 권리를 갖는 시간을 내가 면학에 소비하는 것으로 보고 횡령행위라고 간주하고 있었다.

나는 뉴욕대학에 다른 축복(합동결혼)의 자녀들과 함께 다녔다. 임신 때문에 종종 공부를 중단하므로 대학에서 학생에게 허락되는 휴가

기간을 다 써 버렸다. 1988년 뉴욕대학에서 좋은 성적을 남겨 놓고 있었기 때문에 버나드로 전학했다. 이스트 가든의 경비원이 교실까지 나를 차로 데려가고 데려오고 하였다. 나의 지도교수 조차 나의 정체를 알지 못했다. 얼마 후 내가 네 번째 아들 신옥을 임신했을 때 나는 역시 바나드 학교에도 휴학계를 냈다. 지도교수였던 같은 연배의 여성 교수는 내가 임신을 말했을 때 대단히 걱정했다. 그것이 정말 당신의 희망 인거야? 라고 그녀는 신중하게 묻는다. 나는 웃었다. 네, 걱정 없습니다. 내가 결혼한 사람이라고 말하지 않았으니 내 사정을 알 리가 없다. 버나드학교에 나와 같은 학생이 또 있다고는 생각되지 않는다.

내가 읽은 책, 내가 듣는 강의는 세계를 보다 넓은 시야로 보게끔 해주었다. 하지만 나에게 있어서는 그것은 단지 지적인 엑서사이즈였다. 버나드학교의 우르만 도서관 그리고 콜롬비아의 파트러 도서관의 도서실에서 나는 통찰력이 아니라 정보를 얻었다. 나는 태어나면서부터 질문을 하지 않도록, 의심하지 않도록 훈련되어왔다. 종교사에 있어서 대학에서 수없이 메시아운동의 루트에 대한 강의를 들었으나 문교주에 대한 나의 신앙을 뒤흔들지는 못하였다.

덮어놓고 믿는 신앙의 실제적인 효과는 고립이다. 나는 나와 같이 믿는 사람들의 틀에 둘러싸여 있었다.

내 생활의 모든 것, 매일 아침 어머님과 아버님 앞에 엎드려 절을 하는 의무에서, 분명히 결점을 갖고 있는 남편의 신성을 받아들이는 의무까지, 이 고집을 한층 더 깊게 하였다. 만일 내가 화를 내든가 슬퍼하든가 동요한다 해도 이 같은 감정을 나누어 가질 수 있는 사람은 아무도 없었다.

문 일가는 나의 이런 것에는 신경 쓰지 않았다. 나의 양친은 멀리 있다. 이스트 가든의 직원들이나 통일교의 일반 신도는 참 가정의 일원이라는 나의 높은 지위 때문에 좀처럼 이야기하려 하지 않았다.

나는 혼자였다. 만약 기도가 없었더라면 정기(正氣)를 잃어 버렸으리라. 하나님은 나에게 지상에서는 가질 수 없는 마음을 털어놓고 이야기할 수 있는 상대가 되었다.

신은 나의 마음의 아픔을 들어주셨다. 하나님은 나에게 내가 결혼한 괴물과 함께 미래에 대처할 수 있는 강인함을 부여해 주셨다.

서울에서 효진의 격한 난동은 나의 친정부모를 두려워 떨게 했다. 그들은 내가 이스트 가든에서 험악한 생활을 하고 있는 것을 알고 있었으나 나의 수난을 가까이에서 보는 것은 처음이다. 내가 큰아이를 데리고 친정집에 도착했을 때, 나는 아직도 울면서 떨고 있었다.

효진은 나를 데리러 올 것이다. 그렇더라도 친정 부모님은 메시아의 아들인 그에게 불평의 말을 할 수 없다. 오히려 내가 도망쳤다고 하여 그가 나를 때리지는 않을까 생각하며 너무나 두려워하고 있었다. 아버지는 나를 차로 서울병원에 데려갔다. 우리들은 의사에게 설명하고 병원에 입원하는 것을 허락받았다. 효진은 나를 찾아 집으로 전화를 걸어 왔다. 나를 집으로 돌려보내라는 것이었다. 아버지는 그에게 말했다. 의사 선생님이 태아를 위해 아무래도 병원에 입원해 있지 않으면 안 된다고 말했다.

효진이 나의 침대 옆에 모습을 나타냈을 때까지 오랜 시간은 걸리지 않았다. 그의 메시지는 분명했다. 너는 영원히 숨어 있을 수는 없어. 아버지는 또 나를 오랫동안 그로부터 떼어 놓을 수가 없다. 나는 언젠가는 돌아가지 않으면 안 된다.

그는 사과도 하지 않고 내가 문 저택을 도망쳐 나오게 된 이유도 인정하려 하지 않았다. 그는 그저 이렇듯 저렇듯 나 홍난숙은 돌아가서 그를 상대하지 않으면 안 된다고 하는 것을 알리고 싶을 뿐이었다.

나는 친정부모와 딸아기와 함께 서울에 2개월간 머물러 있었다. 효진은 이스트 가든에 돌아갔다. 그는 자기 양친에게 나의 부재를 나의 불공손하고 버릇없는 행동으로 설명했다. 저년은 완고해서 반항적이다. 저년을 때리지 않으면 안 되는 것은 말대꾸를 했기 때문이오.

그들의 입장에서는 이 같은 아내의 체벌은 정당화할 수 있는 것이었다. 나는 아침 5시 가정예배에서 문 교주는 아이들을 얌전하게 하기 위해서는 때때로 때리지 않으면 안 된다고 설교한 것을 기억하고 있다. 남편으로부터 손바닥으로 또는 주먹으로 얻어맞는 사람은 손을 드시오 라고 어느 날 벨베티아의 일요설교에서 지시했다. 자네들은 때로는 그 입 때문에 맞는다. 육체의 최초의 범죄는 입술이다. 그 두 장의 얇은 입술 말이다.

통일교 원리는 아내는 남편에게 순종하고 마찬가지로 아이들도 양친에게 순종하라고 가르친다. 그들은 순종하지 않으면 안 된다. 만약 아이들을 자기 기분 탓으로 때리면 그것은 죄다라고 문 교주는 말했다. 그런데 그들의 죄를 좇지 않는다면, 너는 그들을 힘껏 끌고 갈 수도 있어! 결혼, 그것은 너희들에게 있어서 좋은 일이다. 만약 그들이 너를 좇지 않는다면 그들을 칠 수도 있다. 자기 아이들이 반항했을 때 문 교주가 아이들을 찰싹 때리듯이 메시아의 자식인 그가 존경을 받을 자격이 있다고 하는 것을 아내가 인정치 않을 때 그녀를 자유로이 때려도 좋다고 느끼고 있다.

곧 한 통의 편지가 문 교주 부인으로부터 친정 부모의 집에 있는 나에게 도착했다. 그녀는 내가 되돌아와야 한다는 편지를 써 보냈다. "친정 부모의 집에 있는 것은 너에게 좋지 않아. 너는 그들의 식구가 아니야. 효진의 아내야." 문 교주 부인은 친정부모가 나에게 방을 내주고 있다는 것으로 화를 내고 있었다.

문 교주 처의 화는 그녀의 장녀와 나의 오빠가 자기 아이들을 문일가의 영향으로부터 지키기 위하여 한국의 친정집에 보내었을 때보다 격해졌다. 오빠 부부는 이미 문 교주 부부와 통일교 내부에서 의심을 받고 있었다

친부모도 나도 이젠 우리가 있을 수 있는 시간이 그리 길지 않을 것이라는 것을 알고 있었다. 나는 돌아가지 않으면 안 되었다. 그것은 나의 사명이었다. 그리고 나의 운명이었다. 밖에서 통일가를 바라볼 때 통일가에 시집보낸 딸이 남편에게 학대받고 시댁 식구들에게 무시당하는데도 다시 시댁으로 돌려보내야 하는 부모의 심정은 어떠할까? 그러나 부모님과 나는 그것이 신의 계획을 실행하고 있는 것이라고 믿고 있었다. 그 흐름을 바꾸는 것은 우리들이 아니었다.

문효진의 곁을 떠날까? 하고 마음먹는 것조차 나의 인생, 나의 교회, 나의 신을 거부하는 것이었다.

또 친부모에게 있어서는 성인이 다 되어 자기들의 전 생애를 걸어 결정했던 것에 대해 회의를 갖게 하는 것이었다. 돌아오라고 하는 종교상의 강제 논리에 앞서 나는 공포가 앞섰다. 한 여자가 폭력을 가하는 남자 앞에서 무력해져 있을 바에야 무엇 때문에 카루트의 낚시 밥에 붙어 있을 필요가 있을까? 매 맞는 아내로서 선의의 친구나 친척으로부터 왜 집을 나가지 않니? 라고 권유를 받지 않는 사람이 있을까? 그것은 아주 간단하게 들릴 것이다.

그러나 죽여 버리겠다고 하는 남편의 위험을 정색으로 받아들여 수입은 없고 어린 아이들은 주렁주렁 달렸는데 그것이 그렇게 간단한 일일까? 파트너에게 맞는 여자들은 도망 나왔을 때 살해당하는 위험도 매우 크다. 이 범죄의 통계는 현실이 확인해주고 있다. 그런데 영적인 사람은 그것을 본능적으로 알고 있다. 비록 나를 이스트 가든으로 되돌릴 신앙심에 압력은 없어도 나에게는 오히려 공포로부터 오는 압

력이 있었다.

그해 9월에 친정집을 떠나는 것은 우리들 전부에게 진정으로 마음이 내키지 않는 쓰라림이었다.

나는 가고 싶지 않았고 또 그들은 보내고 싶지 않았다. 하지만 우리는 아마도 문 교주와 통일교의 힘을 뛰어 넘어서는 그 앞을 예측할 수 없었다. 어머니와 동생들과 눈물의 작별이 있었다. 아버지는 나와 눈도 마주치지 못하였다. 그의 비탄이 나의 슬픔만큼이나 큰 것을 알았다.

효진은 아이와 나를 공항까지 마중 나오지 않았다. 우리가 코테지 하우스에서 그를 만났을 때 마치 우리 사이에 아무 일도 없었던 듯하였다. 이스트 가든에서는 문 교주 부인이 나를 불러들였다. 그녀는 잘 돌아왔다고 말하고 나에게 보증하기를 효진이를 이처럼 오랫동안 멀리하게 된 원인이 되었던 그 바로 서울에서 있었던 일 같은 것은 두 번 다시 되풀이 하지 않으리라고 약속했다고 하였다.

그녀는 간접적으로 그의 폭력과 그의 알콜이랑, 드럭 남용에 대해서 말하고 자식을 사람 되게 하기 위한 도구로써 힘써야 하는 것이 너의 의무라고 못을 박는다. 그것이야 말로 나를 택한 첫째 이유였다. 한편으로는 나의 전 체험이 나에게 그녀의 아들은 병적인 거짓말 장이라고 말하고 있었다. 다른 쪽에서는 나는 여전히 자기에게 주어진 신의 사명을 믿고 만약 내가 충분히 일하고 힘차게 기도만 한다면 신은 최종적으로는 그를 진실한 사람으로 변화되게 하시리라고 믿고 있었다. 매 맞는 아내라면 누구나 자신은 변화될 것이다. 라고 하는 남편의 약속을 믿고 싶다고 생각하듯이 나는 한학자의 보증을 믿고 싶었다.

나의 양친에 대해서의 문 교주 부인의 화는 더 분명했다. 그들이 나를 서울에 머물러 있게 한 것은 잘못이었다. 그녀는 문 교주에 대한 그들의 충성심에 의문을 보이고 있었다. 참 부모님(문 교주)은 서울에서 홍(洪)씨 집의 일로 보고를 받고 있었는데 그 내용은 그들의 마음에 들지 않았다. 문 교주 부인이 무엇을 말하고 있는지 나에게는 멍한 채로 있었던 것밖에 모르겠다. 얼마 전부터 어머니는 친부모들과 문 교주 부부 사이에서는 모든 것이 잘 돼가고 있지 않다는 것을 들었다. 참 어머님과 참 아버님(문 교주 부부)이 최근 한국을 방문할 때, 문 교주는 나의 아버지를 택해서 사람들 앞에서 비판하기를 나의 아버지가 일화제약을 홍 씨 친척으로 채우고 회사에 폐를 끼치고 있다고 비난했다. 일화의 성공은 문 교주의 것인데, 아버지는 그것을 자기의 공로로 하고 있다고 책망했다.

어머니는 나에게 이 같은 이야기를 했지만 걱정하지는 않았다. 아버님은 자기가 실제로 마음에 드는 자를 꾸짖는다고 한 뒤 틀어지는 경향이 있다는 것을 알고 있었다. 통일교에 있어서만이 공공연하게 비판받는 것은 하나의 찬사라고 생각할 수 있다. 그렇지만 후에 내가 알게 된 것 같이 문 교주는 내 아버지에게 사람 앞에서 망신을 주는 것을 남모르는 기쁨으로 느끼기 시작하고 있었다.

나의 아버지가 설계 자금 조달, 건설의 감독을 한 새로운 병 조립공장 준공식에서 문 교주는 아버지에 대하여 메시아의 기분에 따라 해고할 수 있는 쓸모없는 중역이라 하며 웃음거리로 만들었다. 서울에서의 아침 식탁에서 아내에게 코가 끼워져서 끌려다니는 남자라고 여러 통일교 간부들 앞에서 멍청한 바보로 만들었다. 무엇이 원인이 되어 친부모에 대한 문 교주 부부의 태도가 변한 것인지 알기 어려웠다.

문 교주는 능력과 지성을 요구하면서도 그런 자의 기를 죽였다. 누구라도 메시아 이상으로 똑똑해 보여서는 안 되었다. 나의 아버지는 문 교주를 위하여 일화회사를 무에서 유로 만들어 보였다. 그것은 잘

한 일이었다. 그는 자기 주인에게 잘 만들어 보였다. 아버지는 그것을 자기 자신의 능력 하-드워-크에 의하여 달성했다. 그러나 그것은 문 교주에게 있어서 재미없는 일이었다. (주)일화의 성공의 공로를 아버지가 다 가져갈 지도 모른다고 의심했다.

나의 어머니도 불안정한 입장에 있다. 통일교에 들어갔을 때는 내성적인 처녀였던 어머니도 문 교주를 위하여 몇 년이나 설교를 하고 난 뒤에는 가장 뛰어난 웅변가로서 대변인의 한 사람이 되었다. 박학하셨고, 종교에 관해서는 존중히 대우받을 만한 대변자였으나 한학자가 문 교주와의 결혼 전에 고교를 졸업하고 있지 않았다. 문 교주는 우리 어머니와 같은 지식 있는 미인과 함께 있는 것이 유쾌하였다. 그녀는 많은 사람에게 한학자 박사라고 소개하기에 구애받고 있었다. 그것은 명예칭호에 지나지 않았다.

문 교주 부인의 불안감은 이스트 가든에서 그녀가 자기 주위에 어떤 여성들을 두고 있는지에 대하여 내가 이들을 종종 궁정도화사(宮廷道化師)라고 생각했던 한국 여성들이다. 그녀들이 거기 있었던 것은 여주인에게 의미 있는 이야기 대상이 아니라 그녀를 농담 섞인 웃음으로 즐겁게 하기 위한 것 때문이었다. 그러나 나의 어머니는 달랐다. 현명하고 성실했다. 나의 어머니는 그녀들의 수군거리는 것을 참기 어려웠다. 어머니는 참 어머니에게 몸을 바치고 있었지만 문 교주 부인이 최고로 기뻐하는 연출을 하지는 못했다.

문 교주 부인 주위의 여성들은 내 어머니에 대한 그녀의 불쾌감을 포착하여 참 어머님의 눈에 어머니가 더 나쁘게 비치도록 영향력을 가했다. 여성들의 대부분은 홍가네 집 사람이 참 가정과 결혼했다는 것으로 질투심에 차 있었다. 그녀들 쪽에서 보면 오빠와 내가 그녀들의 아이들이나 딸이 권리를 차지할 수 있는 길을 빼앗은 것이었다. 이것은 복수의 호기였다. 어머니의 모든 행동은 소문 나쁜 입방아에 일그러졌다. 곤란한 회원들 쪽에 호의를 베풀면 그들에게서 애정을 돈으로 사려한다고 오해했다. 아버지를 두둔하면 문 교주 부부를 공격했다고 비꼬았다.

중세의 왕궁에서는 왕이나 왕비의 귀에 최후로 속삭이는 자가 가장 큰 영향력을 갖는다. 문 교주 가문에서도 이와 다르지 않았다. 아첨하는 자들이 지배하고 있었다.

곧 나의 친부모가 한국에서 교회를 분파하여 자기가 진짜 메시아라고 선전하려 하고 있다고 소문이 퍼졌다. 그것은 당치도 않은 넌센스였다. 하지만 문 교주 부부는 어느 편이냐 하면 언제나 최악의 사실을 즐겨 믿는 쪽이었다. 통일교에 있어서의 나의 아버지의 역할은 문가 부인의 간섭으로 확실하게 조작되었다. 한국에서 아버지의 힘을 약화시키기 위하여 문 교주 부인은 결국 문 교주에게 아버지를 유럽 통일교협회장으로 임명시켰다. 유럽은 세계에서 통일교의 활동이 가장 영향력을 발휘하지 못하는 대륙이었다.

친부모에 대한 문 교주 부처의 불신은 나의 생활에도 영향이 왔다. 친부모와의 접촉은 최소한으로 해야 한다는 명령이 떨어져 내렸다. 이스트 가든의 교환기를 통해서 한국에 거는 전화는 문 교주 부부를 지키고 확인하기 위하여 감시되고 있었다. 자기 가족으로부터 단절되는 것은 나에게는 참기 어려운 고립이었다. 나는 친정 부모와 관계를 유지하기 위하여 나의 방에 개인용 전화를 설치했다. 내가 이스트 가든에 되돌아온 2개월 후 차녀 신영(信英)이 태어났다. 계승할 사내아이를 낳지 못했기 때문에 언제나 그러했듯이 낙심하기도 했지만 한편 안심이 되기도 했다. 효진의 드럭과 알콜의 남용은 이 귀여운 여 아기에게 악영향을 주고 있지는 않았다.

그런 후 몇 개월이 지났을 때 문 교주 부인은 한국에 장기 체류를 하기 위한 준비를 하고 있는데 네 살 난 나의 딸을 자기의 다섯 살 된 딸 성진(性進)의 놀이 상대로 데려갈 생각이라고 말을 했다. 나는 반대 의사를 표명한다거나 내가 품고 있는 생각을 말할 수 있는 용기가 없었다. 그녀는 어느 만큼의 기간이 될 것이라는 것도 말하지 않았다. 내가 이 같은 요청에 대하여 어찌할 바를 모르고 있는 동안 그녀는 구찌의 핸드백을 들고 올로셋트의 금고에서 되돌아왔다. 거기에는 현찰로 10만 달러가 들어 있었다. 그리고 그녀는 나에게 말했다. 이것은 너희들 미래를 위한 원금이다. 너는 이것을 현명하게 사용해야 할 것이다. 그녀는 우리에게 나중에 30만 달러를 더 얹어준다고 했다. 나를 매수하려 하는 것일까? 현금과 교환하여 내 딸을 데리고 간다.

나는 효진에게 어머니와의 중재를 요구했다. 딸아이가 가고 싶어하지 않는 것을 알고 있었기 때문이다. 정진은 응석받이 아이여서 그 아이의 놀이 아이로는 점잖지 못했다. 나와 내 딸은 너무도 정이 깊었다. 딸은 무척 슬퍼하겠지! 이 같은 여행을 하기에는 너무 어려, 효진은 모친과 이야기 하는 것을 거부했다. 딸이 한국에 있으면 그에게는 자기도 그곳에 가 걸프랜드를 만날 수 있는 좋은 구실과 기회가 된다. 게다가 모친으로부터의 돈도 생각해볼 만한 일이었다. 나는 그것을 다리다운의 은행 대 금고에 두도록 분부 받았다. 예금계좌에 넣으면 우리들은 완전 별도로 히지 않으면 안 된다. 그것에 드는 세금을 지불해야 한다. 물론 금고에 넣어 두는 것은 잘못이었다. 효진은 언제나 현금을 손에 넣을 수가 있었다. 그들은 어린애의 장래를 위한 돈을 사용하여 아버님에게 3만 달러 도금 권총, 그리고 자기 동생들의 오토바이를 산다.

나의 어린 딸은 3개월 간이나 한국에 가 있었다. 문 교주 부인이 이스트 가든에 보내온 사진에는 아이는 결코 웃고 있지 않았다. 출발할 때는 연필로 자기 이름을 쓸 수 있었다. 한국에서는 아이 보모들이 딸의 손을 때려서 그렇게 하지 말라고 했다. 그것은 그녀의 고모 정진이 자기 이름을 쓸 수 없었기 때문이었다. 문 교주 아이들 쪽이 우수해야만 했던 것이다.

이 때 받은 버릇을 교정하는 데는 몇 년이나 걸렸다. 아이 보모 여자는 큰아이에게 유령이야기를 하여 악몽을 주기도 했다. 내 엄마를 찾아가고 싶다고 할 때, 문 교주 부인은 큰아이를 장난감집, 아이스크림, 빵집에 데리고 가서 마음을 달랬다.

나는 마음속으로 맹세했다. 문 교주 부부가 아무리 원한다 해도 두 번 다시 아이들을 내 손에서 떼어 놓지 않겠다고, 두 분이 아이들을 강연여행으로 데려가는 것은 아이들과 함께 있고 싶어서가 아니다. 세상 모든 사람에게 그들이 애정이 깊다는 것을 조부모로서 과시하기 위함이었다.

살아있는 장식품, 귀여운 옷을 입은 데커레이션이 필요했기 때문이었다. 장차 문 교주와 한학자가 내 아이들을 이용하는 것을 저지하기 위해서라면 칭찬이든, 공작이든, 필요한 것은 무엇이든지 할 생각이었다. 내 아이들은 내 앞에서 나의 인생에 단 하나의 진정한 축복이었다. 임신하고 있지 않을 때, 나 자신이 임신과 임신 사이에 있다고 생각했다.

1987년, 나는 두 번째 유산에 직면한 것을 알았다. 임신 4개월 째에 심한 출혈이 있었기 때문이었다. 의사가 쉬도록 하여 쉬었지만 출혈은 멎지 않았다. 나는 무서워 떨고 있었다. 효진이 문 교주와 함께 고기 잡으러 가 있던 알래스카에서 전화를 해 왔을 때 그는 내 목소리에서 그것을 알아차렸음이 틀림없다. 나는 그가 전화로 걱정해 준데 대하여 감격했으나 그 걱정은 이스트 가든에 돌아올 때는 이미 사라져 있었다. 그가 코티지 하우스에 도착했을 때, 나는 침대에서 성경을 읽고 있었다. 그는 내 손에서 성경을 내리쳐 떨쳐버렸다.
너는 성경이 참 부모님보다 중요하다고 생각하는 거니?
하며 그는 화를 내고 있었다. 왜 밖에 나와 인사 안하는 거야? 나는 출혈과 의사의 지시사항에 대하여 설명하려 했으나 그는 들으려 하지 않았다. 만약 출혈하고 있다면 모름지기 아기는 장애아가 될 것이다 라고 소리 지른다. 참 가정에 장애아를 갖기 보다는 유산하는 편이 나아 그의 냉혹함에 충격을 받았다. 일어서, 이 게으른 자야! 라면서 그는 성을 냈다.

나는 그의 요구대로 하려고 했으나 너무도 약해져 있었다. 침대에 힘없이 주저앉아 있는데, 그는 굉장한 힘으로 문을 박차고 튀어 나갔다. 한국의 어머니에게 전화를 했다. 어머니는 애기와 나를 위해 기도 그룹들에게 기도하게 해줄 것을 약속했다. 수일 후, 그래도 출혈은 멎지 않았다. 아기가 죽었다고 생각했다. 소파수술 후 하룻밤 입원이 필요하리라고 생각하고 짐을 챙겼다. 의사는 병원에서 초음파검사를 했다. 불행한 결말을 받아들이는 마음의 준비를 하고 있었는데 아기의 심장은 튼튼하다고 하는 의사의 말에 내 귀를 의심할 정도였다. 태반에서 출혈이 됐나본데, 그것은 서서히 멎고 있었다.

이것은 의학적인 설명이었다. 그렇게도 많은 양의 출혈에도 불구하고 어린 아이의 생명이 위협받지 않았다니! 이것은 기적이었다. 의사가 초음파 검사 결과를 보여주는데, 나는 이 아기는 신으로부터 내린 선물이라는 것을 알았다. 나는 아들을 임신하고 있었다. 누구에게도 어머니에게도 말하지 않았다. 나중에 인진과 문 교주 부인으로부터 초음파 검사로 성별을 알았느냐고 물어왔을 때 나는 "아니요"라고 말했다. 이것은 나와 하나님 사이의 비밀이었다.

내가 비밀을 지키면 사탄은 두 번 다시 나와 아기를 상처 입히지 않으리라고 믿고 있었다.

  1988년 2월 13일, 내가 신길(信吉)을 낳았을 때 문 교주 집은 대단히 기뻐하며 득의한 듯 일시적이나마 나의 친 부모에게 부드럽게 대하고 있었다. 효진은 이 이상 더 행복한 것이 없는 듯이 보였다. 남자의 승계는 부친의 정당한 후계자로서 그의 입장을 강화하는 것이었다. 문 교주는 아들의 탄생이 가족과 통일교에 대하는 효진의 책임을 완수하게 되기를 기대했다. 그러나 그것은 보람 없는 기대였다. 4월, 효진이는 뉴욕시 올드 뉴욕호텔 대연회장에서의 통일교 집회에서 극적인 고백 식이란 것을 행했다. 그것은 통일교의 축일. 참부모의 날이었다. 많은 축복 회원은 나의 비리에 대하여 아버님을 비난한다. 그것은 그의 과실이 아니요라고 효진은 말하기 시작했다. 나에게 있어서 미국에 오는 것은 간단한 것은 아니었다. 그것은 나의 원한과 오해의 산란장소(産卵場所)였다. 사람들은 설명하려 했지만 나는 한 번도 귀를 기울이려 하지 않았다. 마음속에 많은 분함을 갖고 있었다. 나는 거의 모든 사람을 미워했다.

  그는 자기의 청춘시절의 성관계, 10대에서 술을 마시고 주정부린 것, 코카인 사용에 대해서 자세히 말하였다. 하지만 청중이 이 같은 일들은 이미 지나간 과거사인 양 생각하도록 방향을 잡아갔다. 나는 이같은 일이 나의 동생이나 자매, 축복의 자녀, 당신들의 어린 아이들에게는 절대로 일어나지 않았으면 한다. 그가 물론 말하지 않은 것은 그의 음주 드럭의 남용, 그리고 성적 만행은 사라지지 않고 계속되고 있다고 하는 것이다. 나는 이제부터 앞으로 모든 바른 행동을 하고 싶다. 과실을 과거사라고 하지만 몇 번이고 되풀이되고 있다. 나는 여러분에게 모든 것을 이야기 했다. 내가 누구하고 잤다는 것, 많은 여성과 관계했다는 것, 이 이상 더는 말하지 않게 되기를 바란다. 부디 나를 용서해주기를!

  회원들이 모인 앞에서 대단한 연기였다. 효진은 울고 그 자매들은 그를 포옹했다. 나는 이 여행에서는 그저 구경꾼일 뿐이었다. 고백식 하는 중에 그는 내 이름은 거론도 하지 않았다. 그는 신에게 참 부모님에게 통일교 회원들에게 사죄했다. 그러나 아내에게 대해서는 아무 것도 한 말이 없었다.

  그 후 그의 방탕한 생활이 재개됐어도 나는 놀라지 않았다. 그는 나에게 억지로 가라오케 빠에 또는 나이트구락부에 동행하자고 말하기 시작했다. 나는 그저 싸움을 피하기 위해 때때로 따라갔었다. 하지만 그 분위기가 싫었다. 싫어서 견딜 수가 없었다. 효진은 하루 종일 잠잘 수 있다. 그렇지만 나는 아침 일찍 아이들과 일어나지 않으면 안 된다. 학교에 출석해야 하고 수업도 있다. 그의 술주정은 나를 불쾌하게 했다. 그는 데킬러의 병을 반쯤 열고 그리고 웨이터를 위하여 150달러의 팁을 준다. 나는 콜라를 질근질근 마시면서 자꾸만 시계만 보게 되곤 한다.

  나는 좋은 동반자는 아니었지만 효진은 자기가 운전하려고 할 때 피할 수 없이 충동을 일으키곤 했다. 어느 날 밤, 효진은 2차로 시내로 갔다. 한 밤중에 나는 그로부터 사고가 났으니 암스텔담 아베뉴 146번가의 모퉁이에서 데려가라고 전화가 왔다. 그가 왜 하렘에 있었는지 짐작이 간다. 그는 거기에서 코카인을 손대고 있었다. 내가 도착했을 때 그는 그 자리에 없었기 때문에 부근을 차로 몇 바퀴를 돌아야 했다. 겨우 몇 블록 앞에서 그가 비틀거리고 있는 것을 찾아냈다. 그는 술 취했고 흐트러져 있었다. 효진을 보았을 때 나는 그가 상처입지 않은 것에 놀랐다. 차는 대파되어 있었다. 나는 보험으로 포드 아에로스타를 빌렸다. 효진이 이 차를 끄집어낼 때까지 오래 걸리지는 않았다.

어느 날 새벽 4시, 뉴욕 시경에서의 전화로 잠이 깼다. 효진이 음주운전으로 체포되었다.

그날 아침 우리는 문 교주 부부의 아이들 중 하나의 탄생 축하 행사에 참석하기로 되어 있었다. 나는 아이들을 이스트 가든으로 먼저 가도록 하고 그리고 125번가의 경찰서까지 차를 운전하고 갔다. 두 시간이 걸리는 길이었다. 나는 내 차를 반환해 달라고 청구하고 수속으로 효진의 대리를 하기 위한 변호사를 선임했다.

나는 이스트 가든에 돌아와 한학자를 대면했다. 그녀는 아침식사 연석에 출석하지 않은 것으로 나를 꾸짖는다. 너 어디 갔었니? 효진은 어디 있고? 라고 그녀는 물었다. 이것은 그의 문제이지 내 문제가 아니었다. 나는 그를 위하여 변명하기에 질렸다. 효진은 여기에 없습니다. 그가 귀가했을 때, 직접 물어볼 일이라고 생각합니다. 라고 할 수 밖에!

효진은 내가 자기를 더 빨리 구치소에서 나오게 하지 않았다는 것으로 분이 터져 이스트 가든에 되돌아 왔다. 어머님이 기다리고 있다고 하자, 그는 경고했다. 하지만 문 교주 부부는 방자하고 제멋대로인 아들에 대하여 아무런 제재조치도 하지 않았다. 사법기관에서는 그에게 벌금을 매기고 그 운전 면허를 중지시키고 공공 사회봉사를 하도록 명했다. 그러나 그의 부모(문 교주)는 그의 음주와 운전을 중지시키기 위하여 아무 것도 하지 않았다.

그 이후 그가 빠에 동행하도록 강요했고 나는 거부했다. "나는 갈 수 없습니다. 약속했습니다." "누구에게 약속했지?" 라고 그는 물었다. "나 자신에게 입니다." 라고 나는 말했다. 그는 나 없이 그리고 운전 면허도 없이 운전하고 다녔다. 차츰차츰, "나는 싫어!" 라는 말을 배워가고 있었다. 엄마가 된 것이 내 태도와 변화의 최대 원인이었겠지! 참 가정 내에서 내 자신을 학대하는 것에 대해 견디는 일과 아이들을 그 학대의 대상으로 하는 것과는 별개의 문제다. 나는 1988년 10월, 3녀 신옥을 낳았다.

나는 23세로 4명의 아이를 가졌고 유산을 한 번 경험하였다. 이후에도 몇 명의 아이가 태어날 것인지 나는 알 수가 없다.

빠에 따라오라고 하는 효진의 명령은 거부할 수 있지만, 문 교주 부인에게는 거부할 수는 없었다. 1992년 그녀는 나에게 일본의 10개 도시를 여행하는데 동행하자고 했다. 나는 또 임신 중이었지만 내색을 하지 않았다. 임신만이 내가 갖고 있는 것 중에서 진정 나 혼자만의 것이었다. 선택의 여지 없이 문선명의 가족과 나는 뗄레야 뗄 수 없는 관계가 되었다.

일본에서 참 어머님(문 교주 부인)에게 드리는 숭배와 참 헌신은 한국에서 경험한 그 어느 것보다도 월등한 것이었다. 문 교주 부인이 최고 호텔의 스위트룸과 식탁에서 영접받을 것은 예측하고 있었지만 내가 일본에서 본 것은 환대를 능가하고 있었다. 그녀의 식기조차 두 번 다른 사람이 사용하지 않도록 따로 있었다. 왜냐하면 그것은 참 어머님(문 교주 부인)의 입술에 닿은 것이었기 때문이었다.

일본인이 문 교주 부인에게 노예처럼 시중드는 것은 그들이 참 아버님을 대망하는 것을 반영하는 뜻이겠지! 문 교주는 미국에서 탈세 혐의로 유죄가 인정됐기 때문에 일본에 입국 금지됐다.

일본은 제국적 칼트 발상의 땅이라고 해도 좋으리라. 19세기 일본 천황은 그 신성을 선언하고 일본 민중은 고대 신들의 자손이라고 선언되었다. 제2차 세계대전 후 1945년 연합국에 의하여 폐지된 국가의 신도는 일본인에게 그 지도자들을 숭배할 것을 요구하였다. 권위에 대한 순종과 자기 희생은 최고의 미덕이라고 생각되었다. 따라서 문 교주 같은 메시아적 지도자에게 있어서 일본이 최대의 자금조달자인 것은 의심할 여지가 없었다. 나이 지긋한 사람들에게는 자신들이 사랑하는 자들이 영계에서 평안히 휴식에 들어가기를 절실히 바라는 분위기였지만 열렬한 통일교 신도들은 그것을 진지하게 지켜보았다 .

그들은 몇 천 명이나 되는 사람들에게 이것을 사면 죽은 가족들도 필히 천국에 들어갈 수 있습니다 하며 종교적인 항아리, 구슬, 회화를 팔아 몇 백만 달러를 걷어 들였다. 작은 비치볼 탑이 놀랍게도 5만 달러로 팔렸다.

유복한 이방인들은 사랑하는 애인들이 지옥에서 사탄에게 괴롭힘 당하지 않는다고 속아서 통일교에 전 재산을 기부시켰다.

그것은 놀랄 만한 광경이었다. 통일교의 교인들이 문 교주 부인의 시중을 들었다. 통일교 간부들은 그녀에게 돈 푸대를 갖고 왔다. 한번은 한 회원이 나의 머리를 손질해 주고 있을 때 시계를 어딘가에 놓고 생각이 안 났다. 한 시간도 되기 전에 일본인 보석상인 한 사람이 고급 시계를 얹은 트레이를 손에 들고 다가왔다. 많이 사주세요. 가족 여러분의 것도 부디…라고 보석상은 끈질기게 권한다. 내 시계를 찾고 그들의 보석함을 공손히 거절할 수가 있었을 때 나는 안도의 숨을 쉬었다.

일본 경제는 활짝 피어 있었다. 이 나라는 문 교주의 금고가 되고 있었다. 1980년대 한 교회 간부는 통일교가 일본나라 한 곳에서만 1년에 4억 달러의 자금을 조달한다고 말하고 있었다.

문 교주는 이 돈을 개인적 쾌락과 미국과 세계의 여기저기 사업의 투자로 사용한다. 이와 같이 통일교는 무역회사, 컴퓨터회사, 보석회사를 포함한 이익이 오르는 기업을 일본에 다수 소유하고 있다.

문 교주는 일본과의 중요한 금전관계를 신학 용어로 설명했다.

한국은 아담나라 일본은 해와 나라이다.

아내로서 어머니로서 일본은 아버님 나라인 문 교주의 한국을 지원하지 않으면 안 된다. 이 주장은 약간의 복수하는 것 이상의 무엇이 있다. 문 교주나 통일교에 있어서의 신자를 포함하여 일본의 36년간에 걸친 잔악한 식민지 통치를 용서하고 있는 한국인은 별로 없다.

문 교주의 가족은 한국을 나올 때 또는 합중국에 입국할 때는 언제나 세관에서 구석구석 조사를 받는다. 이번 여행도 예외는 아니었다. 문 교주 부인이 주위에 들러리로 많은 사람을 데리고 함께 입국하는 것이었다. 나에게는 손이 잘려 나갈듯 한 빳빳한 돈 두 뭉치, 2만 달러가 건네졌다. 그것을 화장 케이스의 트레이 밑에 숨겼다. 시애틀 세관에서 계원이 나의 짐을 조사하기 시작했을 때 나는 숨이 멎는 줄 알았다. 그룹에서 제일 마지막으로 세관을 지나는데 내 백을 조사하고 있는 여성은 무엇을 찾아내려고 결심이라도 한 듯 내 소지품을 꼼꼼히 조사하였다. 나는 영어를 할 수 없기 때문에 그녀의 질문을 알아듣지 못하는 척 했다. 한국 아시아계의 상사가 와서 그녀를 꾸짖는다. 이 사람은 한국어 밖에 하지 못하는 것을 모르겠어? 라며 상사는 나에게 미소 지으면서 통과시켰다.

나는 밀수가 불법인 것을 알고 있었다. 그렇지만 문 교주의 신도는 보다 높은 법에 응해야 한다고 믿고 있었다. 질문도 반문도 없이 범죄 해야 하는 것이 나의 의무였다. 나는 체포당하는 것보다도 돈을 잃어버리는 것을 더 걱정하고 분부받은 대로 하였다.

그들이 돈을 발견하지 못한 것을 신께 감사했다. 일그러진 렌즈를 통해서 세계를 보고 있었다. 그 안에서 신은 실제로 내가 세관관리를 속이는 것을 도우셨다. 신은 그들이 그 돈을 발견하는 것을 원하지 않았다. 왜냐하면 그것은 신을 위한 것이니까?

만약 내가 그런 것을 조금이라도 비판적으로 생각했다면 가두에서의 물건 팔이나 불탑의 장사들이 모은 돈, 신라(국명)는 거의 무관하다는 것에 눈이 띄었으리라.

돈 쓰는 목적 중 하나는 록 스타가 되고 싶다고 하는 남편의 청춘의 환상에 쓰는 것으로 사용되었다. 그는 통일교 회원들의 그룹과 맨해튼의 올드 뉴욕호텔에 인접한 통일교 소유의 맨해튼 센터 스타지오에서 레코딩을 시작했다. 문 교주는 이 시설을 신을 중심한 문화를 넓히기 위하여 샀다. 메트로폴리탄 오페라, 뉴욕 필하모니 루치아노 파바로티가 그곳에서 레코딩을 하였다.

1987년 문효진도 거기에서 레코딩을 시작했다. 리바이스(재생)라고 하는 축복자녀 제2세대의 네 명의 멤버와 함께 취입한 최초의 앨범 타이틀이었다.

효진은 CD테이프를 자기의 유일한 청취군인 통일교에 팔았다. 그 속에는 그가 명목상의 회장을 보고 있는 CARP(대학연합원리연구회)도 있다. 세계평화에 이바지했던 학생조직을 자칭하는 CARP는 통일교의 또 하나의 기관, 자금 조달의 도구에 지나지 않는다. 가장 눈에 띄는 기획은 CARP가 세계의 여러 도시에서 매년 후원하고 있는 인터내셔널 미스터 유니버스티 대회이다.

신의 사업 때문에 모은 대부분의 돈을 문 교주의 흰 코끼리(무용한 것)에 낭비된다.

이스트 가든에 건조된 2천4백만 달라의 개인 저택과 회의장이다.

웨스터 체스타군에서 가장 보기 좋은 건물을 세우는데 있어서는 6년 간의 긴 세월이 흘렀다. 그리고 그 일을 이해할 수 있는 같은 수의 건축가들을 필요로 했다. 우리는 건물이 한 달 또는 그 이상의 설계 변경을 받아 경비가 몇 백만 달라가 나오는 것을 보았다. 출현한 것은 돌과 콘크리트의 건물로 지붕에서는 비가 새기 일쑤였다. 현관과 바스룸은 이태리에서 직수입한 대리석이 자랑이었다. 두꺼운 통나무로 만든 육중한 대문에는 한국의 꽃이 새겨져 있었다. 1층은 연회장, 수

많은 아이들의 침실은 2층, 양친의 사치스러운 현실앞에 있었다. 식당은 둘, 그 한 쪽에는 전용의 연못과 폭포, 주방에는 피자용 오븐이 6대, 3층은 유희실과 문 교주 부인의 의류용으로 보통 침실정도 크기의 그로셋트, 치과의사의 진찰실, 게다가 문 교주의 비서 비타 김의 오피스트가 들어있는 작은 탑이 있었다. 이 건물은 짙은 화장을 한 바보스러운 기념비였다. 보징의 렝이 지하실이 아니고 문 교주의 침실의 바로 위에 있었다. 우리는 그 방을 창고로 썼다. 효진과 나와 아이들은 참 부모님이 거실에 옮긴 뒤 그들이 사용하고 있던 저택으로 이사했다.

1992년 말 무렵, 문 교주 부인은 다시 한 번 해외로 동행하자고 하였다. 이번에는 구라파였다. 하지만 나는 현재 임신 후기의 피로와 싸우고 있어서 참 부모의 시중을 드는 것은 상당히 부담되는 것을 알고 있었다. 내가 동행을 사양했을 때 그녀와 효진은 격노했다. 다음에 일어날 일을 각오하며 준비해야 했다.

1993년 1월, 초음파 검사를 받기로 되어 있었다. 그 힘찬 발짓에서 나는 아기가 건강하다고 알고 있었다. 초음파의 모니터 안에서 격하게 움직이는 다리와 손을 보며 나는 웃음 지었다. 좋은 것 같군요 라고 의사는 나의 둥글게 불러온 배에 프로페를 움직이면서 말했다. 그런데 의사의 웃음이 갑자기 사라졌다. 문제가 있습니다. 라고 그는 부드럽게 말했다. 그 얼굴은 너무나도 곤혹스러운 표정이었기 때문에 나는 묻고 싶은 말의 답을 알고 싶어졌다. 어디가 나쁩니까? 그가 입을 열기까지의 몇 초가 몇 시간으로 느껴졌다. 이 태아는 뇌가 없습니다. 뭐요? 뇌가 없다면 어떻게 발길질을 합니까? 그것은 단순한 반사였다. 애기는 자궁 밖에서 살 수 있는 찬스는 전혀 없었다.

너무도 격심한 슬픔과 울음 때문에 의사는 나를 뒷문으로 안내해

주었다. 대합실에 있는 다른 임산부들을 두렵게 하게 될까봐, 그랬던 것 같다. 집에 돌아오는데 마음이 진정되기까지 긴 시간이 흘렀다. 나는 차에 앉아 있었다. 집에 돌아왔을 때, 효진은 침대에 틀어박혀 있었다. 나는 그것이 무엇을 의미하는지 알고 있었다. 그는 코카인을 빨고 있다. 나는 어머니에게 전화를 걸었다. 확실한 것은 말 못했다. 그저 아기에게 안 좋은 일이 있는 것 같아 라고만 말했다. 그 아기가 발짓하는 것을 그때도 아직 자궁 속에서 느끼고 있었다. 의사와 나는 살아갈 수 없다는 것을 알고 있는 아기를 낳는 것은 아이들에게 큰 충격을 주게 될 것이라는 의견으로 일치했다. 나는 틀림없다는 사실을 확인해야 할 목적 때문에 또 다른 한의사의 초음파 검사를 받았다. 중절수술을 해야 할 병원까지 나 혼자 차를 운전해 갔다.

효진은 오고 싶어 하지 않았다. 아픔과 두려움과 실망감은 나의 예상을 초월하고 있다. 나는 그에게 전화를 해서 마중 와 달라고 하지 않으면 안 됐다. 묵묵히 집으로 돌아오는 동안 그는 내 흐르는 눈물에 신경을 곤두세우고 있는 것 같았다. 나는 큰아이 방으로 옮겼다. 고독했고 그리고 화가 났다. 왜 이런 일이 생긴 것일까? 효진을 하나님 곁으로 돌이키는데 실패했기 때문에 신이 나에게 벌을 주는 것일까?

시중을 들어야 할 내가 보이지 않고 있기 때문에 문 교주 부인은 이상하게 생각했다. 나는 효진이에게 우리가 아이를 잃어버린 것에 대하여 그의 부모(문 교주)에게는 자세한 것을 말하지 말아 달라고 부탁했다. 그것은 개인적인 일이었다.

그냥 유산했다고만 말해줄 수 없어? 나는 간청했다. 인진이가 네 번째 아이를 막 낳아서 그녀의 갓난아기의 울음소리를 듣는 것은 내 마음에 비수를 꽂는 것처럼 느껴졌다. 너 나더러 참 부모님(문 교주)께 거짓을 말하라는 거야? 라고 효진은 분개한 듯이 나에게 묻는다.

나는 그저 약간의 자존심을 생각했을 뿐이었다. 그렇지만 나는 알고 있어야 했다. 그것은 문 교주 집안에서는 지나친 소망이었던 것이다. 그는 참 부모님께 모든 것을 주저 없이 고백했다.

나의 비밀주의는 문 교주 부인을 격노시켰다. 그것은 나를 신용할 수 없는 것으로 뒷받침했다. 나에게는 두 마음이 있다. 참 아버님(문 교주)의 사업을 은밀히 깔보려고 꾀하는 나의 양친의 앞잡이, 나와 나의 친부모에 대한 비판의 북은 끊임없이 울려 퍼지고 있었다.

일요일 아침 예배에서 나를 사탄의 앞잡이 딸이라고 몰아 부친다. 나는 나 자신에 대해서는 별로 신경쓰지 않았지만 아이들의 외조부모에 대하여 이토록 흉한 거짓말을 듣게 되는 것이 싫었다. 괴로웠다.

나의 아버지와 어머니는 매사에 신중하고 착실한 사람들이었다. 자기들의 인생, 그리고 자기 아이들의 인생을 문 교주에게 바쳤다. 그들의 잘못된 자기 희생의 댓가가 공중의 면전에서 비하되었다. 1993년, 아버지는 뇌익혈 발작을 일으켜 문 교주 부부에게 구주 통일교 회장을 면직 당했다. 아버지는 한국에 돌아와 일생동안 힘을 모아 쌓아올린 종교 활동으로부터 추방당했다.

효진은 문 교주가 나의 친부모를 공격한 것 때문에 더 대담해졌다. 게다가 덧붙여 그는 나에게 가일층 공격해 왔다. 1993년에는 코카인을 사용하도록 법령이 허락되었다. 그는 며칠동안 계속해서 우리의 주 침실에 틀어박혀 코카인을 마셨다. 나는 부득이 예비 의복을 아이들 방에 넣어두고 그들의 침실을 함께 사용하지 않으면 안 되었다. 일주일 내내 코카인을 빨고 포르노 비디오를 보고 있다가 어느 날 밤 그는 나를 자기 방으로 불러들였다. 나는 거부했다. 그는 큰 소리로 저속한 욕설을 퍼부으면서 우리들이 침실로 쓰고 있는 아래층 방까지 내려왔다.

그는 커피 끓인 물을 뒤집어엎었는가 하면 나를 방 한구석에 처박고 벽에 부딪치면서 나의 얼굴 몇 인치 앞에까지 바싹 다가와 금세라도 무슨 일이 일어날 것 같은 순간, 119를 부르려고 전화 옆으로 달려 갔다. 경찰을 부를 거야 라고 경고했다. 그러나 그는 수화기를 나의 손에서 쳐 떨어뜨렸다. 잘도 경찰을 불러대는군! 라고 소리지른다. 그 놈들 여기서는 아무런 권리도 없어. 넌 내가 경찰 같은 거 무서워한다고 생각하니!

이 메시아의 아들이!

그가 다음에 무엇을 할지 모르기 때문에 나는 될 수 있는 한 큰 소리로 도움을 청했다. 침실의 문은 크게 열려 있었다. 경찰관이나 주방의 형제자매들 전원에게 나의 소리가 들리고 있는 것이 분명하건만 아무도 와 주지 않았다. 누가 문효진에게 맞설 사람이 있을까? 누가 메시아의 아들에게서 나를 지켜줄 수 있을까 보냐! 그는 나의 비명이 소용없는 것을 잘 알고 비웃고 아무 일도 없었다는 듯 침실을 나갔다.

나는 오빠에게 전화를 걸어 경찰서로 가겠다고 했다. 눈물을 흘리면서 현관 쪽으로 비틀거리며 나갔다. 거기에서 나의 네 명의 아이 중 세 아이가 계단에서 조바심을 하며 뭉쳐져 서 있으면서 흐느껴 울고 있었다. 엄마 가지 마, 내가 현관으로 걸어가고 있을 때 그들은 비명을 지른다. 곧 돌아올 테니 걱정 마! 라며 아이들의 눈물을 닦아주며 달래줬다. 나는 아빈톤 경찰서로 차를 운전하여 직행했다. 그러나 일단 주차장으로 들어올 때 어떻게 해야 좋을지 또는 왜 여기에 왔는지 모르겠다는 생각이 들면서 여전히 공포와 분함으로 떨고 있었다. 거기에 오랫동안 앉아서 나를 인도해 주시도록 기도했다. 나는 11년간 자신의 감정을 억누르고 바깥 세계로부터 진실 된 인생을 숨겨두고 가식적으로 살아왔다.

경찰서 밖에 차를 세워놓고 나는 무엇을 하고 있는 것일까? 관리부에 있던 경찰관 한 사람이 울고 있는 것을 보았다. 그는 나에게 다가

와 도움이 필요합니까? 라고 물었다. 그리고 경찰서 뒷방으로 안내하고 내가 무슨 일이 일어난데 대한 이야기를 조용히 듣고 있었다. 그러나 그가 놀라지 않는 것은 당연했다. 이름도 주소도 다 알고 있었기 때문이었다. 갈 곳은 있습니까? 라고 물었다. 그는 알고 싶은 모양이었다. 가족이 있습니까? 나에게는 단 한 사람의 오빠가 있을 뿐이었다. 그는 하바드 대학생이었다. 오빠와 올케를 이 일에 휩싸이게 하고 싶지 않았다. 그녀는 친부모(문 교주)와의 사이에 그녀 자신의 문제도 있었다. 나는 그녀를 내 문제에까지 끌어들이고 싶지 않았다. 경찰관은 참을성이 있었고 친절했다.

그는 내가 선택할 한 길을 설명해 주었다. 나는 효진을 폭행혐의 죄로 고소할 수 있다. 나는 아이들을 가정 내에서의 폭력 희생자로 데려갈 수도 있다고 하였다. 그러나 마음속으로는 나는 그 어느 것도 할 수 없다는 것을 알고 있었다. 내가 할 수 있는 것은 경찰에 신고하고 도망가고 싶은 생각이었다.

나에게는 용기가 없었다. 이스트 가든에 돌아오는 것이 두려웠지만 거기 아민트 경찰서에 앉아있을 때 지금까지 생각해 왔던 그 이상으로 나 자신에게는 도망칠 장소마저 없다는 것을 뼈저리게 느끼고 있었다.

제8절 탈퇴를 결심하고

1994년 나의 유일한 희망은 아이들이 성장해서 내가 남편 곁을 떠날 수 있게 되는 것이었다.

문 교주가 효진과 이혼하는 것을 허락하지 않을 것은 자명한 일이다. 나는 호화로운 환상의 꿈을 버리고 있었다. 언젠가는 우리가 헤어져 살 수 있는 날이 온다면 이스트 가든(東國)에서 멀리 떨어진 어느 한 작은 아파트에서 혼자 조용히 사는 것이 꿈이었다. 나는 마음 편안히 살 수도 있으리라!

그것은 28세의 여성이 품는 꿈 치고는 무료하고 마음 아픈 것이 아닐 수 없다. 버나드 컬리지에서 미술사의 학위를 막 취득했을 뿐인데, 나는 인생의 다음 25년간을 완전히 또는 낱낱이 구상하고 있었다. 미술에 대한 정열이나 혹은 미술관이나 화랑에서 일한다고 하는 희미한 구상은 내가 대단히 좋아하는 인상파에 가까운 꿈과 같이 그렸다 접었다 했다. 3월, 나는 또 임신한 것을 알았다. 아기 탄생의 기대에 언제나 느끼는 기쁨이 이번에는 두려움과 함께 섞여 있었다. 새롭게 아기가 태어날 때마다 나의 옥중 기간은 연장될 테지.

이렇듯 썩어빠진 결혼 속에 이토록 귀한 생명이 왜 태어나는지! 그것은 나에게 있어서 하나의 신비였다. 나의 고통을 치유해 준 것은 언제나 아이들이었다.

아이들과 있으면 쾌활하고 편안한 기분이 든다. 아이들의 일과가 우리에게 유일한 보통생활, 즉 정상적인 생활 상태를 보이고 있었다. 나는 교외에 사는 다른 어머니와 같이 아이들을 텃지의 미니 방에 태워서 음악이랑 어학의 레슨에 보내고 있었다. 아이들의 숙제도 도왔다. 자기 전에는 그들과 몸을 서로 엉기면서 이야기 책을 읽어주기도 하고 그들의 매일매일 생활에 관심을 가지게 되었다.

아이들의 아버지가 아이들을 근심케 하는 것은 너무도 자주 일어났다. 이스트 가든에서 생기는 일로서 큰 아이들에게 눈치 채지 못하게 지나치는 일은 한 번도 없었다.

술 취한 효진의 간질적인 행동은 코카인에 의한 의식의 혼탁, 변덕스러운 기분은 아이들의 눈을 피해가지는 못했다.

아이들은 한밤 중에도 우리들의 싸우는 소리에 잠이 깨야 했다. 아이들은 왜 아버지는 하루 종일 자고 있느냐고 물었다.

왜 아버지는 나쁜 사람이지? 하고 큰 아이들은 자주 물어온다. 왜 어머니는 아버지와 결혼했지 라고 묻기도 했다. 효진이 장시간 집에 있지 않고 집을 비워주는 것은 나에겐 고마운 일이었다. 그는 맨해튼 센터 스튜디오에서 일을 하고 올드 뉴욕호텔의 스위트룸에 머물러 있었다. 그것은 집 안의 긴장을 누그러뜨려 주었다. 우리들의 저택은 인진의 가족과 공동으로 사용하도록 되어 있었다. 나의 아이들은 함께 아주 근소하긴 하지만 걱정 없는 행복한 시간을 가져보려 했다.

어느 날 봄, 나는 저택의 주차장에서 자전거 타는 연습을 하면서 나보다 더 능숙한 아이들을 크게 기쁘게 해줬다.

1906년 오스카 하마스타인에 의하여 맨해튼 오페라 하우스로 건설한 맨해튼 센터가 효진의 생활의 중심이 되었다. 통일교는 이 선물용과 인접하는 올드 뉴욕호텔과 함께 1970년대에 구입했다. 1985년에 효진이 제작 스튜디오와 경영의 책임을 맡게 되었을 때 센터는 단순한 연습장 같은 곳이었다. 나는 문 교주가 이 같은 중요한 회사를 자신을 감당할 수도 없고 교육도 경험도 없는 아들에게 맡겨 사장으로 임명하여 경영하게 하는 것에 놀랐다. 그러나 그렇게 놀랄 필요는 없었다. 세계 어디서나 통일교가 새로운 사업을 획득하면 그 새로운 회사는 문 교주의 가족의 취직 자리로 사용된다.

결혼 이후, 또는 생애 처음으로 33실의 효진은 일을 하게 됐다. 그는 교회의 비디오 제작을 감독하고 통일교 회원들이 만드는 자신의 밴드녹음을 계속했다. 나는 록 뮤직의 팬은 아니지만 분명히 효진은 좋은 성대를 가진 재능 있는 기타리스트였다. 그는 자기 음악을 사랑하고 있었다. 그것은 그의 생에 있어서 단 하나의 오염되지 않은 낙이었다.

맨해튼 센터 스튜디오는 표면상으로는 통일교와 관계없이 독립된 회사로 공인하고 있었으나 사원은 전원 통일교 회원이었다. 사원들은 효진에게 메시아의 아들로 적합한 경의와 충성을 보였다. 효진과 함께 그들은 오페라 극장을 오디오, 비디오 구체적으로 각 부분을 전문적 설비를 갖춘 최첨단의 마루치 매디아 스튜디오로 바꿨다. 그러나 효진의 영적 단계와 그 지위의 높이가 사업장의 인간관계를 긴장시켰다. 부하 직원들은 감히 보스에게 질문하는 것도 어려웠고, 대답해주는 것은 희망사항에 불과했다. 또 보스는 부하 직원들이 자신의 명령을 수행할 때 마음에 들지 않으면 불복종 한다고 치부해 버렸다. 의사소통이 원활하게 진행되지 않았다.

관대한 말로 표현한다면 자유롭고 형식적인 방법을 취하지 않는 법으로 맨해튼 센터에 돈이 흘러들어오고 흘러 나갔다. 어떤 주에는 사원에게 급료가 지불되지 않는 일도 있었다. 그것은 효진이가 신 기재를 구입하기 위하여 금고 내의 수천 달라를 따로 떼어 두었기 때문이었다. 사원의 대부분은 옆에 있는 뉴욕호텔에 무료로 살고 있었다. 맨해튼 센터의 통상 수입원인 스튜디오의 예약과 연회장에서의 이벤트 예정이 충분하지 못할 때 효진은 CARP(대학연합원리연구회)와 같은 통일교의 조직에 돈을 청구했다. 그리하여 새로운 카메라 대금이나 전기료 등을 지급했다. 효진에게 내는 개인 헌금은 신 스튜디오와 녹음설비에 자금을 제공했다. 참 어머님(문 교주 처)을 통하여 맨해튼 센터에 흘러들어가는 자금은 True Mother(참 어머님)의 두 문자를 따서 장부에는 T.M이라고 기재했다.

맨해튼 센터는 효진의 도덕적 붕괴에 동력을 제공하는 가솔린이 되고 있었다. 그것은 언제나 바로 사용할 수 있는 금고였다. 뿐만 아니라 코카인 흡인 벽이 더욱 가중되고 무기구입, 매일 밤의 음주파티에 자금을 제공하는 열쇠가 되었다.

또한 맨해튼 센터는 혼자 술 마시는 것을 아주 싫어하는 효진에게

술 친구들을 모아주는데 공급원을 제공했다. 그들 전원에게는 참 자녀님에게 빌붙어 받드는 이 외엔 선택의 여지가 없었다.

통일교 회원의 대부분은 무슨 집회가 있을 때 무대와 자기들의 좌석 사이에 거리를 두고 참 가정에 가까이는 가지 않는다. 맨해튼 센터에서 스텝으로 문효진과 직접 일을 하는 기회를 갖는 것은 커다란 영광이었다. 그러나 그들의 대부분에게 그것은 곧 영적 갈등의 원인이 되고 있었다.

효진은 측근들에게 퀸즈의 코리안 빠에 동행을 명하며 거기에서 호스테스들과 노골적으로 히히덕거리며 앞뒤를 가릴 수 없을 만큼 술에 취해 주정을 부렸다. 그는 사람들에게 코카인을 먹도록 압력을 가했다.

그 사람들은 다름 아닌 바로 효진이가 행하고 있는 자기 파괴행위를 엄금하고 있기 때문에 통일교 쪽으로 채용된 자들이었다. 그의 코카인 남용이 점차 증가함에 따라 스텝들이나 가족에 대하는 소란스러운 태도도 증가해 갔다. 나에 대한 언어 학대의 저속한 말로 가득한 모욕적인 언사에서 육체에 상처 입혀 주겠다는 위협적인 언동이 날로 심해졌다.

그는 우리 침실에 놓여있는 총 케이스를 열어 제치고 강력한 라이플 하나를 집어 들고 묻는 것이었다. 이것 가지고 너를 어떻게 할지 알고나 있어!

그는 참 부모님(문 교주)으로부터 선물로 받은 마싱 건을 우리 침대 밑에 넣고 있었다.

맨해튼 센터에서는 그의 기분을 상하게 한 자들이 만약 문효진을 배반하면 자기들에게 어떤 보복 폭력이 가해질 지에 대해 두려워하는 분위기가 자자했다.

측근들의 모임 때에는 얼마 전 맨해튼 센터를 떠난 사원의 껍질을 어떻게 벗겨 내장을 끄집어 내 줄까? 고 귓속말로 소문이 전해졌다.

통일교 밖에 있는 사람들은 맨해튼 센터에서 효진과 가까이에 있는 사람들이 구속받고 속박당하고 있다는 것을 이해할 수 없을 것이다. 한 편에서는 지도자들의 신앙에 대적하는 활동에 몰두되어 있다. 다른 한 편에서는 효진은 메시아의 아들이다. 아마도 그가 지금과 같은 행동을 하는 것에는 무언가 특별한 신의 섭리가 있을지도 모른다. 만약 자기들이 따르지 않고 효진과 함께 금지된 행동을 하지 않으면 자기들의 한참 뒤떨어진 판단을 참 자녀님의 판단과 뒤바꿔 놓는 결과가 되는 게 아닌가? 라고 두둔하는 무리들이 있었다.

그러나 메시아에게 정직해야 하는가? 그렇지 않으면 메시아의 아들에게 충실해야 하는가? 자기들의 안위를 문효진을 드러내는 것으로 아니면 감싸 숨겨줘야 하는 것으로 지켜야 하는가?

통일교의 권위주의적 성격을 생각하면 있을 수 없는 일이지만 만약 그들 중에 단 한 사람 혹은 그 이상의 사람들이 효진의 행동에 의문을 품는 독단적인 생각을 갖고 있다 하더라도 그것을 그 누구에게 말할 수나 있었을까? 단지 이스트 가든에 전화를 걸어 문 교주와 이야기 하고 싶다는 말도 감히 못한다. 만약 회원의 한 사람이 문 교주 부인과 대화하고 발설하지 말자는 약속을 하더라도 그 정보는 곧 모두에게 알려진다. 자기를 신뢰하고 있는 사람이 참 부모님에게 가서 그들의 아들이 다량 음주자, 즉 폭주자이고 마약 중독에다가 호색가라는 것을 고했다고 알려지면 효진이 좋아할 리가 없다. 반대로 측근들은 다음에 어떻게 될지 모르는 효진의 성격을 싫다고 할 정도로 경험에서 알고 있기 때문에 그의 기분을 가라앉힐 수단이 있다면 무엇이든지 했다.

그는 자기 밑에서 일하는 사람들이 자기 기분에 맞지 않는 일을 하면 나는 인색한 악당이니까? 라며 그들을 위협했다. 이것은 그가 자신을 부를 때 기분 좋은 표현의 하나였다. 이 같은 것을 나 이상으로 생각하며 알고 있는 사람은 없다.

1994년 9월, 효진은 나를 몹시 때렸다. 우리 침실에서 식구 중 한사람과 새벽 3시에 코카인을 흡입하고 있는 것을 발견했다. 나는 화를 진정시킬 수가 없었다. 이것이 식구에게 시키고 싶은 생활이야? 고 나는 따졌다. 너 이런 류의 아버지가 되고 싶어?라며 화를 냈다. 이제 더 이상 이런 생활은 참을 수가 없었다.

나는 코카인을 화장실에 내려 보내려고 하다가 소량을 욕실 바닥에 떨어뜨렸다. 그는 나를 침상에 밀어 붙이고 억지로 나더러 그것을 다시 주어 올리라는 것이었다.

그 하얀 가루 코카인을 그리고는 내 얼굴을 주먹으로 쳤다. 코에서는 코피가 주루룩 흘러 내렸다. 그는 손으로 내 코피를 닦아서 그것을 혀로 핥더니 맛 좋다 라며 웃고 있는 것이 아닌가?

이것 참 재미있는 걸!

그때 나는 임신 7개월이었다. 그가 나를 구타하고 있을 때 나는 손으로 배를 감쌌다. 아기를 죽일 거야라며 효진은 소리 질렀다. 그것은 공연한 외침이 아니라는 것을 나는 알고 있었다. 다음 날 아침 아이들은 눈에 눈물이 고였고 나의 멍든 눈에 얼음을 깨서 대주었다. 효진은 나에게 경고한 것이나 다름없었다. 여러 번 말한 적이 있었다. 자기 속에는 깊은 폭력의 샘이 있다고, 네가 나를 너무 멀리 밀어 붙이면 나에겐 멈출 수가 없어서라던 그의 말이 과장된 말이 아님을 알았다.

효진은 자기가 휘두른 폭력에 대하여 아무런 후회도 느끼고 있지 않았다. 후에 맨해튼 센터의 측근들에게 했다는 말에 의하면, 나를 친 것은 내가 그를 화나게 했기 때문이고 그에게 학교시절의 선생을 생각나게 하는 존재라고 하더란다. 그 교사는 언제나 동급생 앞에서 그에게 부끄러움을 주려 했단다. 그는 말했다. 그녀는 신앙심이 깊고 잔소리가 많고 독선적인 마녀였다고.

나를 대하는 그의 경멸이 아무리 거세도 그것은 자기 부친(문 교주)에 대하는 그의 미움의 발끝에도 미치지 못했다.

효진은 아버지인 문 교주를 싫어했고 미운만큼 사랑도 했다. 맨해튼 센터 사원 앞에서 아버지를 바보 취급하면서도 자기 부친은 몽롱한 어리석은 노인이고 이젠 뒤로 쳐져야 할 때인 것도 알아야 한다면서 자기 아이들을 위하여 시간을 한 번도 할애하지 않는 무관심한 아버지(문 교주)라고 고발했다.

아이 때 미국인 동급생으로부터 문니- 하고 비웃음을 받은 것 등 부친(문 교주, 재림주)을 비난했다. 통일교의 법정 상속인이라고 하는 것을 한스럽게 생각하고 있었으나 아버지 기대에 미치지 못하는 자신에 대해 더 화가 나 있었다. 맨해튼 센터의 경비 주임은 종종 효진을 위해 무기를 조달하였고, 효진은 센터에 총을 항상 간직하고 있었다.

화가 절정에 오르면 효진은 총을 크게 휘두르며 부친(문 교주, 재림예수)이 만약 맨해튼 센터의 경영에 대해 간섭하려 하면 총으로 쏴 죽일 것이다 라며 위협했다.

효진의 방자하고 방만한 사업 경영은 문제였다. 그는 맨해튼 센터의 돈을 마치 자기 자신의 것인 양 사용하면서 회사에 있는 그의 재정고문, 롭, 쇨츠와의 공동명의 계좌에 자기 급료를 스스로 입금시켰다. 맨해튼 센터는 효진이 멋대로 모든 것을 만족시키기 위하여 존재했다. 1989년에 또 1992년에, 한 번 더 그는 회사 돈으로 문 교주에게 새로운 뻿을 사려고 수와루트에게 지시했다. 아빈톤의 부지 내에 보관시켰던 자동차나 모트가 맨해튼 센터의 사업과 어떤 관계가 있는 것인지 누구나가 의문을 품는 것이다.

효진이 자기 개인 자금과 통일교의 돈을, 그리고 회사의 회계를 무질서하게 쓰는 무책임한 행태는 국세청을 당혹하게 만들었을 것이다.

1994년 그는 여동생 한 사람에게 3만 달러를 건네주도록 롭-쉴츠에게 명령했다. 이 자금 양도를 어떻게 비밀리에 할까, 맨해튼 센터에서 암묵적인 합의가 이루어져 최종적으로는 맨해튼 센터에서 미스터 또는 미스유니버스티 대학의 수입이 장부에 기재되지 않고, 3만 달러는 여동생에게 주도록 효진에게 건네졌다. 그 전 해에는 합중국으로 통일교 일본인 회원 일행이 맨해튼 센터를 방문했을 때 효진에게 현금으로 40만 달러의 개인 헌금이 건네졌다. 그는 돈의 일부를 따로 두고 나머지를 맨해튼 센터의 마음에 드는 프로젝트에 썼다. 그는 이 금전 양도를 납세 신고서에 기록하지 않았고 그 돈에 대해서는 한 푼의 세금도 내지 않았다.

1994년 2월, 효진은 현금 60만 달러가 든 부루밍텔 백화점의 종이 푸대를 맨해튼 센터에 갖고 들어왔다. 그날 아침 일찍 나는 침실에서 그가 돈을 세는 것을 도왔다. 그는 측근에 있는 고문들을 자기 오피스텔에 모으고 그들이 보고 있는 앞에서 이렇게 큰돈을 본 적이 있느냐고 물었다. 그가 말하지 않은 것은 문 교주가 실제로 맨해튼 센터의 프로젝트 자금으로 합계 100만 달러를 준 것이었다. 그는 40만 달러를 개인용으로 배당하여 그것을 크르셋의 구두상자 안에 숨겼다. 11월까지 그 전액을 거의 드락에 써버렸다. 모름지기 1994년 11월까지 문 교주는 효진이가 맨해튼 센터를 자기 전용의 소 계좌 현금을 인출하여 뉴욕호텔 30층의 가족 전용 스위트룸을 전용 아편굴로 하고 있는 사실도 몰랐을 것이다. 문 교주가 모르고 있는 것은 알고 싶지 않아서였다.

문 교주 부부는 효진과의 친자 관계의 성격을 그가 소년시절에 친구를 공기총으로 쏜 사건으로 퇴학됐을 때 이미 확인됐다.
이때도 그리고 그 이후 모든 문제되는 사건이 있을 때도 그들은 아들에게 자기의 행동에 책임을 지게끔 하려 하지 않았다. 효진은 나쁜 일을 했어도 아무 벌을 받지 않는다고 믿고 성장했고 양친과 통일교의 신분 제도는 그 잘못된 생각을 바로잡기 위해 아무 것도 하지 않았다. 예컨대 그 해 가을, 효진은 정상적인 학생으로서 출석하고 있던 뉴욕주 빠귀타운의 통일신학교(UTS)에서 신앙생활 강좌의 게스트 스파카였다. 다른 학생이 그의 어떤 점을 지적했다 하여 그를 치기 시작했다. 학생은 앉은 채로 조금도 반항하지 않았다.

이 사건이 있은 후, 효진은 학부장인 제니취 다나베르부터 2통의 편지를 받았다. 한 통은 효진과 그가 덤벼들었던 상대였던 피해자 두 명 앞으로의 질책 편지였고, 한 통은 효진에게 보내는 개인적인 메모였다. 이 메모는 그에게 공식적인 편지는 무시하도록 권하고 있었다.

당신에게 이 편지를 드리는 나의 의도는 당신을 비난하기 위해서가 아니라 당신에게 있을 지도 모르는 모든 비난으로부터 지키기 위해서라는 것을 이해해 주세요. 당신을 지지하기 위하여 나는 최선을 다하겠습니다. 이것은 하나님 앞에서의 나의 결의입니다. 한 교실에서 일어난 폭력사건이었다. 남자가 그녀의 학생을 때렸는데 그녀는 때린 남자를 꾸짖기보다 오히려 사죄하고 있다. 그 메모는 다음과 같이 기록되어 있었다.

"나는 UTS가 당신에게 기쁨과 영감을 갖도록 할 수 있는 장소라고 생각해 주실 수 있도록 되기를 원하고 있습니다." 11월까지 효진은 변명하는 자들과 옹호자들을 모두 끊어버렸다.

나의 다섯 번 째의 차남이 되는 신훈이 태어나려 하였다. 진통이 시작되었을 때 효진은 빠에 나가 있었기 때문에 나는 조수석에 베이비시터를 데리고 스스로 운전하여 병원에 갔다. 새로 낳은 동생의 문안을 위해 아이들을 데려올 수 있도록 그녀에게 길을 알려주고 싶었다. 출발하기 전에 나는 아이들을 잠재웠다. 그들에게 출산을 위해 병원에 가는 것을 알려 주고 내일은 내가 어디에 있는지 아무에게도 말하지 말고 학교에 가라고 일렀다. 숨이 막히는 것 같은 문가의 세계에서 개인적인 생활을 영위할 수 있는 방법을 나는 경험을 통해 깨달았다. 메사츄세츠에 있는 오빠에게 전화를 걸어 펠브스병원에 가는 도중이라고 알리고 한국의 친부모에게 전화를 걸도록 부탁했다.

효진이 함께 있지 않아도 좋았다. 이것은 나의 뜻이며 아이들의 뜻이었다. 가족으로서 효진은 우리들과는 아무런 관계도 아니다. 빠의 호스테스와 함께하는 쪽이 더 즐겁다고 한다면 나의 아들의 탄생에 입석해야 할 이유가 있을까? 새벽 4시, 나는 제왕절개가 필요하다고 통고를 받았다. 의사는 아무래도 남편에게 전화해야 한다고 말했다. 전화를 걸었을 때 그는 자고 있었다.

그는 피곤해서 갈 수 없다고 말하면서도 병원은 어딘지를 물었다. 신훈은 우리들의 다섯 번 째의 아이였다. 그런데도 아이가 어디서 태어났는지를 모르고 있었다. 나는 화가 나서 대답하지 않았다. 효진은 화내기 시작했다. 나는 수화기를 놓았다. 그러나 침착하게 맘을 먹고 다시 한 번 전화했다. 나는 가지 않겠어. 네가 나에게 애기를 데려 오는 것이 좋을 거야.

나는 흐르는 눈물 속에서 처음으로 훈을 보았다. 9파운드나 되는 이 거대한 사내 아이를 의사가 내 몸 속에서 끄집어내고 있는 동안 간호사가 나의 눈물을 닦아 주고 있었다. 갓난 아기의 머리는 전체가 까만 털이 나 있었다. 탯줄 끝이 팔에 감겨 있어 자연 분만이 어려웠지만 눈은 반쯤 감겨 있었고 울음소리는 힘찼다. 효진은 이틀 후에도 아기를 보러 오지 않았다. 그의 교만과 무관심이 그 발을 멀어지게 하고 있었다. 나도 효진과 마찬가지로 완고했지만 아들을 보러 오라고 그에게 전화했다. 마지못해 온 그는 겨우 있다가 갔다.

그는 신생아실 창 너머로 신훈을 보았다. 아들을 한 번 안아보고 싶다고도 하지 않았다. 그날 밤 베이비시터가 아이들을 데리고 왔다. 아이들의 얼굴을 보며 나는 정말 행복했다. 아이들은 모두 새로운 동생과 사진을 찍기 위하여 포즈를 취했다. 나는 빨리 집으로 가라고 하며 돌려보낸다. 수술을 한 탓으로 의사는 나를 좀 더 입원시켜 두고 싶었지만 나는 다음 날 집으로 돌아갔다. 문효진의 집 그 누구에게도 제왕절개 한 사실을 알리고 싶지 않았다. 문 교주 부부가 모르는 정보를 갖는다는 것은 이례적인 것이었다.

나는 수술한 것을 비밀로 해두고 싶었다. 효진은 아이들과 베이비시터를 데리러 두 대의 차로 우리를 마중하러 왔다. 어린이 시트를 갈아 끼는데 시간이 드는 바람에 그는 신길을 데리고 돌아가 버렸다. 베이비시터와 함께 귀가해? 하며 나를 그냥 두고 갔다. 그날 밤 효진은 뉴욕에 간다고 말했다.

우리의 갓난 아기를 집으로 데려온 바로 그 날을 택하여 남편(효진)이 새로운 애인을 만들었다고 하는 것을 나는 그 오랜 후에야 알았다. 그는 올드 뉴욕호텔 우리들의 스위트룸의 침대에서 맨해튼 센터의 사원과 나와서 잤다는 것이다. 내가 아니콜을 알았던 것은, 그녀가 수년 전에 고르하이드의 통일교 무술대회에서 처음으로 효진을 본 이후 그에게 보내온 몇 십통이나 되는 편지를 통해서였다. 그녀의 편지는 팬레터 바로 그것이었다. 효진은 그를 메시아의 아들이라고 앙모하는 남·녀 양쪽의 통일교 젊은이들에게 위와 비슷한 편지를 많이 수취했다. 나는 아니콜이 효진에게 열중하고 있는 것을 한 번도 심각하게 여긴 적은 없었다.

그 해 그녀는 통일교의 인사 조치를 주재하고 있던 일본인에게 자신들의 부부를 불러들여 달라고 효진에게 호소하여 그 뒤 뉴욕에 와서 맨해튼 센터에서 일하기 시작했다. 효진은 그녀에 대하여 늘 이야기 했지만 나는 두 사람의 이성 관계를 의심치는 않았다. 그의 주위에 있는 다른 이들의 눈에도 점차 분명해졌다는 것을 아마도 나는 보고 싶지 않아서였을까?

　나는 그의 코카인 중독 쪽이 더 걱정이 되었다. 그는 맨해튼 센터에 가지 않을 때는 계속 자기 방에 틀어 박혀 있었다. 나중에 알았지만 나 혼자서만 염려하고 있었던 것은 아니었다. 아이가 태어난 지 21일째에 통일교에서는 아기의 건강을 신에게 감사하기 위한 기도를 드린다. 나는 비공식적인 기도를 아이들과 따로 드렸다. 효진은 하룻 밤 내내 밖으로 나가 돌아오지 않았다. 그의 여동생 은진이가 아기를 보러 왔다. 몇 년 교제하지 못한 사이이지만, 나는 이스트 가든에 왔던 초기의 그녀가 보인 친절을 한 번도 잊지 않았다.

　그녀는 효진의 일이 걱정스럽다고 털어놓았다. 그는 매우 야위었다. 식사도 안 한다. 거의 술과 드락에 빠져 문제가 더욱 악화되어 있다고 생각했는지, 참 부모님(문 교주)은 그에게 중독치료를 해야 된다고 권유하고 있지 않은지 물었다. 나는 그의 퇴폐적인 생활 태도를 본 그대로 이야기 했지만, 그가 자발적으로 중독 문제에 대한 해결책을 취하려 생각지 않는다고 말했다.

　그 다음 날 그는 사원을 위해 맨해튼에서 감사제 파티를 열었다. 그는 와인을 내놓았다. 그의 음주벽과 코카인 사용을 안 것은 측근 자들 뿐이었다. 나머지 사원들은 통일교의 경축에 알콜을 내놓는 것을 보고 충격을 받았다. 문 교주는 그것을 알고는 맨해튼 센터의 사원에게 효진을 빼고 자기를 만나러 오도록 하였다. 그는 통일교 지도자는 문 교주라고 다짐을 했다. 사원들은 효진을 위험한 상황에서 떼어 놓는 것으로 그를 말려 줘야 했다.

　나는 효진의 아시스탄트, 마데런 프레드 류스에게 전화를 하고 이 회합의 상황을 물었다. 우리는 서로를 잘 몰랐다. 학교 잔디에 나가 노는 아이들을 그녀가 촬영하러 비디오를 찍고 있을 때 한 번 만났을 뿐이었다. 그녀는 나에게 문 교주의 말을 전하여 사원들이 문 교주와 나의 진실의 모든 것을 말하지 않는다는 것을 확인했다.

문 교주는 그들에게 효진과 함께 담배를 피기도 하고 술을 마시고 하는 지를 물었으나 그것을 인정하는 자는 한 사람도 없었다. 그러나 그녀는 말했다. "실은 언제나 그와 함께 빠나 뉴욕호텔의 스위트룸에서 담배를 피기도 하고 술을 마시기도 하였습니다." 나는 몸이 오싹해짐을 느꼈다. 그가 자신에 대하여 알고 있는 일은 그것만으로도 충분히 나빴었다. 그렇지만 통일교 회원들을 자기와 함께 죄의 구렁텅이에 끌어들이는 것은 용서할 수가 없었다. 그가 그 때문에 우리들의 아파트를 사용하고 있는 것이 화가 났다.

이것이 우리 결혼의 파탄을 보이는 시작이었다. 더더욱 그 당시 나는 그것을 알지는 못했지만 내 속에서 무언가가 뚝하고 끊어지는 듯한 느낌이었다. 나는 이 나쁜 남자와 비참한 생활을 하는 것이 나의 운명이고, 하나님으로부터 부여받은 나의 사명이라고 받아들이고 있었다.

그렇지만 그때 내가 믿고 있던 통일교 회원들이 효진의 권력 남용 때문에 죄악의 길로 끌려들어가고 있는 것을 용납할 수가 없었다.

나는 맨해튼 센터에 있는 그에게 전화를 걸었다. 직접 대면해서 이야기하기보다는 전화로 하는 쪽이 대담해질 수 있었다. 일대 일로 직접 대하면 당연히 얻어맞게 된다. 나는 전화로 "당신은 짐승이야, 우리는 당신이 집에 돌아오지 않는 것을 바라고 있다."라고 했다.

그것은 나에게 있어서 지혜가 부족한 대응이었다. 왜냐하면 즉시 효진은 집으로 돌아왔고, 집에 돌아오자 나를 찾았기 때문이다. 나는 화가 난 나머지 이미 그의 크로셋트를 챙겨서 빽을 채우고 음란 비디오를 전부 부셔서 그것을 전부 복도 구석의 창고 속에 집어넣었다. 나는 문이 쾅하고 닫히는 소리를 들었다. 그는 계단을 단걸음에 올라와 나의 목덜미를 꽉 잡고 자기 방으로 끌고 갔다.

그는 난폭하게 의자에 처박으며 내가 일어서려 할 때마다 다시 처박는다. 맨해튼 센터의 여러 사람 앞에서 잘도 나에게 망신을 주려 했지! 라고 외쳤다. 나에게 명령 따위를 다 하다니 이년, 나를 누구로 알고 있는 거지? 그는 내 위에 올라타 계속해서 손 바닥으로 내리치며 찔러 댔다. 도망칠 곳은 없었다.

내가 용케 살아난 것은 단지 그가 보호 관찰관과의 약속이 늦어지고 있었기 때문이었다. 그는 아직 음주운전으로 보호관찰 중에 묶여 있었기 때문이었다.

그는 전화를 걸어서 가족에게 가게에 급한 사정이 생겼다고 변명하며 약속을 취소토록 하려 했으나 보호관찰관은 어떻게 해서든 제시간에 오라고 말했다. 그는 지금까지 너무도 약속을 어기고 있었다. 돌아오면 가족회의를 할 테니까 라고 그는 말했다. 너는 아이들 앞에서 아버지를 비난했으니 잘못했다. 아버지는 자유롭게 담배를 피기도 하고 비루를 마시기도 해도 돼, 너는 나쁜 엄마라고 말해야 해! 알았지 라고 말했다. 나는 알았다고 했다. 그를 가게 하기 위해서는 무엇이라도 네! 했을 것이다.

그가 나가버린 즉시, 문 교주 부인의 메이드가 전화를 걸어 왔다. 아버님이 지금 곧 당신을 만나고자 하십니다. 나는 남편이 올바른 길을 발견하는 것을 돕는 일에 실패했다는 것으로 또 설교를 듣게 되는 것이리라고 생각했다. 이제 그만이다. 이쪽에서 선수를 칠 때가 온 것이다.

어찌된 일인지 학대가 심한 것이 오히려 나를 대담하게 했다.

이 이상 더 맞지는 않으리라고 의식적으로 결심한 것은 아니었다. 그러나 그날 밤, 문 교주 부부의 서재에서 나는 처음으로 자신을 위해 일어섰다. 내가 그들의 스위트홈에 들어간 즉시, 문 교주 부인이 나를 문 교주가 나에게 할 말이 있다고 말했다. 나는 물었다. 두 분에게 말쏨드릴 수 있을까요? 말씀 드리지 않으면 안 될 일이 있습니다. 내가 지금 막 일어난 내용을 말하고 있는 동안 문 교주 부부는 묵묵히 듣고 있었다. 악영향을 받고 있는 것은 나와 맨해튼 사람들뿐이 아니다 라고 나는 말했다.

효진은 나와 아이들에게 그가 알콜이랑 드럭을 하는 것은 문제가 아니라고 말했다, 문 교주에게 반응을 끌어내는 데는 이것으로 충분했다. 안돼 안돼 라고 그는 말했다. 너는 어린 것들에게 바른 일과 나쁜 일을 바르게 가르치지 않으면 안돼, 나는 시계를 계속 보고 있었다. 나는 참 부모님(문 교주)께 효진이 보호관찰관에서 면회하고 돌아오기 전에 되돌아가야 할 필요가 있다고 말했다.

문 교주는 몇 분간 아무 말도 하지 않고 있었다. 너를 맨해튼 센터에 보내어 그를 감시하게 해야겠다. 너는 그의 그늘이 되는 거야! 네가 책임을 졌으면 한다. 너는 그가 절대로 돈을 드럭이나 술에 사용하지 않도록 할 수 있다.

나는 깜짝 놀랐다. 내가 맨해튼 센터에서 문 교주의 눈과 귀가 되는 것은 그가 내 능력을 알고 있어서라기보다 내 충성을 알고 있기 때문이라고 알고 있었다. 맨해튼 센터의 사원은 효진에게 충성을 맹세하고 있었다. 나는 참 아버님(문 교주)께 순종한다. 단기적으로 그는 달랐다. 그러나 장기적으로 말한다면, 이윽고 밝혀지는 것처럼 나는 나의 충성심을 최종적으로는 하나님과 아이들과 그리고 나 자신에 대한 것으로 알고, 믿고 있다. 집에 돌아왔을 때, 효진은 아직 돌아오지 않고 있었다. 나는 큰아이를 내 방으로 불렀다. 아버지는 가족회의를 하고 싶어 하고 있다. 엄마는 내가 믿고 있지 않는 것을 말하지 않으면 안돼! 그렇게 하지 않으면 아버지가 크게 화를 내기 때문이야, 큰아이는 내가 그가 원하는 대로 이야기하겠다는 말에 아연실색하였다.

엄마는 나쁜 엄마가 아니야, 좋은 엄마예요. 엄마는 아빠가 하는 것이 좋은 일이 아닌데도 그것을 해도 된다고 하고 있지 않아. 내가 진실을 왜곡시키고도 괜찮다고 생각하고 있는 것에 아이가 낙담하고 있는 것을 알았다. 12세의 어린 딸을 앞에 놓고 나는 부끄럽게 생각했다. 아직 어린 나이인데도 그 정의감은 이미 훌륭하게 연마되어 있었다. 나는 이제 내 멋대로였다. 이 이상 폭행의 고함소리를 피하고 싶었다. 그가 돌아와서 아이들에게 엄마는 아빠에게 불공평하다라고 하라고 명했을 때, 나는 그대로 했다. 딸의 눈에 눈물이 가득 고여있었다. 그러나 슬픈 것은 아니었다. 그녀는 화가 나 있었다.

그것은 거짓말이예요, 라고 큰 아이는 아빠에게 소리 질렀다. 엄마는 좋은 사람이예요. 엄마는 언제나 우리와 함께해요. 아빠는 여기에 있는 적이 없잖아요.

효진은 진노의 화살을 딸에게 향하며 반항적인 아이를 키우고 있다고 미국학교를 비난했다. 어린 딸의 용기를 보며 나는 나 자신이 겁쟁이로 느껴졌다. 마음을 진정시킨 후에 효진은 딸에게 말했다. 자기가 가정에서 떨어져 있게 된 것은 통일교 때문이며 자기의 사명을 추구하고 있기 때문이라고 했다. 나는 그의 피상적인 말을 비꼬아 생각하지 않을 수 없다. 이 변명은 그 자신의 아버지 입에서 나올 때 그가 그처럼 낮춰 변명하고 있기 때문이었다. 화낸 끝에 반항하기는 했으나 효진은 맨해튼 센터에서의 나의 새로운 역할을 받아들였다. 그는 문 교주가 나를 거기에 둔 이유를 의심치 않았다. 나에 대해서는 조그마한 혐의도 갖고 있지 않았기 때문에 아마도 내가 있어도 자기에게는 아무런 위협이 되지 않는다고 생각했기 때문이리라.

그는 곧 그것이 잘못 생각한 것이라는 것을 알았다. 나는 최초로 지시의 하나로 효진의 측근과 문 교주와의 회합을 이스트 가든에 설정했다. 문 교주는 그들에게 효진과 함께 드럭을 하거나 술을 마신다거나 해서는 안 되며 그것을 더 이상 못 하도록 확실히 다짐했다. 그들의 충성은 당연히 문 교주에게 바쳐야 하지만 맨해튼 센터에서는 효진이 아니라 나의 지시에 따르지 않으면 안 되었다.

효진에 대해 아무리 격노해 있다해도 그가 음주와 드럭 중독에 빠지게 된 것에 대한 아내로서의 책무가 뒷받침되지 않았기 때문이라는 비난에 귀를 기울일 여유는 있었다.

어떤 형태로든 나에게 책임이 있는 것이라면 우리들을 위해서가 아니라 하나님을 위하여 나는 한 번 더 일 처리를 확실히 하도록 전심전력을 다해 노력해 보지 않으면 안 된다. 나는 12월 자유시간 대부분을 효진과 함께 보냈다. 그와 함께 어디에라도 갔다. 그가 코카인을 빨고 있을 때는 함께 집에 있었다. 드럭은 그를 요설스럽게 만들었다. 나는 몇 시간이나 신과 사탄과 문 교주에 대한 그의 의식의 흐름이 언급되고 있음을 들었다. 들으면 들을 수록 효진에게는 선악에 대한 진정한 감각이 결여되어 있다고 확신하게 되었다. 그가 측은한 변명을 자아내고 그 도덕관을 자기 자신에 맞도록 주장하는 것을 듣는 것은 슬픈 일이었다.

드럭에 취해 그는 양친(문 교주)의 태만, 아내의 엄한 평가, 통일교의 비현실적인 기대의 희생양이라고 혼자 중얼거렸다.

지금까지 생활해 온 잘못된 선택, 그리고 지금도 계속되고 있는 잘못된 선택에 대하여 남편에게도 그 무엇인가 책임을 감지할 수 있으리라는 희미한 소망을 기대하며 나는 묵묵히 귀를 기울였다.

그러나 그 같은 희망은 전혀 기대할 수가 없었다. 문효진의 문제는 전부 타인의 잘못이었다. 이런 태도를 계속하고 있는 한 어떻게 하나님께 바로 설 수 있을까? 정말로 아이들에게 좋은 아빠가 되어줄 수 있을까? 맨해튼 센터에서 나는 효진에게 돈에 대한 사용법과 마음을 착실하게 질서있게 세우는 일에 착수했다. 나는 효진의 아시스탄트 마데렌 프레토리우스에 지지를 제시했다.

　그 후로는 효진에게 한꺼번에 수 백 달러의 소 계좌 현금 지불을 하지 않는 곳, 은소란 사업으로 고령을 얻고 있던 사원의 위치를 바꾸는 것, 그 모든 중요한 결정에 내 동의를 얻지 않으면 안 되게 되었다.

　맨해튼 센터에서 해야 할 일이 또 하나 있었다. 나는 효진과 아나콜과 애인관계인가 아닌가를 알아야 하겠다고 생각했다. 마데렌은 그렇게 의심하고 있었다. 나의 의제(義弟) 박진성조차도 두 사람 사이에는 무언가가 있다고 넌지시 비쳤다. 나는 몇 번이나 효진에게 물어 예상대로의 부정적 답을 얻어냈지만 그것을 믿지는 않았다. 내가 맨해튼에서 일하기 시작한 뒤, 그는 두 사람의 애매한 태도로 나를 우롱했다. 그는 놀리듯이 물었다. 왜 한 가지 일로 걱정하는 거지?

　12월 말경, 나는 그가 고백하기까지 추궁하기로 정했다. 진실이 얼굴을 내밀기까지에는 몇 시간이나 달래기도 하고 말리기도 하지 않으면 안됐다. 처음 그는 아니, 나는 그녀를 만나지도 않았어. 라고 말했다. 그래 혹시 키스를 했을지도 몰라 라고 그는 양보했다. 그 다음에는 오럴 섹스를 했는지도 그가 부정을 인정해 가면 갈수록 그의 설명은 억지에 가까왔다. 섹스했다. 하지만 사정은 하지 않았으니까 이건 수에 들지 않는다. 라고 그는 말하고 그 후 겨우 사정은 했다고 실토했다. 그렇지만 그녀는 비루를 마시고 있었으니까 문제는 되지 않는다고 고백했다. 나는 생각했다. 이 남자는 자신이 얼마나 비참하게 보이고 있는지 조차 알지 못하고 있는 것이 아닐까?

　그가 가족 앞에 배반행위에 대해 말하고 있는 동안 나는 매우 침착해 있었다. 마음속으로는 다 알고 있었다. 그의 고백은 단지 확인에 지나지 않았다. 효진은 울기 시작하면서 나에게 용서를 빌었다. 나는 용서하려 해 보았지만 그가 자기의 죄를 보상하기 위해서는 함께 자지 않겠다고 했다.

왜 아니지? 나는 충동적으로 물었다. 그렇게 미인도 아닌데 그것은 마치 가솔린에 성냥을 갖다 댄 것 같은 것이었다. 그는 화를 폭발시켰다. 그녀는 미인이야, 그는 소리질렀다. 그녀뿐이 아니야, 통일교 회원의 모든 여자가 나를 갖고 싶어해! 나는 눈뜬 가장 좋은 여자와 하는 거야. 너에게 보여줄 테야. 나는 아연실색했다.

이것이 메시아의 아들이라고 주장하고 있는 사내람? 수년 전 통일교의 예배시간에 강단에 우뚝 서서 축복의 신성함에 대하여 설교한 남자였다. "만약 당신들이 방종하여 타락한 육욕에 빠지면 여러분은 어떻게 메시아와 결합할 수 있을까요? 여러분은 할 수 없이 그렇기 때문에 희생의 개념을 넘어 폭넓은 지지를 받게 되는 것이다"라고 그는 벨베티아의 일요 아침의 집회에서 말했었다.

"만약 아버님이 여러분에게 이 방에서 나가 술집에 가 술 취해서 창부들이 있는 곳으로 가, 그녀들 사이에 있어라 하신다면 당신들은 거기서 만나리라고 예측하고 있던 유혹, 또는 예측하고 있지 않던 유혹에서 이겨낼 수 있을 정도로 강한가? 그 정도로 아버님을 사랑하고 있는가? 여러분은 여러분의 순결과 완전성을 지킬 수 있는가? 정말 그렇게 할 수 있는가? 사람을 개선시키기 위해 구오 같은 환경에 살게 한다는 것은 그 목적과 이유가 될 것이다. 그런데 여자에 대한 유혹, 아름다운 여자를 바라보는 유혹에서 현명한 결정을 내릴 당신의 능력이 점차 약해져 가는 터에 술에 취하는 유혹을 이겨내기에 충분할 정도로 당신들은 아버님을 잘 알고 있는가? 그 상황 하에서 당신들은 아버님을 사수할 수 있는가? 당신들은 어떤 상황에 처해져도 아버님을 저버리지 않을 수 있을 정도로 충분히 강한가?" 라고 말했다.

나는 알아차렸다. 문효진이 이 같은 질문을 던진 것은 그 상대가 회원이 아니라 자기 자신이었다고 하는 것을, 그런데 그에 대한 답은 아니요? 이었던 것을 나는 안다. 효진은 그의 인생을 규정지은 패턴을 추적하여 통일교에서 죄악의 부정에 대한 책임을 지는 것을 거부했다.

그는 나에게 통일교가 금하는 성적 행위는 자기에게는 적용되지 않는다고 말했다. 나중에 안 사실이지만 아니나 다를까 자기 측근 자에게도 그렇게 말하고 있었다.

아버님(문 교주)도 불의를 행했다. 자신도 메시아의 아들로서 그렇게 해도 그의 성관계는 섭리 즉, 신으로부터 정해진 것이다. 후에 나에게 다음과 같은 편지를 보내왔다. 효진의 말 인즉, 나에게는 무엇이 허락되어 있는지 알고 있어 라고 했다. 나도 그와 같이 타락하고 있는 것, 그는 그것을 나에게 비치지도 않았다. 나는 마데렌으로부터 아버님(문 교주)이 어머님 이외의 여성과 관계를 갖고 아들이 하나 태어났다는 얘기도 들었다. 사실은 나중에 효진과 문 교주로부터 사실이라는 말을 듣고 알게 되었다.

그것이 정말인지 그리고 어떤 의미가 있는지 우리는 서로 이야기하였다. 아버님(문 교주)의 순결함에 의문을 가진 적은 없었다. 하지만 내가 참가정의 내부에는 하나님의 섭리대로 움직이는 일들이 많이 있어서 나는 그것을 이해도 비판도 할 수 없다고 확신하고 있었다.

나는 효진의 주장을 직접 문 교주 처 한학자(참 어머니)에게 고했다. 그녀는 대노하면서 동시에 눈물을 흘렸다. 그녀는 나에게 말했다. 이와 같은 고통은 자기로서 마지막이며 그것이 다음 세대에는 결코 전해지지 않기를 원해라고 말했다. 이 사실에 대해 그녀는 오히려 나에게 묻고 있는 터였다.

참 아버님(문 교주, 재림예수)이라 하는 이 남편(문선명, 재림예수)의 바람 끼 때문에 당한 고통을 알고 있는 자는 없으리라.

나는 깜짝 놀랐다. 우리는 벌써 여러 해 동안 문 교주의 혼외 정사로 태어난 자녀가 있다는 소문을 듣고 있었는데, 참 어머님(문 교주 처)을 통하여 그 소문이 사실이었다는 것을 확인하고 있었다.

나는 한학자에게 효진 자신이 그 누구하고라도 동침(섹스) 하는 것은 하나님의 섭리이며 문 교주와 마찬가지로 영감이 내린 것이라고 주장한다고 말을 했다.

한학자는, 아니다. 아버님(문 교주)은 메시아이다.

효진은 다르다. 아버님이 하신 것은 신의 계획이다.

문 교주의 부정행위(섹스)는 그녀가 참 어머님이 되기 위해 맡아야 했던 고통스런 노정의 일부였다.

효진에게는 바람 끼를 허용할 아무런 이유가 없다고 그녀는 말했다. 문 교주 부인이 효진의 주장을 문 교주에게 말하자, 문 교주는 나를 자기 방으로 불렀다. 문 교주는 거듭 말하기를 나의 과거에 일어난 일들은 신의 섭리이다. 그것은 효진과는 아무런 관계가 없다. 라고 말했다. 문 교주로부터 이 사실을 직접 대하고 나서 나는 당황했다. 혼란스러웠다. 만약 한학자가 참어머니라면 또 문 교주가 지상에 있어서의 완벽한 파트너를 발견했다면 그의 부정은 신학적으로는 어떻게 정당화 되는 것일까? 물론 나는 이것에 대하여 묻지는 않았다.

이제 효진은 모든 행동에 반동이 있을 것이고 나쁜 행동을 취할 때마다 이 결과에 직면하지 않으면 안 된다는 것을 알게 된 것이다. 나는 문 교주 부부로부터 아니콜을 쫓아내라는 허락을 받았다. 그러나 먼저 그녀에게 진실을 말할 기회를 주었다. 나는 아니콜에게 자신의 남편 그리고 신에 대한 그녀의 행위를 시인하게 하고 싶었다. 그녀는 참 부모님(문 교주)의 이름 하에 맹세했다. 자기와 효진은 아무 나쁜 짓을 하지 않았다고 말했다.

맨해튼에서 추방된 뒤, 그녀는 맨해튼 주의 양친의 집에서 나에게 편지를 써 왔다. 그녀의 남편은 아들을 데리고 일본으로 돌아가 버렸다. 그는 이혼을 바라고 있다. 지금 나는 당신의 아픔, 고뇌, 눈물을 보게 되었습니다. 라고 그녀는 돌연 죄를 깊이 뉘우치고 있다며 나의 용서를 빌어 왔다. 그녀는 그 후에도 몇 번이나 편지를 보내어 내 남편과의 성생활을 필요 이상으로 상세히 적어 자기 행동에 대한 책임을 받아들인다고 고백하였다.

통일교의 달력에는 성탄절(동방박사가 예수의 탄생을 알리려고 베들레헴으로 내방한 것을 축하하는 그리스도교의 축일, 통일교에서는 12월 25일 예수 성탄일을 인정치 않고 축하하지 않는다)이 없다.

그러나 내 자신의 성탄일은 1995년 1월, 어느 날에 찾아왔다. 나의 해방의 씨는 그 전 해의 가을, 효진의 바람 끼 소동과 통일교 회원들의 면전에서 드럭 사용을 과시 하였을 때 뿌려지고 있었다. 추운 1월 중순 쯤의 어느 날, 나는 그 때까지 책에서만 알고 있었던 그 계시의 순간을 체험했다. 효진은 그날 밤 빠에 출타하기 위하여 옷을 입고 있는 참이었다. 이 수 개월 간에 생긴 일도 그의 습관성은 조금도 개선되지 않고 있었다.

나는 침실 의자에서 그가 큰 거울 앞에서 전신을 비춰보고 있는 것을 보고 있었다. 그는 언제나 자부심과 자만심이 강했었다. 그러나 그가 셔츠를 바지 안에 구겨 넣으며 머리를 빗고 있는 깃을 보고 있을 때 나는 결혼생활에서 처음으로 체험하는 무관심을 느꼈다. 혐오감조차 꺼지고 있었다.

하늘로부터의 음성도 눈부신 광채도 없었다. 나는 그저 알았다. 신은 내가 이 이상 더 머무르기를 원하시지 않으셨다.

남편인 문효진을 신은 저버리셨다. 나는 자유로이 나가도 되는 것이다. 나는 행복감에 사로 잡혔다. 효진에 대한 측은함을 느낄 뿐이었다. 그는 방황하는 영혼, 정의와 악의 개념을 지니지 못하며 신에 대해 진정한 이해도 하고 있지 못했다.

학대 받아온 여자에게 결심에서 행동까지의 과정은 길었다. 우리들의 대부분은 그 길을 혼자서는 갈 수 없다. 나에게 있어서 혼자서 가지 않아도 되었던 것은 행운이었다. 마데렌 프레트 류스는 거의 나를 알지 못하고 있었다. 그녀는 효진의 밑에서 3년간 일하고 있었다. 그녀는 생각지도 않은 나의 편이었다. 그 해 겨울 그녀는 낮에는 오피스에서 효진이가 나에 대해 불평하는 것을 들으며 시간을 보냈고, 밤에는 내가 그에 대해 불평을 털어놓는 것을 듣고 지냈다. 그녀는 메시아의 신성한 아들에 대한 충성심과 우리 둘만이 아는 아주 인간답지 못한 일이 더러운 남자의 인식 사이에서 어쩔 줄을 모르고 있었다.

효진이 빠에서 그녀 머리에 재떨이를 던졌던 일을 잊질 않았다. 또 그가 그녀에게 던진 꽃병이 그녀 의자 위의 벽에 맞아 깨지는 바람에 그녀의 온 몸이 흠뻑 젖게 된 일도 잊지 않았다. 마데렌은 가족 이외의 사람으로서 내가 자신의 감정을 말할 수 있었던 최초의 사람이었다. 가족에게조차 나는 내 일에 관해 밝히기 보다는 늘 숨겨왔다. 자신의 아이들이랑 내 자신이 참아야 할 극심한 학대를 가족에게 알려서 마음을 상하게 하고 싶지 않았다.

마데렌은 내가 한 번도 알지 못했던 인내와 관심을 가지고 귀를 기울여 주었다. 나는 진정한 친구를 나의 생애에서 가져 본 적이 없었다. 처음 수개월 내가 그녀의 친구라고 할 수는 없었다. 하지만 그녀는 분명 내 친구였다. 내가 참 가정의 비공식 일원으로 행동하는 것을 중지하고 그녀가 통일교의 예속적인 회원으로서 행동하는 것을 끝낼 때까지는 긴 시간이 걸렸다. 그러나 처음부터 나는 평등한 자간의 사이에 표리가 없는 관계가 어떤 것인가에 대하여 눈여겨 볼 수가 있었다.

그 무렵, 마데렌 자신도 개인적인 위험을 경험하고 있었다. 그녀는 통일교를 통해서 오스트레일리아인과 맺어져 결혼하였다. 그녀는 그를 좋아했지만 그가 귀향을 결정했을 때 함께 가고 싶진 않았다. 그녀는 마음을 정하기 위해 갈등하고 있었다. 이혼은 인간의 창조이고, 축복은 영원이다. 통일교 회원은 사람은 사후에도 지상에서 결혼한 그대로라고 믿고 있다. 효진이가 그녀에게 이혼을 권했던 것은 마데렌에게 맨해튼 센터에서 일을 계속하게 할 셈으로 그 자신의 이익이 그의 신앙적 중심적 사상이 통일교에 대한 헌신보다 강한 것을 분명하게 하기 위함이었다.

그녀가 시련을 뛰어 넘었다라고 말하는 편이 맞을 것 같다. 그렇지만 나는 나 자신의 문제에 칭칭 얽매어 우정의 경험이 너무도 결여되어 있었기 때문에 우정이 갖는 상호적인 성격을 진정 이해하지 못했었다. 내가 그녀에게 보답할 수 있는 기대는 전혀 없는데도 마데렌이 기꺼이 도와준 것은 그녀의 친절함이 얼마나 컸었는지를 알 수 있게 했다. 마데렌은 자신의 생활문제로 몇 가지 결정지을 것 때문에 1개월간 남아프리카의 집으로 돌아가 있었다.

그녀가 되돌아 왔을 때 그녀는 나에게 이혼 준비 중이라고 했고, 나는 나대로 효진의 곁을 떠날 것이라고 말했다.

이제 한 번 결심한 이상 다음은 시간문제였다. 그렇지만 나는 내 자신이 그 말을 입 밖으로 내고 있는 것에 놀랐다. 마데렌과 나는 효진에게 발각되지 않도록 이스트 가든의 저택 지하의 세탁실에서 이야기하고 있었다. 그는 너무도 소유욕이 강해 지배적이어서 내가 참 가정의 누구와 친하게 될 듯이 보이면 언제나 화를 폭발시켰다.

그녀와 이야기하면서 나는 울기 시작했다. 그것이 그녀에게는 어렵기 그지없는 일인 것은 알고 있었지만 헤어진 뒤에도 연락을 갖고 싶다고 말했다. 마데렌은 나의 결심을 슬퍼했지만 놀라지는 않았다. 그녀는 이 같은 사실을 효진에게 전해서 그를 일깨워 그가 무엇을 상실

하게 될는지를 깨닫고 돌이킬 수 있게 했으면 하는 생각을 하고 있는
듯 했다. 하지만 그렇게 하지 않을 것이라고 생각했다. 왜냐하면 자기
가 그렇게 해도 그가 또 당신을 때리든지 아니면 다시 한 번 마음을
고쳐먹겠다고 거짓 약속을 하든지 할 뿐일 것을 알고 있기 때문이다.
우리는 둘 다 나의 결혼은 구원받을 수 없는 것이라고 알고 있었다.

하나님이 효진의 마음을 바꾸어 놓던가 아니면 문 교주가 자신의
가정 내에서 얼마 간의 교육적 지도력을 발휘할 것을 믿어보자고 했
다. 그렇지만 나는 지금까지 몇 번을 속았던 것이다. 기대는 언제나
배신으로 돌아왔다. 나는 지금 종착점에 와 있다.

그 해 봄, 효진의 행동은 우울해질 뿐이었다. 문 교주는 그가 알콜,
마약 중독에서 바로 되기까지 2년간 맨해튼 센터로 되돌아올 것을 금
지했다. 효진은 맨해튼 센터에 전화를 걸어 센터에 가서 모든 기재를
짓부셔 놓겠다고 위협했다. 물론 그는 여전히 급료를 받고 있었다. 회
사는 사원에게 아무런 진료 보험에 들어 있지 않았음에도 불구하고
문 교주 부부는 그것을 진료 수당이라고 불렀다.

그 동안 효진은 알콜과 마약 중독을 치유하기 위하여 아무런 행동
도 취하지 않았다. 달라진 것이 있다면 더 많은 시간을 자기 방에 틀
어박혀 지냈고 코카인을 흡입하고 술 마시는 일이었다. 그는 장남인
신길에게 냉장고에서 가루를 갖고 오게 하여 자신의 방에 들어가 자
물쇠를 걸고 있었다. 아이들을 위해서도 더 이상 이 환경에 머물러 있
을 수 없다는 것은 알고 있었다.

더 이상 참을 수 없게 된 것은 참 부모님(문 교주)이 다음과 같은
말을 했기 때문이다. 자신들은 다시금 효진을 맨해튼 센터로 복직시
키려 한다. 그는 이스트 가든에서 지루해 하며 창조적인 일을 필요로
하고 있었다. 효진은 나에게 맨해튼 센터에 되돌아 와 제일 먼저 실행

할 계획은 퀸즈의 구락부에서 손님을 접대하고 있는 코리안 구락부의 호스테스를 세계적인 인기 가수로 키우는 것이라고 말했다. 나는 알고 있었다. 문 교주 부부는 대단한 잘못을 저지르려 하고 있다. 효진의 상태를 지금까지 보다 더 이상으로 나쁘게 할 수 있는 맨해튼 센터 복직은 그가 술을 마시고 코카인 흡입 기회를 더 해 줄 뿐이었다. 코리안 빠의 호스테스에 대한 그의 진짜 의도는 나 나름대로의 의심을 갖게 했다.

그러나 문 교주 부부는 내 말을 들으려 하지 않는다. 4월, 문 교주 부부는 걱정하는 회원들의 의견을 듣지 않으면 안 되었다. 그들은 효진의 복직에 항의하는 편지를 써왔다.

진정 사랑하는 참 부모님

맨해튼 센터 전 사원의 이름으로 우리들 지도자와 각 부장은 효진님을 지지하고 지켜 그가 그 역사적 책임을 완수하는 것을 돕는 환경을 만드는데 있어서 우리의 무력함을 뉘우치며 삼가 두 분께 말씀 올립니다.

우리들은 이 위급한 때에 참부모님께 우리들의 의지와 충성을 표명하고 다음과 같은 의중을 전하고자 희망합니다.

1. 우리들이 가장 원하는 것은 맨해튼 센터가 하나님과 참부모님 (문 교주) 그리고 세계 통일 운동에 필요하고 완전하게 요구되어 사용될 수 있는 장소인 것을 확실하게 하는 일입니다.

2. 그 때문에 우리들은 참부모님의 전통을 지지하고 맨해튼 센터에 있어서의 사명에 참가하고 있는 전원이 생활을 이끌어가는 지도력으로서 그 규범을 유지하고 구체화할 것을 절대적으로 서약합니다. 우리들은 또 맨해튼 센터를 참부모님의 보다 위대한 시야와 결부시키는

것으로써만 우리들의 노력이 무언가의 가치를 지니는 것으로 인식합니다.

3. 이 같은 것을 기본으로 하여 우리들은 효진 님에게 우리의 사랑하는 마음과 그 입장과 책임을 다 하는 것을 지지하며 도움 드리고 싶다는 희망을 표명하고 생각하는 바입니다.

4. 따라서 이 마음을 기본삼아 우리는 맨해튼 센터가 효진 님이 당신의 문제를 악화시키기 위하여 사용할 수 있는 장소가 되는 것을 절대로 바라지 않습니다. 우리는 그가 맨해튼 센터를 그 자신과 회원의 영적생활, 증대해 가는 사업, 그리고 통일교의 평판과 토대에 큰 해를 미치게 할 뿐 그 어떤 형태로든 사용하는 위협에 그를 빠뜨리는 일이 없도록 완전히 할 것을 확신하고 싶습니다.

5. 그러므로 우리들은 우리의 참 부모님이 효진 님에 대하여 취할 수 있는 여러 가지 결정을 지지하려 합니다. 그러나 맨해튼 센터의 지도자로서 운영에 있어서 신의 규범을 진정시키게 될 때까지 여기에서 책임있는 지위에 복직하게 되는 일이 없도록 삼가 소원 드리옵니다.

6. 참부모님, 우리는 이 사실을 두 분께 밝히 말씀드려야 하는 무거운 마음을 슬퍼하면서 이 말씀을 삼가 올립니다. 그렇지만 우리는 이와 같은 조치가 효진 님의 건강과 참 부모님의 전 세계적 규모인 통일교의 계속적 확립에서 절대적으로 필요함을 확인하면서 하나로 단결되어 있습니다.

7. 우리는 또 맨해튼 센터와 참부모님의 사이에 절대적인 기반으로서 난숙 님의 참된 리더쉽에 충심으로 감사를 표명하고 싶습니다. 그녀는 맨해튼 센터에 하나님의 뜻과 참부모님의 규범을 갖도록 하기 위하여 피곤한 줄 모르고 일하고 있습니다.

편지는 효진을 격노케 했고 그것은 곧 나와의 불화로 이어졌다. 효진은 지위를 잃어버린 것으로 나를 비난했다.

그는 나를 자기 방에까지 질질 끌고 갔다. 그리고 나의 립스틱을 집어 들고는 내 얼굴에다 온통「바보」라고 갈겨썼다. 다른 때는 비타민제가 들어 있는 병을 내게 던지기도 하였는데 그것이 내 머리에 명중했다. 출산 후 내가 얼마나 감기에 잘 걸리게 되는 것을 잘 알면서.

한 번은 나를 침대 옆에 나체로 세워 놓고 공격했다. 나는 그에게 이제 더는 때리지 말아 달라고 애원했다.

그는 나에게 선택하라고 한다. 맞겠는가? 아니면 침을 뱉어줄까? 그는 나를 주먹으로 치면서 즐기는 이상으로 침을 뱉으며 나에게 주는 굴욕을 즐기고 있었다.

문 교주 부부는 효진과 내가 궐 밖에서 사는 것이 어떻겠느냐고 제안해 왔다. 효진은 이에 답하기를「이스트 가든」밖에서 나에게 적합한 사업은 창부뿐인 것이라고 지적했다.

이 남자와는 어디서든 더는 어떤 상황 속에서도 함께 살 수 없다고 깨달았다. 6월에 나는 몰래 짐을 꾸리기 시작했다.

오빠가 전화로 아사츄세츠의 자택 맞은 편에 집 한 채를 팔려고 내놓았다는 이야기를 해왔다. 나는 진정 정색하고 도망칠 생각을 하고 있었다. 그런데 나는 혼자가 아니었다. 가까이에 가족이 있었다. 나는 아이들의 대학 학비로 저축해 둔 투자신탁이랑 맨해튼 센터 시절에 저축할 수 있었던 돈을 현금화 했다.

오빠 부부는 이미 내가 지금 가려고 하는 곳에 있었다. 2년 전 올케는 통일교와 그녀의 양친(자칭 참부모인 문 교주 부부)과 최종적으로 인연을 끊은 상태였다. 그녀는「이스트 가든」에 와서 가족에 대한 불만을 호소하며 양친 (문 교주 부부)과 대결하여 모친과 한바탕 다투고 집을 나가 두 번 다시 돌아오지 않았다.

통일교는 올케가「참 가정」과 헤어져 살고 있는 것은 남편이 하버드 대학에서의 공부를 끝마치기 위함이라고 변명하고 있었다. 이것은 반은 진실이었다. 오빠는 공부를 계속하고 있었는데 올케는 자기의 양친과는 말도 하지 않고 그들로부터 아무런 금전적인 후원도 받고 있지 않았다.

나의 양친도 통일교를 떠나 있었다. 이렇듯 가족 중에서 보다 가까운 사람들이 위험한 길 밖에 있는 것이 나로 하여금 탈출하는 일을 쉽게 해 주었다. 나의 배신에 의하여 문 일가로부터 벌 받는 홍 씨가의 인간은 아무도 남겨지지 않는다. 법적으로 어디서부터 손을 대야 할지 나는 몰랐다. 최초로 생각난 것은 전화번호 책에서 「변호사」난을 찾는 일이었다. 여기서도 오빠가 나를 도와 뉴욕의 법률가 쪽으로 눈을 돌리게 해 주었다.

나는 맨해튼의 회사 고문 변호사 하바드 로즈텔과 만났다. 그의 사업 중에서는 눈을 뜬 칼트 신자나 그 가족에의 도움이 있었다. 로즈텔은 63세로 몸집이 큰 대머리가 되어가는 곰 같은 남자로 아메리카파미리 화운데이션(A.F.F)의 회장이었다. 이 단체는 과격한 종교단체의 위험성에 대해 대중을 교육하려 하고 있는 변호사나 회사 중역 전문직의 모임이었다. 나에게는 누군가 통일교에 위협받는 일이 없는 자유로운 사람이 곁에 필요했다.

여름 동안 내내 나는 도망할 방법을 오빠와 마데렌에게 의논했다. 만약 계획을 들키게 된다면 효진에게 저지받을 것이 분명하므로 두려움이 앞서고 있었다.

그는 몇 번이나 나에게 죽인다고 위협하고 있었다. 그리고 침실에는 그야 말로 진짜 무기고가 있으니까 나는 그에게는 그것도 가능하다고 알고 있었다. 나와 아이들의 안전이 걱정이 되었다. 어느 날 밤 저택의 키친에서 마데렌과 내가 차를 마시고 있는 것을 효진이 발견했을 때 두려움이 공연한 것이 아니라는 것이 확인되었다. 그가 화가 난 듯 그녀에게 나가라고 말하고 나에게는 2층으로 가자고 명한다.
　그는 만약 마데렌과 계속 만나면 네 손가락을 하나 하나 꺾어줄 것이라고 말했다. 다음 날, 나는 경찰서에 가서 그의 협박을 신고했다.
　나의 친부모는 나의 계획을 지지해 주었다. 우리들은 귀중한 인생을 뼛속까지 썩어 문드러진 대의에 바치며 살아왔던 것이다. 나는 만약 지금 나가지 못하면 다시는 이 선택이 가능하게 될 수 없을뿐더러 더는 살아갈 수 없을 지도 모른다고 생각했다. 이제 더 이상 매 맞고 협박당하고 갇혀 있지만 않을 것을 결심했다.
　친부모는 내가 어느 정도 생명의 위협에 노출되어 있는지는 알지 못하고 있었지만 또 하나의 딸을 통일교의 희생물로 삼고 싶지는 않았다. 나의 여동생 충숙은 문 교주 손에서 마음에 맞지 않는 남자와 결혼하였다. 그것은 어느「축복 가정」(합동결혼)의 아들인데 나의 양친은 그 부부를 존경하고 있지 않았다. 문 교주는 양친에게서 감지된 불충에 대하여 그들을 벌주기 위하여 일부러 의도적으로 결합시켰던 것이다.
　충숙은 착한 아이였다. 그녀는 내가 갖고 있는 완고함이나 반항심을 조금도 보이지 않았다. 첼리스트에서 서울 대학의 우수한 학생이었다. 어머니는 충숙의 운명에 마음 아파했다. 엄마는 공손하게 결혼 의상과 신랑 집에 줄 선물을 샀으나 마음은 무거웠다. 엄마는 그렇게 하도록 내버려 둘 수는 없었다. 종교의식 후 충숙과 그 약혼자가 법적으로 결혼하기 전에 양친은 그녀를 미국에 유학시켰다. 또 메사추세츠에서 내가 도착하는 것을 기다리고 있었다. 이제 충숙은 문 교주가 그녀를 위하여 택해 준 한국의 남편에게로 돌아가지 않을 것이다.
　남은 일은 단 하나 아이들에게 함께 나갈 것인지 어떻게 할 것인지를 묻는 것 만이 남아 있었다. 마음 속으로는 알고 있었다. 그들이 싫다고 하면 나갈 수 없겠지? 이 아이들을 어떻게 내가 포기할 수 있을까? 그들과 다시는 만나지 못하는 위험을 모험하다니 어떻게 내가 그렇게 할 수 있을까? 그들을 문 교주 집안 사람으로 운명지어 준다는 것이 어떻게 내가 할 수 있는 일일까? 나는 아이들에게 나의 계획을 말하고 숨을 죽였다. 이럴 수가, 아이들은 흥분한 강아지처럼 마냥 즐거운 비명을 질렀다.

친구들, 그리고 너무도 좋아하는 사촌들에게 안녕이란 한 마디 말도 못하고 행동해야 할 것을 알고 있음에도 불구하고 아이들 중 누구 하나 가족 안에서나 밖에서도 우리의 계획을 새나가게 하지 않았다. 그들은 엄마가 무엇을 모험하려는 것인지를 알고 있었다. 그들은 아버지 방의 총을 목격했던 것이다. 그리고 그들은 효진이 나를 때릴 때의 위협과 욕설을 듣고 있었던 것이다.

나는 출발할 날을 정했다. 하지만 나의 선택을 인도해주신 이는 하나님이셨다.

문 교주는 외국에 나가 있었고 인진과 그의 가족은 「이스트 가든」을 떠나 있었다. 베이비시터는 짐꾸리고 있는 것을 소곤소곤 이야기하여 경비원은 내가 가구를 「이스트 가든」에서 운반해 내는 것을 보고 있었다. 그렇지만 아무도 문 교주 부부나 그 중요한 측근들에게 발설하지 않았다. 나는 겁을 먹고 있었지만 하나님이 나와 아이들을 위하여 「이스트 가든」에서 나가는 길을 열어 놓으시고 우리를 지켜주셨다는 것을 나는 알고 있었다.

예정된 탈출, 바로 전날 밤, 오빠가 가까운 모텔에서 전화를 걸어와 다음 날 아침 일찍 약속 장소에서 기다리고 있겠다고 했다. "이것은 모두 네가 하는 대로 될 것이다." 오빠의 이 말에 나는 덧붙여 말했다.

그리고 하나님께서 하시는 대로에요!

제9절 새로운 인생으로의 여행

    내 아이들이 바라는 것은 우리들 소유의 작은 집 뿐이었다. 아이들의 소원대로 그것을 손에 넣었다. 우리는 매사추세츠 주 레기시톤의 평범한 지구에 있는 아주 격차가 나는 지방에 지어진 작은 집으로 이사했다. 레기시톤은 미국 독립혁명 시초의 땅이다. 그곳은 나의 새로운 인생을 시작하기에는 안성맞춤의 장소라고 생각했다.
    혁명전쟁 당시의 민병의 초상이 녹색 거리를 내려다보고 있다. 나 또한 그와 같이 압제자로부터의 독립을 선언했다. 그러나 안전 없이는 자유 또한 존재하지 못한다. 변호사의 권유로 매사추세츠 주에 도착 후 처음으로 한 일은 효진이가 나와 어떤 접촉도 할 수 없도록 금하기 위한 보호 명령을 재판소에 신청하는 것이었다. 나에게는 그가 눈을 뜨고 우리가 없다는 것을 알아차렸을 때 화낼 것이 상상된다. 그에게 우리를 찾으려 하는 마음을 단념시키기 위하여 자신이 할 수 있는 것은 해 두고 싶었다.
    매사추세츠 주 검인 재판소에 제출한 선서 공술서에서 나는 이것이 전형적인 가정 내 폭력 사건은 아닌 것을 설명하려 했다. 나는 나의 남편뿐만 아니라 그를 지키고 있는 강력한 칼트도 두려워하고 있다. 어떤 회원도 통일교에서 탈퇴하려 시도한다면 대단한 저항과 마주친다. 문 교주는 과연 그가 보유하던 자들인 며느리와 다섯 손자를「이스트 가든」의 철문 안에 되돌려오기 위하여 어떤 반응을 보일까? 법적 수속의 과정을 생각하면 나를 두렵게 하지만 이 두려움은 오빠의 도움을 받아서 의뢰한 로스튼 변호사들에 의하여 관리되었다. 아이리서 데트메야는 특히 믿음직했다. 모름지기 그녀는 여성이고 동정심이 많은 사람이었기 때문이리라. 그녀는 이제 겨우 한숨 돌린 나에게 안전하다고 느끼게 해 주었다.

재판소는 남편과 통일교와 접촉을 시도하려는 모든 것을 저지하기 위하여 나의 새 주소를 비공개적으로 하였다. 그러나 그것은 시간문제일 것이다. 그들이 나를 찾아내는 데는 많은 시간이 걸리지 않을 것이다.

재판소의 명령은 단지 종이 쪽지에 지나지 않는다는 것을 알고 있었다. 그렇지만 문 교주 부부에게 나의 아들을 완력으로 뺏으려하는 것을 막을 방법은 충분할 것이라고 생각했다. 내 경우와 똑 같은 상황은 아닐지라도 아이들의 유괴를 수반하는 이혼 소송은 많이 있다.

캠브리지의 초라한 법정에 서서 나는 칠이 거의 다 벗겨진 낡은 의자를 보고 있었다. 나의 눈은 미국 국기를 발견했다. 미국에 있는 것을 하나님께 감사했다. 저 국기가 나를 보호해 주고 있다. 이 나라에 불법으로 입국하여 아직 시민도 아닌 한국 여성인 나를 생각했다. 문교주의 모든 죄 가운데서 미국에 대한 그의 공격이 더욱 비열하다. 그는 유복하고 강력하였다. 나는 그 어느 쪽도 아니었지만 이 국기 앞에서는 평등하였다. 그 여름 날의 합중국은 자유를 의미한다. 성조기는 내가 이제까지 보아온 중에서 가장 아름다운 광경이었다.

마데렌이 나를 도왔다. 차에서 짐을 내리는 것을 도왔던 마데렌은 의심받을까 두려워 곧 뉴욕 맨해튼 센터의 일터로 되돌아갔다. 효진은 우리들이 도망 나오는 일에 공을 세운 그녀가 함께 했다는 것을 알아차리지 못했다. 그는 그녀에게 매일 전화하여 나로부터 연락은 없었느냐고 물어왔다. 나를 찾기 위해 맨해튼 센터의 돈으로 사립탐정을 고용하도록 그녀에게 명했다. 이 명령을 그녀는 무시했다. 수일이 지나도 내가 돌아오지 않고 연락도 하지 않았을 때 마데렌에 대한 효진의 요구는 그 방향을 바꿨다.

　마데렌이 녹음을 해 둔 전화 통화에서 효진은 그녀에게 그락 코카인을 얼마간 손에 넣을 수 있는 충분한 돈을 가지고 하렙의 125번가와 리파사이드 드랍의 모퉁이에서 만나도록 말하고 있었다. 효진은 "나는 오직 이 감정을 지우고 싶어. 그저 그락을 하고 싶을 뿐이다. 적어도 그렇게 하고 있을 때 나는 다른 염려없이 그 안에만 몰두할 수 있다. 마데렌은 유감이지만, 나는 달리 방법이 없어. 나는 이 기분을 어떻게 할 수가 없단 말이야…. 다른 아무에게도 부탁하고 싶지 않아. 놔줘 마데렌 나를 위해 이것만 해줘. 부탁 한다…. 아무것도 잃어버릴 것은 없다. 마데렌 알았나?"라고 하고 있었다.

　다음 날 마데렌은 효진을 차로 공항까지 데려가 마약 중독을 치료하기 위하여 플로리다의 웨스트 밤비치에 있는 헤이제루턴 구리닉에 보내줬다. 그는 도중 마데렌에게 나를 찾으면 나에게 가할 고문을 자세히 써서 들려줬다.

　어떻게 그녀의 껍질을 벗기느냐. 어떻게 그녀의 발톱, 손톱을 뽑을까?

　그는 그것을 눈에 선하게 그려내고 있었다. 내가 그를 두려워할 충분한 이유가 그려져 있었다. 헤이제루턴에서는 수 일밖에 지속되지 못했다. 효진의 비협력적인 태도를 이유로 의사는 곧 나가라고 지시했다. 문 교주 부부는 다음에는 그를 켈리포니아의 베티허드 클리닉에 보냈고, 그곳의 중독치료 프로그램을 1개월 이상 받았다.

　문효진과 양친에게 그의 알콜과 코카인 중독을 치료하기 위해서는 아내와 아이들을 떼어놓을 필요가 있었다. 나에게는 그들이 이것으로 내 마음이 유화될 것을 기대하고 있다는 것을 알고 있었다. 그렇지만 나는 효진을 너무 잘 알고 있다. 그는 자기 양친을 누그러뜨리기 위해서는 무엇이든 하겠지. 그러나 구속주가 그에게 어떤 금주, 단주 명령이 떨어졌다 해도「이스트 가든」에 돌아오기가 무섭게 그 결심이 유지되리라고는 생각할 수 없는 일이다.

한편 나와 아이들은 우리들의 새로운 자유를 만끽하고 있었다.

우리들의 집은 좁고 잠자는 곳도 옹색했지만 우리는 문 교주 부부의 그림자, 그 영향권에서 빠져나와 모두 함께였다. 특히 부엌은 좁았다. 나는 요리할 줄을 몰랐지만 그것은 그리 긴급한 문제는 아니었다. 식사 준비는 한 번도 배워보지 못했다.「이스트 가든」의 직원이 14년간 계속해서 수많은 가사일과 나의 일상생활의 모든 필요를 채워주었기 때문이다.

셰프, 세탁인, 가정부, 미용사, 아이 소개, 배관공, 목수, 자동차, 수리공, 정전사, 전기공, 정원사, 치의사, 의사, 그리고 10명이나 되는 경비원들이 부르면 언제라도 오게끔 대기하고 있었다. 나는 식기 세탁기의 사용법도, 잔디 깎는 일도, 세탁기 돌리는 일도 몰랐었다. 처음으로 도이레가 넘쳤을 때는 파닉상태에서 뉴욕 마데렌에게 전화를 걸기도 했었다. 나에게 있어서 이 모든 것에 적응하기는 쉬운 일이 아니었지만 태어나면서부터 왕자, 왕녀같이 대우받던 아이들에게 있어서는 더욱 그러했다.

메이드에 익숙해진 아이들은 자기 의복을 걸고 먼지를 쓸어내고 자기 방을 청소하는 것은 간단한 일이 아니었다. 그렇지만 아이들은 그것을 했다. 그들은 침실을 공동으로 사용하는 것을 배우고 단 하나뿐인 화장실을 사용하는데도 순번을 잘 기다렸다. 벌써 동료들 중에서 윗자리에서「참 가정」의 일원이 아니고 그들은 평등이라는 그 생활의 새로운 현실에 적응하여 동등함을 아는 위치에서 친구를 만들기 시작했다.

나에게는 그들이 뉴욕에서 다니고 있던 사립학교에 보낼 만한 돈도 없었고, 그만 둘 생각조차 할 수 없었다. 전년의 그들의 학비는 총계 5만 6천 달러에 오르고 있었다. 만약 내가 아이들을 현실 세계에서 키울 바엔 공립학교 이상으로 좋은 스타트점이 또 있을까? 렉신톤은 보스턴 서쪽 쾌적한 교외 도시로서 뛰어난 교육 시스템이 있다. 나는 그것에 대해 감사히 생각했다. 아이들과 나는 자급자족하기 위하여 함께 허둥지둥 걸어가야 했다.

우리에게는 새로 배워야 할 일들이 너무나 많았다. 하지만 우리는 외롭지 않았다. 여동생과 오빠 네 가정이 우리를 도와 힘이 돼 주었다. 그들이 곁에 있었기에 우리가 새로운 생활을 출발할 때 두렵지 않았다. 아이들에게는 사촌들이 있어서 좋았고 나에게는 내가 가고자 하는 험난하고 위험한 여행을 이해해 주는 어른들이 있었기에 위로가 되었다. 이제 나는 친절한 이웃들과 차를 마시고 담소를 나누면서 불면증을 유발하던 걱정거리에서 자유로워지고 있었다.

나는 탈출 시기를 될 수 있는 대로 신 학년 초와 맞추기로 설정했다. 아이들이 친구를 반가워 해주리라는 것을 잘 알고 있었고, 그들이 될 수 있는 한 빨리 새로운 친구를 만들 수 있다면 좋겠다고 바라고 있었다. 9월에 큰 딸을 7학년 생으로 입학시켰다. 아이들 중에서 처음으로 중학교에 다니게 된 것이다. 그 아이는 가장 연장이어서 독립심도 강했었다. 그 아이라면 공부도 교제도 잘 할 수 있으리라고 믿고 있었다. 다른 아이들은 전부 같은 지구의 소학교에 다녔다. 나는 집에서 어린 아이 뒷바라지에 바빴다. 학교 선생님으로부터 까다로운 질문을 해 오는 일은 거의 없었다. 집에서도 아이들이 즐거워하는 모습을 보고 있었다.

뉴욕에서 아이들 아빠는 아이들의 생활에 거의 관심이 없었다. 그런데 메사추세츠의 생활에서는 그와 그의 습관적인 일체의 학대가 없이 아이들이 안심하고 생활할 수 있었다. 그것이 정상이었다. 큰 딸은 본 고장의 악단과 플룻을 연주했다. 신길은 간단하게 친구를 만들었는데 무슨 일이 생겼을 때 선생님이 아무리 부드럽게 타이른 말에도 아이는 상처를 입었다고 한다.

선생님이 어느 날 한 번은 그 애가 울려고 하기에 왜 그러느냐고 묻기 위해 복도로 데리고 나왔더니 하는 말인 즉, 자기는 큰 저택에 살고 있었다고 하더란다. 그러나 선생님은 덧붙여서 지금은 그다지 혼자 지내는 일은 없고 별다른 일도 없으며 친구도 반가워한다고 말했다고 한다. 아버지에 대해 물었더니, 때때로 아버지가 보고 싶어지지만 아버지는 항상 술에 취해있었고 화를 매우 잘 낸다라고 말했다고 한다.

놀랄 일은 아니지만 문 교주 부부는 우리를 「이스트 가든」에 되돌리려고 차츰차츰 금전적 압박을 가해왔다. 내가 갖고 있던 적금은 식비와 기본적인 필수품 구입에 충당됐다. 생활비로 매월 지출해야 할 비용이 가능할 지는 맨해튼 센터에서 급료로 지불되는 수표가 좌우했다.

효진의 변호사들은 나의 변호사에게 수표는 우리가 검인재판소를 통해서 임시 양육비를 결정할 때까지 계속 발행할 것이라고 보증했다. 그런데도 수표는 보내오지 않았다. 나의 변호사는 아이들 양육비에 관하여 정식 신청을 재판소에 제출했다.

미즈타 문의 수표는 모름지기 부인을 때리고, 차고 하는 부분 간의 문제 쪽으로 억지로 되돌리려 하기 위해 정지 될 가능성이 있다고 생각된다. 라고 나의 변호사는 통일교의 대리인에게로 서술해 보냈다. 무섭고 위험한 상황에서 벗어나 안전을 구하는 미세스 문의 결정은 간단하게 이루어진 것은 아니며 따라서 한 번 결정한 만큼 그녀는 어떤 일이 있어도 되돌아가지 않는다고 마음을 굳히고 있다고 했다.

　나는 이혼재판이 길게 갈 것이라고 예측하고 오빠와 여동생의 도움을 받아 보스톤 최고 사무소 중 하나인, 쵸드홀 멘드 스튜어트를 나의 대리인으로 세웠다. 만약 문 교주가의 도전을 받아 맞선다면 나는 시에서 가장 최고의 변호사를 선임해야 했다. 이혼에 직면한 다른 많은 여성들과 같이 나도 변호사 비용을 어떻게 지불하면 되는 건지 짐작도 할 수 없었다. 법정에 있어서의 성차별에 관한 1989년의 연구로 매사추세츠 주 최고 재판소는 수입이 적은 여성이 이용할 수 있는 법적 원조는 너무나도 적었다. 하나의 이유로 판사가 특히 소송 계류 중에 그럴 만한 변호사 비용을 참작하지 않는다는 것이다.

　나의 주임 변호사는 월드 S헨쇼라고 하는 보스톤의 엘리트로 유능한 그룹으로 구성된 멤버들 중 동료 아이리시 더 브라더 레트메야였다. 그들은 재판소가 효진에게 나의 재판 비용의 지불을 명할 것을 확신하고 있었다. 월드와 같이 경험이 풍부해도 나의 이혼 재판과 같은 케이스에 봉착한 것은 한 번도 없었다고 인정했다. 문효진은 모범적인 피고가 아니었다. 그래서 그의 본래의 재산을 측정하는 것은 용이하지 않았다.

　효진은 뉴욕과 매사추세츠 법률사무소를 고용하였는데 그 중에는 맨해튼의 레버 갓트만 골드버그 엔드가프란도 동참되어 있었다.

　우리들의 재판에는 매사추세츠 주, 검인 재판소의 에드워드 긴즈버그 판사가 선임되었다. 그는 은퇴 직전의 판사로 공정의 신사로 콩코드 검인 재판소를 확실하게 그러면서도 으스대지 않는 방법으로 운영하고 있었다. 어느 여름 날 아침, 일터에 나타난 킨즈버그 판사를 발견하는 것은 간단하였다. 시아식가의 푸른 셔츠를 입고 금색의 푸들을 데리고 자주 외출을 하였기에 판사 견인 반푸긴은 매일 재판소까지 판사를 따라오곤 했다.

효진에게 양육비 지불을 요구하도록 재판소에 청탁한 직후 문 일가로부터 직접 연락을 받았다. 돈이라는 것은 그 마음이 내키는 대로인 거야.

인진은 나의 변호사를 통하여 법적 조치를 포기하고 집으로 돌아오라는 투의 편지를 보내왔다. 같은 내용을 담고 있는 문 교주 부인으로부터 녹음 테이프가 동봉되어 있었다.

새로운 환경에서 문 교주 부인의 음성을 듣는 것은 놀랄 만한 일이었다. 그녀는 화를 숨길 수는 없었지만 신경 써서 내가 나온 것에 대하여 마음 아픈 것처럼 들리도록 애쓰고 있었다.

"참 가정은 완전한 상태 그대로 가지 않으면 안 돼", 기본 선은 늘 말하듯이 "그것은 나의 잘못이다. 난숙, 너의 행동은 당신을 사랑하고 있는 모든 사람에게 받아들이기 어려운 일이다." 그녀는 장차 내가 많은 사람들로부터 비난받을 것이라고 예측하고 본래 대로 돌아오도록 재촉하고 있었다.

문 교주 부부가 「원리강론」의 가르침을 적용할 때 얼마나 자의적인지 그것은 어느 때와 같이 나에게 큰 충격을 준다. 용서에 대한 그녀의 신념을 나만큼 확실하게 살아온 자는 없으리라.

 하나, 효진이가 결혼 후 수 주간도 되지 못하여 나를 내버려 둔 채, 다른 여자가 있는 곳으로 갔을 때, 나는 그를 용서하지 않았던가?

 둘, 효진이가 나를 헤루베스로 옮겼을 때 내가 그를 용서하지 않았던가?

 셋, 효진이가 창부와 놀아났을 때 나는 그를 용서하지 않았던가?

 넷, 효진이가 우리들의 아이들의 장래를 위해 예비해 두었던 몇 만 달러를 낭비했을 때 내가 그를 용서하지 않았던가?

 다섯, 효진이 나를 때리고, 침까지 뱉었을 때 내가 그를 용서하지 않았던가?

여섯, 효진이가 드럭과 알콜을 남용한다는 생활 때문에 나와 아이들을 저버렸을 때 내가 그를 용서하지 않았던가?

일곱, 막내가 태어난 날, 집으로 돌아왔을 때 그 날 바로 효진이가 애인을 만들었다는 것을 알고도 내가 그를 용서하지 않았던가?

자기 행동의 결과를 생각지 않고 있던 것은 내가 아니다. 나는 14년간을 문효진의 속박에서 벗어날 수 없었고, 아이들과 함께 가정폭력이 없는 생활이란 것을 감히 생각지도 못하며 살아왔다. 나는 「이스트 가든」을 성급하게 떠나온 것이 아니다. 나의 결혼이 잘 돼 가도록 하기 위해 초인적인 노력을 해 오지 않았던가? 문 교주일가는 한 번이라도 내게 대한 배려를 생각한 적이 있었을까? 잘못한 것은 내가 아니고 자신들일지도 모른다고?

인진의 편지 내용도 인위적으로 다정한 듯한 어조로 문 교주 부인의 테이프와 내용과 비슷한 것이었다. 그녀는 나의 상황에 동정한다고 말하고 있었지만 나를 14년간 때리고 협박하고 욕한 남자 효진에 대하여는 금지 명령을 요구한 나를 오히려 조롱하고 있었다. 금지명령 중에서 내가 생명의 위협을 느끼고 있다는 것을 과장이라고 비난했다. 그러나 요점은 문 교주 일가에 대한 법적 수단을 행사하지 못하도록 나를 설득시키려는 위협적인 의도였다.

그녀는 나가겠다는 나의 결심에 대하여 그것은 위험한 행동이라고 간단명료하게 넌지시 말하고 있었다. "몇 년이나 지난 지금에 와서 당신이 남편의 곁을 떠나는 것은 단지 그가 사업을 실패하여 가족 내의 지위를 잃었기 때문이라고 조차 말하는 사람도 있습니다." 라고 그녀는 쓰고 있었다. "당신은 되돌아 와서 효진의 알콜 중독과 드럭 남용에 맞서서 그것을 극복하는 것을 돕는 것에 의해서 만이 잘못에 대해 당신의 선의를 인정받게 될 것입니다. 바라고 있는 것을 손에 넣기 위하여 법정 수단으로 호소하는 것은 당신을 사랑하고 있는 모든 사람들에게 상처를 입히고 있습니다." 인진은 법적 수단을 적대적으로 형용하여 최종적인 결과는 모두를 상처 입게 하고 있다고 말하고 있다.

문 교주 일가는 내가 이미 상처 입고 있음에 대하여는 이해할 수 없었다. 나는 화해 같은 것은 바라고 있지 않았다.

나는 폭력적인 남편에 의한 학대와 이미 나의 인생의 29년 간을 낭비해 온 종교의 지배로부터 빠져 나가고 싶었다.
「이스트 가든」으로부터의 도망을 결정한 순간처럼 하나님의 존재를 강하게 느꼈던 때는 없었다.

하나님은 내 눈에서 베일을 벗겨 주셨다. 나는 처음으로 확실히 보았다. 두 번 다시 돌아가지 않을 것이다.

1995년 10월 25일, 재판소는 효진에게 매월 양육비를 지불하도록 명하였고 아이들에게 있어서 부친과의 면회가 도움이 될지 안 될지를 조사하기 위하여 소위커의 메아리 루가우후만을 선임했다. 나는 아이들로부터 부친이나 조부모와의 접촉을 빼앗을 것을 바라지는 않았다.

아무리 문제가 있는 관계라 하더라도 아이들은 두 부모와 두 조부모의 혈육임에 마땅하다. 그 점에 있어서 아이들을 사랑하고 있다는 것은 알고 있었다. 하지만 나는 미세스 가우추만에게 아이들이 좀 더 진정되고 효진이 드럭과 알콜 남용을 끊었다고 하는 명백한 증거가 확보될 때까지 면회를 허용하지 않도록 강하게 주장했다.

어쨌든 금주에 대해서는 엄격한 태도를 보였다. 효진은 자기는 법을 빠져 나갈 능력이 있다고 자만하고 있었다. 한 번은 뉴욕에서의 음주운전으로 유죄가 판명되어 드럭 검사를 받게 됐을 때 신길의 오줌을 자기의 것으로 바꿔 넣었다. 내가 그 전적 신청을 내고 비로소 효진이 아이들과의 면회를 요구해 온 것도 나는 주목해야 했다.

미세스 카우투만은 11월. 그녀의 사무소에서 하루에 4시간씩 이틀 동안 효진과 면접케 했다. 재판소의 보고서에 그녀는 그가 불안해서 매우 침착하지 못했다고 기재되어 있었다. 그는 입이 말랐고 하, 하, 하는 숨을 쉬고 있었다. 그녀는 그가 코카인으로 강력하게 중독되어 있지 않은가 의심했다. 효진은 떳떳하지 못하게 비겁한 주장을 했다. 그는 미세스 카우투만에게, "난숙이 이혼신청한 배경에는 난숙의 부모가 배후 조정을 하고 있다. 난숙의 어머니는 자기가 메시아라고 선언했다. 난숙의 부모는 이혼의 결과 얻어낸 위자료와 양육비로 한국에서 자신들의 교회를 설립하려고 계획하고 있다."고 주장했다. 그는 이 바보 같은 논리를 증명하기 위해 나의 숙부, 홍유순을 증인으로 데리고 있었다.

숙부는 어머니가 통일교에 입회할 때에는 도움이 되었지만 지금은 형을 배신하고 문 교주 일가에 대한 자기 지위를 높이려고 하고 있다고 거짓 주장을 하였다.

효진은 미세스가 카우투만에게 자기는 언제나 아이들에게 신경 쓰는 활동적인 아버지였다고 강조했지만, 아이들의 연령이나 학년을 말할 수는 없었다. 아이들이 아버지를 만나고 싶다고 보채지 않는 것은 내가 그에 대하여 아이들의 마음에 독을 뿜어 넣었기 때문이라고 주장했다. 그는 신실이가 아버지 사신이 아니라 나쁜 장난감 사신을 요구했다는 말을 듣고 충격 받았다.

미세스 카우트만은 12월 초의 보고서에서 효진과 아이들과의 면회는 그가 2개월간 드럭과 알콜을 끊고 있었다는 것을 보이기까지 허락할 수 없다고 결론지었다.

아이들과 나는 새로운 가정에서 처음 맞는 크리스마스 준비에 바빴다.

나의 친부모가 한국에서 왔다. 우리들 전 가족이 함께 있을 수 있는 것은 수 년 만이었다. 우리의 모임은 나와 아이들의 자유를 축하하기 위해서였다. 우리는 우리의 집을 아이들이 학교에서 그린 그림과 6피트의 크리스마스 트리로 장식했다.

크리스마스 전 토요일 집배원이 찾아와 현관문을 열었다. 소포를 받아들었을 때, 나의 심장 고동은 뛰기 시작했다. 발송인의 주소는 잘 알고 있는 곳이었다. 효진이 우리 주소를 발견했다는 생각이 들었다. 나의 친 부모와 아이들 앞에서 나의 불안을 감추려 했으나 문 교주 집을 나온 이후 나의 감정을 다스리는 일이 좀처럼 쉽지 않았다. 소포에는 아이들에게 보내는 약간의 크리스마스 선물 몇 개와 한국어로 써진 카드가 들어 있었다. 그 중에서 효진은 내가 재판소에 제출한 자료로 그의 알콜과 마약 중독을 폭로한 것을 넌지시 비치면서 만약 내가 세간에 드러나면 어떻게 하겠느냐고 묻고 있었다.

그것은 그가 비디오로 촬영했던 나의 누드를 폭로하겠다고 하는 암묵적인 협박이었다.

나의 동요를 눈치 챈 아버지는 나에게 힘을 가다듬게 하려 했다. 그 놈에게 제멋대로 하게 둬서는 안 돼, 아버지는 조언하였다. 만약 네가 굴복하면 너를 상처 입히려한 그의 목적이 성공하는 거야! 아버지의 말이 옳았다. 나는 아무런 나쁜 짓을 하지 않았다. 나쁜 쪽은 효진이다. 그의 편지는 그에게 나와서 접촉을 금하는 금지 명령에 대한 형사 위반이다. 문 교주의 아들은 여전히 자기가 법률 위에 있다고 생각했다. 나는 경찰에 효진의 협박서를 제출했다. 효진은 형사 고발당했다. 나의 쪽 변호사를 통해 효진은 아이들에게 편지를 보내왔다. 아이들에게 사랑하고 만나고 싶다고 하는 바람을 표명해 왔다. 그러나 나에 대해서는 비판 일색이었다. 큰딸 앞으로의 편지 속에 그는 이렇게 썼다.

"물론 때로 엄마에게 화가 났지만 엄마를 용서하고 싶다고 생각한다. 엄마에 대해서는 네가 모르는 것이 많이 있다. 하지만 그것은 중요하지 않아 왠지 아니? 왜냐하면 아버지는 네가 누군가를 영원히 사랑할 수 있는 착한 인간이 되어 사랑하는 사람을 저버리지 않고 또 인생이 누구에게도 있을 수 있는 시련에 대면할 때 그들을 용서할 수 있는 것을 배웠으면 해서이다."

신옥에게는, "네가 아버지를 사랑하고 있다는 것을 알고 있다. 아버지가 나쁜 사람이라고 너에게 말하는 사람이 있다면, 너는 조금이라도 그 말을 신뢰해서는 안된다. 알고 있겠지! 혹시라도 네가 아빠는 나쁜 사람이라고 오해하고 있다 해도 나는 괜찮다. 왜냐하면 이제 더 나빠지지 않기 때문이다."

그는 아이들 전원에게 곧 편지를 쓰겠노라고 약속했지만 한 번도 보내오지 않았다. 1996년 2월. 아이들과의 면회를 허락하는 것이 현명할지 어떨지를 모르고 있는 참에 효진은 재차 미세스 카우투만과 면접했다. 그는 이토록이나 오랫동안 면회를 금지당한 것에 분개하고 있었다. 그는 법정에서 나에게 어떻게 복수할 것인지에 대해 말했다. 나를 금전적으로 파멸시키기 위해 「뉴욕의 무자비한 법률사무소」를 고용하겠다고 한다. 그는 알콜 중독자 갱생회의 회합에 출석하고 지금은 금주생활에 전념하고 있다고 말했다.

미세스 카우투만은 그 해 봄에 아이들과의 면회를 감독과 함께 허가했다. 영원히 변했노라고 주장한 남자가 이제 드럭이나 알콜을 남용하고 있지 않다는 것을 재판소가 만족한 평대로 증명할 수 있도록 되기까지 면회는 연기되었다. 그 날은 아직 오지 않고 있다.

아이들과의 접촉을 거부당하고 있는 것을 스스로 비난하고 있음에도 불구하고 효진은 그들과의 연락을 유지하기 위하여 아무런 노력도 하지 않았다. 아이들의 생일이나 크리스마스에 카드나 선물도 보내오지 않았다. 그들이 학교에는 잘 다니고 있는지도 물어오지 않았다.

자기 아빠에 대한 생각이 아무리 연민으로 가득 차 있다 할지라도 아버지가 아이들을 포기하는 것은 그들에게 있어서는 마음 아픈 일이 아닐 수 없다. 그의 마음에 드는 아들이었던 신길은 드디어 나의 한정된 수입으로 살아야 했고, 비디오, 컴퓨터나 고가의 오락실에서 너그러웠던 아빠를 잘 기억하고 있었다. 아빠 얼굴을 알지 못하는 아기 신훈은 아버지가 어디 있는지 이상하게 생각한다. 내가 보육소에 데리고 가자 하는 말이 다른 아이들처럼 아버지는 언제 나를 데리러오지? 라고 말했다.

이혼은 언제나 아이들에게 있어서 마음 편한 것이 아니다. 그러나 전통적인 도덕 가치의 체현「참 가정」의 일원이라고 주장하고 있음에도 불구하고 문효진은 아이들에게 이 이상은 없을 정도로 고통을 안겨 주었다.

문 교주가(家) 측에서는 재판소에서 명한 양육비를 꾸준히 지불해 온 것은 아니었다. 지불해 온다 해도 수표가 늦어져 나의 변호사가 재촉을 해야 보내오곤 했다. 변호사들은 나에게 과분한 기대를 가지고 기대 이상의 변호사 비용을 청구해 왔다. 어느 날에는 통상적인 경비를 지불하기 위하여 보석의 몇 개를 매각하지 않으면 안 되었다.

효진의 입장은 자기에게는 수입원이 없으니까 나의 재판 비용은 지불할 수 없다는 것이었다. 그는 맨해튼 센터에서 해고당하고「참 가정 신학」으로부터의 수입도 끊어졌다. 그는 세계에서도 유복한 가정에 드는 인간의 아들이 가장 빈궁하다는 것을 알아 달라고 재판소에 호소해 왔다.

킨즈버그 판사는 이것을 받아들이지 않았다. 통일교의 자본과 문교주 가의 돈, 그리고 문효진의 재정을 누리는 삶은 상상을 초월한 것이었다. 효진은 근소한 자산과 약간의 수입을 보고하는 한편, 제한이 없는 자산에 손댈 수가 없었다. 주택, 여행, 자동차, 사립학교, 사용인에 대하여 그와 그의 형제자매는 예산상에 아무런 속박도 없이 생활하고 있다.

효진에게 있어서 자기가 실업자이니까 무일푼이라고 주장하는 것은 맨해튼 센터에서의 그의 생활과 마찬가지로 그의 부친으로부터 독립하고 있지 않다고 하는 사실을 무시하는 일이다. 그의 부친은 그를 먹이고 재우고 그리고 고용했다. 통일교 자체를 배제해 버린다면, 학력이 없는 문효진은 고용될 수 있는 일은 아무 것도 없다. 그는 근소한 자산밖에 쥐고 있지 않다고 주장했으나, 그가 가진 자산이 어떤 것이든 간에 그것이 문 교주가 회수한 그 이상의 것으로 획득했다고 하는 것은 아이러니컬한 것이다.

효진이 궁핍하다고 하는 조작된 말을 유지하기 위해서는 그의 수입은 모두 같은 원천인 문 교주로부터 시작한다는 것을 무시하지 않으면 안 된다. 재판소까지 효진을 대변하는 보스톤이나 뉴욕의 변호사 군단이 입고 있는 훌륭한 셔츠를 보면서, 킨즈버그 판사는 그에게 변호사 비용을 명령했다. 그렇지 않으면 법정 모욕죄로 체포를 각오해야 한다고 말했다.

문 교주가 측은 지불에 응하지 않았다. 그 해 여름, 문 교주는 워싱톤 D.C에서 전통적인 가정의 가치를 어떻게 부활시키느냐를 논하기 위한 국제회의를 후원했다. 그것은 너무나도 신랄한 얄궂은 방패막이었다. 문효진은 내셔널 빌딩 뮤-지엄 대홀에서 2일 간의 심포지엄에 출석하여 제랄드 포드전 대통령 노벨평화상 수상자 오스카 아리어스, 대통령 출마를 기획하는 공화당의 잭·켐부와 같은 강연자들이 전 세계에서 가족의 가치가 침식되고 있다는 것에 대해 이야기하는 것을 효진은 들을 수 없었다. 문 교주의 아들은 메사추세츠 형무소에 구류되어 있었다. 나의 재판 비용을 지불하라는 명령에 불복했기 때문에 킨즈버그 판사에 대하여 거기에 보내진 것이었다. 그는 형무소에 3개월 간 구속되었고, 자신의 금전적인 수입이 없다는 것을 증명하기 위하여 뉴욕에서 정식으로 파산 신고한 뒤 겨우 석방됐다.

이 일은 나에게 있어서 금전이 끊기는 불안의 원인이 되었다. 문 교주가 측에서 수표를 보내오지 않는다면 어떻게 하면 좋지? 나는 미술사의 학위를 갖고 있었지만 보스톤 미술관의 포란티아 가이드 이상의 일을 할 자격은 없었다. 이것으로는 다섯 명의 아이의 치과 치료비도 지불 할 수 없다. 절망한 나는 본 지방의 쇼핑몰에 있는 메시즈 백화점의 판매원으로 응모했다. 나는 여동생과 마데렌 프레드류스에게 아이 보는 일을 부탁했다. 그리고 연수를 끝냈다.

마데렌은 내가 집을 나온 1개월 후에 통일교를 탈퇴하고 가까이에 이사해 왔다. 마데렌과 여동생 그리고 오빠가 없었더라면 자유를 얻은 처음 1년을 견디어 내기 어려웠을 것이다. 연수를 끝낼 무렵 처음으로 메시즈가 나에게 기대하는 것은 매 주말 할 수 있는 일이었다. 어떻게 할 수 있을까? 누가 아이들을 돌봐줄 수 있을까? 근심속에 집으로 돌아왔다.

독립하기 위해서는 희생을 감수하지 않으면 안 되었다. 나는 이혼에 매듭을 짓고 내 인생을 갖지 않으면 안 되었다. 아이들에게는 그들이 받아 마땅한 특권「이스트 가든」에 있는 사촌들이 당연한 것으로 알고 있는 특권을 부여받을 수 있는 직업을 얻기 위해서는 나에게는 더 많은 교육이 필요할 것이다.

변호사를 통하여 문 교주 가족과의 연결고리를 영원히 단절할 수 있는 협의 조건을 제안했다. 나는 나와 아이들에게 신탁기금을 설정할 것을 요구했다. 거기에서 우리들의 건강 보험, 교육비, 피복비, 주택비, 기타 경비를 지불하라. 부양비와 양육비는 제외했다. 나는 재판비용을 지불했다. 이와 같은 신탁 고안을 할 수 있었던 것은 이들 자산이 낭비되는 가능성을 배제하고 더 이상 반복되는 교섭이 없이 영원히 종료하고 싶었던 때문이었다.

문 교주는 거부했다. 그는 효진의 재정 상태는 자기 자신의 것으로부터 독립되어 있고 별개라는 점에서 완고했다. 자신의 손자의 장래의 안정에는 책임을 지지 않을 것이라는 심사이다.

문 교주 측은 이혼 동의의 내용이 비밀리에 되기를 바랐다. 그들은 내가 입을 여는 것을 원하지 않았다. 나는 비밀 유지에 대해서의 요구를 모두 거부했다.

그러던 문 교주가 1997년 6월. 재판소에 제출된 선서 증서에서 자기 입장을 명확히 했다. "나의 아들, 문효진이 「참 가정의 신탁」의 신탁 수익자로부터 벗어나 맨해튼 센터 스타지오의 피고용자 중역 사장으로서의 지위에서 해고되고 계속해서 맨해튼 센터 스타지오에서 질병 수당을 받는 고용자로서의 지위를 정지당했을 때, 나의 손자인 저들 다섯 아이들에 대한 나의 관심과 나의 사랑이 나를 움직여 나는 내 아들과 그 처 사이의 계류를 관할하고 있는 메사추세츠의 재판소의 명령으로 결정된 양육자금을 제공하겠다.

내가 매월 이같이 지불하고 지불을 계속할 것인가를 선택함에 있어서 나의 아들 문효진은 과거에도 현재에도 아무 권한을 갖고 있지 않다. 그것들은 나의 가능한 한에 있어서 또 나에게 그렇게 할 의지가 있는 한 나에게서 자발적으로 행해지고 있다. 교섭은 중단되고 나는 현재 나의 아들에게는 맨해튼 센터 스타지오에 의한 재고용으로부터의 세입 3,500달러의 급여 이 외에 자산도 수입도 없다고 듣고 있다. 나는 상황을 재고하고 있는 참이다."

만약 내가 문 교주가 측의 조건으로 이야기를 붙이지 않으면 양육비를 정지한다고 하는 암시적인 협박임이 분명했다.

문 교주는 나의 변호사 비용으로 5만 달러를 지불했지만 그것은 아들을 형무소에 가지 않게 하기 위함인 것이었고 지불을 명한 재판소의 결정에 동의한 것은 아니었다.

"문효진이 전 수입이 끊긴 이후 나는 그를 계속 부양해 왔건만 나는 그가 음악, 녹음, 프로듀서로서 생산활동을 재개하기에 충분할 정도로 기쁘게 생각하고, 그가 예술가로서, 창조적 생산적일 수 있어서 나에게 그의 부양을 안 할 수 있게 해 주기를 기대하고 있다." 라며 문 교주는 여전히 효진의 직업은 그 부친이 만든 이상 존재하고 있음에 불과하다며 현실을 무시하고 말했다.

우리들의 이혼 재판은 그 휘트의 높이까지 쌓아 올릴 수 있을 정도의 서류가 산을 이루었다. 그것은 2년 반이나 질질 끌고 있었다.

문 교주는 손자들의 장래의 안정을 보장하기보다도 변호사들에게 몇 십만 달러나 많은 돈을 지불하는 쪽으로 의욕을 보이고 있었다. 가족의 가치는 그런 것이었다(그들이 말하는「참 가정」임에도 말이다.).

1997년 12월. 나는 위자료의 일부 지불과 매월 보내겠다는 양육비 약속에 동의했다. 나는 알고 있다. 만약 우리가 매월 양육비에만 의존하고 있었다면 우리는 영원히 문 교주 가 일족의 종속에 불과할 것임이 분명했다.

일단 소송이 종료된다면 문 교주는 언제라도 송금을 정지할 수 있다. 나는 문효진 이상으로 양육비를 지불하지 않는 파파와 딱 맞아 떨어지는 후보자를 상상할 수 없었다.

그럴지라도 나는 이것을 종료해 버리고 싶었다. 나는 지쳐 있었다. 변호사들은 크게 싸웠고 나를 위하여 최선을 다해 주었다. 이 이상 어떻게 더 잘해주기를 바랄 수 있었을까?

오래 끌었던 이혼 투쟁으로 나처럼 느꼈던 여성이 나 말고 또 있었을까? 많은 자산을 갖고 있는 그가 이길 것인가?

위자료는 없다. 나의 인생에서 잃어버린 14년 간의 대상은 없는 것이다. 아이들의 대학교육을 확실하게 하기 위한 신탁도 없다. 효진의 변호사들은 나의 변호사에게 말했다. 만약 아이들이 교육을 위한 돈이 필요하다면 그들은 개인적으로 문 교주에게 가서 할아버지에게 부탁하지 않으면 안 된다.

나는 아이들과 문 교주와 한학자의 감독이 달린 면회에는 반대하지는 않았지만 그들의 이 같은 요구가 중심으로부터인지 아닌지에 대해 의심했다.

우리가「이스트 가든」에서 도망 나온 2년 반 동안 그들은 손자들에게 한 번도 편지를 써 보낸 일도 없고, 전화도 오지 않았다. 크리스마스나 생일에도 손자들을 생각하지 않았다. 그들은 손자들에게도 그들의 아들에 대한 것과 같이 무관심으로 대했다. 춥고 맑은 하늘의 12일 아침. 오전 9시 15분. 나는 메사추세츠주 콘코드의 작은 법정의 판사 앞에서 문효진의 맞은편에 섰다. 에드워드킨즈버그 판사가 나의 결혼은 구제책이 없느냐고 물었을 때 나는 "네, 판사 각하"라고 답했다. 같은 질문을 받은 효진은 예의 없이 "아, 아"라고 말했다.

킨즈버그 판사는 이혼하는 모든 부부에게 하듯이 우리들의 결혼은 종료했지만 부모로서의 임무는 끝나지 않았다고 다짐을 했다. 그는 나에게 구성을 법적으로 부활시키는 것을 허가했다.

판사의 손에 든 펜이 '탁' 하고 내던져짐과 함께 거짓 메시아의 폭력적인 아들과의 결혼이라고 하는 악몽은 겨우 종말을 고했다.

정말로 이긴 자는 아무도 없었다. 나와 효진도 그리고 아이들도 문 교주만이 처음부터 바라고 있었던 것을 쟁취했다. 아이들과 나와는 통일교의 손에서 벗어났다. 그렇지만 우리들은 문 교주 가 일족의 운명에 머물러 있도록 운명 지어져 있었다.

"십자가를 지는 믿음으로 그 집단을 탈출하여 진실된 신앙고백「홍난숙 탈출 수기」을 담았다. 통일교와 문 교주 가의 잔악무도한 정체와 인간성을 폭로함은 적그리스도 자칭 메시아 문 교주의 근성인 종교 사기성 흑막을 그대로 드러낸 것이다. 사탄 귀신놀음의 정체가 만천하에 다시 한 번 알려지게 되었다."

제11장

문 교주가의 잔악한 인간성

미리보기

11 문 교주가의 잔악한 인간성

제1절 자칭 메시아 문 교주의 잔악한 인간성
제2절 자칭 메시아 문의 처 한학자의 잔악한 인간성
제3절 문의 후계자 효진의 잔악한 인간성

제11장 문 교주 가의 잔악무도한 인간성을 밝혀본다.

제1절 자칭 메시아 문 교주의 잔악무도한 인간성

문 교주 자신이 택함받은 자라면 통일교의 신자들도 신이 택한 자들이다. 그런데 문 교주와 그 가족은 숭배만 받고 신자들은 왜? 접대부가 되어야만 하는가?

"이것이 신이 택한 자칭 메시아의 법인가? 적그리스도의 법인가?"

신자들이 택한 통일교 자칭 메시아인 문 교주 가의 후계자 효진의 아내요, 며느리가 본인의 말대로 문 교주 가의 접대부처럼 살았다고 느꼈다면 다른 통일교 신자들은 어떻게 대답해야 할 것인가?
위에서 밝힌 바와 같이, 자칭 메시아(적그리스도) 통일교 문 교주는 세계사에 찾아볼 수 없는 황당하고도 파렴치한 섹스 광(6마리아 비극에서 처녀, 유부녀, 과부 등)이었다. 통일교는 분명한 "섹스교"이다.
자칭 메시아(적그리스도) 문 교주 자신은 신자들이 바친 돈으로 황궁생활과 천지를 호령하듯이 살면서 그 자녀들의 패륜 행위의 생활

면을 살펴보자. 신도들이 피와 땀과 눈물과 온 심혈을 다하여 골목길에서 동냥을 하듯이 꽃과 양초를 팔고, 새총 장사를 하고, 영 감상법으로 도자기 등을 속여 팔아서 신을 위한다고 바쳐진 돈으로 유흥가의 나이트클럽과 빠 등에서 술이나 퍼 먹고 춤이나 추고 섹스, 마약, 향락을 일삼는 행위가 과연 신의 뜻이란 말인가? 문 교주야 말로 신이 택한 자가 아니라 이 세상에서 가장 사악한 사단이 택한 인간이 아닌가라고 저자는 생각한다.

문 교주의 교리(원리강론)처럼 혈통적인 유전을 믿는다면 당신 자녀들의 행위를 보고 당신을 알 수 있는 것이다. 그렇다면 당신의 정체는 이제 다 밝혀진 것이다. 신이 택한 자가 아니라 가장 악랄한 악신이 택한 자요, 참 신을 속인 자라고 말이다.

문, 당신도 통일 원리를 인용하여 신이 택한 자라는 미명으로 "6마리아의 비극"(처녀, 유부녀, 과부)을 비롯한 수 많은 여신도들을 간통하고 접대부로 삼지 않았는가?

그것도 모자라서 40대 유부남이 17세 소녀 학생을 중퇴시키고, 어린 양 혼인잔치라는 미명 하에 신부로 맞이한 당신을 보면 그 혈통이 어디로 흐르고 있다는 말인가?

문 교주의 말대로 혈통적 유전으로 효진에게 전가된 것은 사필귀정이다. 문 교주 당신이 신이 택한 섹스광이라 하니 당신의 아들 효진이도 그렇게 말하는 것이 아닌가? 이러한 행동들이 하나님이 하실 일이요, 진리란 말인가? 언제까지 하나님을 두려워할 줄 모르고 잔악무도하게 삼위일체 하나님을 신성 모욕할 작정인가?

또한 문은 자칭 재림 메시아라고 하면서 온 인류를 구원하고, 도덕과 윤리를 바로 세우고, 세계평화를 이루라는 신의 명령을 받았다고 외친 자이다. 그런데 자신이 낳은 친자식 효진, 당신의 후계자의 마구

잡이 불량배 삶에 대하여는 아무런 대책도, 방법도 세우지 못하고 오히려 그 자를 두려워하면서 남의 자녀들인 신자들을 어떻게 선하게 가르치고 다스린다고 큰 소리 치고 있는 것인가? 필자도 20여년 간 당신에게 속아 살아온 자이다. 더 이상 도깨비 같은 악령 소리를 이젠 그치고 하나님을 두려워 할 줄 알라!

자칭 메시아 자신도 감당치 못하면서 개망나니 같은 자기 자식을 잘못 간수한다고 15세 소녀 며느리 앞에 무릎을 꿇은 꼴이 아닌가?

또한 자칭 메시아 문의 웃지 못 할 충격적인 행위를 살펴보자! 문의 후계자인 효진을 어여쁜 15세 소녀와 결혼시키기 위하여 유명하다는 불교 점쟁이(붓다 레디)를 불러다가 궁합을 보았다는 것이다. 효진의 타락이 극심할 때마다 수시로 점쟁이를 불러다가 점을 쳤다. 참 신이 택한 자요, 하나님의 보호를 받고 직통 계시를 받는다고 큰소리치는 자칭 메시아 문 교주가 하나님을 속이고 신자들을 속이고 겨우 무당을 찾는다니, 하나님이 택한 자라며 외치고 있는 통일교 문 교주야 말로 확실한 마귀 사탄이다.

제2절 문 교주의 처 한학자의 잔악무도한 인간성

한학자의 잔악무도한 짓은 그의 남편 자칭 메시아인 문 교주와 별 차이가 없어 보인다. 이 얼마나 파렴치한 잔악한 여인인가? 문 교주의 잔악무도함에서 나타난 것처럼 마구잡이 불량배 효진 아들을 바꿔놓기 위한 방법으로 어여쁜 15세의 어린 소녀를 며느리로 맞이했단 말인가? 더구나 같은 여자의 입장에서 이렇게 잔인한 말을 소녀 며느리에게 서슴없이 할 수 있단 말인가? 요녀가 되라고 말이다. 어떻게 보면 자신도 과거에 자칭 메시아 문 교주에게 당했을 법도 한데 말이다.

한학자(자칭 문 교주의 처)는 이렇게 말했다.

15세 소녀 며느리에게 너는 바보 같은 계집이야!

자기 자신이 무엇 때문에 미국에까지 왔다고 생각해!

효진(바람둥이, 마약, 폭주 꾼)을 바꿔 놓는 것이 네가 할 의무야 너는 하나님과 메시아 문선명을 실망시켰어!

그렇다면 재림 메시아 부모도, 진리(인류를 구원하고 도덕과 윤리를 바로 세울 수 있는)라고 하는 문 교주 자칭 메시아 교리도 바꿔 놓지 못하는 것을 15세 소녀의 생식기를 통하여 효진의 접대부로 삼아 효진의 나쁜 행위를 고치려 했단 말인가?

세상 말로 ○보다 더 더 더러운 자가 적그리스도 문 교주 부부가 아닌가? 효진이 자신의 처 15세 소녀의 성적 미숙함을 한학자 모친에게 불평을 털어놓았을 때 한 여인은 이런 며느리를 불러놓고 이렇게 말한 것이다.

"밤에는 남편의 요부가 되지 않으면 안돼" 라고 화를 냈다. 요부가 되라는 말이다.

어떻게 시어머니가 아니 재림 메시아 부인이 불량배인 자기 아들을 위해서 이렇게 어린 며느리에게 잔악무도한 말을 할 수 있단 말인가?

제3절 문의 아들 효진의 잔악무도한 인간성

효진은 통일교와 문 교주(신이 택한)의 후계자의 첫 번째 아들이다. 그가 이렇게 잔악무도한 짓을 행한 것이다. 이것은 유전이 아닐 수 없다.

효진은 17, 18세 때부터 14, 15세 되는 남·녀 동생들을 데리고 나이트 클럽, 빠, 유흥가를 출입했다. 효진은 벌써 여러 여인들을 유혹하여 마약, 알콜, 섹스광이었으며 문 교주 부모(자칭 구세주)에게도 평화가 아닌 고통을 가져다 준 자이다. 성병을 얻어다가 15세 소녀 신부에게 옮겨 주었다. 또한 자기 부모인 자칭 메시아인 문 교주 부부에 대한 경멸도 결코 적지 않았다.

위에서 밝힌 것처럼 신도들이 문 교주에게 바친 돈을 재벌가의 자녀처럼 효진은 자유롭게 썼다. 돈 때문에 자기 어머니를 죽여버리겠다는 말도 서슴지 않았다.

신앙심이 좋은 여자는 필요 없다. 변화가 있는 섹스가 필요하다. 섹스가 좋다. 어린 소녀 부인에게 접대부처럼 요구한다는 것이다.

그리고 어린 난숙 부인에게 우리가 결혼한 것은 부모를 위해서 했다면서 자신은 사랑하는 여자가 신(통일교 밖에) 밖의 세계에 따로 있다고 서슴없이 말하는 찾아보기 힘든 패륜아다.

또한 어린 난숙에게 상처를 주고 싶을 때는 폭력만 일삼는 것이 아니었다. 여자 친구에게 큰 소리로 사랑을 속삭이는 전화를 걸기도 한 것이다. 그 뿐이 아니다. 때로 효진은 신의 아들인 자신에게 반항한다며 어린 신부 난숙을 발가벗겨 벽에 세워놓고 조롱하며 침을 뱉고 폭력을 가하였다.

말 안 들으면 총으로 쏘아 죽이겠다는 시늉도 힐 때가 있다. 친구들과 함께 룸에서 마약, 알콜, 담배 행위로 괴롭히는 일은 보통이다. 더 이상 무슨 말이 필요하겠는가?

이런 자가 신이 택한 메시아 후계자란 말인가?

신이 택한 자칭 문 교주의 장자 효진의 잔악무도한 행위를 통하여 자칭 메시아인 문 교주의 정체가 만천하에 드러났다. 더 이상 삼위일체 하나님을 속이지 마라!

결론적으로

저자가 통일교의 진리라고 하는 「원리강론」 거짓 교리와 자칭 재림메시아 문선명의 정체를 생생하게 밝히는 이유는 삼위일체 하나님과 진리수호를 위해서이고, 전 세계의 선한 교회와 성도들을 보호하고 바른 신앙을 위함이다. 또한 온 인류에게 그 피해를 방지하고자 함이다.

온 교회는 "하나님의 신격을 모독하고 진리의 성경을 왜곡"하는 사악한 문선명 적그리스도와 이단 사이비 종교집단인 통일교를 주 예수 그리스도의 이름으로 그 대책을 강구하여 방지하고 척결하는데 의무를 다 하자고 호소하는 바이다.

제12장

저자의 사건 실화

미리보기

12 저자의 사건 실화

제1절 1988년 8월 27일 납치 사건
제2절 저자에 대한 폭력시위 사건

제12장 저자의 사건 실화

제1절 전라남도 장흥지역 납치 사건(1988년 8월 27일)

　1988년 8월 27일 오후 2시경, 전라남도 장흥군 관산면 관산장로교회에서 관산기독교연합 주최, 저자 초청 통일교 이단 세미나를 실시코자 하였으나 300여명의 통일교 폭도들의 난동으로 집회는 무산되었다. 그 후 통일교 폭도들은 나를 납치하려고 주위(K 장로의 금은방)를 완전히 포위하고 일대 아수라장이 벌어졌으며, 장흥경찰서 전경 200여 명이 동원되어 통일교 폭도들은 일시 난동을 멈추게 되었다. 나는 경찰에 신변을 요청하여 일단 관산파출소로 가서 대기하고 있었다. 이 때에 파출소 내에서 관산면 기독교연합회 대표 목사들과 통일교 대표자가 세미나 실시 여부에 대한 협상을 하였으나 결렬되고 말았다.
　그 후 통일교 폭도들은 건축 용 철근을 하나씩 들고 관산파출소를 완전 포위, 나를 납치하려고 할 때 본인은 장흥경찰서 정보과장에게 경찰이 신변 보호를 해줄 것을 요청하여 경찰 백차를 타고(기독교대표자 목사 1인과 통일교 대표자 1인이 동승) 관산파출소를 출발, 장흥경찰서로 가는 중 1Km 전방에서 통일교 폭도 200여 명이 봉고차

4대, 승용차 3대, 합 7대가 국도를 가로 막고 경찰 백차가(경찰관 운전) 정지했을 때, 백차 안에서 저자를 끌어내어 납치해 통일교 폭도들의 대기 차량인 봉고차로 옮겨 싣고, 차 안에서 눈을 가리운 채 도주하였다.

그 때가 오후 3시경 납치 차량이 정지하고 나를 다른 차(봉고)에 또 옮겨 태우고, 차는 또 어디론가 달리고 있었다. 얼마 동안 왔는지 차는 정지되었고, 나는 또 차를 바꾸어 타게 되었는데(바꾸어 타기 전에 많은 폭행을 당함). 세 번째 차는 로얄 승용차에 태워졌다. 이 때는 정신을 차릴 수 없이 고통스러웠다. 그 순간에도 '주여, 모든 운명을 맡기겠습니다' 하고 묵상하며 아픈 고통을 견뎠다. 정말 주님의 힘이 아니면 견딜 수 없었다.

얼마를 갔는지 한 시골 산 밑 강물가 옆에 차는 멈추고, 나를 차 안에서 내리게 하였다. 한 발짝만 헛디디면 강물에 빠져 죽음의 문턱에 세워놓고 강물에 빠뜨려 죽이겠다는 협박이 2시간여 동안 계속되었다. 그 때의 심정을 무어라 헤아릴 수 있겠는가. 가슴 속에 십자가를 그리면서 순교의 길을 결심할 수밖에 없었다(나중에 알아본 결과, 그 강은 전남 보성군 지역에 속함). 그렇게 협박과 폭행을 가해도 굴복하지 않으니까 다시 차에 태워 논길을 타고 깊은 산중으로 끌고 갔다. 어느 지경에 도착하여 하차 시키더니 수건으로 눈을 가리고 죽인다고 갖은 협박과 폭력을 가했다.

통일교 폭도들은 그들의 뜻대로 굴복하지 않으니까, 죽이지는 않고 다시 차에 태워 얼마 동안 갔는지 광주(현 광주광역시) 시내에 도착하였다. 영·육 간의 협박과 폭행을 당한 상처는 헤아릴 수 없는 고통이었다. 광주광역시 어느 주택가 통일교 원리연구회 대학생들의 합숙소(나중에 안 것임)로 데리고 온 것이다. 한 골방에 가두어 놓고 4, 5

명이 교대로 폭행을 가하며 손가락을 잘라 그 피로 통일교 앞에 회개문을 쓰라고 협박하고 손을 발로 밟고 형용할 수 없는 폭행과 고문을 당했다. 얼마나 고문과 폭력을 당했는지 그때에 몇 번인가 졸도를 하기도 하였다. 이제는 죽는구나 하였다. '주여, 죽으면 죽으리다. 종이 어찌 사탄에게 굴복하오리까' 순교를 결심하게 한다.

무서운 아픔과 고통을 믿음으로 견디어 냈다. 하나님은 버리시지 않는다. 주님의 뜻이면 죽으면 죽으리이다. 결심과 묵상을 할 뿐이었다. 성령의 은혜가 뜨겁게 역사하였다. 그 순간 폭행과 협박은 중단되고 밖에서 소란을 피우며 옥신각신 하는 사탄들의 소리가 들렸다. 몇 사람이 방으로 들어와서 나를 밖으로 끌고 나가더니 중형 택시에 태우고 몇 명의 통일교 폭도들이 동승하였다. 어디론가 또 가는 것이다. 얼마큼 왔을까 차창 밖을 보니 고속도로가 보였다. 그 후 눈을 감고 묵상하며 십자가를 가슴에 안고 동승자들의 감시를 받으며 어디를 가는지도 모르는 채 운명을 주께 맡겼다.

어디에 와 있는지, 순간 택시는 멈추었다. 나를 고속도로 가에 던져놓고 타고 온 중형 택시와 동승자들은 그대로 달아났다. 사방을 둘러보니 서울 고속도로 톨게이트를 지나서 내려놓은 것 같았다. 그 때가 28일 새벽 3시경인 것으로 기억된다. 잠시 동안 흐르는 눈물 속에 '이 죄인의 생명을 보살펴 주심을 하나님께 감사' 하였다. 몸을 지탱할 수 없을 정도로 아프고, 고통이 시작되었다(납치되었던 시간, 무려 14시간). 인가도 없는 도로 가에서 몸부림치는 순간 중형 택시가 지나가는데 엉겁결에 손을 들게 되었다. 택시를 타고 서울 중랑구 면목동 기독병원으로 와서 날이 샐 때까지 병원 입구에서 대기하고 있다가 7시경 병원에서 X-Ray 등 제반 진찰을 받고(4주 진단) 405호 병실에 입원(1988년 8월 29~9월 25일까지)을 하고 치료를 받기 시작했다.

이 사건은 극동방송국, 기독신보를 비롯한 각 기독교 신문에 일제히 사건 기사화 되었으며, 8월 29일 오전 8시, 극동방송국에서는 병실에 있는 나와 생방송 인터뷰로 5분간 특종 뉴스로 보도되기도 하였다.

8월 28일 오후에는 전남경찰국 수사팀과 장흥경찰서 수사팀이 상경하여 1박을 하면서까지 병실에서 조사를 받아갔으며, 치안본부 감찰부에서 현장 조사를 하기에 이르렀다. 납치에서 풀려 날수 있었던 동기는 먼저, 하나님의 특별하신 은혜요, 그 역사가 나중에 알아본 결과 중앙경찰청과 전국지방경찰청 경찰서까지 초비상이 걸린 대형 사건이었던 것이다. 경찰청으로부터 통일교 측에 강력한 조취를 취하여 사탄의 포위에서 구원을 받을 수 있었다.

이때 일반 언론사의 취재 경쟁도 일어났다. 사건이 빅뉴스 사건이 될 수밖에 없었다. 경찰 백차에 타고 보호를 받고 있는 사람을 납치했기 때문이다. 하지만 저자는 일체 취재에 응하지 않았다. 그 이유는 당시 경찰이 잘못이 있었던 것이 아니라 불가항력적이었기 때문이다.

이 사건으로 장흥경찰서장과 정보과장이 옷을 벗어야 할 정도로 대형 사건이었으나 본인이 직접 치안본부장에게 8월 30일 진정하여 경찰서장과 정보과장의 신변은 안전하게 되었다.

저자를 납치한 통일교도들의 핵심명단은 다음과 같다(구속 조치).
(경찰에서 고소한 가해자 명단 16명)

1. 조 인 권: 광주광역시 북구 중흥1동 688-2
2. 염 명 수: 광주광역시 북구 두암동 597-18
3. 최 진 엽: 전라남도 구례군 구례읍 봉서리 961
4. 박 창 주: 광주광역시 광산구 신흥동 818-4
5. 곽 명 안: 전라남도 여천군 돌산읍 순전리 1155

6. 이 효 형: 전라남도 함평군 해보면 금덕리 477
7. 최 종 만: 전라남도 장흥군 장흥읍 건산리 546-12
8. 문 대 현: 전라남도 구레군 구레읍 봉북리 187
9. 김 석 진: 광주광역시 서구 사동 21
10. 박 기 주: 전라남도 장성군 장성읍 영천리 901-8
11. 김 종 배: 광주광역시 북구 중흥2동 336-8
12. 허 한 양: 광주광역시 북구 신안동 237-43
13. 위 성 진: 전라남도 장흥군 부산면 유량리 75
14. 유 종 현: 전라남도 구fp군 간전면 간문리 299
15. 김 애 송: 광주광역시 동구 학동 766-1
16. 김 영 미: 서울특별시 용산구 한남1동 426-102

사건 내용

지난 1988년 8월 27일 오후 2시, 전라남도 장흥군 관산예배당에서 장흥군 기독교교역자연합회 주최로 통일교 이단 세미나를 개최하려고 할 때 통일교 신도들 300여 명이 몰려와 교회를 점거하고 집회를 방해하고 강사 이대복 목사를 집단 폭행한 피해가 커서 이에 고소합니다(고발인: 장흥경찰서).

제2절 저자에 대한 각종 폭력시위 사건

1) 서울 사건

1987년 9월 13일, 주일 저녁 오후 7시, 서울시 동작구 사당동지역 기독교연합 주최로 대흥장로교회에서 저자를 초청하여 통일교 이단 세미나를 실시하던 중, 시작 30분경에 통일교 신도 300여 명이 동원되어 폭력 난동을 부리고 기물을 파괴하였으며, 예배 장소에 침입하여 소란을 피우는 바람에 집회가 잠시 중단되었다. 그러나 동작경찰서 전경 300여 명이 동원되어 통일교 폭도들의 난동을 제지시켰으며, 통일교 이단 세미나는 예정대로 잘 끝마쳤다.

이단 세미나가 끝난 후 통일교 폭도 300여 명은 대흥장로교회(집회 장소) 인근을 완전히 포위하여 저자를 납치할 목적으로 출구를 차단하였다. 이 때에 동작경찰서 소속 형사들이 저자를 보호하는 중에 한 형사가 저자에게 "사도 바울과 같은 입장에 스셨군요." 하면서 한 사복 경찰관이 옷과 모자, 신발 등을 저자와 바꾸어 입혀 위장시켜 보호하고 세미나 장소 교회는 1층인데 4층으로 올라가서 4층 계단 뒤 축대 벽을 타고 1층으로 하단하여 소방 도로를 이용해 피할 길을 안내해 주었다. 저자는 주님의 도우심 가운데 무사히 탈출하여 귀가하였다.

2) 대전 사건

1987년 9월 28일 오후 7시, 대전광역시 제일감리교회에서 EYC 청년연합 주최가 되어 포스터 1천장, 전단지 10만 매를 대전 시내 곳곳에 부치고 뿌리며 선전하고 저자를 강사로 초청하여 통일교 이단세미나를 실시코자 하였다. 세미나 시작 2시간 전에 통일교 신자 100여 명이 강단을 점령하고 교회 밖에서는 200여 명의 통일교 폭도들이 교회로 들어가는 길을 완전히 막고 있었다. 이때 주최 측 청년들과 목원대학생들이 통일교 폭도들이 막고 있는 길을 뚫고 저자를 호위하고 제일감리교회 예배당으로 들어가는데 성공하였다.

곧바로 통일교 이단세미나를 시작하려 했으나 이미 교회 안에 들어와 있는 통일교 신도들이 노래와 춤을 추면서 세미나를 방해하고 잠시 후에는 통일교 폭도들이 인원을 증원하여 일부는 술을 먹고 몽둥이와 쇠파이프를 가지고 교회 안으로 진입, 아수라장을 만들어 집회는 완전히 중단되고 저자는 강단 뒤편 단상 밑 틈 속에서 5시간 동안이나 감금 상태와 같은 입장에서 고통을 당해야했다.

그러나 대전경찰서 소속 수 명의 사복 형사들과 전경 400여 명이 동원되어 통일교 폭도들을 경계하고 승용차 3대와 봉고차 2대(대전 경찰서 제공)에 주최 측 청년들이 탑승하고 사복 형사들과 저자를 승차시켜 보호하고 주최 측이 해산하는 것처럼 위장하여 제일감리교회 좌측 소방 도로로 빠져나와 서울 고속도로 톨게이트까지 안내를 받고 미리 대기시켜 놓았던 승용차 편으로 1987년 9월 29일 새벽 1시경에 주님의 도우심으로 무사히 상경하였다.

3) 충북 청주 사건

1987년 10월 19일 오후 7시, 충청북도 청주시 청주예수교장로교회에서 EYC 청년연합 주최, 저자 초청 통일교 이단 세미나를 실시하였다. 세미나를 실시한 후 300여 통일교 폭도들이 저자를 납치하려고 교회 주위를 완전히 포위하고 있었다. 저자와 교회 측에서는 탈출 방법을 찾지 못하고 일단 대기실에서 1시간 가량 있다가 탈출 방법을 모색하였다.

탈출 방법으로 교회 이웃 가정집에 부탁하여 짐차(타이탄) 2대를 대기시켜 놓고 짐을 실은 것처럼 위장하여 탈출 준비를 완료하게 되었다. 저자는 탈출 준비로 옷을 완전히 작업복으로 바꾸어 입고 색안경과 모자를 빌려 쓰고 운전자 조수처럼 위장하여 운전수 옆에 타고 청주 시내를 무사히 빠져 나왔다. 고속도로 톨게이트에 나와서 미리 대기한 승용차를 이용, 주님의 도우심으로 무사히 상경하였다.

4) 충남 장항 사건

1988년 8월 16일 오전 11시, 충청남도 서천군 장항읍 장항기독교

장로교회에서 서천군기독교연합 주최, 저자 초청 통일교 이단 세미나를 실시코자 하였으나, 3시간 전 통일교 300여 명의 폭도들이 몽둥이를 들고 교회로 침입하여 점령하고 난동을 부리므로 세미나를 실시하지 못하였다. 주최 측의 요청으로 서천경찰서 전경들이 수백 명 동원되었으나 수수방관을 하는 바람에 주최 측 목사들이 통일교 신도들에게 폭행을 당하기도 하고, 계속 위협 난동을 부리므로 행사장은 통일교 신도들의 폭력 난동 협박 공포 분위기로 인하여 통일교 이단세미나는 취소되고 무기 연기되었다.

그러나 서천군기독교연합회에서는 통일교 신도 대표들을 집회방해 및 폭력행사에 대한 검찰청에 고소하기에 이르렀다. 소송 결과 통일교 대표자가 1990년 6월 10일 형사처벌을 받았다. 저자는 3시간 동안 교회 근처 비밀장소에서 대기하고 있다가 주님의 도우심으로 무사히 장항 읍내를 빠져나와 상경하였다.

5) 경남 마산 사건

1989년 12월 1일 오후 7시, 경상남도 마산시 YMCA 강당에서 마산 EYC 청년연합 주최 저자 초청 통일교 이단 세미나를 실시하려 했으나 마산통일산업(주) 소속 통일교 폭도 400여 명이 동원되어 2시간 전 세미나 장소를 미리 점령하여 집회를 실시하기가 매우 어렵게 되었다. 강사인 저자를 납치하려고 강당 건물 주위를 완전히 포위하고 수대의 차량까지 준비해 놓은 상태였다.

그러나 저자는 현재의 상황을 주최 측과 의논한 결과 통일교 이단 세미나를 그대로 실시하기로 결정하고 시작했다. 예측 대로 강의 시작 2, 3분도 되기 전에 통일교인들의 방해가 시작되었다. 세미나 장소인 강당 안에서 전기불이 꺼지고 온통 아수라장이 되어버렸다. 주최 측은 경찰에 긴급 연락을 취하여 200여 명의 전경들이 동원되어 일단 수습이 되고 경찰에 신변을 요청, 무사히 탈출하여 주최 측의 보호를 받아 주님의 도우심으로 상경하였다.

6) 충남 천안 단국대학교 사건

1990년 6월 23일 오후 2시, 충청남도 천안시 단국대학교 국제회의실에서 종교분과 위원회 주최, 저자 초청 통일교 이단 세미나를 2시간동안 실시키로 하였다. 그런데 이 집회를 사전에 알고 있던 통일교 측에서 수업을 전폐하고 통일교가 운영하는 성화대학교 학생 전원을 장재형(당시 학생과장) 교수 인솔 하에 단국대학교에 투입시켜 국제회의실을 점령해버리는 사태가 발생하였다. 사태가 심각해지자 학교 측에서 교칙에 의한 규정을 들어 타협을 통하여 회의실을 점령한 성화대학생들을 밖으로 내보내고 단국대학 학생들이 회의실로 들어온 후 타교 학생들을 참석할 수 있도록 하였다. 그리하여 통일교 이단세미나는 주님의 은혜 가운데 성공적으로 끝났다.

세미나가 끝난 후에 통일교 측에서 동원된 성화대학 학생을 지휘한 장재형 학생과장(교수)이 앞장 서 필자를 납치하려고 하였다. 눈치를 챈 주최 측에서 운동권 학생들에게 협조를 요청하여 40여 명 학생들의 경호를 받으며 1Km정도 거리인 천안 시내로 무사히 탈출, 주님의 도우심으로 상경했다.

7) 경기도 수원 사건

1990년 4월 26일 오후 6시, 경기도 수원시 동수원감리교회에서 수원기독청년 연합 및 신학교 연합공동 주최, 저자 초청 통일교 이단 세미나를 2시간 동안 실시하였다. 그런데 통일교 신도들이 수백 명

동원되어 일부는 세미나 장소에 들어왔고 나머지 수백 명이 세미나 장소 주위를 완전 포위하였다. 그러나 세미나는 특히 한신대 학생들이 경비를 잘 해주어 성공적으로 주님의 은혜 가운데 무사히 끝났다.

세미나가 끝난 후 통일교 신도들이 저자를 납치하려고 하였다. 이때 주최 측에서 만일을 위해 미리 준비해 두었던 사다리 3개를 연결시키어 교회 뒤편 축대(높이 3 층집 정도)에 사다리를 세워 놓고 저자에게 그 사다리를 타고 탈출할 수 있도록 준비를 하였다.

저자가 사다리를 타고 1층 정도의 철조망을 넘어설 때는 한 발만 헛디디면 그대로 떨어져 죽을 수밖에 없는 생명선이었다. 하지만 다른 곳에서처럼 주님이 함께 인도하심으로 무사히 사다리를 타고 4층 철조망을 넘어 사도 바울의 심정을 생각하면서 무사히 상경하였다.

그 외에도 인천, 대구, 경북 포항, 광주 전남대, 충북 보은 등 사건들이 많이 있었다.

이상, 저자의 사건 실화였다.

한국 기독교 역사상 이단 집단 테러사건으로는 최대의 사건이었다.

제13장

각종 사진 화보

미리보기

13 각종 사진 화보

원리강론 탄생 비화 및 각종 사건 실화

제13장 각종 화보

▲ 통일교(가정연합교회) 마크

▲ 학생 때 문선명

▲ 김백문의 『성신신학』 『기독교 근본 원리』

▲ 정득은의 『생의 원리』

제13장 각종 화보 ○ **443**

▲ 통일교 최초의 교리 책,『원리강론』은 김백문의『성신신학』『기독교근본원리』 정득은의『생의 원리』『원리해설』를 혼합 표절 모방한 책이다.

▲ 문선명 교주

▲ 문선명의 본처 최선길

제13장 각종 화보 ◌ **445**

↕ 최선길(본처)과 문 교주가 통일교 본부교회에서 부부싸움 장면

▲ 1960년, 문선명 교주와 한학자 부인의 결혼, 이후 1993년 한학자 60세 되던 해 또 다시 혼인식을 하였고, 2013년 기원절이라며 세 번째 혼인식을 계획하였다.

제13장 각종 화보 ○8 **447**

▲ 연세대학교 김○○ 재학생(처녀잉태 문희진(남) 출생, 1955년)

▲ 이화여자대학교 최○○ 재학생(처녀잉태, 사무엘 박 출생,1966년)

◀ 문 교주와 김○○ 처녀 잉태자, 앞에 있는 여인

문 교주와 김○○ 처녀 잉태 출생, 문희진 어린이와 문 교주 처 한학자와 함께 한 모습 ▶

제13장 각종 화보 ○ **449**

▲ 문선명 교주와 6마리아 여인들의 비극

▲ 통일교에서 탈출하여 비리를 폭로한 큰며느리 홍난숙(위 우측), 문효진 가족과 문 교주 부부

◀ 문선명과 한학자 부부

▼ 조상제사 장면

▲ 매년 조상의 원통함을 풀어준다는 조상 해원식 거행, 신도들이 머리를 두드리며 영을 털어내고 있다.

▲ 교통사고로 죽은 문 교주의 둘째 아들 '흥진'이 환생, 짐바브웨 청년(어거스틴 마튼고, 중앙)은 통일교에서 세계순회를 하며 거짓 '흥진' 행세를 하다 탈퇴하였다.

▲ 통일교 합동결혼식 전, 총각 처녀들의 사진을 진열해 놓고 문 교주가 사진만 보고 중매하는 모습

• 통일교 합동결혼식 장면

《통일교 문선명 교주, 천정궁 입궁·대관식》

▲ 문 교주 부부가 축도하는 장면 ▲ 입궁에 앞서 축도하고 있는 내빈들

▲ 천정궁(경기도 가평군 청평유원지, 2006년 당시 1천억 원짜리 건물)

《하나님 왕권즉위식 제6주년 및 예수님 탄신 기념예배》
(필자 주: 문선명 교주가 자칭 예수님이다.)

지난 2006년 1월 3일, 천정궁과 천주청평수련원에서 거행됐다.

▲ 점화하고 있는 문 교주 부부

▲ 곽정환 회장 부부가 보고기도 하고 있다.

▲ 세계 12대륙 대표 12지파를 편성하기 위해 추첨하고 있는 문 교주

▲ 추첨을 통해 편성된 12지파의 책임자들이 인사하고 있다.

↕ 통일교 본부교회에 4대 성인상 제막식(공자, 석가, 예수, 마호멜)

제13장 각종 화보 ○ 457

▲ 문 교주는 일본에서 '천지정교'를 설립하고 돈을 벌기 위한 상 술로 우상제단을 쌓아 숭배하게 함

▲ 우상 앞에 절하고 있는 CLEOPAS KUNDIONA

▲ 통일교의 우상숭배 장면

▲ 통일교 세계회장 문형진(문 교주 후계자)의 명상예배 장면

▲ 통일교, 조상 축복식 거행

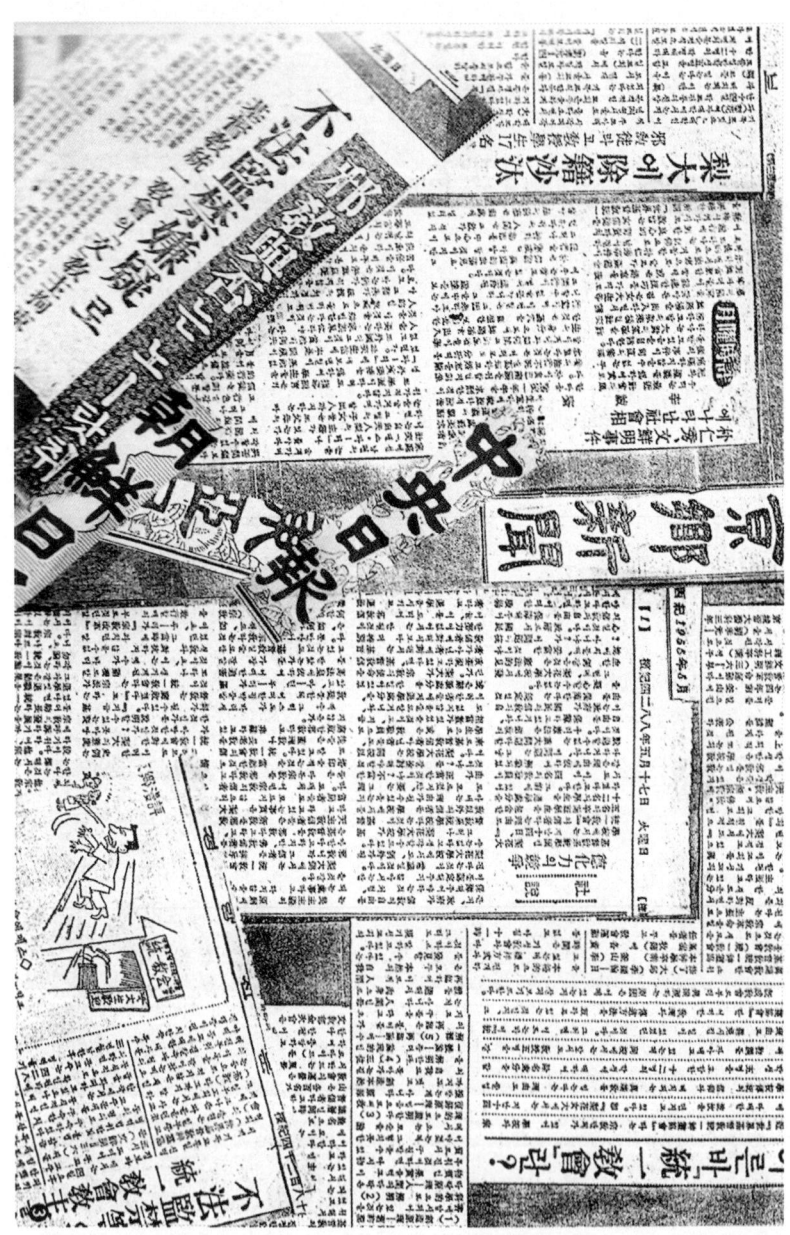

▲ 언론에 공개된 문 교주 관련 각종 불법 비리 흑막 사건들

제13장 각종 화보 ○8 **461**

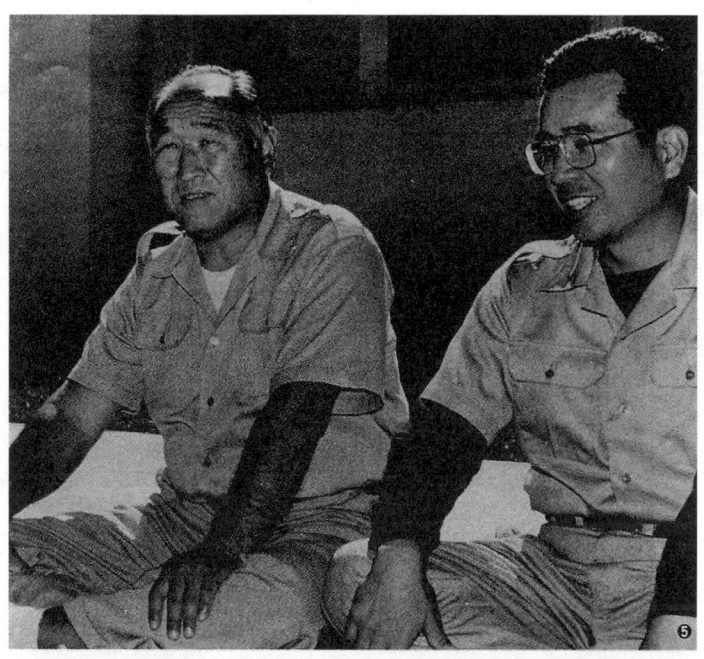

▲ 문선명 교주, 탈세사건 실형 미국 감옥생활 모습(1984년)

↕ 통일교 일신석재 공장과 영 감상법 상품들(경기도 이천시 소재)

霊 感 商 法

霊感商法で売られていた主な商品

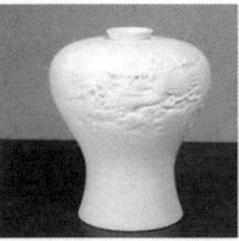
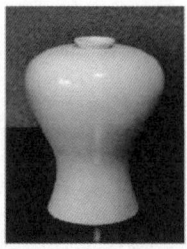

多宝塔（ローズクオーツ）私の記憶では１３００万円で売られました。
壺（龍壺２００万円くらい・高麗小約５０万円）壺はこのほかにもいろいろな形があります。値段はその時の責任者が決めていましたので、曖昧です。

数珠（慈愛念珠）
印鑑（天運守護印）これは約２０万円くらいで売られていたものです。

▲ 문 교주가 사망하기 전 통일교 신도들에게 유언이라며 남긴 8권의 책이 있다.

그것을 8대 교재·교본이라 하는데, '문선명 선생 말씀선집', '원리강론', '천성경', '가정맹세', '평화신경', '천국을 여는 문 참가정', '평화의 주인 혈통의 주인', '세계경전'이 그것이다.

그중 문 교주가 평소 훈독회를 통해 설파한 내용들을 모아 엮은 것이 바로 '천성경'인데 통일교에서는 그 책을 성경보다 위에 놓고 보고 있다.

▲ 1992년 8월 한일 양국 기독교 대표가 일본 '와세다대학 강단' 통일교 폭로, 일본 전국 언론기자 공동 회견 광경(이대복 목사)

▲ 한국기독교100주년기념관 대강당, 통일교 원리비판과 문선명의 정체폭로 SEMINAR 장면, 이대복 강사(1986년)

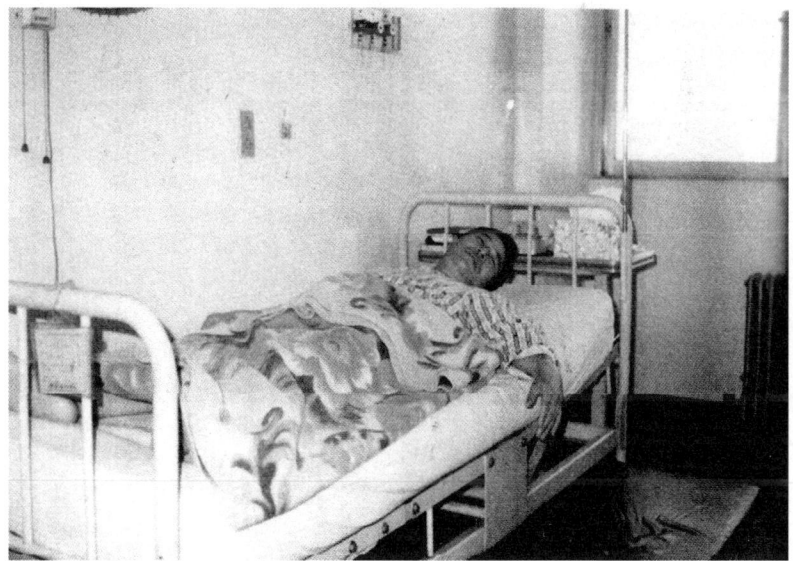

▲ 통일교 비판 강연 중 납치 테러 당해, 40일간 병원입원 치료 중(1988년)

✥ 통일교 원리비판과 그 실상허상, 야록 통일교회사, 6마리아의 비극, 문 교주의 맏며느리 홍난숙의 탈출 수기, 4권의 책은 통일교회의 모든 교리 및 실상 허상 흑막이 완전히 폭로된 책이다.

 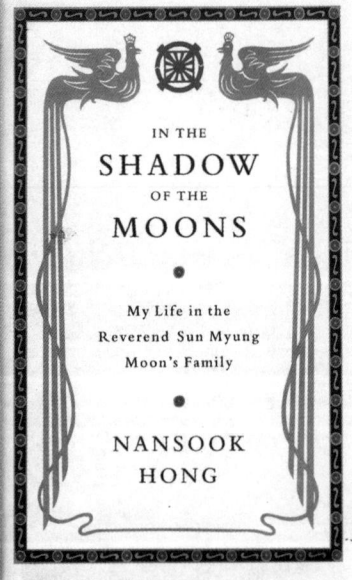

제14장

자칭 재림 메시아 통일교
문 교주 사망 전모!

미리보기

14 자칭 재림 메시아 통일교 문 교주 사망 전모!

제1절 자칭 재림주 문선명, 13개의 의료기에 의존하다 생(生) 마감!
제2절 자칭 재림주 문선명, 죽 먹다 급채로 사망할 뻔!
제3절 죽어서도 돈타령!
제4절 신도들 청심평화월드센터 찾아 참배 실황
제5절 천정궁 가는 길, 세 번의 관문 통과해야!
제6절 (故) 문선명 장례식 실황
제7절 문선명 천주성화 원전식(하관식)
제8절 통일교, 문 교주 사망 일시, 숫자 풀이
제9절 문선명 교주, 평소 117세까지 산다 했다.

제14장 자칭 재림 메시아 통일교 문 교주 사망 전모

제1절 자칭 재림주 문선명, 13개의 의료기에 의존하다 생(生) 마감!

 태어난 날, 결혼한 날, 죽는 날이 모두 동일하다던 통일교 문선명 교주(93세)가 지난 9월 3일 새벽 1:54에 사망했다. 주일을 갓 지난 시각이었고, 8월 3일 마지막 훈독회를 끝으로 1개월 만이다. 끝까지 인공 호흡기를 꽂고 있었다고 한다. 뿐만 아니라 몸에 끼인 의료기기만도 무려 13가지였고 담당 의사만도 5~6명이었다.

 장례식은 김일성 사후 13일장 다음으로 13일장으로 치러졌다. 남성 조문색은 검정, 남색 정장에 흰 넥타이, 여성은 상하 흰옷으로 입도록 하였다. 이유는 문 교주가 흰색은 하늘을 상징한다 하여 예식 때마다 흰옷을 입었기 때문이다. 1984년 문 교주의 둘째 아들인 문흥진(당시 18세) 군이 불의의 교통사고로 사망했을 때, "승화식(장례식)에 남성은 검은 정장에 흰 넥타이, 여성은 위 아래 흰 옷을 입으라"고 말하면서 이 옷차림은 통일교 장례행사의 공식 복장이 됐다. 지난 해 문 교주가 장례식의 명칭을 '성화식'으로 바꿨지만 복장은 그대로 유지되

▲ 지난 9월 15일, 통일교 (故)문선명 교주 장례식 장면, 청심평화월드센터

고 있다.

빈소에 백합·장미 헌화하는 이유는 백합은 청초하고 순결한 여성의 상징, 사랑과 정열을 의미하는 장미는 남성의 표상이라며 문 교주가 2001년 1월, '천주평화통일국(천일국)'을 통일교의 이상세계로 선포하면서 천일국의 국화로 백합과 장미를 지정했다. 그래서 장례식 조문객들이 모두 장미와 백합을 헌화했다. 모두 15만 송이, 백합은 시장 일대를 싹쓸이 하다시피 했다고 한다.

(故)문선명 교주의 성화위원(장례위원)으로는 자승스님, 박희태 前 국회의장, 밀리링고 추기경 등 고문 81명을 포함해 국내외 인사 2,300여명으로 꾸려졌다. 6일 통일교는 성화위원장에 문형진 통일교 세계회장, 부위원장에 문국진 통일그룹 회장 등 5명을 선정하고, 성화위원 2,294명의 명단을 공개했다. 성화위 고문은 조계종 총무원장 자승 스님, 이철승 헌정회 원로회의 의장, 이수성 전 국무총리, 박희태 전 국

회의장, 김봉호 전 국회부의장, 홍일식 전 고려대 총장, 박봉식 전 서울대 총장, 강동석 전 건설교통부 장관, 김윤덕 전 정무장관, 태고종 총무원장 인공 스님, 밀링고 추기경 등 82명이다. 성화위원에는 고흥길 특임장관, 박지원 민주통합당 원내대표, 한선교 국회 문화체육관광방송통신회 위원장, 정우택 새누리당 최고위원, 원유철 새누리당 의원, 홍사덕 전 의원 등이 포함됐다. 故문선명 교주의 유족은 부인 한학자 등 58명이다. 통일교에서 6일 공식 발표한 유족 명단에는 셋째 아들인 문현진의 이름이 기재되지 않았으나 장례식 당일 배포된 책자에는 문현진의 이름이 있었다.

제2절 자칭 재림주 문선명, 죽 먹다 급채로 사망할 뻔!

2012년 8월 19일부터 2주 동안은 문 교주의 7남, 문형진 세계회장이 직접 문 교주의 상태를 신도들에게 보고하는 것으로 예배를 대체했다. 지난 8월 19일 천복궁 청심통일교회 주일 1부 예배(오전 10시) 시, 문형진은 제3차 세계대전이 일어날 수도 있는 상황에 처해 있는데, 문 교주가 너무 무리하여 건강 이상이 왔다고 하였다. 세계의 흐름과 문 교주의 건강문제가 섭리에 따라 움직이고 있음을 암시하고 있는 것이다. 문 교주의 건강 이상은 7월 중순부터 드러나기 시작했다. 8월 2일, 갑자기 서울 한남동 오산학교를 방문해야 한다면서 간부들 다 불러 학교 로비에 앉아 오산학교의 역사에 대해 보고하라고 하였다. 그래서 간부들이 보고를 했는데, 그날 유독 기침을 심하게 했다. 말을 할 때마다 기침을 심하게 했다(후에 이를 두고 통일교에서는 마지막 고향을 찾은 것이라고 했다. 문선명의 고향은 평안북도 정주군이다. 오산학교 세울 때 문선명의 증조부인 문윤국(文潤國) 씨가 도움을 주었다고 한다. 미리 죽음을 준비했다는 것이다.) 그래서 주변 사람들이 걱정 끝에 8월 3일, 누구도 알지 못하게 몰래 서울 성모병원에 입원하였다. 그때에는 내실에 있는 사람들만 알았지 누구에게도 알리지 않았다. 여러 가지 검진 결과 폐렴으로 판명되었다. 문 교주는 산소 마스크를 찬 상태로 걸을 때도 손 붙잡고 힘들게 걸었다. 10일 동안 입원해 있으면서 여기에 있는 것이 감옥같다고 계속 주변 사람들이 혼이 났다. 급기야 의사 선생님까지도 승인을 해서 10일 후에 경기도 청평 천정궁으로 다시 돌아왔다. 천정궁에 8월 11일에 돌아왔다.

밤에 잠을 자지 못하고 계속 몸을 뒤척이며 못 자니 그 다음 날 아침 설득하여 갑작스럽게 청심병원으로 이동하였다. 그 당시 산소탱크를 달고 호흡을 하는 상태에 있었다. 그런데 의사들이 점점 어려워지는 것을 느꼈다. 청심병원에서 산소포화도 검사를 했는데 산소가 제대로 몸에 흡수가 안 되고 있었다.

그래서 부인 한학자가 성모병원으로 가야 된다면서 옮기게 되었다.

그 상황에서 부드러운 죽을 먹었는데, 가는 길에 죽이 잘못 내려가서 사래가 걸리게 되었다. 폐렴에다가 갑자기 물질이 들어오니 아주 아주 위험하게 되었다. 성모병원 중환자실에 도착하자마자 심폐소생술을 하여야 했다. 급박한 상황이었는지라 죽는 줄 알고 한학자는 자녀들을 불러모은 상태였다.

산소가 몸에 제대로 들어가지 않으니까 산소 탱크로도 도움이 되지 않았다. 산소 포화도가 80% 이상이었다. 20% 이상 산소를 먹지 못했다.

그 다음으로 기계를 통해 폐를 펌프해야 했다. 인공 호흡기를 연결하여 호흡하도록 하게 되었다. 인공 호흡기를 쓰면서 산소 포화도가 점점 안정되어 갔다.

기계와 연결되어 있으니 숨쉬는 것이 쉽지 않았다. 그래서 그 날부터 계속 잠을 자게 했다. 그렇게 해도 피에 산소가 공급되지 않았다. 그러면 피가 산성화 되어 독이 된다. 그래서 투석을 하게 되었다. 목에 튜브와 몸에 여러 가지 영양, 단백질, 물... 또 뚫고 투석까지 한 것이다. 바로 다음 날, 기계로도 산소 공급이 잘 되지 않았다. 산소 포화도를 최대로 올려도 계속 떨어지고 있었다. 그러니 이제는 현대의학으로는 마지막 단계만 남았다. 사타구니 쪽 큰 혈관을 뚫고 피를 뽑고 밖에서 기계로 산소를 집어넣어 목을 뚫고 피를 공급해야 했다.

입원한 첫 날부터 잠을 자게 하고, 호스를 뽑지 못하게 하려고 양손을 묶어두었다. 너무 빨리 악화되었다. 몸 속 다른 기관들이 제 기능을 하지 못하고 멈추고 있는 상황이었다. 이에 성모병원에서 통일교 측 청심병원으로 옮기게 된다. 8월 31일 저녁 6시 40분 경, 서울 성모병원을 출발하여 7시 40분경에 청심국제병원에 도착했다. 이 과정에 주치의인 전 박사와 성모병원 중환자실 호흡기 환자 총괄 의사인 김 박사가 앰뷸런스에 동승하여 모든 과정을 총괄 지휘하였고, 성모병원 중환자실에서 전담 간호했던 간호사 두 명, 그리고 문국진 이사장이 동승했다. 도착한 후, 문 교주는 청심국제병원 특별실(문 교주 전용)로 들어갔으며, 함께 동행한 성모병원의 의사·간호사들과 청심국제병원의 의사·간호사들이 성모병원에서 사용하던 기구들을 세팅하였다. 그리고 9월 3일 새벽 1시 54분 사망하였다.

제3절 죽어서도 돈타령!

일본 신도들 3만명 동원령에 12만 엔, 한국 신도들에겐 한 가정당 120만 원 이상 특별헌금 하라!

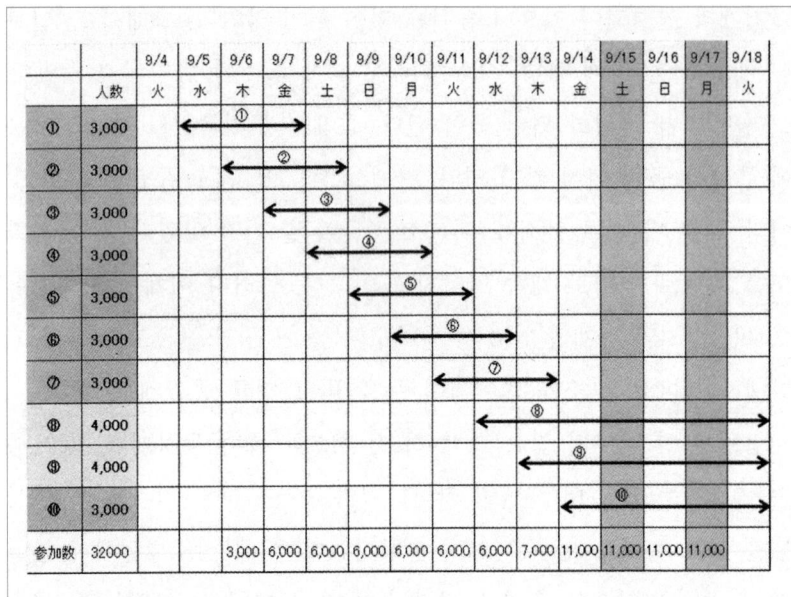

▲ 통일교, 일본에 조문객 3만 명 동원령

9월 9일 통일교 주보에는, 전세계 통일교 신구들에게 특별헌금을 명하였다. 한 가정당 120만 원이다. 셀 수도 없는 화환을 받고, 특별헌금을 명하였으면서도 안내지에는 "화환과 조의금은 사절한다"고 하였다. 만약, 그 액수가 고스란히 걷어진다면 1천억 원이 넘는다.

다음은 일본 일간컬트신문의 기사 일부 내용이다.

9월 3일, 미명에 사망한 통일교회의 교주 문선명

"교단에서는 교주의 사망을 이용하여 일본 신자들에게 억 단위의 돈을 모으려고 하고 있음이 알려졌다.

교주가 사망한 그날 성지라고 하는 청명으로 조문 방문계획을 발표하여, 일본인 신자 3만2천명을 참가시키라고 하는 동원 지시가 전국으로 발표되었다.

그리고 그 지참금으로서 참가자 1인당 12만 엔의 조위금을 바치도록 하는 지시가 있었다."

제4절 신도들 청심평화월드센터 찾아 참배 실황

통일교 신도들은 문 교주의 사망을 두고 "몸을 벗고 영계에 갔다." "애초에 육체부활 주장하지 않았다."고 주장하고 있다. 그러면서 "참부모님이 영원히 이 땅에 사실 거라는 생각은 안했다"고 하였다.

9일, 청심평화월드센터는 통일교 신도들로 북적였다. 특히 일본 신도들이 많이 보였다. 하여간 일본에 3만 명 동원령이 내렸다니 그럴 만도 하다. 3만 명 동원령에 정성헌금 12만 엔을 가져오라 하였다. 청평 수련원 건물들은 일본 신도들을 비롯하여 해외에서 온 신도들의 숙소로 이용되고 있었다. 주변 호텔들은 이미 초만원이었다.

일본 신도들이 국내로 오기 위해 전세기 편까지 동원되고 있다고 하였다. 청심평화월드센터 지하 1층에서는 국내 신도들에게 비표를 판매하며 표를 받기 위해 기다리는 신도들이 장사진을 이뤘다. 비표를 받지 못해 안절부절 하는 신도들도 많이 눈에 띄었다. 비표를 구한 신도들은 가슴에 노란색, 초록색 리본을 달았다. 그것을 퇴장할 때 반납했다. 대개 초신자들은 노란 리본, 기신자들은 비표를 신청하여 꽃리본을 달았다.

비표는 한 장에 5만 원, 비표를 신청하여 받지 못한 이들은 노란 리본을 가슴에 차고 1층에 마련된 동영상을 시청하며 조문을 하였다. 또는 천정궁에 마련된 사진을 보며 조문을 한다. 그러나 비표를 받은 신도들은 문 교주가 누워있는 유리관 앞까지 가 조문을 하였다. 장례식 내내 리본 색깔로 좌석이 구분되어졌다.

청심평화월드센터에서 천정궁까지는 걸어서 1시간 30분 거리이다.

거의 등산 수준이다. 이 거리를 처음 건축하고는 거룩한 성지이니 신도들은 걸어서 올라오라고 하였다는 것이다. 그런데 일본 신도들은 그 거리를 맨발로 올라갔다고 한다. 현재는 버스로 이동하고 있다. 수만 명의 신도들이 매일같이 장사진을 이뤄 경찰 인력이 동원되어 차량 안내를 하고 있었다.

천정궁 일대에는 청평 수련원, 정심원, 천성왕립궁전, 청수성복전, 청수탕, 친화교육관, 청심탑, 청심 중고등학교, 청심신학교, 청심병원 등이 건립되어 있는데, 일본 신도들의 힘이 컸다고 한다. 때문에 문형진 세계회장은 결혼 후, 일본 신도들에게 감사하다며 경배를 올렸다는 것이다.

통일교 한 목사는 현재 일본 통일교 신도는 10만 명이며, 한국 신도는 5만여 명이라고 했다. 전 세계에 300만 명이라고 주장하나, 실제로는 20여 만 명에 불과하다.

제5절 천정궁 가는 길, 세 번의 관문 통과해야!

천정궁으로 가기 위해 비표를 받은 사람들과 노란 리본을 단 사람들이 나눠 줄을 서서 기다렸다. 버스를 타고 천정궁으로 가는 길목마다 젊은 신도들이 90도로 경배하며 안내를 서고 있었다.

그런데 천정궁으로 가는 길목에서 세 번에 걸쳐 관문을 통과한다. 언론도 일체 통제되었다. 세계일보를 통해서만 일반에 공개되었다.

첫 번째 관문: 비표를 받고 검증된 사람들이 버스를 타고 가는데도, 경찰복 같은 제복을 입은 이들이 버스를 세우고 버스 안으로 들어와 다시 비표를 확인했다. 평소에는 주민등록증을 확인한다고 한다. 언젠가는 원로 중 한 사람이 주민등록증을 가지고 오지 않아 차에서

내려야 하는 상황에 처해지기도 했다는 것이다.

두 번째 관문: 천정궁 입구에서는 핸드폰 촬영을 못하도록 일일이 폰카에 앞뒤 두 개의 스티커를 붙여주었고, 촬영을 못하도록 카메라를 회수하였다. 뿐만 아니라 한 명씩 일일이 자동 검색대를 통과하도록 하였다. 보안 검색이 철저하게 보였다.

세 번째 관문: 천정궁 로비에 도착하자 10명씩 4줄로 서게 하고는 옷 매무새를 확인하게 하고, 절대 정숙하라고 하였다. 은은한 음악이 흐르고 있었다. 기다리는 동안 문선진이 급하게 뛰어 들어가는 모습을 보았고, 훈모가 미소를 지으며 지나갔다. 그리고 큰아들 문효진의 두 번째 부인이 인사하며 지나가는 것을 보았다.

3~40여분을 로비에서 서서 기다린 후에 한 계단을 올라갔다. 계단을 오르자 이제는 신발과 가방을 바닥에 가지런히 두게 하였다.

1층부터 2층에 오르자 계단이며 벽은 온통 옥으로 되어 있었다. 2층에 올라가니 높디높은 천정엔 문 교주의 일대기와 문 교주 부부의 성화가 천정을 온통 스테인드 글라스(stained glass)로 둘러쳐져 있었다. 궁궐 같았다.

우측 통로로 들어가니 다른 한 팀이 나오고 있었다. 유리관이 안치된 방으로 들어가니 석준호 부회장이 인도를 하고 있었다. 안내자는 10명씩 한 줄을 세웠다. 줄이 다 서자 석준호 부회장이 일동 참배를 하게 하고, 10명씩 유리관 앞으로 가 바라볼 수 있게 했다. 왼쪽으로 돌아 다시 일렬로 서서 자녀들 중 4째 아들인 문국진 부부가 참배객들을 맞이했다. 자녀들은 순서를 정해 돌아가며 참배객들을 맞이했다. 그런데 문국진 이사장은 참배객들을 겸손히 맞는 것이 아니라 날카로운 눈으로 훑어보고 있었다. 순간 움찔할 정도였다. 그 모습을 보며 이곳에 찬바람이 불겠구나라는 생각이 들었다. 참배가 끝나면 바로 일렬로 퇴장을 하였다.

유리관 참배는 온도를 유지해야 하기 때문에 많은 사람을 받을 수 없어 오전 9:30에서 오후 5:30까지 참배를 받았고, 40명이 줄을 서서 들어가도 10명씩 일렬로 다가가 조문을 했다. 사진을 보고 참배하는 이들은 지하로 내려갔다.

어느 간부가 말하기를, 원래 유리관을 천정궁에 안치하려고 했는데, 천정궁 건축 허가를 박물관으로 받았기 때문에 시에서 허락을 해주지 않아 천정궁 뒤편 정각이 있는 곳에 땅을 파고 묻게 되었다고 했다. 천정궁 밖으로 나오면 사방의 경치가 빼어나다. 청평호수가 훤히 내려다보이고 주변에 소나무들이 많았다. 어느 신도는 보이는 땅 대부분이 통일교 땅이라고 보면 될 것이라고 했다.

참배를 마친 신도들의 반응, "아버님이 안 계시니 허전하다." "천정궁에는 이제 또 언제 올 수 있겠나." "아버님이 계실 때에는 훈독회가 있어서 자주 왔지만 이제는 어머니가 훈독회를 인도하시려나 그것은 모르겠다." "자녀들은 학적이다. 아무래도 아버님보다 약하다. 아버님은 영계와 교통하며 계시를 받아 말씀하셨다." "아버님의 성체를 본 것은 대단한 영광이다. 생전에도 어떤 실적이나 공로가 있어야지만 아버님을 뵐 수 있었다."며 비표를 받지 못해 안타까워하는 신도들이 많았다며 영광이라 하였다. 하기야 각 교회마다 한정된 비표가 배당되었다. 신도 2천여 명이 넘는 통일교회에는 90여표, 200여 명이 넘는 지방의 어느 교회에는 비표가 20개만 배당되었다고 한다. 그러니 대형버스 4대로 왔어도, 20명만 유리관 참배를 한 것이다. 통일교인들은 유리관 참배를 두고, 성체를 보았다고 한다. 그러면서 성체를 보고 장례식장에 들어가 참관하는 것을 대단한 영광으로 여겼다.

제6절 (故) 문선명 장례식 실황

　2012년 9월 15일, 문 교주 성화식과 원전식이 치러지는 날이다. 즉, 장례식과 하관식을 말한다. 서울 신도들은 새벽 4:30에 집결하여 경기도 가평군 설악면 송산리 청심평화월드센터로 향했다. 출발 전, 신도들에게 두 가지 색깔의 리본을 나눠줬다. 연두색 리본과 핑크색 리본이다. 신도들 용어로 성체를 본 사람들은 양보하여 핑크 리본을 받아 실외에서 행사에 참여하고, 성체를 보지 못한 사람들은 성화식이 거행되는 장소로 들어가 실내에서 참여하게 되는 것이다. 연두색 리본은 한 가정당 1개가 배당되었다. 모두들 오른쪽 가슴에 리본을 달고 1시간여 걸려 5:30 도착, 이미 일본에서 온 신도들은 자리를 잡고 앉아 있었다. 신도들에게는 문선명 일대기를 기록한 책자와 사망 일시에 대한 신학적 의미 부여 관련 책자, 통일기, 그리고 세계일보 특별지면이 배포되었다.

　청심평화월드센터 본전 강당은 3만여 송이의 꽃으로 화려하게 장식되었다. 전문적으로 행하는 일본 어느 회사에서 담당하는 팀이 그대로 와 작업을 했다고 한다. 신도들은 안팎으로 3만5천여 명이 참석하였다. 참석 인원이 35,000여명인데 그중 일본 신도들이 21,000여명이었다. 생각보다 VIP들이 많이 오지 않은 모습이었다.

　오전 8시경이 되자 문선명 생애 동영상이 상영되었고, 9시 20여분이 되자 식이 시작되었다.

　장례식은 석준호 실행위원장(통일교 한국회장)의 사회로 시작되었다. 생중계로 천정궁 박물관에서부터 청심평화월드센터까지 운구차가 이동하는 모습을 보여주었다. 문형진 세계회장과 문국진 재단

이사장을 필두로 관이 이동하였고, 그 뒤로 부인 한학자와 자녀들이 따랐다.

오전 9시 20분 천정궁 박물관에서 출발한 운구차는 오전 10시 청심평화월드센터 천주성화식장에 도착하였다. 2세 40가정으로 구성된 호위가정들이 입장하고 봉송위원들이 발을 맞추어 관을 단상 위로 옮긴 뒤 본격적인 장례식이 시작되었다. 개회선언과 천일국가 제창 후 박보희 한국문화재단 이사장의 보고기도가 있었다. 이어서 문국진 재단 이사장 내외가 가족 대표로 헌화를 하였고 문선명의 생애와 업적이 담겨있는 영상을 시청하였다. 약 15분간 상영된 영상은 문선명 사망 직후 부인 한학자가 마지막 인사를 하는 장면으로 시작되었다. "아버지, 그동안 수고하셨어요. 아버지 사랑해요"라고 말한 후 이마에 키스를 하였다. 생애 및 업적 소개 영상 상영 후 문형진 세계회장의 성화사가 이어졌다.

성화사에 이어 강동석 여수세계박람회조직위원회 위원장, 로드 타셈 킹 영국 상원의원, 알프레드 모이시우 알바니아 전 대통령의 송사가 이어졌다. 송가가 끝나고 부인 한학자가 헌화를 하였고 이어 참가정, 5대 성인, 2세 축복가정 대표, 그 이후에도 각계 대표들이 나와 헌화를 하였다.

그리고 송영섭 통일교 일본총회장의 억만세 삼창이 끝나자 신도들은 길가에 도열하여 통일기를 흔들며 환송하였다.

제7절 문선명 천주성화 원전식(하관식)

원전식 장면은 취재가 불가했다. 인터넷 중계도 못하게 했다. 언론을 차단하고 진행되었다.

오후 1시 30분 천정궁 뒤 천성산에서 원전식(하관식)이 거행되었다. 이날 원전식은 원로 종친, 대륙회장, 순회사, 섭리기관장 및 기업체장, 한국 교구장, 일본 미국 대표, 국가협회장, 분봉왕 및 국가 메시아 등 400여명이 참석한 가운데 석준호 한국회장의 사회로 천일국가 제창, 김영휘 회장의 보고기도, 김효율 회장의 말씀훈독, 헌화, 헌토가 진행되었고, 문형진 세계회장의 기도와 양창식 회장의 억만세 삼창 순으로 진행되었다. 여 신도들 중 문난영, 강현실 씨가 식순에 참여했다.

이미 관을 묻을 땅과 주변은 정리돼 있었다. 관 주변은 온통 대리석으로 둘러쳤고, 관 또한 특별 제작한 것이었다. 관을 옮기고, 그 위를 대리석 뚜껑으로 덮는데 도르래가 동원되었다.

제8절 통일교, 문 교주 사망 일시, 숫자 풀이

문 교주가 2013년 1월 13일 기원절(지상과 함께 천상에도 천국의 문을 여는 날로서, 영원히 참부모님을 중심한 태평성대 억만세의 시대가 출발되는 날을 의미)을 172일 남기고 사망하였다. 이를 두고 통일교에서는 숫자 풀이를 하고 있다. 172는 160+12이다. 12수는 문선명이 완성을 이루고 각각의 3단계 성장과정을 거쳐 사위기대를 완성함으로 하나님과 하나 되었음을 상징한다는 것이다. 160수는 "타락한 인간이 이뤄야 하는" 탕감노정(원리강론 후편 3장 2. 5)이라며, 따라서 문 교주는 탕감노정을 통하여 기원절의 약속을 이루기 위해 통일교 신도들을 인도해줄 것이라고 한다. 문 교주의 사망한 날, 시, 분까지 인위적으로 풀이하며, 문 교주가 날짜와 시간을 맞춰 사망하였다는 것이다.

끝까지 인공 호흡기에 의존해 생명을 연명했음에도 억지 해석을 하고 있는 것이다. 자칭 재림 메시아가 현대의학의 의료기기 없이는 살 수 없었음에도 거짓 해석으로 신도들을 현혹하고 있다.

제9절 문선명 교주, 평소 117세까지 산다 했다.

▲ 문 교주 사망 관련 숫자 풀이 책자

평소 문선명 교주가 신도들에게 본인은 117세까지 살 것이라고 말해왔다고 한다. 신도들은 그 말을 감쪽같이 믿고 있는 분위기였다. 그런데 93세로 마감하니 한숨을 내쉬는 신도들의 표정을 보았다.

장례식을 치르고 다음 날인 9월 16일, 신도들의 표정은 다양했다. 13일장을 치렀으니 여간했겠나, 이날은 해외 신도들이 대거 참석하여 3층 본당은 온통 외국인들도 가득 찼다. 한국 신도들은 일부러 자리를 양보해 바깥 로비에서 예배드리기도 하였다.

문 교주를 지근거리에서 보좌하며 함께 활동했던 일등 공신(?) 박보희 총재가 나오자 신도들은 기립박수를 보내며 환호하는 모습이 인상적이었다. 이날 박보희 씨는 한국어와 영어를 써가며, "예수는 비참하게 갔으나 문 선생은 모든 걸 이루고 완성하고 승리하고 가셨다. 이제는 영인체로 영계와 육계를 다스린다. 한학자, 문형진, 문국진을 영

웅으로 모셔야 한다. 문 선생은 영계에서 Boss"라며 추켜세웠다.

신도들은 근심이 여전했다. "무슨 종교이든 자식에게 세습하는 것은 옳지 않다." "아무리 자녀가 석, 박사라도 부모님의 경륜에는 미치지 못한다." "자녀들은 아직 나이가 어려 계시가 약하다." "어머니는 몸이 건강하지 못하다." "이제 우리가 종족적 메시아다. 각자 가정에서 훈독회의 맥을 이어가야 한다." "이제는 문 선생이 말씀집을 통해 우리에게 말씀하실 것이다."라는 다양한 반응들을 보였다. 이런 반응들을 통해 통일교의 앞으로의 상황을 대리 짐작할 수 있다.

셋째 아들 문현진이 통일교와의 결별을 선언하였으나 그 또한 문 교주의 가르침과 뜻을 이어갈 것이라 하였다. 물론 신앙적인 부분에서는 거부한다. 그러나 아군도 적군도 아닌 NGO 활동을 통해 독자노선을 걸어갈 것이다. 그에게 배당된 재력만도 2조 5천억 원이다. 탄탄한 재력과 유능한 젊은 통일교 인재들이 그에게 있다. 상황은 더 두고 봐야 할 것이다. 통일교 내부 상황은, 지금은 위기이다. 각성하지 않으면 어렵다고 판단하는 이들이 있기는 하나 극히 소수인 듯하다.

교주 사망 이후 신도들의 분별있는 눈이 뜨여 더 이상 이단·사이비 교리에서 벗어나 참된 진리를 발견하고 회귀하는 역사들이 일어나지길 간절히 바란다.

> "복 있는 사람은
> 악인의 꾀를 좇지 아니하며
> 죄인의 길에 서지 아니하며
> 오만한 자의 자리에 앉지 아니하고
> 오직 여호와의 진리를 즐거워 하여
> 그 진리를 주야로 묵상하는 자로다"
> (시편 1:1~2)

❖ 참고자료 ❖

1. 성경 1988년 9월 20일. 한글 개혁판 등
2. 각종 주석: 흑기행길, 풀빛주석, 박윤선 주석, 카일 델리취 등
3. 김백문 저, 성신신학, 일성당, 1954년 3월 2일
4. 김백문 저, 기독교근본원리, 일성당, 1958년 3월 2일
5. 정득은 저, 생의 원리, 세종문화사, 1958년 7월 5일
6. 세계기독교통일신령협회 저, 원리해설, 성화사, 1957년 8월 15일
7. 세계기독교통일신령협회 저, 원리강론, 성화사, 1966년 5월 1일
8. 문 교주 설교집, 성화사, 계간지
9. 문 교주 어록(각종), 성화사
10. 천성경, 성화출판사(주), 2006년 4월 15일
11. 월간 통일세계, 성화사, 창간호~2012년 5월호까지
12. 월간 신동아, 1997년 5월호 등
12. 월간 교회와 이단, 1994년 9월호~2012년 5월호까지, 발행인 이대복
13. 조직신학 박형용 박사 저작 전집, 한국기독교 교육연구원, 1981년
14. 기독교 백과사전 편찬 위원회, 기독교 대백과사전, 기독교문사, 1992년 2월 28일
15. 브리태니커 세계백과사전, 한국브리태니커, 1993년 5월 11일, 발행인 이연성
16. 통일협회·영 감상법관련기업단체 역원일람, 영 감상법 피해변연 편, 만칭사, 1991년 4월 5일
17. 오효진 저, 통일교 그 천사와 총칼, 동광출판사, 1983년 2월 28일
18. 손충무 저, 통일교 문선명의 그 실상과 허상, 문학예술사, 1986년 9월 15일
19. 원세호 저, 통일교 그 실상과 허상, 성청사, 1979년 4월 25일
20. 이대복 저, 문선명의 정체, 개혁주의신행협회, 1987년 6월 30일
21. 이대복 저, 통일교 원리비판과 실상허상, 대지문화사, 1987년 11월 20일
22. 이대복 저, 다른복음은 없다, 예수문서선교회, 1992년 1월 10일
23. 박정화 저, 6마리아와 비극, 日本 항우출판주식회사, 1993년 12월 21일
24. 박정화 저, 야록 통일교회사(통일교회는 섹스교단이었다), 큰샘출판사, 1996년 3월 1일
25. Nansook Hong, in ter Shadow df ter Moons(탈출 수기), Library of Congress Catalog US, 1998년, Card Number 98-66869
26. Nansook Hong, in ter Shadow df ter Moons(탈출 수기), (日本 주식회사) 문예춘추 번역, 1998년 11월 25일
26. 이대복 저, 통일교 원리비판과 문선명의 정체, 기독교이단문제연구소, 1999년 7월 25일,

판권소유
큰샘출판

진리에 비추어 본
통일교와 문선명의 정체

- **초판인쇄** ㅣ 2012년 10월 10일
- **초판발행** ㅣ 2012년 10월 20일
- **저　 자** ㅣ 이 대 복
- **발 행 인** ㅣ 이 대 복
- **편 낸 곳** ㅣ 큰샘출판사
- **등록번호** ㅣ 1994년 5월 10일 등록(관악라-00013)

- **주　 소** ㅣ 151-832 서울시 관악구 인헌동 1631-1
- **전　 화** ㅣ TEL (02) 872-5539
　　　　　　　FAX (02) 875-0799

■ 파본은 바꾸어 드립니다.
■ 저자 허락 없이 복사는 일체 불허합니다.

값 **20,000**원